AF523530

SAP® Business Technology Platform – Sicherheit und Berechtigungen

SAP PRESS ist eine gemeinschaftliche Initiative von SAP SE und der Rheinwerk Verlag GmbH. Unser Ziel ist es, Ihnen als Anwendern qualifiziertes SAP-Wissen zur Verfügung zu stellen. SAP PRESS vereint das Know-how der SAP und die verlegerische Kompetenz von Rheinwerk. Die Bücher bieten Ihnen Expertenwissen zu technischen wie auch zu betriebswirtschaftlichen SAP-Themen.

Damit Sie nach weiteren Titeln Ihres Interessengebiets nicht lange suchen müssen, haben wir eine kleine Auswahl zusammengestellt.

Martin Koch, Siegfried Zeilinger

SAP® Business Technology Platform – Sicherheit und Berechtigungen

Liebe Leserin, lieber Leser,

vielen Dank, dass Sie sich für ein Buch von SAP PRESS entschieden haben.

Was für eine Aufregung im SAP-Lektorat, als SAP Ende Januar 2021 verkündete, den Produktnamen »SAP Cloud Platform« nicht mehr weiterzuführen!

Das Angebot sollte nun unter dem Mantel der SAP Business Technology Platform laufen. Dieses Buch befand sich gerade im Manuskriptstatus, und Martin Koch, Siegfried Zeilinger und ich hatten alle Hände voll zu tun, um das Manuskript im Eiltempo anzupassen: alle Screenshots mussten neu erstellt und alle Servicenamen aktualisiert werden.

So schnell, wie SAP PRESS auf neue Produktnamen reagiert, müssen Sie die Berechtigungen für neu eingesetzte Cloud-Services und -Anwendungen pflegen. Da ist es hilfreich, wenn Sie auf bestehende User Stores zurückgreifen und diese als Identity Provider für die SAP BTP nutzen können. Wie Sie dabei vorgehen und viele weitere wichtige Sicherheitseinstellungen vermittelt Ihnen dieses Buch.

Wir freuen uns stets über Lob, aber auch über kritische Anmerkungen, die uns helfen, unsere Bücher zu verbessern. Scheuen Sie sich nicht, sich bei mir zu melden. Ihr Feedback ist jederzeit willkommen.

Ihre Janina Schweitzer
Senior-Lektorin SAP PRESS

janina.schweitzer@rheinwerk-verlag.de
www.rheinwerk-verlag.de
Rheinwerk Verlag · Rheinwerkallee 4 · 53227 Bonn

Auf einen Blick

Wir hoffen, dass Sie Freude an diesem Buch haben und sich Ihre Erwartungen erfüllen. Ihre Anregungen und Kommentare sind uns jederzeit willkommen. Bitte bewerten Sie doch das Buch auf unserer Website unter **www.rheinwerk-verlag.de/feedback**.

An diesem Buch haben viele mitgewirkt, insbesondere:

Lektorat Janina Schweitzer
Korrektorat Annette Lennartz, Bonn
Herstellung Melanie Zinsler
Typografie und Layout Vera Brauner
Einbandgestaltung Bastian Illerhaus
Titelbild Shutterstock: 1156245841 © Olena Yakobchuk
Satz III-Satz, Husby
Druck Beltz Grafische Betriebe, Bad Langensalza

Dieses Buch wurde gesetzt aus der TheAntiquaB (9,35/13,7 pt) in FrameMaker. Gedruckt wurde es auf chlorfrei gebleichtem Offsetpapier (90 g/m²). Hergestellt in Deutschland.

Bibliografische Information der Deutschen Nationalbibliothek:
Die Deutsche Nationalbibliothek verzeichnet diese Publikation in der Deutschen Nationalbibliografie; detaillierte bibliografische Daten sind im Internet über *http://dnb.dnb.de* abrufbar.

ISBN 978-3-8362-8098-3

1. Auflage 2021

Informationen zu unserem Verlag und Kontaktmöglichkeiten finden Sie auf unserer Verlagswebsite **www.rheinwerk-verlag.de**. Dort können Sie sich auch umfassend über unser aktuelles Programm informieren und unsere Bücher und E-Books bestellen.

Inhalt

6 Administrationswerkzeuge der SAP Business Technology Platform 299

7 Sicherheitsaspekte wichtiger Cloud-Services 339

Einleitung

In den letzten Jahrzehnten hat sich die Informationstechnologie wesentlich verändert. Konnten wir uns beispielsweise vor 20 Jahren noch nicht vorstellen, dass Medienangebote *on demand*, also auf unmittelbare Nachfrage, bereitgestellt werden, ist es heute normal, dass in einem Haushalt mehrere Personen unterschiedliche Inhalte streamen. Die *Cloud* ist heute überall, immer verfügbar und auf allen Endgeräten. Häuser werden nicht mehr verdrahtet, sondern es reicht aus, Funknetze zu bilden. Aber was ist der Preis? Der neue Funklautsprecher hört immer mit bei allen Gesprächen, die in seiner Umgebung stattfinden. Spätestens, seit in den USA ein großer Anbieter verpflichtet wurde, die Aufzeichnungen seines Lautsprechers für ein Gerichtsverfahren zur Verfügung zu stellen, wissen wir, dass Orwell mit seinem Werk »1984« der visionäre Elon Musk seiner Zeit war.

Neue Risiken der IT

Nun gilt es, als Unternehmen den Spagat zu finden zwischen der Volldigitalisierung mit einer weitreichenden Optimierung, aber komplett neuen Risiken und einem eher konservativen, risikoaversen Ansatz, der versucht, die Risiken der Digitalisierung in Schach zu halten. In Horrorberichten liest man selbst von Universitäten, die zweistellige Millionenbeträge an Hacker zahlen, nur um ihre eigenen Daten wieder nutzen zu dürfen. Oder von Consulting-Firmen, die ihren kompletten Notebook-Bestand wegen Unbenutzbarkeit durch ein Computervirus oder eine Verschlüsselungsanwendung austauschen müssen. Es zeigt sich einerseits, dass die Digitalisierung nicht aufgehalten werden kann, aber andererseits stehen nun ganz andere Vertriebs- und Vermarktungsmöglichkeiten zur Verfügung.

Umgang mit schützenswerten Daten

Im Bereich der Geschäftsanwendungen hat Marktführer SAP den Weg in die Cloud für Großunternehmen mit Anwendungen aus dem Bereich Personalwirtschaft begonnen. *SAP SuccessFactors* und *SAP Concur* haben als Lösungen für die Verwaltung von Personalstammdaten und die Reisekostenabrechnung den Anfang gemacht. Damit wurden einerseits besonders schützenswerte Daten, aber wenig geschäftskritische Prozesse in die Cloud gehoben. Das hat dazu geführt, dass oftmals sensibelste, aber geschäftlich verhältnismäßig unkritische Daten in der Cloud verarbeitet wurden.

In den späten 1990er und frühen 2000er Jahren hat sich die Industrie mit *Outsourcing* bzw. *Outtasking* beschäftigt. Fragestellung war damals, ob man seine Systeme selbst hostet und wer Routineaufgaben übernimmt. Später war die Virtualisierung der Rechenzentren Thema. Man sprach nicht mehr von *Servern*, sondern nur mehr von *virtuellen Instanzen*, die man zwischen Sao Paulo, Los Angeles und Frankfurt nach Belieben hin- und herschieben konnte.

Cloud vs. on premise

Heute spricht man von *Cloud* vs. *on premise* und muss damit ganz ähnliche Entscheidungen in anderem Kontext treffen. Hebe ich die Datenbank in die Cloud, oder nutze ich einen Service? Welche Komponenten verbleiben on premise? Da oftmals nicht mehr transparent ist, wo die Daten genau liegen, ist es vielleicht doch nötig, etwas mehr Dokumentationen als üblich anzulegen. Es stellt sich die Frage, ob man in der Cloud noch selbst Verantwortung übernehmen muss. Oder läuft man dem Cloud-Service hinterher? Wie sicher ist es, sich auf einen Telekommunikations-Provider zu verlassen? Welche Sicherheitsrisiken geht man in Bezug auf Daten, Prozesse, Betriebsgeheimnisse etc. ein?

In diesem Zusammenhang kann nur wiederholt werden, was immer wieder gesagt wird: Die Lösungen, die ausgearbeitet werden, werden in der Regel von den Fachabteilungen beauftragt oder zumindest von den Fachabteilungen genehmigt. Wenn es um Sicherheit und Berechtigungen geht, kann man als IT-Verantwortliche*r zuarbeiten, doch die Verantwortung für die Prozesse bleibt bei den Fachabteilungen, die den Mehrwert einer cloudbasierten Lösung gegen die Anforderungen und Risiken abwägen müssen.

Dieses Buch soll Ihnen dazu sowohl als Inspiration als auch als Anleitung dienen. Wir möchten die richtigen Fragen stellen und Empfehlungen daraus ableiten. Auch wenn es ein Buch von Technikern für Techniker*innen ist, versuchen wir immer wieder einen Blick über den Tellerrand.

Zielgruppen

Wir richten uns mit diesem Buch gleichermaßen an technikaffine Einsteiger*innen in die SAP-Cloud und Profis. Sollten Sie gerade vor Ihrem ersten Cloud-Projekt stehen, finden Sie sicherlich passende Informationen. Fachlich richtet sich das Werk vornehmlich an IT-Administrator*innen. Aber auch Entwickler*innen finden hilfreiche Tipps zu relevanten Cloud-Services. Interessierte Personen aus den Fachabteilungen, die gerne über ihren Tellerrand schauen oder beispielsweise eine eigene Risikobewertung treffen wollen, werden ebenfalls fündig werden.

Der Aufbau des Buches

Wir beginnen dieses Buch mit der Positionierung von SAP und seiner Strategie im Kontext von Cloud-Produkten, um anschließend die SAP Business Technology Platform (SAP BTP) als PaaS-Angebot (Platform as a Service) von SAP detailliert vorzustellen und ihre Sicherheitsaspekte zu beleuchten. Wir betrachten dann die Verbindungen zwischen der Cloud und Ihren Unternehmensnetzwerken, bis wir uns schließlich der Administration und Absicherung einzelner Cloud-Services widmen.

Checklisten

Die meisten Kapitel schließen mit einer Checkliste ab. Anhand der Checklisten können Sie überprüfen, ob Sie die richtigen Fragen zu Ihrer hybriden

Systemlandschaft gestellt haben, und Themen gegebenenfalls noch einmal von einer anderen Seite durchdenken. Außerdem können Sie überprüfen, ob Sie beim Lesen des jeweiligen Kapitels alle wichtigen Inhalte verstanden haben. Wenn Sie beispielsweise die Neo-Umgebung der SAP BTP schon kennen, können Sie auch zuerst die entsprechende Checkliste durchgehen und so feststellen, ob das zugehörige Kapitel für Sie lesenswert wäre.

Wir stellen die Checklisten auch im Download-Bereich dieses Buches zum Herunterladen und Ausdrucken zur Verfügung. Sie finden sie auf der Seite *www.sap-press.de/5262* im Bereich **Materialien**.

Praxisszenarien

Am Ende der meisten Kapitel finden Sie außerdem Praxisszenarien, in denen wir häufige Anforderungen Schritt für Schritt durchgehen. Diese Beispiele dienen der weiteren Vertiefung und können am eigenen System ausprobiert werden.

Informationskästen

In hervorgehobenen Informationskästen finden Sie in diesem Buch Inhalte, die wissenswert und hilfreich sind, aber etwas außerhalb der eigentlichen Erläuterung stehen. Damit Sie diese Informationen sofort einordnen können, haben wir die Kästen mit entsprechenden Symbolen gekennzeichnet:

- [»] In Kästen, die mit diesem Symbol gekennzeichnet sind, finden Sie Informationen zu *weiterführenden Themen* oder wichtigen Inhalten, die Sie sich merken sollten.
- [!] Dieses Symbol weist Sie auf *Besonderheiten* hin, die Sie beachten sollten. Es *warnt Sie* außerdem vor häufig gemachten Fehlern oder Problemen, die auftreten können.
- [+] Die mit diesem Symbol gekennzeichneten *Tipps* geben Ihnen spezielle Empfehlungen aus unserer Projektpraxis, die Ihnen die Arbeit erleichtern können.
- [zB] *Beispiele*, durch dieses Symbol kenntlich gemacht, weisen auf Szenarien aus der Praxis hin und veranschaulichen die dargestellten Funktionen.

Kapitel dieses Buches

Im Folgenden stellen wir Ihnen die Inhalte der einzelnen Kapitel dieses Buches vor.

In **Kapitel 1**, »Einführung in die SAP Business Technology Platform«, führen wir Sie in die SAP BTP und die damit verbundene Terminologie ein. Wir erklären die Struktur und Positionierung der Plattform und legen dabei besonderes Augenmerk auf die Relevanz und die Einordnung in die SAP-Produktstrategie. Abschließend stellen wir die Nutzungsoptionen vor.

Kapitel 2, »Sicherheit auf der SAP Business Technology Platform im Überblick«, beginnt mit einer Einführung in die verschiedenen Sicherheitsmechanismen des PaaS-Angebots von SAP. Authentifizierungs- und Autorisierungsmöglichkeiten werden eingeführt. Dabei erläutern wir die Unterschiede zwischen den verschiedenen Umgebungen der SAP BTP. Abschließend zeigen wir Ihnen die Anlage von Benutzerkonten und Berechtigungen auf Ebene der Global Accounts.

In **Kapitel 3**, »Sicherheit und Berechtigungen in der Neo-Umgebung konfigurieren«, beleuchten wir die Sicherheitsfunktionen in der Neo-Umgebung der SAP BTP im Detail. Wir zeigen zunächst, wie man unterschiedliche Trust-Konfigurationen einrichtet. Anschließend erläutern wir die Verwaltung von Benutzern, Rollen und Benutzergruppen.

In **Kapitel 4**, »Sicherheit und Berechtigungen in der Cloud-Foundry-Umgebung konfigurieren«, erläutern wir Sicherheitsaspekte der Cloud-Foundry-Umgebung der SAP BTP. Anhand einer Best-Practice-Implementierung zeigen wir Ihnen, wie der Betrieb sicher und günstig gestaltet werden kann.

Das **Kapitel 5**, »Cloud Connector«, widmen wir uns dem *Cloud Connector*, der zur Verbindung von Cloud- und On-Premise-Systemen eingesetzt wird. Dabei handelt es sich um eine zentrale Komponente für den Aufbau hybrider Systemlandschaften. Nachdem wir die Architektur erläutert haben, finden Sie eine Anleitung zur Installation und Konfiguration des Cloud Connectors. Die Absicherung wird detailliert beschrieben. Abschließend zeigen wir die Einrichtung des *SAP Destination Service*, der das Gegenstück zum lokal installierten Cloud Connector in der Neo- und Cloud-Foundry-Umgebung der SAP BTP bildet.

In **Kapitel 6**, »Administrationswerkzeuge der SAP Business Technology Platform«, geben wir Ihnen Empfehlungen zur Administration der SAP BTP, um die Organisation nicht mehr als unbedingt nötig zu belasten. Wir stellen Ihnen Konsolenwerkzeuge und APIs vor, die eine effiziente Administration ermöglichen.

In **Kapitel 7**, »Sicherheitsaspekte wichtiger Cloud-Services«, möchten wir Ihnen einen Überblick über die unserer Einschätzung nach wichtigsten Services der SAP BTP geben und diese unter sicherheitstechnischen Gesichtspunkten betrachten.

Zusammenfassend haben wir versucht, ein möglichst rundes und vollständiges Bild der Sicherheitsthemen im Zusammenhang der SAP BTP zu zeichnen. Wir danken Ihnen für das Interesse an unserem Buch und wünschen Ihnen viel Vergnügen bei der Lektüre!

Martin Koch und **Siegfried Zeilinger**

Kapitel 1
Einführung in die SAP Business Technology Platform

Die SAP Business Technology Platform spielt eine zentrale Rolle in der SAP-Strategie. Sie wird für Erweiterungen, Integration und innovative Technologien im Umfeld hybrider Systemlandschaften eingesetzt. An vielen Stellen führt daher kein Weg an dieser Plattform vorbei.

Die *SAP Business Technology Platform* (SAP BTP) ist das PaaS-Angebot (*Platform as a Service*) aus dem Hause SAP. Sie wurde im Jahr 2012 in einer ersten Version unter dem Namen *SAP NetWeaver Cloud* veröffentlicht. 2013 wurde sie in *SAP HANA Cloud Platform* umbenannt und im Laufe der Zeit um immer weitere Services erweitert. 2017 verabschiedete sich SAP von dem Namenszusatz »HANA«: Bis Januar 2021 lautete die offizielle Produktbezeichnung *SAP Cloud Platform*.

Innovation, Erweiterung, Integration

In diesem Kapitel gehen wir in Abschnitt 1.1 zunächst auf die Positionierung der SAP BTP innerhalb des SAP-Portfolios ein. Ein wesentlicher Aspekt ist dabei das Thema *Innovation*. Die Plattform soll SAP-Kunden und -Partner dabei unterstützen, neue Ideen auf dem letzten Stand der Technik schnell und effizient umzusetzen. Daneben nimmt die Plattform die Rolle einer Erweiterungsumgebung für die SaaS-Angebote (*Software as a Service*) von SAP ein. Und weil innovative Neuentwicklungen und Erweiterungen in vielen Fällen mit den bestehenden Systemen kommunizieren müssen, dient die SAP BTP auch als Integrationsplattform. Mit ihrer Hilfe können SaaS-Anwendungen mit On-Premise-Systemen in Ende-zu-Ende-Prozessen integriert werden.

Regionen

Die SAP BTP wird in verschiedenen geografischen Regionen sowohl in eigenen Rechenzentren von SAP als auch in Rechenzentren der sogenannten *Hyperscaler-Anbieter* betrieben. Dazu zählen Amazon mit den *Amazon Web Services* (AWS), Google mit der *Google Cloud*, Microsoft mit *Azure* und Alibaba mit der *Alibaba Cloud*. Den strategischen Fokus legt SAP auf die Nutzung der Infrastrukturen dieser Hyperscaler für den Betrieb der SAP BTP. Diese Ausrichtung ermöglicht es SAP, mit der SAP BTP schneller und effizienter in neue Regionen zu expandieren. Die Hyperscaler verfügen über eine Vielzahl an global verteilten Rechenzentren, die von SAP als Infrastruktur genutzt werden. Um neue geografische Regionen zu erschließen, muss SAP also keine neuen eigenen Rechenzentren errichten.

Umgebungen

Daneben gibt es mehrere Laufzeitumgebungen der SAP BTP. Die von SAP selbst entwickelte *Neo-Umgebung* und die auf Open-Source-Technologien basierende *Cloud-Foundry-Umgebung* sind die derzeit am häufigsten genutzten. Daneben gibt es seit der zweiten Jahreshälfte 2020 die *Kyma-Umgebung*, die allerdings noch in ihren Anfängen steht. Die ersten beiden Umgebungen und die darauf angebotenen Services stellen wir in Abschnitt 1.2 vor.

Nachdem Sie die Einsatzgebiete und die verschiedenen Umgebungen der SAP BTP erkundet haben, erläutern wir in Abschnitt 1.3 das Account-Modell zur Nutzung der Plattform. Sie erfahren, worauf Sie bei der Wahl der Umgebung achten sollten, welche kommerziellen Nutzungsmodelle es gibt und welche Vor- und Nachteile diese jeweils aufweisen.

1.1 Positionierung der SAP Business Technology Platform innerhalb der SAP-Strategie

Die SAP BTP deckt die Anwendungsfälle Innovation, Erweiterung und Integration vollumfänglich ab. Sie ein ist zentraler Baustein der SAP-Strategie des *intelligenten Unternehmens*. SAP definiert das intelligente Unternehmen auf der Seite *www.sap.com/products/intelligent-enterprise.html* wie folgt (von uns übersetzt):

> *»Intelligente Unternehmen beschleunigen die datengestützte Neuausrichtung und die Prozessautomatisierung, etablieren moderne Geschäftsmodelle, bieten außergewöhnliche Nutzererlebnisse und vieles mehr. Sie nutzen neueste Technologien, um gewonnene Erkenntnisse in Handlungen umzusetzen – unternehmensweit und in Echtzeit. Ein intelligentes Unternehmen verbindet Benutzererlebnisse mit Betriebsabläufen und setzt dafür Experience-Management-Lösungen (XM-Software), eine Technologieplattform für Unternehmen und eine Reihe von passenden Anwendungen ein.«*

X-Data und O-Data

Die SAP BTP bildet innerhalb eines solchen Unternehmens die Intelligenzschicht und dient als Bindeglied zwischen Nutzer- und Kundenerfahrungen (*Experience*) und dem technischen Betrieb der Unternehmens-IT (*Operations*, siehe Abbildung 1.1).

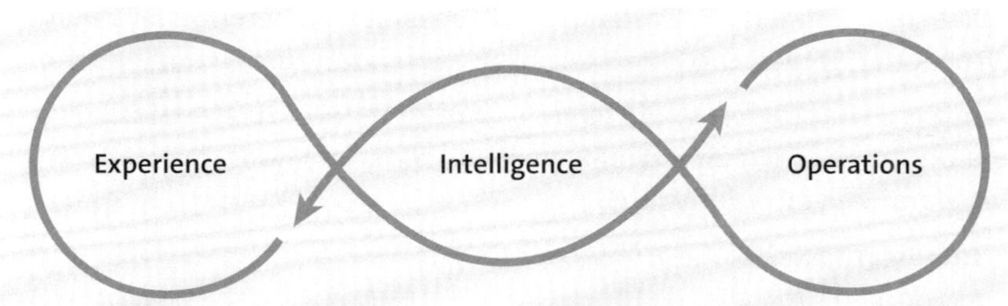

Abbildung 1.1 Positionierung der SAP Business Technology Platform

Die aus den Nutzer- und Kundenerfahrungen gewonnenen Daten werden als *X-Data* bezeichnet, jene aus dem Betrieb als *O-Data*:

- X-Data umfassen Daten zu Kunden, Mitarbeitenden, Produkten und der eigenen Marke. Die Verarbeitung und der gewinnbringende Einsatz dieser Daten hat mit der Übernahme von der Firma *Qualtrics* einen prominenten Platz im Produktportfolio von SAP eingenommen. Lösungen für diesen Bereich werden unter der Bezeichnung *SAP Customer Experience* (vormals SAP C/4HANA) angeboten.
- Mit O-Data meint man jene Daten, die durch den Betrieb der Unternehmenssoftware in strukturierter Form vorhanden sind. Diese Daten finden sich in vielen SAP-Komponenten und -Produkten. Sie können unter anderem aus den Bereichen Personalmanagement (Human Capital Management, kurz HCM), Finanzwesen, Beschaffung, Fertigung, Supply Chain Management (SCM) und Customer Relationship Management (CRM) stammen.

Eine intelligente Kombination von X- und O-Data kann zu einem Informationsgewinn führen. Aus diesem Grund wird die SAP BTP strategisch als Bindeglied zwischen X- und O-Data positioniert. Jedoch kann die SAP BTP auch dann gewinnbringend zum Einsatz kommen, wenn Sie (noch) keine Produkte aus dem Experience-Management-Portfolio von SAP verwenden.

Foundational Platform Services

Die *Security Services*, also jene Services der SAP BTP, die Sicherheitsfunktionen bereitstellen, lassen sich nicht eindeutig den erwähnten funktionalen Blöcken zuordnen. Security und Identity Management werden den *Foundational Platform Services* zugeordnet. Diese umfassen essenzielle Querschnittsfunktionen, die von allen weiteren Services verwendet werden.

Die Intelligenzschicht ist sehr vielfältig und umfasst die Bereiche Datenbanken und Datenmanagement, Applikationsentwicklung und Integration, Analytics und intelligente Technologien. Für SAP-Kunden und -Partner soll die SAP BTP einen sogenannten One-Stop-Shop darstellen, d. h. eine einheitliche

Anlaufstelle, mit der alle Produkte und Technologien bereitgestellt werden, die benötigt werden, um eine Vielzahl an Anwendungsfällen umzusetzen.

Intelligent Enterprise Framework

Damit ein Unternehmen die *digitale Transformation* zu einem intelligenten Unternehmen bewerkstelligen kann, sind laut SAP drei technische Komponenten erforderlich:

- **Intelligente Suite**
  Eine integrierte, aber dennoch modulare Suite von *Line-of-Business-Anwendungen* ermöglicht es SAP-Kunden, Erkenntnisse funktionsübergreifend auszutauschen, Stakeholder besser zu adressieren und den täglichen Betrieb zu vereinfachen. Bei den Line-of-Business-Anwendungen handelt es sich um Produkte wie die SAP Business Suite, SAP S/4HANA, SAP SuccessFactors, SAP Concur, SAP Ariba, SAP Fieldglass usw.
- **Digitale Plattform**
  Die digitale Plattform stellt Technologien und Produkte bereit, um das wachsende Datenvolumen und die Geschäftsprozesse in einem intelligenten Unternehmen dynamisch zu orchestrieren. Damit wird die Analyse und Bewertung der Daten unterschiedlicher Herkunft in Echtzeit ermöglicht. Die digitale Plattform bildet die Grundlage aller intelligenten Aktivitäten.
- **Intelligente Technologien**
  Intelligente Technologien sind keine Science-Fiction, sondern real existierende Werkzeuge und Technologien, die Kunden dabei unterstützen, künstliche Intelligenz (KI) oder besonders fortschrittliche Technologien in Geschäftsergebnisse umzuwandeln. Zu diesen Technologien zählen unter anderem Analytics, Machine Learning (ML), das Internet der Dinge (IoT) und Blockchain. Sie werden durch die digitale Plattform bereitgestellt, in Anwendungen der intelligenten Suite eingebettet und auf Prozesse angewendet, die sowohl SAP-Daten und -Anwendungen als auch solche von Drittanbietern integrieren.

Das Zusammenspiel dieser Komponenten wurde von SAP im Jahr 2018 als *Intelligent Enterprise Framework* vorgestellt, sie bilden also das Rahmenwerk für ein intelligentes Unternehmen.

Erweiterung und Geschäftsprozesszentrierung

Auf der SAPPHIRE NOW 2020 wurde eine erweiterte Form des Intelligent Enterprise Frameworks vorgestellt. Diese Version zeichnet sich dadurch aus, dass sie den Fokus auf Geschäftsprozesse legt. Es wurden folgende drei Schichten eingeführt:

- **Technologie**
  Technologie wird in Form der SAP BTP bereitgestellt. Auf dieser Plattform sind daher auch die Foundational Platform Services und die in diesem Buch behandelten Sicherheitsservices angesiedelt.

- **Applikation**
  Die Applikationsschicht beinhaltet die intelligente Suite und die *Industry Cloud*. In der Industry Cloud werden branchenspezifische Lösungen von SAP und SAP-Partnern bereitgestellt.
- **Geschäftsprozesse**
  In dieser Schicht werden funktionsübergreifende Geschäftsprozesse abgebildet.

Die Zielsetzung von SAP ist es, Prozesse durchgängig und produktübergreifend abzudecken. Das Experience Management, und somit die Gewinnung von X-Data, erfolgt zwischen der Applikations- und der Geschäftsprozessschicht. In den folgenden Abschnitten gehen wir detaillierter auf die bereits erwähnten Anwendungsfälle der SAP BTP, Innovation, Erweiterung und Integration ein.

1.1.1 Innovation: Entwicklung neuer Cloud-Lösungen

Die SAP BTP unterstützt Sie bei der Erstellung neuer, innovativer Cloud-Anwendungen. Sie stellt dazu SAP-Kunden und -Partnern Funktionen und Technologien bereit, mit denen sich nahezu jede Anforderung abdecken lässt.

SAP Cloud Application Programming Model

Für die Entwicklung neuer Applikationen führt künftig kein Weg am *SAP Cloud Application Programming Model* (CAP) vorbei. Dabei handelt es sich um ein Framework aus Sprachen, Bibliotheken und Tools zur Erstellung von Geschäftsanwendungen. Es basiert auf einer Mischung aus etablierten und weitverbreiteten Open-Source-Technologien und SAP-Technologien (siehe Abbildung 1.2).

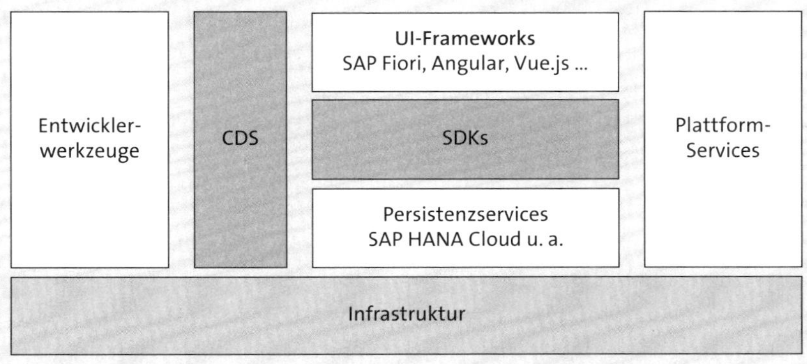

Abbildung 1.2 SAP Cloud Application Programming Model

Programmiersprachen und Frameworks

An dieser Stelle fällt besonders auf, dass bekannte Programmiersprachen wie JavaScript und Java sowie Frameworks wie Node.js, Express und Spring zum Einsatz kommen. Viele SAP-Kunden haben diese noch nicht auf dem Radar, sie haben sich jedoch zur effizienten Entwicklung von skalierbaren und sicheren Cloud-Applikationen auf dem Markt etabliert. Die SAP BTP dient hier auf der einen Seite als Laufzeitumgebung für die mithilfe dieser Sprachen und Frameworks entwickelten Applikationen und stellt auf der anderen Seite Services bereit, die in diesen Applikationen konsumiert werden können.

SAP-Technologien

SAP setzt darüber hinaus auf Technologien, die sich bei SAP-Kunden in den letzten Jahren bewährt haben. Dazu zählen das UI-Framework (User Interface) *SAP Fiori*, die In-Memory-Plattform *SAP HANA*, die Datenmodellierungssprache *Core Data Services* (CDS) und das *OData-Protokoll*. Für Bestandskunden ist dadurch gewährleistet, dass aus dem Betrieb der SAP-on-Premise-Lösungen vorhandenes Wissen auch beim hybriden Betrieb und Cloud-Betrieb weiterhin verwendet werden kann. So bleiben Investitionen in die Aus- und Weiterbildung der Mitarbeitenden geschützt.

Die Plattform ist aber eben auch offen für andere Technologien, die nicht zwingend aus dem Hause SAP stammen müssen. Damit möchte man auch jene Kunden und Entwicklerteams ansprechen, die noch nicht zu den SAP-Bestandskunden zählen. Im Bereich der UI-Frameworks werden neben SAP Fiori beispielsweise Technologien wir AngularJS, vue.js oder React unterstützt. Neben der SAP-HANA-Datenbank und SAP HANA Cloud werden auch andere Datenbanken, wie z. B. SQLite, unterstützt.

Programmierung nach dem CAP

Die Programmierung nach dem CAP kann unserer Erfahrung nach recht schnell erlernt werden. Damit Sie das CAP effizient verwenden können, erfolgt eine saubere Datenmodellierung auf Basis der SAP-eigenen *Domain Specific Language* (DSL) CDS. Damit können Datenmodelle vollumfänglich beschrieben werden. Auf Basis dieser Datenmodelle lässt sich in wenigen Schritten ein OData-Service erstellen, der das Datenmodell für den externen Zugriff über das HTTP-Protokoll bereitstellt. Dieser OData-Service kann wiederum sehr einfach in SAP-Fiori-Apps konsumiert werden.

Für Cloud-Anwendungen essenzielle Funktionen wie die Mandantenfähigkeit werden ebenfalls im Standard bereitgestellt. In Cloud-Applikationen, die nicht mit dem CAP entwickelt werden, ist die manuelle Implementierung der Mandantenfähigkeit dagegen sehr aufwendig – anders als in der ABAP-Welt. Diese Aufgabe wird von dem Framework übernommen. Die Integration von Services der SAP BTP und von Drittanbietern über Programmierschnittstellen (Application Programming Interfaces, kurz APIs) ist mit dem Framework ebenfalls mit geringem Aufwand möglich.

Weiterführende Informationen zum SAP Cloud Application Programming Model

Eine Einführung in das CAP und ausführliche Entwicklungsbeispiele erhalten Sie in dem Buch »Anwendungsentwicklung auf der SAP Cloud Platform. Das SAP Cloud Application Programming Model« von Klaus Kopecz (SAP PRESS 2021).

1.1.2 Erweiterung: Erweitern von SAP-Cloud-Lösungen

SAP Extension Suite

Ein weiterer zentraler Anwendungsfall der SAP BTP ist die Erweiterung von SAP-SaaS-Applikationen. Dazu wird die *SAP Extension Suite* als Teil der SAP BTP angeboten. Sie ermöglicht die schnelle Erweiterung bestehender Applikationen. Sie stellt Tools und Technologien zur Erweiterung von Geschäftsprozessen und zur Automatisierung sich wiederholender Aufgaben bereit.

Ereignisgesteuerte Erweiterungen

Die Erweiterung von SaaS-Applikationen erfolgt ereignisgesteuert. Tritt im SaaS-Produkt ein Ereignis ein, wie beispielsweise das Einpflegen einer neuen Bewerbung in SAP SuccessFactors oder die Anlage eines neuen Leads in SAP Sales Cloud, kann darauf in einer Erweiterung reagiert werden. Dieses Prinzip wird in Abbildung 1.3 dargestellt.

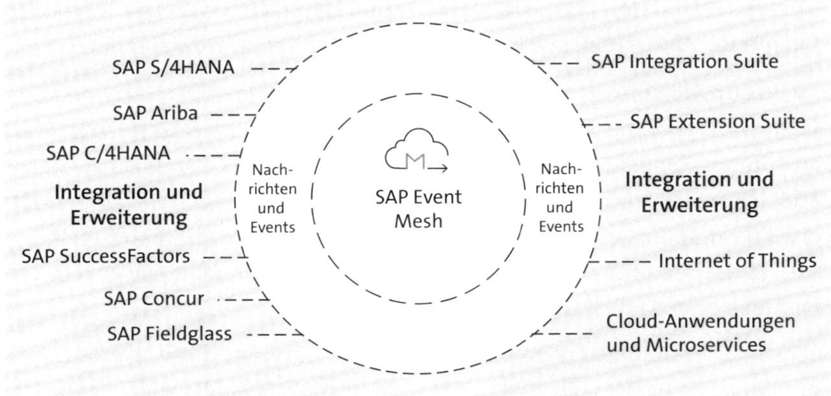

Abbildung 1.3 Ereignisgesteuerte Erweiterung von SaaS-Anwendungen (Quelle: SAP)

Die Idee dahinter ist trivial und seit vielen Jahren in unterschiedlichsten Integrationsszenarien im Einsatz. Das Auslösen eines Ereignisses führt zum Senden einer Nachricht an den Service *SAP Event Mesh* (vormals SAP Cloud Platform Enterprise Messaging), der für die asynchrone Nachrichtenvermittlung zuständig ist. Die Erweiterungen auf der SAP BTP greifen diese

Nachricht ab und können darauf reagieren. Die Nachricht selbst enthält nicht den vollständigen betroffenen Datensatz der SaaS-Applikation, sondern nur eine ID. Die Erweiterung verwendet diese ID, um die benötigten Daten über eine API aus der SaaS-Applikation abzurufen.

Die Kommunikation mit der SaaS-Applikation erfolgt, unabhängig davon, ob Daten nur gelesen oder auch manipuliert werden, ausschließlich über APIs. Erweiterungen des Datenmodells sowie die Speicherung der Daten erfolgen in der jeweiligen Erweiterung. Das bedeutet, dass die SaaS-Applikation nicht verändert werden muss. Somit kann SAP Updates der SaaS-Applikation ohne Auswirkung auf die Erweiterungen durchführen.

Lose gekoppelte Geschäftslogik

SAP definiert eine Erweiterung im SAP Help Portal unter *http://s-prs.de/v809800* wie folgt (übersetzt von uns):

> *»Eine Erweiterung ermöglicht es, lose gekoppelte Geschäftslogik zu entwickeln, die sich schnell instanziieren und automatisch skalieren lässt. Die Funktionen, die durch die Geschäftslogik dargestellt werden, verarbeiten, transformieren und speichern Daten in der Cloud. Erweiterungen können Funktionen zum Empfangen und Reagieren auf Ereignisse in der SAP BTP und externen Ereignisquellen verwenden, um Daten zu validieren, Daten zu verarbeiten und Benachrichtigungen zu senden. Neben diesen Funktionen können Trigger angelegt werden, die die zugehörige Funktion aufrufen, z. B. kann ein zeitbasierter Trigger wiederkehrende Aktivitäten wie Reporting und Bereinigungsjobs einplanen.«*

Erweiterungen sind durch die Besonderheit gekennzeichnet, dass sie in einer *serverlosen* Umgebung ausgeführt werden. Mit serverlosen Umgebungen können Applikationen, die den sogenannten *Digital Core*, also die Kerngeschäftsanwendung, erweitern, in der SAP Extension Suite erstellt, verwaltet und ausgeführt werden. Serverlose Architekturen haben sich bereits seit Jahren in den Sprachassistenten diverser Anbieter, wie z. B. Amazon Alexa oder Apple Siri, bewährt.

Serverlose Architekturen bestehen zwar aus Servern, diese werden aber vom Cloud-Anbieter vollumfänglich verwaltet. Das betrifft auch die Bereitstellung und Skalierung. In serverlosen Architekturen wird das *Pay-per-Use-Prinzip* angewendet, d. h., die Kunden bezahlen nur die tatsächlich verwendeten Ressourcen. Während der Cloud-Anbieter also für die automatische Skalierung, Verwaltung und den Betrieb der Infrastruktur verantwortlich ist, kann sich der Kunde bzw. dessen Entwicklungsteam auf die Entwicklung und Architektur der Anwendung konzentrieren.

1.1.3 Integration: Cloud-Lösungen und On-Premise-Systeme

Der dritte Anwendungsbereich der SAP BTP ist die Integration. Sie ist eine wichtige Voraussetzung für ein intelligentes Unternehmen und gewinnt für Organisationen zunehmend an Priorität. Da digitale Interaktionen heute die Norm geworden sind, werden vernetzte, kontextbezogene und durchgehende digitale Erfahrungen zum neuen Standard. Wer sein Unternehmen auf die Zukunft vorbereiten will, nutzt die Integration, um Kunden-, Produkt-, Mitarbeiter- und Markenerlebnisse zu verbessern und um – kontinuierlich und in Echtzeit – weitreichende Maßnahmen basierend auf X-Data umzusetzen.

Um typischen Integrationsanforderungen gerecht zu werden, ermöglicht die *SAP Integration Suite* als weitere Kernkomponente der SAP BTP die Verbindung und Kontextualisierung von Prozessen und Daten, während neue Anwendungen schneller und mit weniger Abhängigkeit von der IT erstellt werden können.

SAP Cloud Integration

Das zentrale Produkt im Bereich der Integration ist *SAP Cloud Integration* (vormals *SAP Cloud Platform Integration*). Es handelt sich dabei um eine Middleware, die als technologische Basis die Engine *Apache Camel* verwendet. SAP Cloud Integration erlaubt die synchrone und asynchrone Kommunikation und unterstützt eine Vielzahl an Protokollen und Technologien. Dazu zählen beispielsweise *Hypertext Transfer Protocol Secure* (HTTPS), *Simple Object Access Protocol* (SOAP), *Java Database Connectivity* (JDBC), *Representational State Transfer* (REST), *Java Message Service* (JMS) und *SSH File Transfer Protocol* oder *Secure File Transfer Protocol* (SFTP). Es gibt außerdem eine Reihe von Adaptern für die Anbindung von SaaS-Lösungen wie SAP SuccessFactors und SAP Ariba. SAP Cloud Integration eignet sich für die Umsetzung von Integrationsszenarien in den Bereichen *Application-to-Application* (A2A), *Business-to-Business* (B2B) und *Business-to-Governance* (B2G).

Pre-Packaged Content

SAP Cloud Integration ermöglicht es, vordefinierte Inhalte (*Pre-Packaged Content*) zu verwenden. Darunter versteht man von SAP oder Partnern erstellte Integrationen für unterschiedliche Szenarien. Der Vorteil des Pre-Packaged Content liegt darin, dass Sie fertige Integrationslösungen bekommen, in denen alle Aspekte der Integration zwischen bestimmten Systemen bereits vollständig abgebildet sind. Um diesen Content zu verwenden, müssen Sie typischerweise nur die Konnektivität auf Sender- und Empfängerseite Ihrer spezifischen Systeme konfigurieren.

[zB]

Datenübertragung an Finanzbehörden

Ein sehr anschauliches Beispiel für solchen Pre-Packaged Content ist *eDocument*. In vielen Ländern besteht die gesetzliche Anforderung, dass Unternehmen bestimmte Daten aus B2B-Transaktionen innerhalb eines definierten Zeitraumes an die Finanzbehörde übermitteln müssen. Möchte ein SAP-Kunde diese Schnittstellen selbst implementieren, muss er sich im ersten Schritt um die Ermittlung und Bereitstellung der Daten aus dem beteiligten SAP-System, typischerweise eine SAP Business Suite oder SAP S/4HANA, kümmern. In nächsten Schritt muss er die Schnittstellen der beteiligten Finanzbehörde analysieren und die Daten aus dem SAP-System über ein Mapping in das geforderte Format bringen. Danach muss er sich um die Verschlüsselung und Signatur der gesendeten Daten kümmern. Abschließend müssen die Authentifizierung und technische Konnektivität gegenüber der Finanzbehörde eingerichtet werden. Auch eine adäquate Fehlerbehandlung sollte natürlich nicht vergessen werden. Und selbstverständlich sollte der Verarbeitungsstatus aufseiten der Finanzbehörde auch wieder im SAP-System vermerkt werden.

Für die Umsetzung dieser Anforderungen bewegt man sich hinsichtlich des Implementierungsaufwands meist bei einer zweistelligen Anzahl an Personentagen. Berücksichtigt man jetzt noch die Tatsache, dass ein multinationaler Konzern diese Anforderung in zehn oder mehr Ländern umsetzen muss, kann man ein Entwicklungs- und Integrationsteam für lange Zeit mit dieser Umsetzung auslasten. Das liegt natürlich nicht im Interesse der SAP-Kunden. Daher liefert SAP für dieses Szenario fertigen Content in Form von sogenannten Integrationsflüssen (*iFlows*) aus, die alle Aspekte der Integration abdecken. In der SAP-on-Premise-Landschaft installiert der Kunde dazu ein passendes Add-on, das sich in die Finanzbuchhaltung integriert. Der Kunde ist nur noch für die Konfiguration der Konnektivität und das laufende Monitoring der Schnittstellen verantwortlich, was die Implementierungsaufwände massiv reduziert. Ändert sich an den von den Behörden bereitgestellten Schnittstellen etwas, aktualisiert SAP die betroffenen iFlows, und der Kunde kann in SAP Cloud Integration direkt auf den aktuellsten Stand umsteigen.

SAP Integration Suite

Das Integrationsportfolio der SAP BTP umfasst neben SAP Cloud Integration mittlerweile eine Vielzahl weiterer Anwendungen, die unter dem Namen *SAP Integration Suite* vertrieben werden. Ein weiteres interessantes Werkzeug der SAP Integration Suite ist beispielsweise *SAP API Management*. Damit können eigene SOAP-, REST- und OData-APIs strukturiert dokumentiert, internen und externen Entwicklerteams bereitgestellt und kommerziell verwertet werden. Zur Laufzeit kann SAP API Management beispielsweise dafür sorgen, dass nur eine bestimmte Anzahl an Anfragen zugelassen werden oder dass immer wieder verwendete Daten gepuffert werden und nicht permanent aus dem Quellsystem geladen werden müssen. SAP API Management hilft Unternehmen auch dabei, den Gesamtüberblick über den Zustand ihrer APIs zu behalten und Fehler und Probleme bei deren Einsatz sofort zu erkennen.

Weiterführende Informationen zur SAP Integration Suite

Informationen zu den weiteren Werkzeugen der SAP Integration Suite finden Sie auch in dem Buch »SAP-Schnittstellenmanagement. Der praktische Leitfaden für die hybride Information« von Adam Kiwon, Mark Lehmann, Manuel Männle und Martin Tieves (SAP PRESS 2021). Eine umfangreiche Einführung in SAP Cloud Integration erhalten Sie in dem Buch »SAP Cloud Integration. Das umfassende Handbuch« von Lars Pülm (SAP PRESS 2021). Zu SAP Event Mesh empfehlen wir das E-Bite »SAP Enterprise Messaging« von Andrzej Halicki und Ricardo Viana (SAP PRESS 2021).

1.2 Umgebungen der SAP Business Technology Platform

Neo und Cloud Foundry

Anfangs wurde die SAP BTP ausschließlich in SAP-eigenen Rechenzentren und in der proprietären Neo-Umgebung betrieben. Parallel zu SAP haben sich andere Cloud-Anbieter mit eigenen Angeboten auf dem Markt etabliert, wie beispielsweise Amazon mit den Amazon Web Services (AWS), Microsoft mit Azure, Google mit der Google Cloud und Alibaba mit der Alibaba Cloud. Um den Betrieb und die Bereitstellung von Services in der Cloud über alle Anbieter hinweg zu vereinheitlichen, haben namhafte Cloud-Anbieter unter dem Mantel der *Cloud Foundry Foundation* zusammengefunden, um einen einheitlichen Standard zu definieren (siehe *https://www.cloudfoundry.org/*). Die Cloud-Foundry-Umgebung der SAP BTP inklusive der darin zu aktivierenden Kyma-Umgebung basieren auf diesem Standard.

SAP setzt nicht nur in der SAP BTP, sondern auch in weiteren Produkten auf die Cloud-Foundry-Architektur. Zu diesen Produkten gehört beispielsweise *SAP HANA Extended Application Services, Advanced Model (SAP HANA XSA)*, die in SAP HANA integrierte Laufzeit- und Entwicklungsumgebung.

Services der SAP BTP

Die Plattform bietet eine Reihe von Funktionen, die verschiedene technische Komponenten wie Services, Werkzeuge, APIs und Anwendungen beinhalten. Innerhalb der SAP BTP stellt SAP es den Kunden zur Wahl, ob sie die Services in der Cloud-Foundry-Umgebung oder weiterhin in der Neo-Umgebung nutzen möchten. In beiden Umgebungen ermöglichen, erleichtern oder beschleunigen die Services die Entwicklung von Geschäftsanwendungen und anderen Plattformdiensten auf der SAP BTP. Neukunden können allerdings nur noch mit der Cloud-Foundry- (oder zukünftig der Kyma-)Umgebung arbeiten.

SAP gruppiert die Services in die folgenden Typen:

- **Business Services**
  Business Services sind Dienste, die die Entwicklung von Geschäftsprozesskomponenten ermöglichen, erleichtern oder beschleunigen oder branchenspezifische Funktionalitäten oder Inhalte innerhalb einer Geschäftsanwendung bereitstellen.
- **Technische Services**
  Technische Services sind Dienste, die die Entwicklung von allgemeinen oder domänenunabhängigen Inhalten innerhalb einer Geschäftsanwendung ermöglichen, erleichtern oder beschleunigen, unabhängig vom Geschäftsprozess oder der Aufgabe der Anwendung.

[»]

Verfügbare Services

Es werden nicht alle Services in allen Regionen und Umgebungen angeboten. Eine Übersicht über die verfügbaren Services finden Sie im *SAP Discovery Center* (*https://discovery-center.cloud.sap/*).

Innerhalb der SAP Extension Suite und der SAP Integration Suite gruppiert SAP die angebotenen Services wiederum in die folgenden Kategorien:

- Extension Suite – Development Efficiency
- Extension Suite – Digital Experience
- Extension Suite – Digital Process Automation
- Integration Suite

Custom Domain

In beiden Umgebungen bietet SAP den *SAP Custom Domain Service* an. Dieser ermöglicht es Inhaber*innen von Subaccounts (siehe auch Abschnitt 1.3.2), die von ihnen verwendeten SAP-BTP-Anwendungen über eine benutzerdefinierte Domäne (Custom Domain) zugänglich zu machen. Diese Domäne unterscheidet sich von der Standarddomäne (*hana.ondemand.com*) und kann beispielsweise *cloud.meinefirma.com* lauten. Eine benutzerdefinierte Domäne muss pro Subaccount lizenziert und konfiguriert werden. Die Konfiguration erfolgt über die Kommandozeile, was wir in Abschnitt 6.5.1, »Kommandozeile zur Konfiguration einer Custom Domain in der Neo-Umgebung verwenden«, ausführen.

1.2.1 Neo-Umgebung

SAP-Rechenzentren

Die Neo-Umgebung der SAP BTP ist ein Enterprise-Platform-as-a-Service-Angebot von SAP, das umfassende Dienstleistungen und Funktionen zur Anwendungsentwicklung bereitstellt. Mit diesen Services können Sie Geschäftsanwendungen in der Cloud erstellen, erweitern und miteinander integrieren. Die Neo-Umgebung ist kein eigenständiges Produkt, das lizenziert werden kann, sondern eine Sammlung unterschiedlicher Lösungen, die in SAP-eigenen Rechenzentren bereitgestellt werden. Abbildung 1.4 bietet eine Übersicht aller Rechenzentren, in denen die Neo-Umgebung betrieben wird.

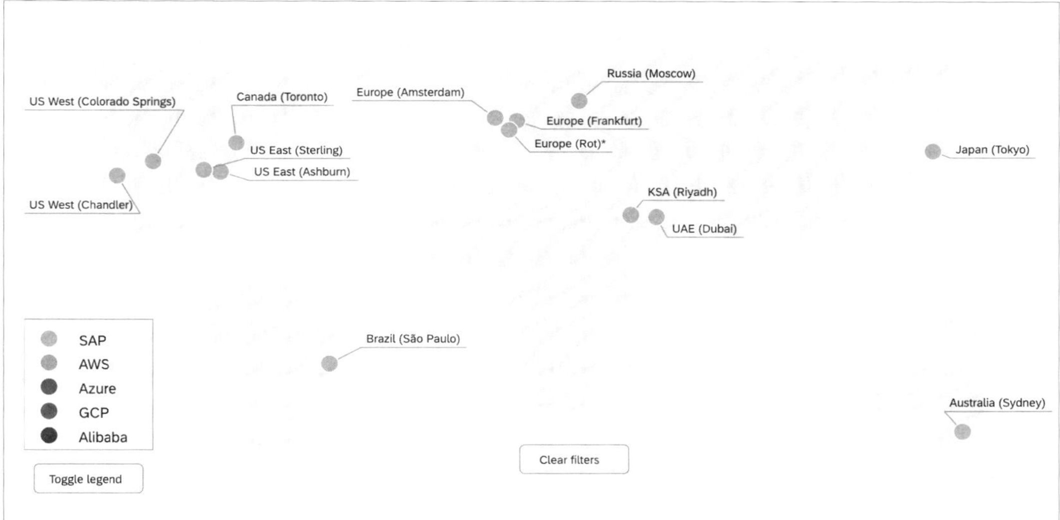

Abbildung 1.4 Rechenzentren für die Neo-Umgebung

Funktionsumfang

Mit der Neo-Umgebung können Sie kundeneigene Anwendungen in HTML5, Java und auf Basis der SAP HANA Extended Application Services (SAP HANA XS) entwickeln und bereitstellen. Des Weiteren können Sie das *SAP UI Development Toolkit for HTML5* (SAPUI5) verwenden, um moderne Benutzeroberflächen für webbasierte Geschäftsanwendungen zu entwickeln, die dem aktuellen Stand der Technik entsprechen.

Die Neo-Umgebung ermöglicht auch die Bereitstellung von Lösungen auf der SAP BTP. Im Kontext der SAP BTP besteht eine *Lösung* aus verschiedenen Anwendungstypen und Konfigurationen, die mit unterschiedlichen Technologien erstellt wurden, um ein bestimmtes Szenario oder einen bestimmten Aufgabenablauf zu implementieren. Lösungen können über das *Enhanced Change and Transport System* (CTS+), den Konsolen-Client oder das *SAP BTP Cockpit* bereitgestellt werden. Das SAP BTP Cockpit wird auch für die Überwachung der Lösungen verwendet.

Multi-Target-Anwendungen

Das in der Neo-Umgebung verwendete *Multi-Target-Anwendungsmodell* (MTA) umfasst und beschreibt Anwendungsmodule, Abhängigkeiten und Schnittstellen in einem Ansatz, der die Validierung, Orchestrierung, Wartung und Automatisierung von Anwendungen während ihres gesamten Lebenszyklus erleichtert.

Weitere Dienste

Neben der Möglichkeit, eigene Applikationen zu entwickeln, bietet die Neo-Umgebung eine Vielzahl an Diensten, mit deren Hilfe weitere im SAP-Umfeld gängige Szenarien umgesetzt werden können. Dazu gehören beispielsweise folgende Dienste, die wir Ihnen kurz vorstellen möchten:

- **SAP Web IDE**
  Die SAP Web IDE ist die integrierte Entwicklungsumgebung (Integration Development Environment, kurz IDE) der Neo-Umgebung und für viele Entwickler*innen der erste Berührungspunkt mit der SAP BTP, da sie für die Entwicklung und Erweiterung von SAP-Fiori-Apps verwendet wird. Zusätzlich können damit IoT-Anwendungen, Workflows und bestimmte weitere Arten mobiler Anwendungen (Apps) entwickelt werden. Die SAP Web IDE kann durch selbst entwickelte Plug-ins oder solche von Drittanbietern erweitert werden.
- **SAP Cloud Integration**
  Wie in Abschnitt 1.1.3, »Integration: Cloud-Lösungen und On-Premise-Systeme«, eingeführt, ist SAP Cloud Integration der zentrale Service, wenn es um die Integration verschiedener SaaS-Lösungen oder um die Integration von SaaS-Lösungen in On-Premise-Systeme geht. Für verschiedene Integrationsszenarien gibt es vordefinierten Content, der von SAP und Partnern zur unmittelbaren Verwendung bereitgestellt wird.

  SAP Cloud Integration wird in der Neo- und der Cloud-Foundry-Umgebung angeboten. Informationen zu den aktuell noch bestehenden Einschränkungen in der Cloud-Foundry-Umgebung finden Sie in SAP-Hinweis 2752867.
- **SAP Mobile Services**
  Die SAP Mobile Services kommen zur Anwendung, wenn mobile Apps im SAP-Kontext erstellt werden und darin ein sicherer Zugriff auf Daten in On-Premise- und SaaS-Applikationen erfolgen soll. Es können native, hybride und metadatengesteuerte Apps erstellt werden. Zusätzlich werden Push-Benachrichtigungen und Offlinefunktionalität standardmäßig bereitgestellt. Unterschiede bei den beiden Umgebungen gibt es hier nur hinsichtlich der Authentifizierung von Benutzern. In Abschnitt 2.2, »Authentifizierung«, gehen wir auf dieses Thema ein.

- **SAP Cloud Portal Service und SAP Launchpad Service**
  Ein typischer Anwendungsfall für den *SAP Cloud Portal Service* sind Endkundenportale. Er steht nur in der Neo-Umgebung bereit. Mit dem *SAP Launchpad Service* können Sie Mitarbeitenden und Endkund*innen über Kataloge und Kacheln im SAP Fiori Launchpad Zugriff auf bestimmte Funktionalitäten in der Cloud ermöglichen. Sie können hier beispielsweise Verzweigungen auf Mitarbeiterservices, Auswertungen oder Buchungsfunktionen bereitstellen. Der Vorteil dieser Cloud-Services liegt darin, dass die beteiligten Backend-Systeme nicht direkt aus dem Internet erreichbar sein müssen und die SAP BTP eine zusätzliche Sicherheitsschicht bereitstellt, die sich beispielsweise um DoS-Attacken (Denial of Service), Malware-Erkennung oder Virenscans kümmert.
- **SAP Translation Hub**
  Der SAP Translation Hub hilft SAP-Kunden dabei, SAP-Fiori-Apps und mobile Apps weitgehend automatisiert in unterschiedliche Sprachen zu übersetzen. Neben dem SAP-eigenen *Multilingual Text Repository* (MLRT) können Sie Ihre eigenen Repositories verwenden und somit domänenspezifische Übersetzungen oder zusätzliche Sprachen bereitstellen.

Sollte eine Anforderung durch die angebotenen Standardservices nicht abgedeckt werden, ermöglicht SAP in der Neo-Umgebung die Verwendung virtueller Maschinen. Damit können Sie eigene Anwendungen installieren und betreiben.

Die Absicherung der Neo-Umgebung behandeln wir in Kapitel 3, »Sicherheit und Berechtigungen in der Neo-Umgebung konfigurieren«, ausführlich.

1.2.2 Cloud-Foundry-Umgebung

Cloud Foundry Foundation

Die Cloud Foundry Foundation ist ein gemeinnütziges Open-Source-Projekt. Die Vision der Foundation ist es, Cloud Foundry zur weltweit führenden Anwendungsplattform für Cloud-Computing zu machen. Die Cloud Foundry Foundation möchte den Bekanntheitsgrad und die Akzeptanz des Open-Source-Projekts Cloud Foundry vorantreiben und eine lebendige Gemeinschaft von mitwirkenden Unternehmen schaffen. Konkret hat sie sich folgende Ziele gesetzt:

- Etablierung und Aufrechterhaltung von Cloud Foundry als globale Industriestandard-PaaS-Open-Source-Technologie mit einem florierenden Ökosystem
- Erhalt und Sicherstellung von Qualität, Wert und Innovationen für Anwenderunternehmen, Betreiber und Anbieter von Cloud-Foundry-Technologie

- Sicherstellung einer lebendigen, agilen Erfahrung für die Mitwirkenden der Gemeinschaft, die native Cloud-Anwendungen höchster Qualität mit hoher Geschwindigkeit global bereitstellen

Regionen

Die Cloud-Foundry-Umgebung der SAP BTP ermöglicht es, Cloud-Anwendungen in unterschiedlichen Programmiersprachen zu entwickeln und zu betreiben. Cloud-Foundry-Anwendungen können auf der SAP BTP in verschiedenen Regionen bereitgestellt werden. Jede Region bildet den Standort eines eigenen Rechenzentrums. Abbildung 1.5 zeigt alle zum Zeitpunkt der Drucklegung dieses Buches verfügbaren Rechenzentren, in denen Services der Cloud-Foundry-Umgebung bezogen werden können.

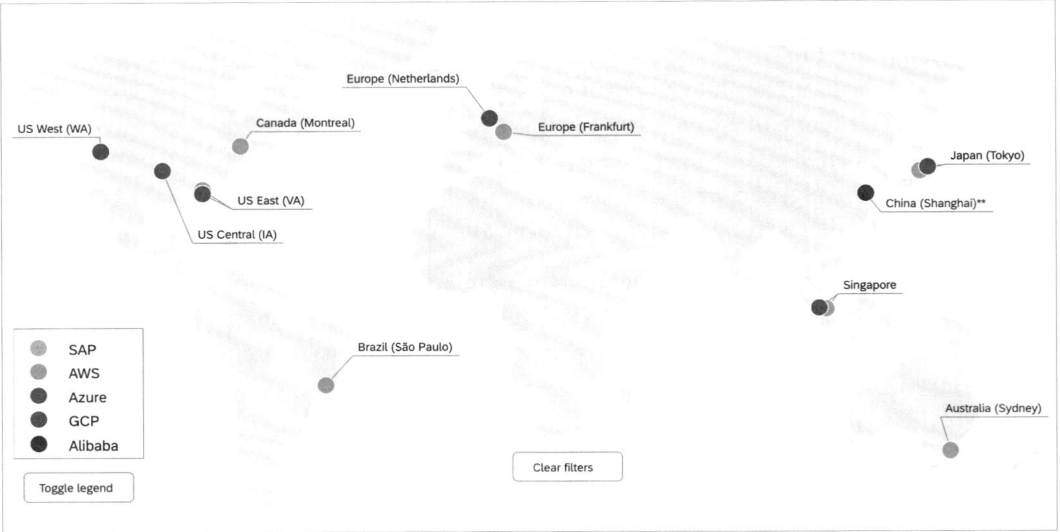

Abbildung 1.5 Rechenzentren für die Cloud-Foundry-Umgebung

Aktuelle Informationen zu den unterstützten Regionen

Da laufend neue Rechenzentren hinzugefügt werden, empfiehlt sich ein Blick in den Bereich **SAP BTP Regions and Service Portfolio** der offiziellen Dokumentation zur SAP BTP. Dort wird auf das *SAP Discovery Center* verwiesen, in dem auch eine interaktive Karte zu den Regionen angeboten wird (*https://discovery-center.cloud.sap/*).

SAP HANA XSA

Cloud Foundry lässt sich auch mit SAP HANA XSA integrieren. Dieser Nachfolger der SAP HANA XS wurde mit SAP HANA 1.0 SPS 10 eingeführt. Die Cloud-Foundry-Laufzeit der SAP BTP basiert auf der von der Cloud Foundry Foundation verwalteten Open-Source-Anwendungsplattform. SAP-Kunden und deren Entwicklungsteams können hier eine Vielzahl von sogenannten *Buildpacks* nutzen. Mit einem Buildpack kann man Anwendungen eines gewissen Typs kompilieren und so paketieren, dass diese in gebündelter Form vorliegen (typischerweise als Archiv). In dieser Form kann man die Anwendungen auf anderen Cloud-Instanzen bereitstellen bzw. dorthin transportieren.

Buildpacks

Folgende Buildpacks werden von SAP offiziell sowohl in der Cloud-Foundry-Umgebung als auch in SAP HANA XSA unterstützt:

- `sap_java_buildpack`
- `sap_nodejs_buildpack`
- `sap_python_buildpack`

Neben den von SAP bereitgestellten Buildpacks besteht auch die Möglichkeit der Nutzung von *Community Buildpacks*, also solchen, die von der Entwicklergemeinde bereitgestellt wurden.

Eine Übersicht der verfügbaren Buildpacks finden Sie in der offiziellen Cloud-Foundry-Dokumentation (*https://docs.cloudfoundry.org/buildpacks/*). In SAP HANA XSA sind jedoch keine Community Buildpacks zulässig. Folgende Community Buildpacks können aber in der Cloud-Foundry-Umgebung der SAP BTP verwendet werden:

- `binary_buildpack`
- `dotnet_core_buildpack`
- `go_buildpack`
- `java_buildpack`
- `nodejs_buildpack`
- `php_buildpack`
- `python_buildpack`
- `ruby_buildpack`
- `staticfile_buildpack`

Zusätzlich ist es möglich, kundeneigene Buildpacks zu verwenden.

Durch die Verwendung der Buildpacks lassen sich in der Cloud-Foundry-Umgebung nahezu alle Anwendungsfälle abbilden. Der Vorteil liegt darin, dass Sie auf jene Buildpacks setzen können, für die in Ihrem Unternehmen bereits Know-how vorhanden ist.

Services und Abonnements

Buildpacks kommen immer dann zur Anwendung, wenn eigene Applikationen erstellt werden. Daneben bietet SAP in der Cloud-Foundry-Umgebung aber auch eine Vielzahl an direkt nutzbaren Standardservices und Anwendungsabonnements (*Subskriptionen*) an, die bestimmte Anwendungsfälle abdecken. Dazu zählen unter anderem folgende:

- **SAP Business Application Studio**
  Das SAP Business Application Studio ist das Gegenstück der Cloud-Foundry-Umgebung zur SAP Web IDE in der Neo-Umgebung. Es basiert auf der IDE Eclipse Theia und wird beispielsweise verwendet, um SAP-Fiori-Apps zu erstellen und zu erweitern. Vor allem im Bereich der Entwicklung und Erweiterung von Apps, die auf *SAP Fiori Elements* basieren, bietet das SAP Business Application Studio einige Vorteile gegenüber der SAP Web IDE. SAP Fiori Elements ist eine beschleunigte Methode, um SAP-Fiori-Apps mithilfe von Bausteinen und Vorlagen zu entwickeln.

  Das SAP Business Application Studio kann ebenso wie die SAP Web IDE durch selbst entwickelte Plug-ins oder solche von Drittanbietern erweitert werden. Es besteht jedoch keine Kompatibilität zwischen Plug-ins für die SAP Web IDE und solchen für das SAP Business Application Studio. Sollten Sie eigene Plug-ins für die SAP Web IDE entwickelt haben, bedeutet das, dass bei einem Umstieg eine Neuentwicklung für das SAP Business Application Studio erforderlich ist.

- **SAP Cloud Integration**
  Der Service SAP Cloud Integration besitzt in der Cloud-Foundry-Umgebung einen ähnlichen Funktionsumfang wie in der Neo-Umgebung. Es gibt jedoch bestimmte Einschränkungen. Diese sind in SAP-Hinweis 2752867 aufgelistet.

- **SAP Mobile Services**
  Die SAP Mobile Services weisen in der Cloud-Foundry-Umgebung denselben Funktionsumfang wie in der Neo-Umgebung auf, es gibt aktuell jedoch Abweichungen im Bereich der Sicherheit. So können in der Cloud-Foundry-Umgebung beispielsweise keine zertifikatsbasierte Authentifizierung und auch kein Secure-Login-Server verwendet werden. Im SAP Help Portal unter *http://s-prs.de/v809801* findet sich ein Abschnitt zur Migration bestehender Lösungen von der Neo- in die Cloud-Foundry-Umgebung.

- **SAP Launchpad Service**
  Der SAP Launchpad Service kann zur Bereitstellung eines SAP Fiori Launchpads verwendet werden. Damit können Sie einen rollenbasierten Zugriff auf Anwendungen und Daten aus SAP-Systemen ermöglichen. Im SAP Fiori Launchpad kommen die aus der On-Premise-Welt bekannten Designkonzepte für SAP Fiori zum Einsatz. In Abschnitt 4.6.1, »Aktivierung und sichere Konfiguration des SAP Launchpad Service«, betrachten wir diesen Service unter sicherheitstechnischen Gesichtspunkten.

- **SAP API Management**
  Mit SAP API Management können Programmierschnittstellen (APIs) in einer sicheren und skalierbaren Umgebung veröffentlicht, vermarktet und im laufenden Betrieb überwacht werden. Im Kontext einer typischen Systemlandschaft kann SAP API Management mit einem der zahlreichen SAP-internen API-Anbieter wie SAP Gateway, SAP BTP oder SAP SuccessFactors genutzt werden. SAP API Management schützt Investitionen in SAP-Lösungen und kann neben SAP- auch Nicht-SAP-Lösungen integrieren. Das Werkzeug trägt über die Gliederung und übersichtliche Darstellung der verfügbaren APIs maßgeblich dazu bei, den Wert digitaler Assets freizusetzen, und ermöglicht die Erstellung und Bereitstellung von Inhalten. SAP API Management ermöglicht die nahtlose Ausführung von Anwendungen durch den sicheren Zugriff auf Backend-Daten. Es ermöglicht außerdem die Verwaltung, Überwachung und Echtzeitanalyse von APIs über verschiedene Datenplattformen hinweg.
- **SAP Internet of Things**
  Die SAP Internet of Things Service (SAP IoT) ermöglicht SAP-Kunden und -Partnern die Entwicklung, Anpassung und den Betrieb von IoT-Geschäftsanwendungen in der Cloud. Der IoT-Service für die Cloud-Foundry-Umgebung verbindet Geräte mit der SAP BTP, um IoT-Daten aufzunehmen und eine sichere und effiziente Verwaltung der verbundenen Geräte zu ermöglichen. Der Service bietet eine sichere Verbindung mit Remote-Geräten und unterstützt die Verwendung vieler gängiger IoT-Protokolle. Dabei kann der gesamte Gerätelebenszyklus vom Onboarding bis zur Außerbetriebnahme abgebildet werden.

  Der IoT-Service sammelt und verarbeitet Sensordaten bereits am Rand, der sogenannten *Edge*, oder in der Cloud und speichert diese auf der SAP BTP. Diese Daten können dann in der Folge von anderen Anwendungen genutzt werden. Darüber hinaus bietet der IoT-Service eine mandantenfähige Architektur, die den rollenbasierten Zugriff auf Gerätedaten über benutzerfreundliche APIs ermöglicht.

IaaS-Partner

In der Cloud-Foundry-Umgebung werden Services über IaaS-Partner (*Infrastructure as a Service*) von SAP bereitgestellt:

- Amazon (AWS)
- Microsoft (Azure)
- Google (Google Cloud)
- Alibaba (Alibaba Cloud)

Die IaaS-Partner betreiben die Infrastrukturschicht der jeweiligen Regionen, während SAP die Plattformschicht und die Cloud-Foundry-Umgebung betreibt. Die SAP BTP ist eine zertifizierte Cloud-Foundry-Distribution. Als Kundin oder Kunde haben Sie ausschließlich Zugriff auf die Plattformschicht und nicht auf die Infrastrukturschicht.

Der Absicherung der Cloud-Foundry-Umgebung haben wir mit Kapitel 4, »Sicherheit und Berechtigungen in der Cloud-Foundry-Umgebung konfigurieren«, ein eigenes Kapitel gewidmet, da es wesentliche Unterschiede und viele Neuerungen im Vergleich zur Neo-Umgebung gibt.

1.2.3 Wahl der Umgebung

Aus kommerzieller Sicht macht es für Sie keinen Unterschied, ob Sie einen Service in der Neo-Umgebung, der Cloud-Foundry-Umgebung nutzen oder ob Sie Services in beiden Umgebungen konsumieren. Sie schließen in allen Fällen einen Vertrag mit SAP und nicht mit dem IaaS-Anbieter. Die Abrechnung erfolgt daher immer über SAP.

Gemeinsamkeiten und Unterschiede

Im Folgenden stellen wir die beiden Umgebungen der SAP BTP einander gegenüber, indem wir ihre Gemeinsamkeiten und Unterschiede hinsichtlich einiger Themengebiete beleuchten:

- **Rechenzentren**
  Die Neo-Umgebung läuft in SAP-Rechenzentren, die Cloud-Foundry-Umgebung läuft bei externen Cloud-Anbietern.
- **Verfügbare Services**
  In beiden Umgebungen sind die Services durch die Regionen limitiert, in denen sie angeboten werden, sowie durch die Plattform selbst. Eine Übersicht der Services und Regionen finden Sie im SAP Discovery Center unter folgender URL: *https://discovery-center.cloud.sap/*

Services, die nur einer Umgebung angeboten werden

SAP API Management und SAP Integration Suite existieren beispielsweise nur in der Cloud-Foundry-Umgebung, der SAP Git Service wird nur in der Neo-Umgebung angeboten.

- **Kommandozeile**
  Für beide Umgebungen gibt es eine umgebungsspezifische Kommandozeile zur Verwaltung Ihrer Subaccounts. Darüber hinaus gibt es ein übergreifendes Kommandozeilenwerkzeug, das auf Ebene der Global Accounts eingesetzt werden kann (siehe auch Kapitel 6, »Administrationswerkzeuge der SAP Business Technology Platform«).
- **Entwicklungswerkzeuge**
  In der Neo-Umgebung gibt es die SAP Web IDE und in der Cloud-Foundry-Umgebung das SAP Business Application Studio.

- **Arten von Anwendungen**
  In der Neo-Umgebung können klassische Java-Anwendungen sowie SAP-Fiori-Applikationen entwickelt und betrieben werden. In der Cloud-Foundry-Umgebung können über sogenannte *Buildpacks* auch Anwendungen in beliebigen anderen Programmiersprachen entwickelt werden (sofern ein Buildpack für diese Sprache verfügbar ist).
- **Benutzer**
  Benutzer können über ein lokales Verzeichnis angebunden werden, in der Neo-Umgebung aber auch über den SAP ID Service auf Basis der S- oder P-User, die SAP vergibt. In der Cloud-Foundry-Umgebung besteht die Möglichkeit, Accounts auf Basis einer beliebigen E-Mail-Adresse zu registrieren.
- **Hybride Landschaften**
  Durch die Kombination verschiedener Services und Subskriptionen mit On-Premise-Lösungen entstehen hybride Landschaften. Wenn Sie für eine Anwendung in der Cloud-Foundry-Umgebung den Identity Authentication Service verwenden, nutzen Sie zur Authentifizierung einen Service in der Neo-Umgebung.

1.3 Architektur der SAP BTP

Abbildung 1.6 stellt das Account-Modell der SAP BTP dar. Einem Global Account können mehrere Subaccounts in den verschiedenen Regionen und Umgebungen der SAP BTP zugeordnet sein.

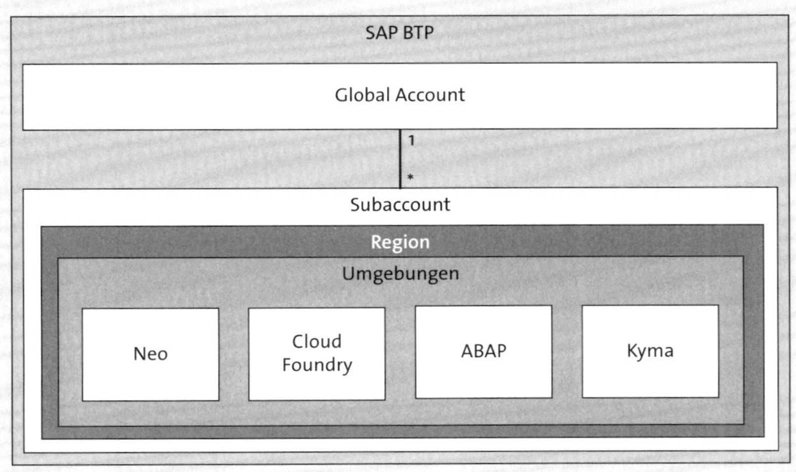

Abbildung 1.6 Account-Modell der SAP BTP

In den folgenden Abschnitten fokussieren wir uns auf die Administration der Geschäftsbenutzer und -rollen innerhalb der Accounts. Die Administration der Global Accounts und Subaccounts abseits dieser sicherheitsspezifischen Themen behandeln wir nur oberflächlich.

Nutzungsmodelle

SAP-Kunden haben bei der Nutzung der SAP BTP die Wahl zwischen zwei kommerziellen Modellen:

- Beim *abonnementbasierten Modell* (Subskription) erhalten Sie über einen bestimmten, vordefinierten Zeitraum hinweg Zugriff auf die ausgewählten Services zu einem festen Preis. Dieses Modell bietet weniger Flexibilität und wird durch folgende Eigenschaften charakterisiert:
  - Es dürfen nur die abonnierten Services verwendet werden.
  - Um zusätzliche bzw. andere Services zu verwenden, muss der Vertrag entsprechend angepasst werden.
  - Unabhängig von der tatsächlichen Nutzung wird der vereinbarte Preis in Rechnung gestellt.
  - Die Leistungen werden vorab zu Beginn der Abrechnungsperiode in Rechnung gestellt.
  - Sie können die Subskription am Ende der Vertragslaufzeit erneuern.
- Das *nutzungsbasierte Modell* bietet verglichen mit dem abonnementbasierten Modell eine höhere Flexibilität. Dieses Modell zeichnet sich durch folgende Eigenschaften aus:
  - Die verwendeten Services müssen vorab nicht abonniert werden.
  - Alle infrage kommenden Services, die aktuell und zukünftig angeboten werden, sind während der gesamten Vertragslaufzeit zur uneingeschränkten Nutzung verfügbar.
  - Es muss nur für die tatsächliche Nutzung der Services bezahlt werden.
  - Es gibt keinen Mindestumfang für die Nutzung (z. B. 1.000 Benutzer).
  - Neue Services können jederzeit ohne Vertragsänderung konsumiert werden.

Vertragsmodelle

Um das nutzungsbasierte Modell zu verwenden, müssen Sie entweder ein *Cloud Platform Enterprise Agreement* (CPEA) oder einen *Pay-as-you-go-Vertrag* für die SAP BTP unterzeichnen. Dabei können Sie entweder vorab sogenannte *Cloud Credits*, also Guthaben, erwerben oder verpflichten sich zur Bezahlung nach dem Pay-as-you-go-Modell. Pay as you go ist nur auf Einladung durch SAP verfügbar.

1.3.1 Global Account

Sobald Sie Services der SAP BTP lizenzieren, wird Ihnen ein Global Account zugewiesen. Die grundsätzliche Idee dahinter ist die, dass jedem Kunden genau ein Global Account zugeordnet wird. Jedoch hat sich in der Praxis herausgestellt, dass Kunden auch mehr als einem Global Account zugeordnet sein können. Das passiert z. B. dann, wenn diese Kunden einen Service der SAP Integration Suite als Erweiterung zu einem SaaS-Produkt von SAP wie SAP SuccessFactors erwerben. Wenn Sie bestimmte Services nach dem Abonnementmodell und andere über ein CPEA beziehen, werden Ihnen ebenfalls zwei Global Accounts zugeordnet.

Global Account eröffnen

Die Authentifizierung der Benutzer auf Ebene der Global Accounts erfolgt ausschließlich über den *SAP ID Service*. Sie melden sich als Kunde typischerweise mit einem *S-User* an, Ihrer Benutzerkennung für den Global Account. Der SAP ID Service ist der öffentliche Indentity Provider von SAP. Bei der Bereitstellung Ihres Global Accounts wird diesem genau ein S-User für die Administration zugeordnet, den Sie in einer Willkommens-E-Mail erhalten. Dieser Benutzer spielt eine wichtige Rolle, da er, wie in Abschnitt 2.2, »Authentifizierung«, noch detailliert erklärt wird, der einzige Benutzer ist, der initial auf den Identity-Authentication-Service der SAP BTP Zugriff hat. Der S-User ist initial als Inhaber der Administratorrolle für den Global Account gesetzt.

Am Global Account anmelden

Der Einstieg in den Global Account erfolgt über die Seite *https://hana.ondemand.com/*. Nachdem Ihr Benutzer erfolgreich authentifiziert wurde, sehen Sie eine Übersicht aller Global Accounts, denen Ihr Benutzer zugeordnet ist. Abbildung 1.7 zeigt diese Übersicht für einen Benutzer, der zwei Global Accounts zugeordnet ist.

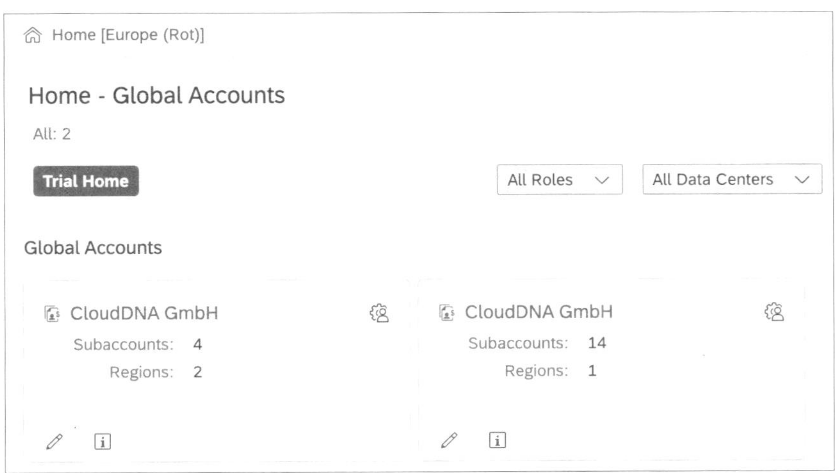

Abbildung 1.7 Übersicht der Global Accounts

Für jeden Global Account wird eine Kachel angezeigt. Auf der Kachel werden die Anzahl der zugehörigen *Subaccounts* sowie die Anzahl der Regionen ausgegeben, in denen die Subaccounts bereitgestellt werden. Dem Global Account CloudDNA GmbH in Abbildung 1.7 sind beispielsweise vier Subaccounts in zwei Regionen zugeordnet.

Global Accounts sind unabhängig von der geografischen Region, also von den Rechenzentren, in denen die Services betrieben werden. Sie dienen der Administration von Subaccounts, Mitgliedern, Entitlements und Quotas. Auf Ebene des Global Accounts werden Ihnen *Entitlements* zur freien Verwendung zugeordnet. Das bedeutet, Ihnen werden die lizenzierten Ressourcen bereitgestellt. Die *Quotas* sind die Umfangsgrenzen, innerhalb derer die Ressourcen verwendet werden dürfen, also beispielsweise der maximale Arbeitsspeicher, der nach eigenen Anforderungen verteilt werden kann. Global Accounts werden ausschließlich von SAP bereitgestellt und können nicht von Kunden selbst angelegt werden.

Entitlements

Sie können Services nicht direkt im Global Account aktivieren, sondern ausschließlich auf Ebene eines Subaccounts. Entitlements können Sie sich als Ressourcenpool vorstellen, in dem alle Services gelistet sind, zu deren Verwendung Sie aufgrund Ihrer Lizenz berechtigt sind. Aus diesem Pool werden die einzelnen Subaccounts bedient. Die Entitlements werden, wie in Abbildung 1.8 dargestellt, in *Subaccount Assignments* und *Service Assignments* aufgeteilt.

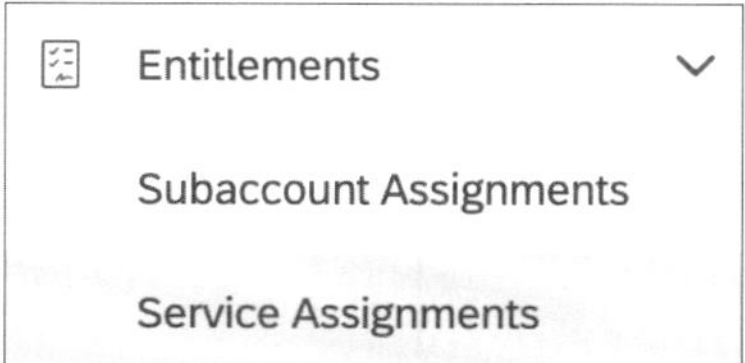

Abbildung 1.8 Entitlements

Zugewiesene Services

Im Bereich **Service Assignments** erhalten Sie eine Übersicht aller in Ihrem Global Account lizenzierten und zugewiesenen Ressourcen (siehe Abbildung 1.9).

Im Bereich **Subaccount Assignments** erhalten Sie einen Überblick der zugewiesenen Ressourcen auf Ebene der Subaccounts. Sie können Ressourcen einem Subaccount zuweisen, indem Sie auf den Button **Configure Entitlements** klicken (siehe Abbildung 1.10).

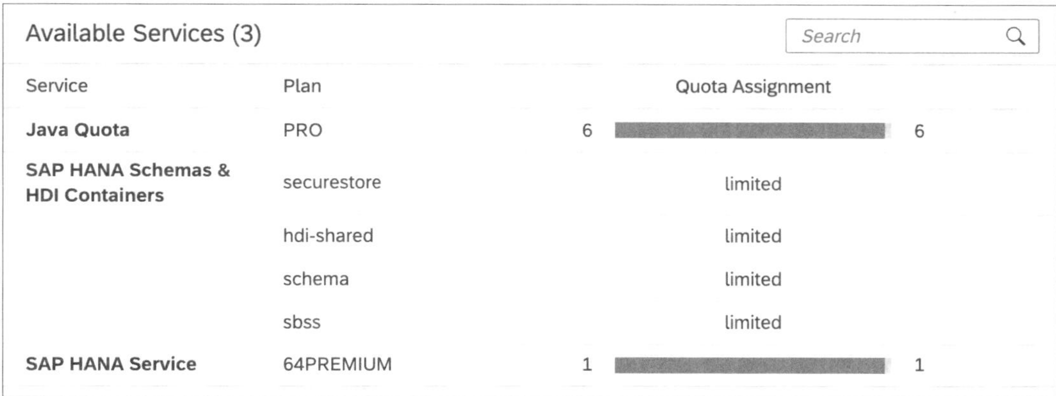

Abbildung 1.9 Liste der dem Global Account zugewiesenen Ressourcen im Bereich »Service Assignments«

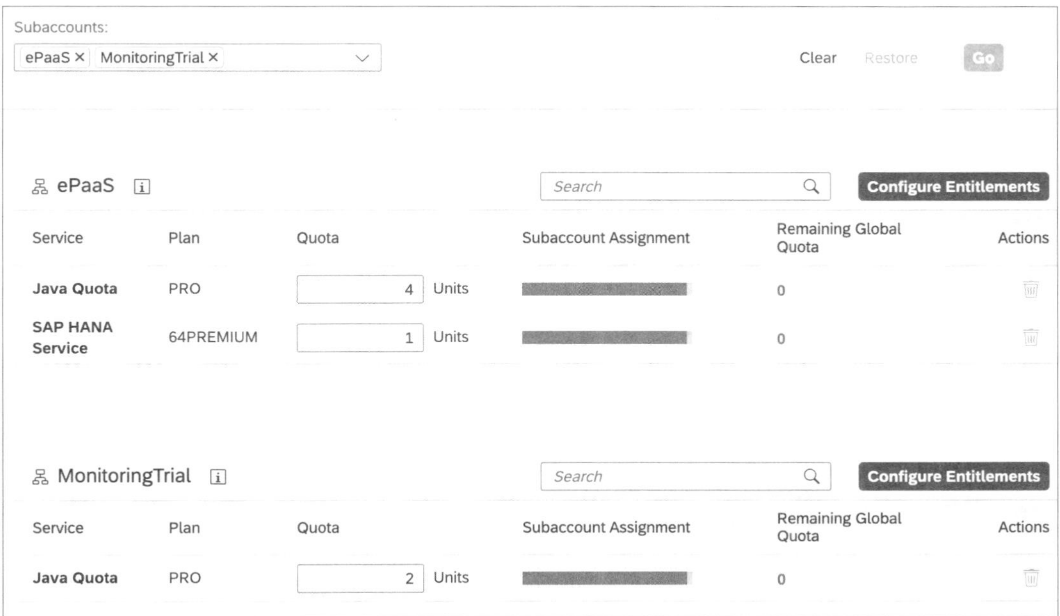

Abbildung 1.10 Liste der dem Subaccount zugewiesenen Ressourcen im Bereich »Subaccount Assignments«

Administration des Global Accounts

Für jeden Lizenztyp wird Ihnen ein dedizierter Global Account zugeordnet. Auf Ebene des Global Accounts muss zumindest ein Administrator oder eine Administratorin zugeordnet werden. Dies geschieht initial durch SAP im Zuge der Bereitstellung des Global Accounts. Die Benutzer in der Rolle des Administrators sind auf Ebene des Global Accounts für folgende Tätigkeiten verantwortlich:

- Verwaltung der Subaccounts
- Verwaltung der Mitglieder auf Ebene des Global Accounts
- Verwaltung der Entitlements

SAP empfiehlt, mindestens zwei Administrator*innen pro Global Account zu benennen. Dadurch kann sichergestellt werden, dass die erforderlichen Tätigkeiten auch dann durchgeführt werden können, wenn ein Administrator oder eine Administratorin das Unternehmen verlässt oder kurzfristig nicht verfügbar ist. Auf Ebene des Global Accounts erfolgt die Authentifizierung der Benutzer immer über den SAP ID Service und damit typischerweise mit dem persönlichen S-User.

Berechtigungen des Global-Account-Administrators/der -Administratorin

Der Administrator oder die Administratorin des Global Accounts ist nicht automatisch zur Verwaltung aller Subaccounts berechtigt, sondern nur jener, die er oder sie selbst anlegt.

1.3.2 Subaccount

Mithilfe von Subaccounts können Sie Ihren Global Account Ihren Anforderungen und der Organisation Ihrer Projekte entsprechend strukturieren. Das bezieht sich auf die Verwaltung der Mitglieder, Berechtigungen und Entitlements.

Jeder Subaccount muss innerhalb einer Region und eines Rechenzentrums erstellt werden. Die Region spiegelt den physischen Standort des Rechenzentrums wider, an dem Applikationen, Daten und Services gehostet werden. Die Region muss nicht mit der Region Ihres Unternehmensstandortes identisch sein.

Übersicht der Subaccounts

Die unter einem Global Account strukturierten Subaccounts sind voneinander unabhängig. Das müssen Sie bei der Planung der Gesamtarchitektur in Bezug auf die Sicherheit, die Mitgliederverwaltung, das Datenmanagement, die Datenmigration und die Integration berücksichtigen. Im SAP BTP Cockpit werden unter dem Menüpunkt **Subaccounts** alle Ihrem Global Account zugewiesenen Subaccounts dargestellt (siehe Abbildung 1.11).

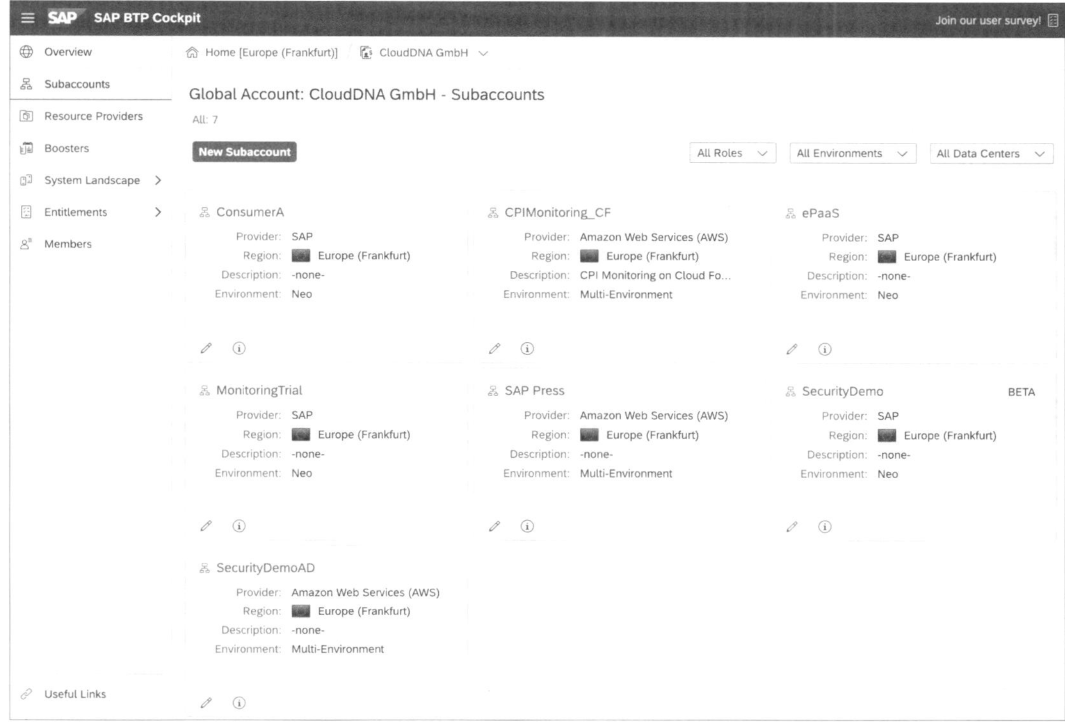

Abbildung 1.11 Übersicht der Subaccounts

[+]

Sinnvolle Subaccount-Struktur wählen

Auf Ebene der Subaccounts können Sie unter anderem die Systemverbindungen konfigurieren. Getrennte Subaccounts für Produktivsysteme und Entwicklung sind empfehlenswert, schon allein zur Trennung der Ressourcen und Systemverbindungen. Darüber hinaus kann man durch eine Trennung nach den verwendeten Backends (z. B. SAP ERP HCM, SAP ERP etc.) oder nach verantwortlichen Teams zusätzliche Sicherheit schaffen.

Subaccount anlegen

Im Gegensatz zu den Global Accounts können Sie Subaccounts selbst anlegen:

1. Klicken Sie dazu in der Subaccount-Übersicht auf den Button **New Subaccount**.
2. Im Dialog zur Anlage des Subaccounts wählen Sie den Provider. Markieren Sie die Checkbox **Neo Environment**, wird **SAP** als Provider gesetzt, da die Neo-Umgebung ausschließlich in SAP-Rechenzentren bereitgestellt wird (siehe Abbildung 1.12).

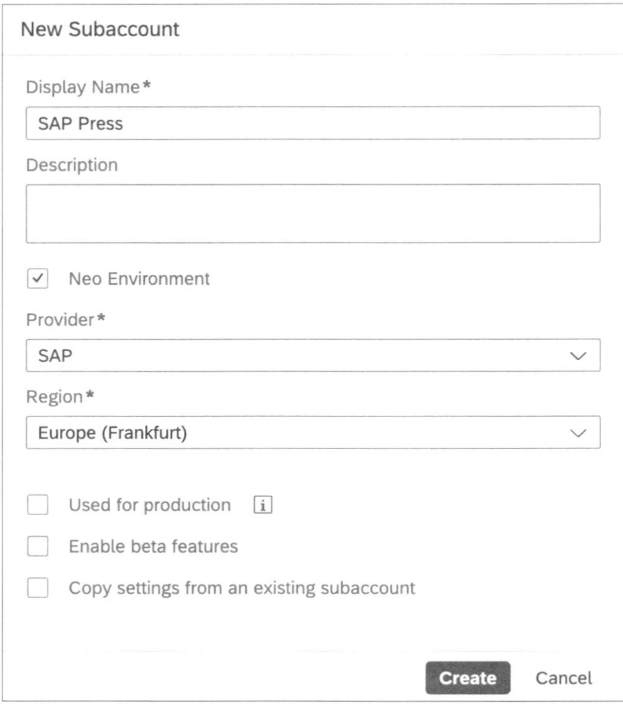

Abbildung 1.12 Neuen Subaccount in der Neo-Umgebung anlegen

3. Im nächsten Schritt wählen Sie die Region aus allen verfügbaren Rechenzentren der Neo-Umgebung.
4. Markieren Sie die Checkbox **Used for production**, hat das zwar keine direkte Auswirkung auf Ihren Subaccount, hilft SAP aber dabei, Ihre Supporttickets zu priorisieren, wenn es sich um einen produktiven Subaccount handelt.

Cloud-Foundry-Subaccount

Die Anlage eines Subaccounts in der Cloud-Foundry-Umgebung erfolgt über denselben Dialog, jedoch wählen Sie in diesem Fall die Checkbox **Neo Environment** nicht aus. Bei der Anlage eines Subaccounts in der Cloud-Foundry-Umgebung gibt es zwei signifikante Unterschiede zur Neo-Umgebung. Zum einen müssen Sie verpflichtend einen Provider auswählen und eine Subdomain definieren. Folgende Provider können dabei ausgewählt werden:

- AWS
- Google Cloud
- Microsoft Azure

Als Region kann zwischen allen Regionen des Providers gewählt werden.

[«]

Auswahl von Alibaba Cloud als Provider

Alibaba Cloud kann an dieser Stelle nicht als Provider ausgewählt werden. Möchten Sie Alibaba Cloud verwenden, müssen Sie Ihren zuständigen SAP-Vertriebsleiter kontaktieren.

Subdomain

Zum anderen muss zusätzlich eine *Subdomain* für den Unique Resource Identifier (URI) definiert werden. Dabei gibt es folgende Punkte zu beachten:

- Der Name der Subdomain darf ausschließlich Buchstaben, Zahlen und Bindestriche enthalten.
- Bindestriche dürfen nicht am Anfang oder Ende des Namens der Subdomain verwendet werden.
- Die Subdomain muss über alle Subaccounts in der gewählten Region über alle Kunden hinweg eindeutig sind. Falls ein anderer Kunde also bereits die von Ihnen gewünschte Subdomain verwendet, muss eine andere Subdomain gewählt werden.
- Groß- und Kleinbuchstaben sind zulässig, wirken sich jedoch nicht auf die Namensgleichheit aus.

Abbildung 1.13 zeigt den Dialog für die Anlage eines Subaccounts in der Cloud-Foundry-Umgebung.

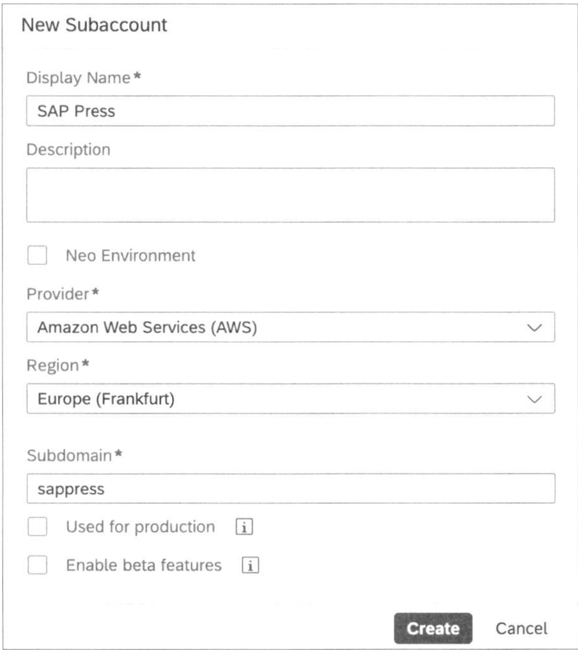

Abbildung 1.13 Neuen Subaccount in der Cloud-Foundry-Umgebung anlegen

[+]

Verfügbarkeit der Services und Ressourcen prüfen

Da nicht alle Services in allen Umgebungen und Regionen verfügbar sind, empfehlen wir Ihnen, vorab in der Dokumentation der SAP BTP zu prüfen, ob die gewünschten Services beim bevorzugten Provider in der gewünschten Region verfügbar sind. Das SAP Discovery Center listet alle Cloud-Services und deren geografische Verfügbarkeit. Beim Aktivieren der Services in der SAP BTP ist ebenfalls ersichtlich, in welchen Rechenzentren der jeweilige Service angeboten wird (siehe Abbildung 1.14).

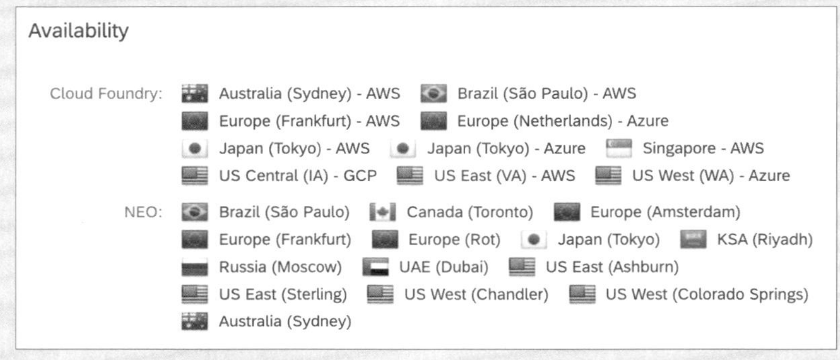

Abbildung 1.14 Serviceverfügbarkeit in der Detailsicht eines Service

1.3.3 Organisationen

Organisationen existieren nur in der Cloud-Foundry-Umgebung. In der Neo-Umgebung arbeiten Sie direkt im Subaccount ohne weitere Unterebenen. Um den Subaccount vollumfänglich verwenden zu können, muss eine Organisation angelegt werden. Öffnen Sie den Subaccount, und klicken Sie auf den Button **Enable Cloud Foundry**, um die Cloud-Foundry-Funktionen zu aktivieren. Abbildung 1.15 zeigt die Übersicht eines initialen Cloud-Foundry-Subaccounts.

Organisation anlegen

Bei der Aktivierung des Subaccounts müssen Sie den Namen der Organisation angeben. Die SAP BTP schlägt Ihnen an dieser Stelle einen Namen vor, diesen können Sie jedoch, wie in Abbildung 1.16 dargestellt, übersteuern. Der vorgeschlagene Name setzt sich aus dem Namen des Global Accounts und dem Namen des Subaccounts zusammen, getrennt durch einen Unterstrich.

Details zur Organisation

Nachdem die Organisation angelegt wurde, werden Ihnen die Details zur Organisation wie in Abbildung 1.17 angezeigt. Diese beinhalten die **Org ID**, die Sie in Zusammenhang mit dem Cloud Connector benötigen werden, und den API-Endpunkt (**API Endpoint**), der in der Cloud-Foundry-Konsole benötigt wird.

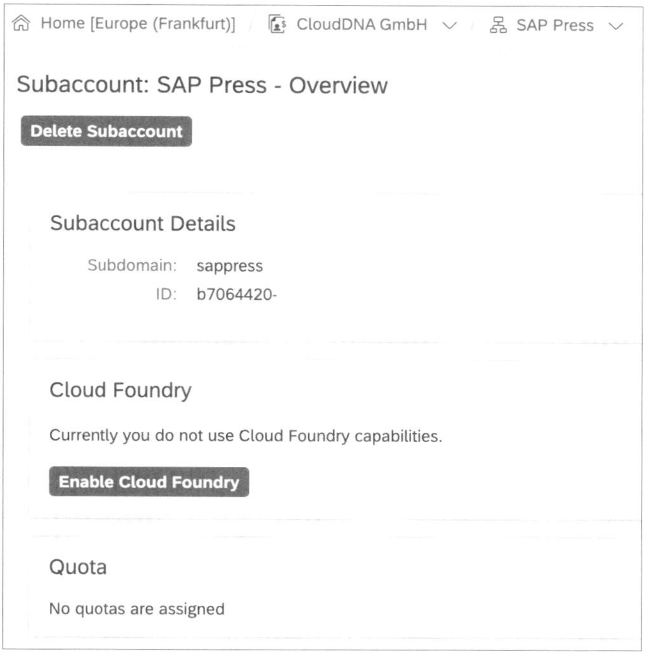

Abbildung 1.15 Detailsicht eines Subaccounts in der Cloud-Foundry-Umgebung

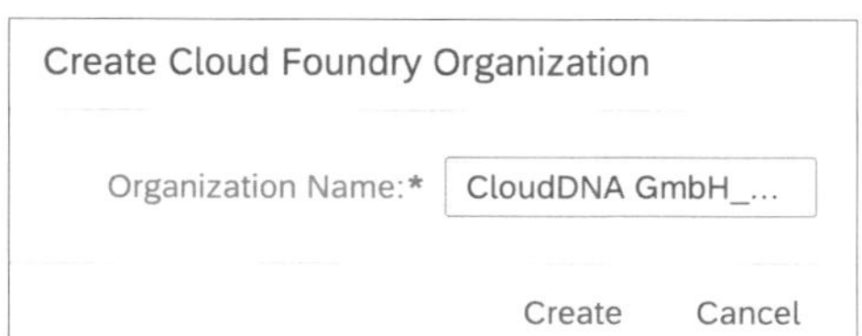

Abbildung 1.16 Namen der Organisation wählen

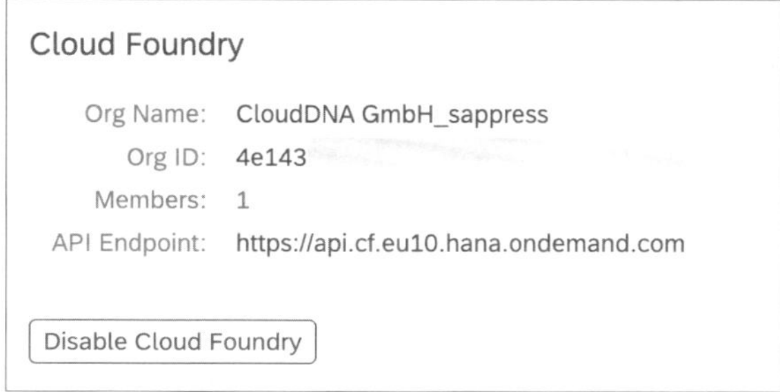

Abbildung 1.17 Details der Cloud-Foundry-Organisation

Mitgliederübersicht

Einer Organisation können Sie Mitglieder (*Member*) hinzufügen. Darauf gehen wir in Abschnitt 3.2, »Benutzerverwaltung«, ausführlicher ein. In Abbildung 1.18 sehen Sie, wie die Mitgliederübersicht eines Cloud-Foundry-Subaccounts initial aussehen sollte. Es gibt nur ein Mitglied, und zwar jenen Benutzer, der den Subaccount im Global Account erstellt hat. Dieser hat als Ursprung (Spalte **Origin**) *sap.ids*, was bedeutet, dass es sich um einen vom SAP ID Service verwalteten Benutzer handelt.

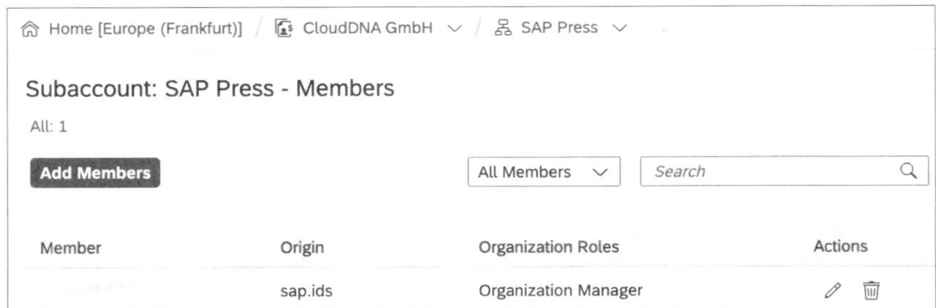

Abbildung 1.18 Mitglieder eines Cloud-Foundry-Subaccounts

Organisation löschen

Sie können Organisationen auch löschen. Dafür muss Ihrem Benutzer die Rolle **Global Account Administrator** zugewiesen sein und Sie müssen zusätzlich als Mitglied dem Subaccount zugeordnet sein, dessen Organisation Sie löschen möchten. Um die Organisation zu löschen, klicken Sie in der Übersicht des Cloud-Foundry-Subaccounts auf den Button **Disable Cloud Foundry** (siehe Abbildung 1.19).

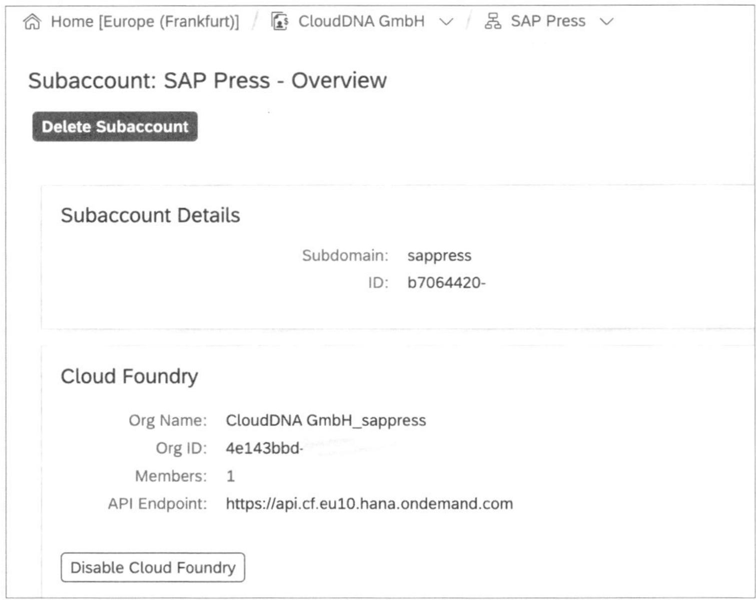

Abbildung 1.19 Organisation löschen

[!]

Subaccount löschen

Das Löschen eines Subaccounts bewirkt, dass alle darin gespeicherten Daten und Konfigurationen unwiderruflich und dauerhaft gelöscht werden.

1.3.4 Spaces

Ebenso wie Organisationen sind auch *Spaces* nur in der Cloud-Foundry-Umgebung verfügbar. Mit Spaces kann man Entwicklungen untergliedern, z. B. in einen Entwicklungs- und Qualitätssicherungs-Space. Voraussetzung für die Anlage eines Space ist ein Benutzer, der im Subaccount der Organisation die Rolle *Organization Manager* besitzt. Die Anlage erfolgt über das SAP BTP Cockpit, indem Sie im Bereich **Spaces** auf den Button **Create Space** klicken (siehe Abbildung 1.20).

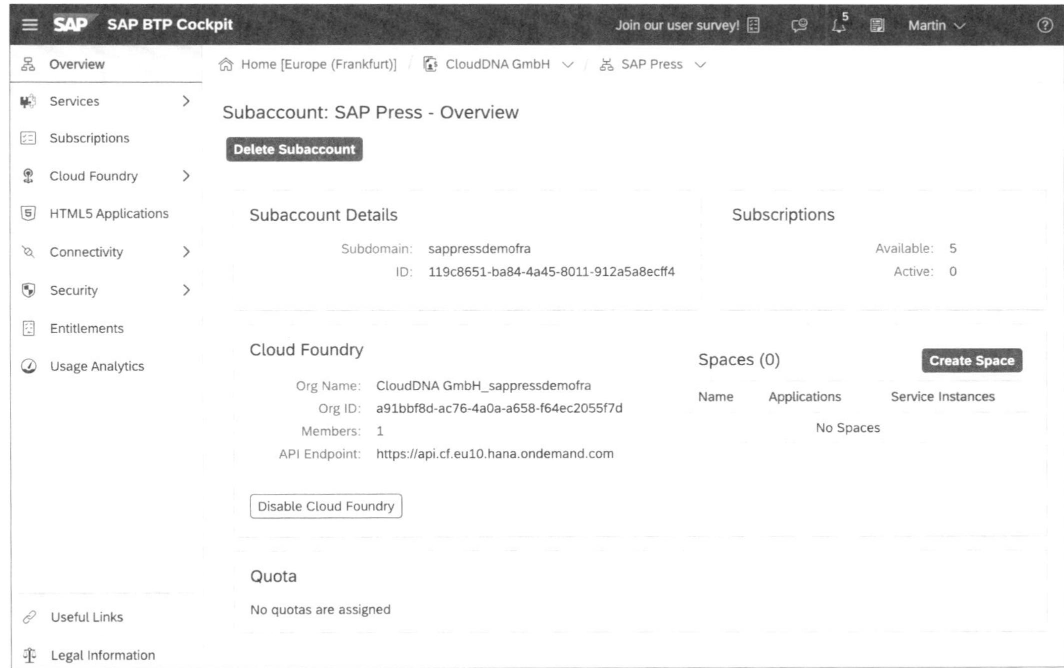

Abbildung 1.20 Cloud-Foundry-Space anlegen

Quotas zuordnen

Nach der Erzeugung sind einem Space initial noch keine Quotas zugewiesen, was Ihnen wie in Abbildung 1.21 angezeigt wird.

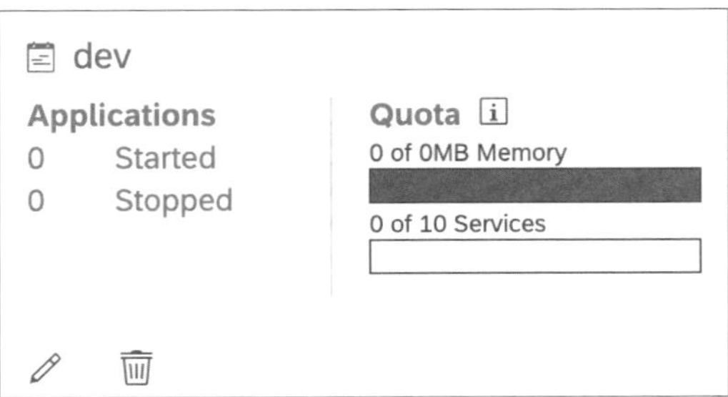

Abbildung 1.21 Quotas zu einem Space

Quota-Plan anlegen

Die Zuordnung von Quotas zu einem Space erfolgt nicht direkt, sondern indirekt, indem Sie zuerst einen *Quota-Plan* anlegen und diesem dann die Quotas zuordnen. Der Quota-Plan legt fest, wie die Ressourcen auf die Quotas verteilt werden dürfen. Der Plan wird anschließend einem Space zugeordnet. Wählen Sie ihn dazu in der Spalte **Quota Plan** aus der Dropdown-Liste aus (siehe Abbildung 1.22).

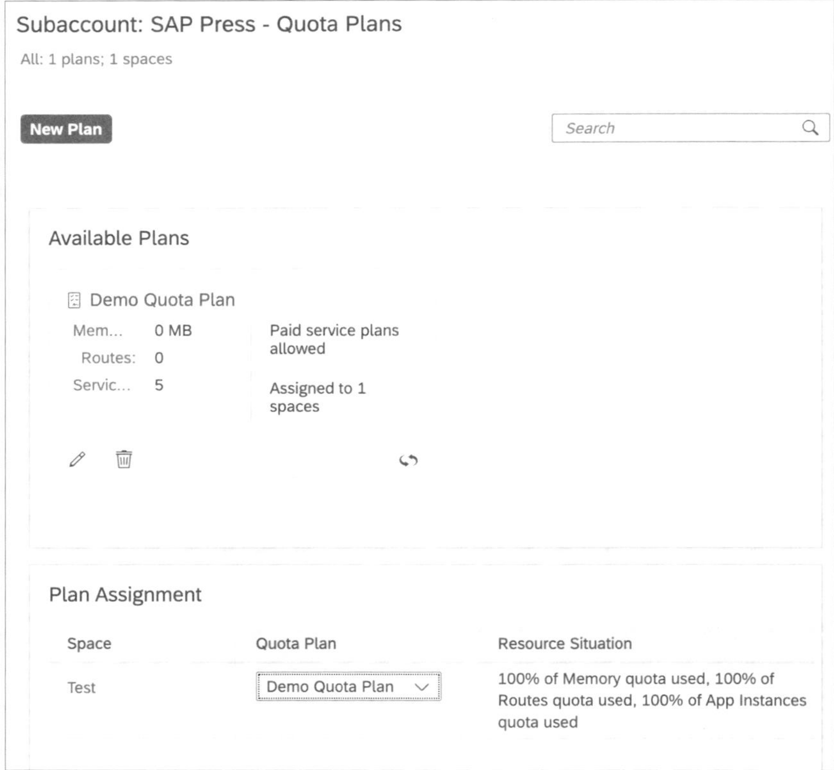

Abbildung 1.22 Plan anlegen und dem Space zuordnen

Best Practices für die Organisation des Space

Ein Space ist quasi ein getrennter Bereich für die Entwicklung bzw. die verschiedenen Versionen einer Cloud-Applikation. In der Praxis sollte daher für jeden Applikationsstatus (Entwicklung, Test, Produktivbetrieb) ein eigener Space existieren. Als Best Practice haben sich jedoch – auch zur Vereinfachung der Systemverbindungen – ein Subaccount namens PROD mit einem Space für den Produktivbetrieb und ein Subaccount namens DEV mit einem Space für Entwicklung und einem Space für den Test etabliert. Diese Struktur sollte pro Applikation oder Team aufgebaut werden.

Space löschen

Auch einen Space können Sie löschen, wenn Sie ihn nicht mehr benötigen. Dazu muss Ihnen die Rolle **Organization Manager** zugewiesen sein. Klicken Sie dann in der Übersicht Ihrer Spaces auf den Lösch-Button ( ) in der Kachel des Space, den Sie löschen möchten (siehe Abbildung 1.23).

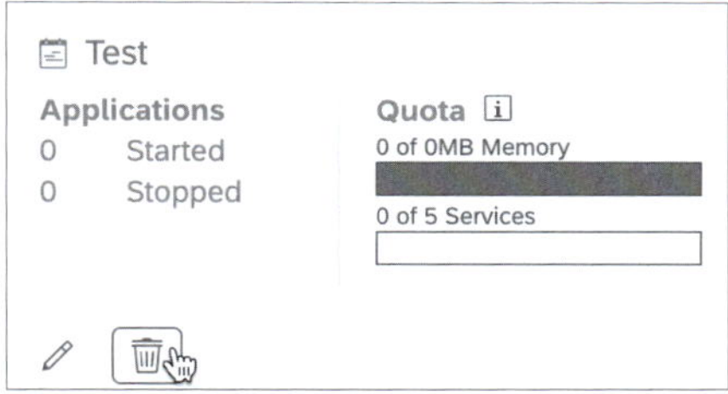

Abbildung 1.23 Cloud-Foundry-Space löschen

Versionierung von Cloud-Anwendungen

Eine generelle Empfehlung zur Versionierung von Cloud-Anwendungen über die Spaces ist die Duplizierung der Entwicklungs- und Test-Spaces für die Dauer der Versionierung. Nach erfolgter Umstellung kann man die alten Spaces dann entfernen (siehe auch Abbildung 1.24).

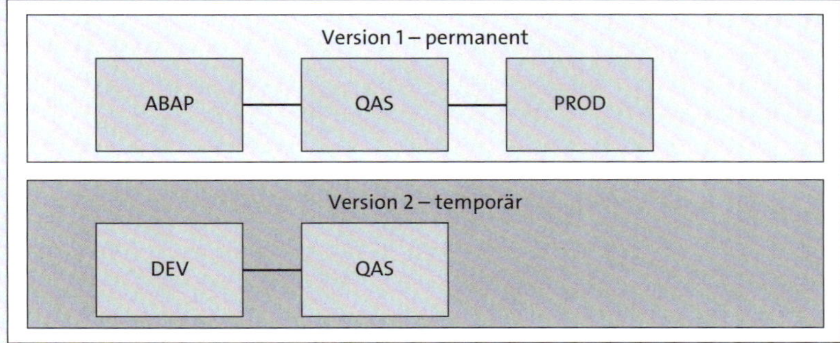

Abbildung 1.24 Schema für die Versionierung mit Spaces

Kapitel 2
Sicherheit auf der SAP Business Technology Platform im Überblick

Sicherheit beginnt mit der Wahl sicherer Übertragungstechnologien für Daten und geht weiter mit der Identifikation von Benutzern bis hin zur Vergabe von Rechten. Die Wartung und Konfiguration der Benutzerverwaltung sollte dabei nicht unabhängig von der eigenen Infrastruktur sein. Benutzer sollten sich auch in der Cloud mit den gewohnten Berechtigungen anmelden können, und wenn ein Benutzer nicht mehr gültig ist, sollten das auch die Cloud-Anwendungen und -Services mitbekommen. Integration auf technischer Ebene ist also Voraussetzung, um die Anwendungen auch fachlich nahtlos zu integrieren.

Sicherheitsmechanismen der SAP BTP

Dieses Kapitel führt in die Sicherheitsmechanismen der SAP Business Technology Platform (SAP BTP) ein, beginnend in Abschnitt 2.1 mit der sicheren Kommunikation. Anschließend gehen wir in Abschnitt 2.2 und Abschnitt 2.3 auf die verschiedenen Authentifizierungs- und Autorisierungsmöglichkeiten ein. Dabei erläutern wir die Unterschiede zwischen der Neo- und der Cloud-Foundry-Umgebung. In Abschnitt 2.4 erläutern wir Ihnen, wie Sie Benutzer mit den SAP Cloud Identity Services als Identitäten verwalten und sicherstellen, dass diese die richtigen Berechtigungen haben. Wir gehen auch auf das SCIM-Protokoll ein, das beim Verwalten von Benutzern bzw. Identitäten in verteilten Architekturen verwendet wird. Schließlich stellen wir in Abschnitt 2.5 die Governance-Funktionen vor, die beim Erkennen und Migrieren kritischer Berechtigungen helfen können. In Abschnitt 2.6 finden Sie eine Checkliste, mit der Sie die grundlegende Absicherung der SAP BTP prüfen können.

2.1 Sichere Kommunikation

Sicherheit ist fundamental bei der Kommunikation zwischen Cloud-Systemen und zwischen Cloud- und On-Premise-Systemen. Einerseits muss auf Anwenderseite Vertrauen in die Sicherheit bestehen, andererseits muss sichergestellt werden, dass Daten auf dem Kommunikationsweg nicht von Dritten mitgelesen oder manipuliert werden können.

Consumer-Bereich

Sichere Kommunikation stand in der Vergangenheit, vor allem im Consumer-Bereich, häufig nicht im Fokus. Das lag vor allem daran, dass sichere Kommunikation aufseiten der Anbieter mit zusätzlichen Kosten verbunden ist und entsprechendes Wissen erfordert. Seit einiger Zeit behandelt Google in den Suchergebnissen sichere Webseiten bevorzugt. Seitdem hat diesbezüglich bei vielen Serviceanbietern ein Umdenken stattgefunden.

Geschäftsanwendungen

In Geschäftsanwendungen ist eine sichere Kommunikation unerlässlich und seit Jahrzehnten nicht diskutierbar. Wenn es um die Absicherung der Kommunikation geht, werden häufig die Abkürzungen SSL, TLS und HTTPS genannt. Häufig werden diese Protokolle verwechselt oder falsch interpretiert. Als Grundlage dienen ihnen symmetrische und asymmetrische Verschlüsselungsverfahren, die wir im Folgenden erklären. Außerdem geben wir einen Überblick über das ISO/OSI-Schichtenmodell, auf dem das TCP/IP-Protokoll basiert, das für Cloud-Anwendungen von essenzieller Bedeutung ist. Nachdem wir Sie in die technischen Grundlagen eingeführt haben, erläutern wir, wie mit den verschiedenen Protokollen und Zertifikaten auf der SAP BTP umgegangen wird.

2.1.1 Grundlagen der sicheren Kommunikation

Um die Wichtigkeit sicherer Kommunikation zu veranschaulichen, führen wir ein triviales Beispiel an, das in der Literatur sehr häufig verwendet wird. Stellen Sie sich folgendes Szenario vor: Sie möchten eine Nachricht auf dem Postweg an einen bestimmten Empfänger oder eine Empfängerin senden. In diesem Szenario würde eine unsichere Kommunikation dem Versand Ihrer Nachricht per Postkarte entsprechen. Diese kann von jeder beteiligten Person auf dem Transportweg, wie beispielsweise dem Briefträger oder der Postbotin, mitgelesen werden. Wenn Sie die Nachricht in einem Briefkuvert an den Empfänger senden, entspricht das dagegen einer sicheren Kommunikation. Nur der oder die Empfänger*in kann die Nachricht lesen, vorausgesetzt das Briefkuvert wird auf dem Transportweg nicht geöffnet.

HTTP vs. HTTPs

In der digitalen Welt entspricht der unverschlüsselte Nachrichtenaustausch dem *HTTP-Protokoll* (Hypertext Transfer Protocol). Jeder Netzwerkknoten kann eine Nachricht auf diesem Weg im Klartext mitlesen. Der verschlüsselte Nachrichtenaustausch entspricht dem *HTTPS-Protokoll* (Hypertext Transfer Protocol Secure). Damit kann zwar auch jeder Netzwerkknoten die Nachricht lesen, jedoch ist diese verschlüsselt und nach aktuellem Stand der Technik ohne Besitz des privaten Schlüssels nur mit immenser Rechenleistung zu knacken.

Verschlüsselung

Basis für die verschlüsselte Kommunikation nach dem *Open-Systems-Interconnection-Modell* der *International Organization for Standardization* (ISO/OSI-Schichtenmodell) sind die symmetrische und asymmetrische Verschlüsselung:

- **Symmetrische Verschlüsselung**
  Bei symmetrischer Verschlüsselung kommt ein einziger Schlüssel zum Einsatz, der sowohl dem Sender- als auch dem Empfängersystem einer Nachricht bekannt sein muss. Der Sender verschlüsselt die Nachricht mit dem Schlüssel, und der Empfänger entschlüsselt die Nachricht mit demselben Schlüssel.

  Die älteste und wohl auch bekannteste Verschlüsselung, die *Caesar-Verschlüsselung*, geht auf das Jahr 100 v. Chr. zurück. Sie wurde nach Gaius Julius Caesar benannt, der diese Art der Verschlüsselung für die militärische Korrespondenz verwendete. Bei der Caesar-Verschlüsselung wird eine einfache Ersetzung (*Substitution*) verwendet.

  Natürlich haben sich die Anforderungen an die Verschlüsselung in der Zwischenzeit geändert. Heutzutage zählen *Data Encryption Standard* (DES), *Triple DES*, *Advanced Encryption Standard* (AES), Blowfish und *International Data Encryption Algorithm* (IDEA) zu den bekanntesten symmetrischen Verschlüsselungsalgorithmen. Für die Qualität der Verschlüsselung ist vor allem die Schlüssellänge von entscheidender Bedeutung. Eine größere Schlüssellänge erfordert aber auch eine höhere Rechenleistung zur Ver- und Entschlüsselung. Die größte Herausforderung der symmetrischen Verschlüsselung ist der Austausch der Schlüssel zwischen Sender und Empfänger. Jeder Netzwerkknoten, der zwischen Sender und Empfänger angesiedelt ist, könnte die Nachricht entschlüsseln, sofern der Schlüssel bekannt ist.

- **Asymmetrische Verschlüsselung**
  Bei asymmetrischer Verschlüsselung besitzen sowohl der Sender als auch der Empfänger ein Schlüsselpaar, das aus einem geheimen (private) und einem öffentlichen (public) Schlüssel besteht. Der Sender kann den Inhalt der Nachricht mit dem öffentlichen Schlüssel des Empfängers verschlüsseln. Nur der Besitzer des geheimen Schlüssels, in unserem Fall der Empfänger, kann die Nachricht mit dem geheimen Schlüssel entschlüsseln. Asymmetrische Verschlüsselung bietet Sicherheit, hat aber den Nachteil, dass sie signifikant langsamer ist als die symmetrische Verschlüsselung.

Eine Kombination aus symmetrischen und asymmetrischen Verschlüsselungsverfahren bildet die Grundlagen der modernen und sicheren Netzwerkkommunikation.

SSL/TLS

Secure Socket Layer (SSL) wurde in der Version 1.0 von Netscape im November 1994 veröffentlicht und ist im ISO/OSI-Schichtenmodell zwischen der Applikations- und Transportschicht angesiedelt. Nur neun Monate später wurde SSL in der Version 2.0 vorgestellt. Im Laufe der Zeit wurden einige Sicherheitslücken bekannt. Die Version 3.0 des Protokolls sorgte bereits 1996 dafür, dass diese Lücken behoben wurden und neue sicherere Cipher-Suites (Sammlungen von Algorithmen und Protokollen) mit längeren Schlüssellängen und neuen Algorithmen bereitstanden.

Inzwischen wurde SSL zu Transport Layer Security (TLS) weiterentwickelt. Es handelt sich dabei im Wesentlichen um ein symmetrisches Verfahren zur sicheren Datenübertragung. Der Einsatz von SSL/TLS wird im Umfeld von SAP-Cloud-Anwendungen vorausgesetzt und ist standardmäßig ohne weitere Aktivierung in der Konfiguration der SAP BTP nutzbar.

2.1.2 SAP Destination Service

Die SAP BTP bietet sowohl in der Neo- als auch in der Cloud-Foundry-Umgebung den *SAP Destination Service* an. Er wird verwendet, um Dienste über Standardprotokolle anzusprechen.

Folgende Protokolle werden unterstützt:

- HTTP/HTTPS
- RFC
- Mail
- LDAP

Die angesprochenen Dienste können entweder über ein öffentliches Netzwerk direkt erreichbar sein oder sich in der On-Premise-Landschaft des Kunden befinden und über den Cloud Connector angesprochen werden.

Destinationen

Die Funktionsweise des SAP Destination Service kann man grundsätzlich mit der der RFC-Destinationen (Remote Function Call) in ABAP-Systemen vergleichen, die über die Transaktion SM59 gepflegt werden. Die Destinationen sorgen dafür, dass die Konfiguration der Verbindungen nicht hart codiert in der Anwendung durchgeführt werden muss. Stattdessen kann die Konfiguration in der Applikation über den Namen der Destination ausgelesen und dynamisch vorgenommen werden.

Abhängig von der Umgebung können Destinationen auf der SAP BTP auf unterschiedlichen Ebenen angelegt und gepflegt werden. Wir zeigen Ihnen im Folgenden die Anlage und Verwaltung in der Neo- und der Cloud-Foundry-Umgebung.

Destinationen in der Neo-Umgebung

In der Neo-Umgebung können Destinationen gleichzeitig auf drei Ebenen konfiguriert werden:

- auf Ebene des Subaccounts
- auf Anwendungsebene
- auf Ebene der Subskription eines Service (Java oder HTML5)

Das bedeutet, dass es möglich ist, auf mehr als einer Konfigurationsebene ein und dasselbe Ziel einer Kommunikation zu definieren.

Ebene des Consumer-Subaccounts

Soll das Ziel für einen bestimmten Subaccount zugänglich sein (und nur dort), wird die Destination im SAP BTP Cockpit im Bereich **Connectivity • Destinations** angelegt (siehe Abbildung 2.1).

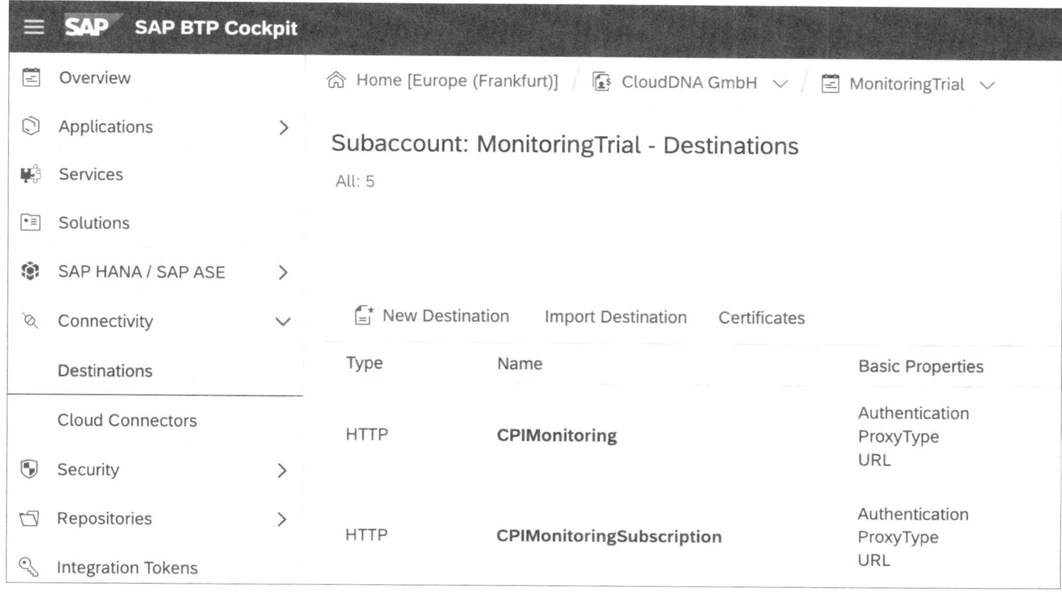

Abbildung 2.1 Anlage einer Destination auf Ebene des Subaccounts in der Neo-Umgebung

Wie Sie Destinationen konfigurieren, erfahren Sie in Abschnitt 5.5, »Einrichtung des SAP Destination Service«.

Anwendungsebene

Bezieht sich das Ziel auf eine Anwendung und den Subaccount des jeweiligen Anbieters (*Anbieter-Subaccount*), wird sie im Rahmen der Konfiguration des jeweiligen Service angelegt. In diesem Fall ist die Destination unabhängig von dem Consumer-Subaccount, in dem die Anwendung läuft. Abbildung 2.2 zeigt exemplarisch die Destinationsübersicht einer mobilen

Anwendung in den *SAP Mobile Services*. Eine neue Destination legen Sie hier über den Button **New Destination** an.

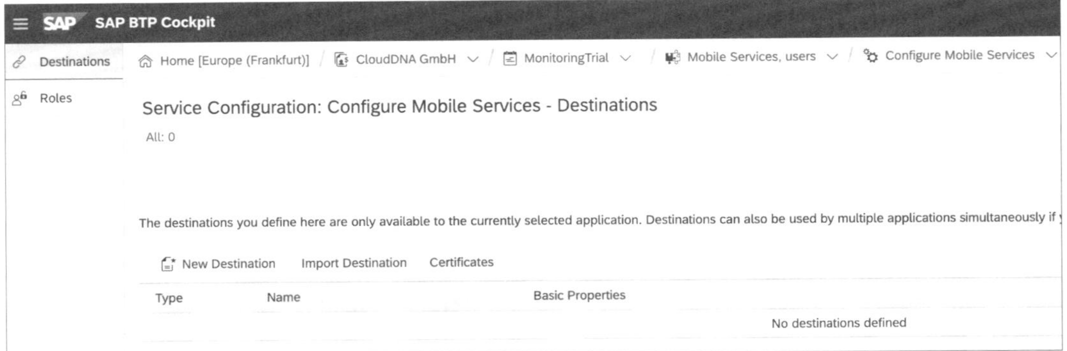

Abbildung 2.2 Destinationen auf Ebene einer Anwendung in der Neo-Umgebung

Ebene der Subskription

Bezieht sich das Ziel sowohl auf die Anwendung als auch auf den Anbieter-Subaccount und den Subaccount des Kunden (*Consumer-Subbaccount*), wird sie auf Ebene der Subskription angelegt. Dieser Fall stellt eine Besonderheit dar, da die Applikation in einem dedizierten Subaccount bereitgestellt und von diesem abonniert wird. Die Applikation wird nicht im Subaccount des Kunden installiert. Die Konfiguration einer solchen Destination erfolgt auf Ebene der abonnierten Anwendung, in Abbildung 2.3 beispielsweise SAP Cloud Portal Service. Auch hier finden Sie unter **Destinations** eine Übersicht der Destinationen und können über den Button **New Destination** eine neue Verbindung anlegen.

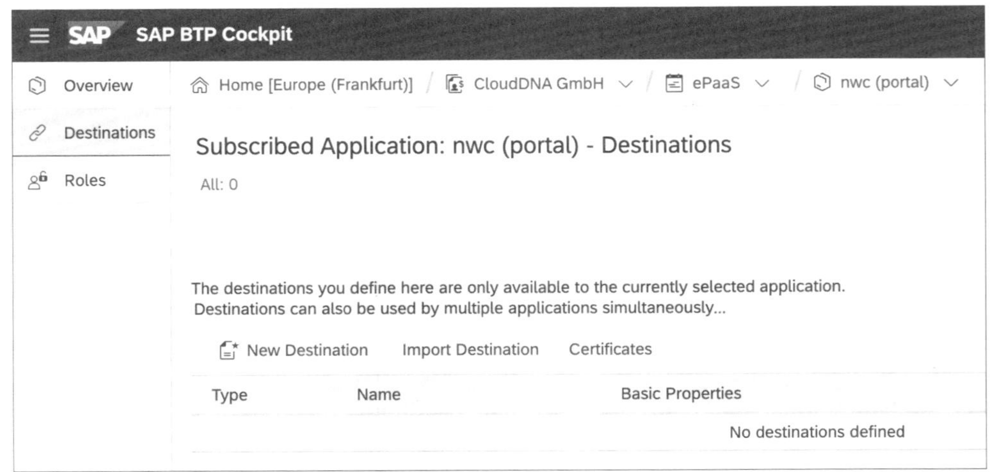

Abbildung 2.3 Destinationen auf Ebene der Subskription in der Neo-Umgebung

Die Laufzeitumgebung versucht, die Destinationen in folgender Reihenfolge zu finden: Subskription, Consumer-Subaccount, Anwendungsebene.

In der Neo-Umgebung können folgende Arten von Destinationen verwendet werden:

Typen von Destinationen

- **HTTP**
  Eine HTTP-Destination ermöglicht die Datenkommunikation über das HTTP-Protokoll sowohl für Internet- als auch für On-Premise-Verbindungen.
- **RFC**
  Eine RFC-Destination ermöglicht Verbindungen zu ABAP-on-Premise-Systemen über das RFC-Protokoll unter Verwendung des Java Connectors (JCo) und des Cloud Connectors.
- **LDAP**
  Eine LDAP-Destination ermöglicht es, eine LDAP-basierte (Lightweight Directory Access Protocol) Benutzerverwaltung zu aktivieren, sofern ein LDAP-Server im On-Premise-Netzwerk betrieben wird.
- **Mail**
  Eine Destination dieses Typs ermöglicht es, einen E-Mail-Provider für das Senden und Empfangen von E-Mails über die Protokolle Simple Mail Transfer Protocol (SMTP), Internet Message Access Protocol (IMAP) oder Post Office Protocol (POP3) anzubinden.

Destinationen in der Cloud-Foundry-Umgebung

In der Cloud-Foundry-Umgebung können Destinationen auf der Ebene des Subaccounts definiert werden. Die Destination wird dabei für den gesamten Subaccount angelegt. Das verwendete Kommunikationsprotokoll und weitere Eigenschaften wie die Authentifizierungsmethode, der Proxy-Typ und eine URL werden dabei angegeben.

Ebene des Consumer-Subaccounts

Bezieht sich das Ziel auf einen bestimmten Subaccount, wird die Destination im SAP BTP Cockpit im Bereich **Connectivity • Destinations** angelegt (siehe Abbildung 2.4). Vergleichen Sie diese Umgebung mit der Neo-Umgebung in Abbildung 2.1, erkennen Sie, dass SAP versucht hat, eine einheitliches Benutzererlebnis in beiden Umgebungen zu schaffen. Die Anlage erfolgt hier demnach auf die gleiche Weise, wie in Abschnitt 5.5, »Einrichtung des SAP Destination Service«, weiter beschrieben.

Typen von Destinationen

In der Cloud-Foundry-Umgebung können ausschließlich HTTP-, RFC- oder Mail-Destinationen angelegt werden. LDAP-Destinationen werden in dieser Umgebung nicht unterstützt.

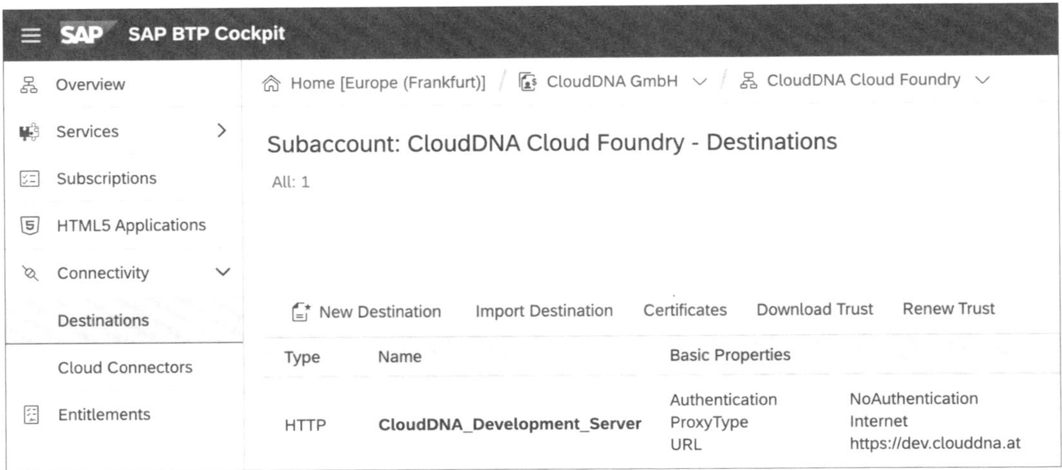

Abbildung 2.4 Destinationen auf Ebene des Subaccounts in der Cloud-Foundry-Umgebung

Neben der Anlage über das SAP BTP Cockpit besteht sowohl in der Neo- als auch in der Cloud-Foundry-Umgebung die Möglichkeit, Destinationen unter Verwendung der Kommandozeile anzulegen. Darüber hinaus lassen sich Destinationen über eine OData-API anlegen.

2.1.3 Zertifikatsbehandlung in Destinationen

Verwendung von Nicht-Standard-Zertifikaten

In der SAP BTP sind bereits Stammzertifikate der renommierten Zertifizierungsstellen vorhanden. Sie werden im *Standard-Truststore* vorgehalten. Hier ist SAP den gleichen Weg gegangen wie die renommierten Browserhersteller, die ebenfalls ein Set an Zertifikaten mit den Browsern ausliefern, denen vertraut wird. Möchten Sie wie im Beispiel von Abbildung 2.5 eine Destination zu einem HTTPS-Endpunkt verwenden, dessen Zertifikate nicht im Standard-Truststore liegen, ist das eine potenzielle Fehlerquelle, die jedoch bei der Anlage der Destination nicht direkt erkennbar ist. Bei restriktiver Auslegung in Ihrem Unternehmen wäre es umgekehrt nötig, Root-Zertifikate, denen nicht vertraut wird, zu entfernen.

Verbindungstest ausführen

Klicken Sie in diesem Fall auf den Button **Check Connection**, um einen Verbindungstest auszuführen. Nun wird Ihnen eine Fehlermeldung vom Typ SSL-Handshake angezeigt (siehe Abbildung 2.6). Das bedeutet, dass die Aushandlung von Schlüsselinformationen nicht funktioniert hat, weil die Vertrauensbeziehung fehlt.

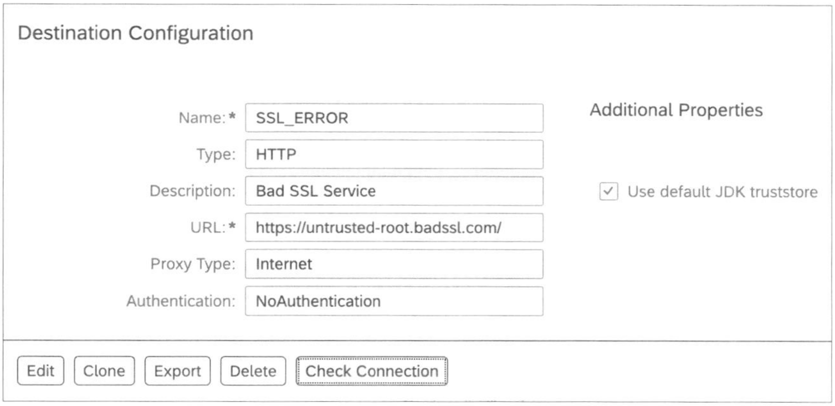

Destination Configuration

Name: *	SSL_ERROR	Additional Properties
Type:	HTTP	
Description:	Bad SSL Service	☑ Use default JDK truststore
URL: *	https://untrusted-root.badssl.com/	
Proxy Type:	Internet	
Authentication:	NoAuthentication	

Edit | Clone | Export | Delete | Check Connection

Abbildung 2.5 Destination mit nicht vertrauenswürdigem Endpunkt

Check Connection

Failure reason: "An error of type SSLHandshake occurred during check connection!"

Close

Abbildung 2.6 Fehlermeldung bei Auftreten eines SSL-Handshakes

Kundeneigener Truststore

Das Problem lässt sich einfach lösen, indem Sie einen kundeneigenen Truststore verwenden. Entfernen Sie dazu in der Destinationskonfiguration das Häkchen bei der Option **Use default JDK truststore**. Nun haben Sie die Möglichkeit, eine eigene **Trust Store Location** auszuwählen und das zugehörige Passwort einzugeben (siehe Abbildung 2.7).

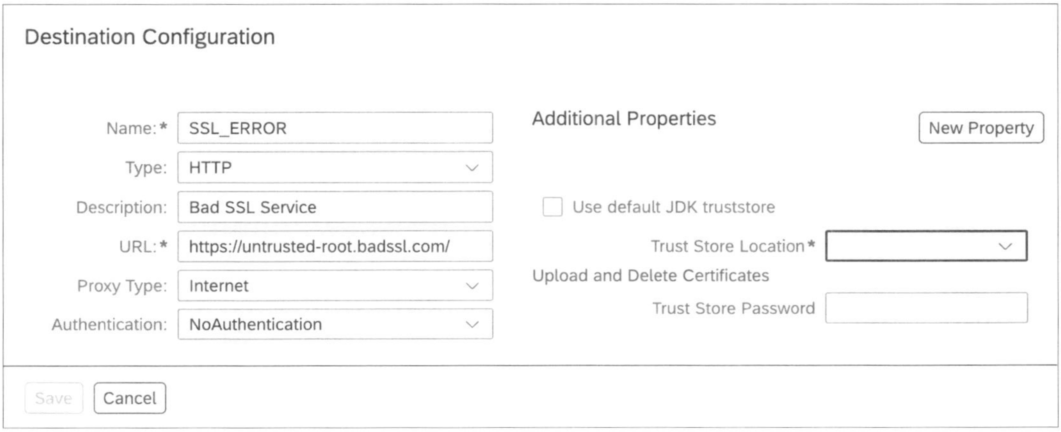

Destination Configuration

Name: *	SSL_ERROR	Additional Properties	New Property
Type:	HTTP		
Description:	Bad SSL Service	☐ Use default JDK truststore	
URL: *	https://untrusted-root.badssl.com/	Trust Store Location *	
Proxy Type:	Internet	Upload and Delete Certificates	
Authentication:	NoAuthentication	Trust Store Password	

Save | Cancel

Abbildung 2.7 Verwendung eines kundeneigenen Truststores

Der Truststore kann beispielsweise über Standard-Java-Befehle angelegt werden. Sie können dazu aber auch Werkzeuge mit einer grafischen Benutzeroberfläche verwenden. Ein frei verfügbares Werkzeug zur Administration von Truststores ist beispielsweise *KeyStore Explorer*, erhältlich unter *https://keystore-explorer.org*.

Truststore hochladen

Nachdem Sie einen Truststore angelegt haben, klicken Sie auf den Link **Upload and Delete Certificates**, um den neuen Truststore hochzuladen. In Abbildung 2.8 sehen Sie, wie ein Truststore hochgeladen wird.

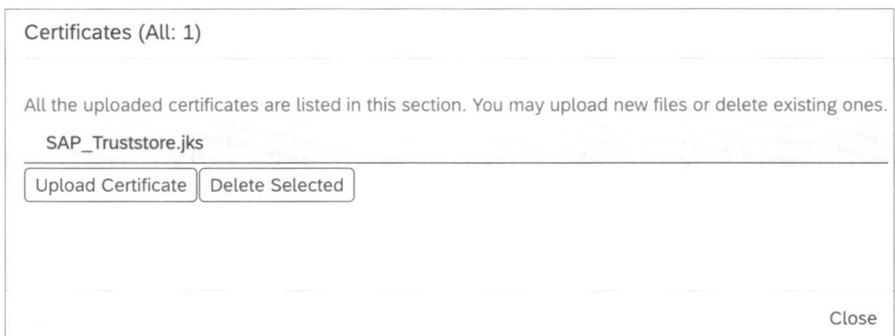

Abbildung 2.8 Hochladen eines kundeneigenen Truststores

In Abbildung 2.9 wird gezeigt, wie der kundeneigene Truststore in einer Destination zu hinterlegen ist.

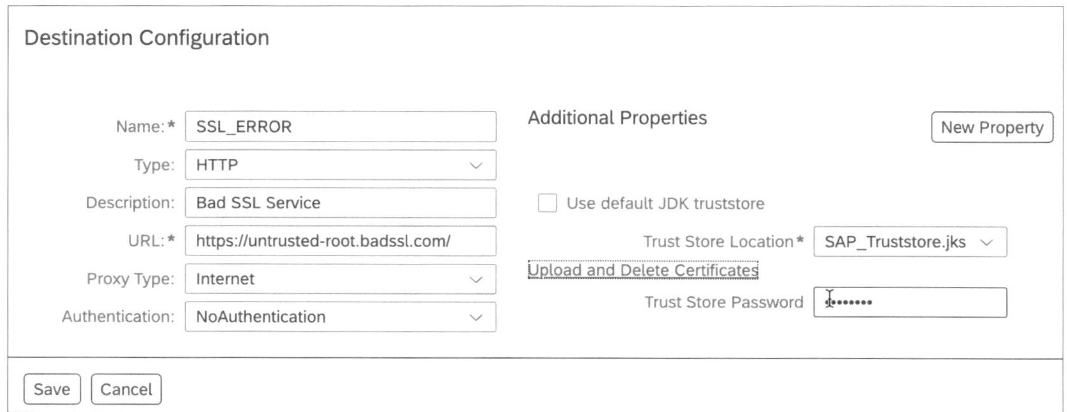

Abbildung 2.9 Konfiguration mit kundeneigenem Truststore

In Abbildung 2.10 sehen Sie das Ergebnis des Verbindungstests bei Verwendung eines kundeneigenen Truststores.

Abbildung 2.10 Verbindungstest mit kundeneigenem Truststore

2.2 Authentifizierung

Benutzername und Passwort

Authentifizierung ist der Prozess der Validierung und Bestätigung, ob ein Benutzer tatsächlich derjenige ist, für den er sich ausgibt. Passwörter sind die am häufigsten genutzte Authentifizierungsmethode. Wenn ein Anwender oder eine Anwenderin für sein oder ihr Benutzerkonto bzw. den Benutzernamen das richtige Passwort eingibt, geht das System davon aus, dass die Identität gültig ist, und gewährt den Zugang.

Dieses einfache Authentifizierungsverfahren ist jedoch anfällig für sogenannte *Brute-Force-Angriffe*. Dabei versucht ein Angreifer so lange, sich mit unterschiedlichen Passwörtern anzumelden, bis das richtige Passwort gefunden wird. Häufig werden die Passwörter bei solchen Angriffen nicht zufällig gewählt, sondern aus einer Liste mit häufig verwendeten Passwörtern gelesen. Brute-Force-Angriffe können dadurch erschwert werden, dass Benutzerkonten nach einer bestimmten Anzahl an fehlerhaften Anmeldeversuchen gesperrt werden.

Passwortrichtlinien

Eine weitere Maßnahme ist es, starke Passwörter mittels Passwortrichtlinien zu erzwingen. Passwörter für den Zugriff auf SAP-Anwendungen sollten sich stets aus Großbuchstaben, Kleinbuchstaben, Zahlen und Sonderzeichen zusammensetzen. Zusätzlich sollten die Passwörter in regelmäßigen Abständen geändert werden. Sie sollten zusätzlich zu den Passwortrichtlinien auch eine Liste mit Wörtern und Begriffen pflegen, die in Passwörtern nicht verwendet werden dürfen.

Andere Technologien wie Client-Zertifikate, Biometrie, One-Time-Tokens oder eigene Authentifizierungsanwendungen können ebenfalls zur Authentifizierung herangezogen werden. Die SAP BTP bietet Ihnen an dieser Stelle sehr viel Flexibilität. Als Standardtechnologie werden Client-Zertifikate auf Basis von X.509 eingesetzt.

Client-Zertifikate

Bei Verwendung von *Client-Zertifikaten* wird die Identität der Benutzer durch den Austausch eines digitalen Zertifikats überprüft. Das Zertifikat wird von einer vertrauenswürdigen Stelle ausgestellt und eindeutig einem Benutzerkonto zugeordnet. SAP bietet Ihnen mit dem *SAP Passport* beispielsweise die Möglichkeit, ein digitales Client-Zertifikat für Ihren S-User zu erstellen. Damit können Sie sich in der Folge an diversen SAP-Webseiten, dem SAP Support Portal und auch an der SAP BTP anmelden. Detaillierte Informationen dazu finden Sie im SAP Support Portal auf der Seite *http://s-prs.de/v809802*.

Multi-Faktor-Authentifizierung

In bestimmten Fällen erfordern Systeme die erfolgreiche Überprüfung von mehr als einem Faktor bzw. Merkmal, bevor der Zugriff gewährt wird. In diesen Fällen spricht man von einer *Multi-Faktor-Authentifizierung* (MFA). Sie wird häufig eingesetzt, um die Sicherheit im Vergleich zu einer klassischen Passwortauthentifizierung zu erhöhen. Bei der Anmeldung wird ein zusätzlicher Identitätsnachweis verlangt. Dabei werden typischerweise folgende Faktoren verwendet:

- SMS-Token
- Hardware-Token
- Software-Token
- Authentifizierungs-Apps
- Telefonanruf
- FIDO2-Sicherheitsschlüssel

Diese zusätzlichen Authentifizierungen und Verifizierungen werden in der Regel durch den Identity Provider vorgenommen, bei dem dazu entsprechende Komponenten zu aktivieren sind. Die verschiedenen Möglichkeiten bei den Identity Providern erklären wir im Anschluss.

2.2.1 Identity Provider für die SAP Business Technology Platform

Im Kontext der SAP BTP stellt ein *Identity Provider* den Benutzerspeicher bereit. Darin werden sowohl die Benutzer für den Zugriff auf die Subaccounts, etwa zur Administration oder Entwicklung, als auch für den Zugriff auf die Geschäftsapplikationen gespeichert. Bei der Wahl des Identity Providers bietet Ihnen die SAP BTP große Flexibilität. Abbildung 2.11 zeigt die verschiedenen Möglichkeiten.

Es wird zwischen dem Plattform-Identity-Provider und einem Anwendungs-Identity-Provider unterschieden.

Plattform-Identity-Provider

Als Plattform-Identity-Provider für die SAP BTP wird standardmäßig der SAP ID Service verwendet, es kann aber auch der *Identity Authentication Service* verwendet werden (siehe Abbildung 2.12). Im Identity Authentication Service werden die Benutzer über den kundeneigenen Benutzerspeicher (*Corporate User Store*) authentifiziert, ohne separat angelegt werden zu müssen. Ein kundeneigener Identity Provider ist bei dieser Variante nicht zulässig.

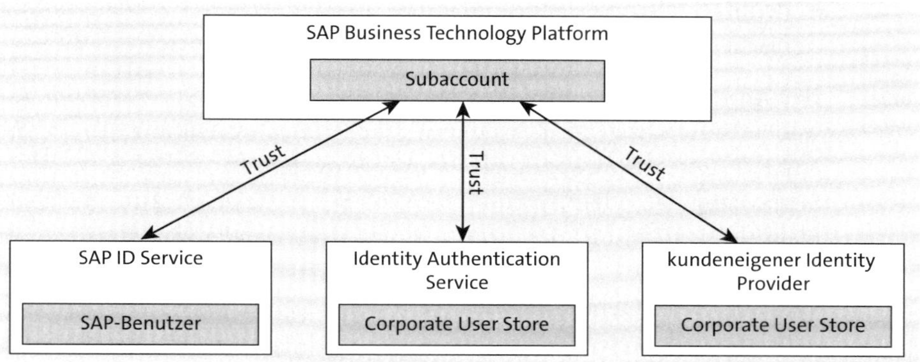

Abbildung 2.11 Identity Provider für die SAP BTP

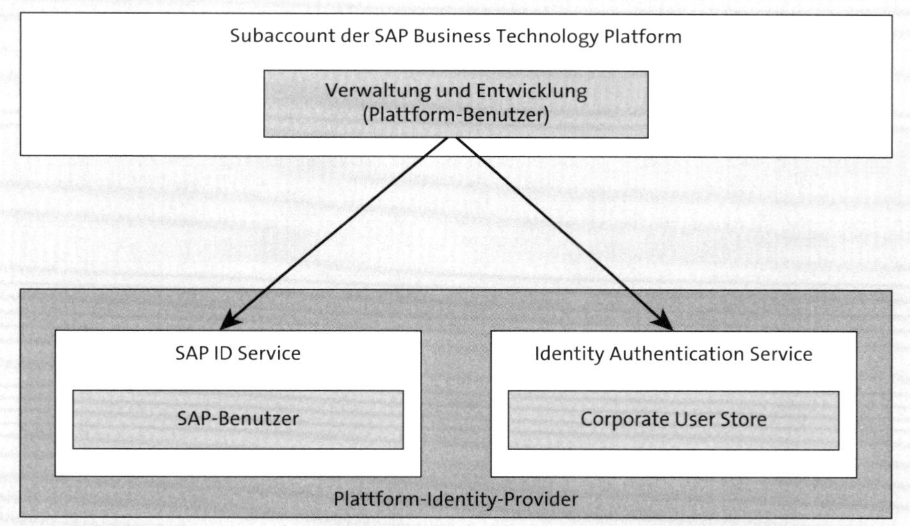

Abbildung 2.12 Plattform-Identity-Provider für die Benutzer eines Subaccounts

Der Plattform-Identity-Provider zeichnet sich durch folgende Eigenschaften aus:

- Er stellt die Benutzerbasis für den Zugriff auf den Subaccount bereit.
- Er wird im SAP BTP Cockpit, in verschiedenen Entwicklungswerkzeugen und in der Kommandozeile verwendet.
- Standardmäßig wird der SAP ID Service verwendet.
- Optional kann der Identity Authentication Tenant und damit der Identity Authentication Service verwendet werden.

- Benutzer, die im Plattform-Identity-Provider verwaltet werden, sind typischerweise Administrations- und Entwicklungsbenutzer.

Anwendungs-Identity-Provider

Der Anwendungs-Identity-Provider dient der Authentifizierung der Anwender*innen bzw. der Konsument*innen einer Anwendung, die auf der SAP BTP läuft. Als Anwendungs-Identity-Provider kann neben dem SAP ID Service und dem Identity Authentication Service auch ein kundeneigener Identity Provider (*Custom Identity Provider*) verwendet werden (siehe Abbildung 2.13). Der kundeneigene Identity Provider muss zwingend ein SAML-basierter Identity Provider sein, wie beispielsweise *Microsoft Azure Active Directory*.

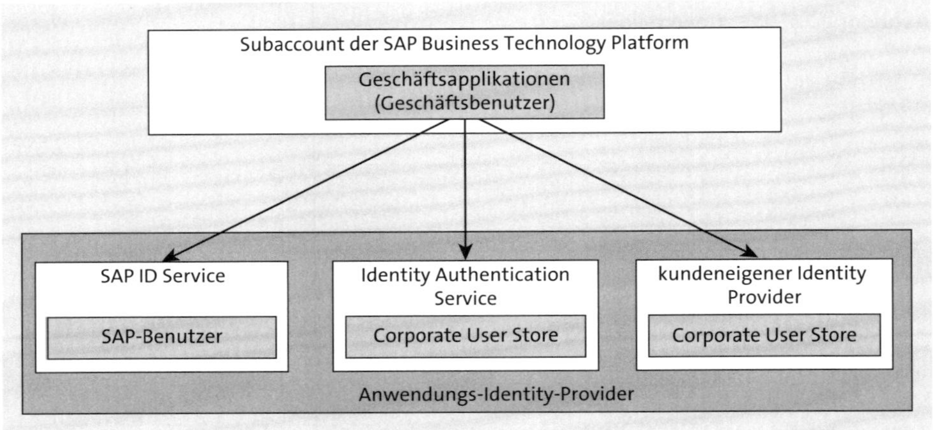

Abbildung 2.13 Anwendungs-Identity-Provider für die Nutzung in einem Subaccount

Der Anwendungs-Identity-Provider zeichnet sich durch folgende Eigenschaften aus:

- Er stellt die Benutzerbasis für den Zugriff auf Applikationen in einem Subaccount der SAP BTP bereit.
- Er wird für den Zugriff von Anwender*innen auf Benutzeroberflächen, Anwenderwerkzeugen und für die App-zu-App-Kommunikation verwendet.
- Standardmäßig wird der SAP ID Service verwendet.
- Optional können der Identity Authentication Tenant oder ein Corporate Identity Provider eines Drittanbieters verwendet werden.
- Benutzer, die mit dem Anwendungs-Identity-Provider verwaltet werden, sind typischerweise Benutzer von Endanwender*innen.

Standardmäßig ist die SAP BTP mit einer Vertrauensbeziehung zum SAP ID Service vorkonfiguriert. Das heißt, der SAP ID Service wird sowohl als Plattform-Identity-Provider als auch als Anwendungs-Identity-Provider verwendet. Von Ihrer Seite sind dazu mit Ausnahme der Zuordnung der Benutzer zum Subaccount keine weiteren Konfigurationen erforderlich. Für die Verwendung des SAP ID Service fallen keine zusätzlichen Kosten an.

SAP ID Service

Der SAP ID Service verwaltet die Benutzer der offiziellen SAP-Seiten, einschließlich der SAP-Entwickler- und Partner-Community. Die Benutzer können entweder über einen Self-Service oder über das SAP Support Portal durch einen berechtigten Benutzer innerhalb der eigenen Organisation angelegt werden.

Der SAP ID Service besteht aus folgenden Komponenten:

- zentraler Benutzerspeicher für alle Identitäten, die Zugriff auf geschützte Ressourcen der Anwendung erfordern
- standardbasierter Single-Sign-on-Service (SSO), mit dem sich Benutzer nur einmal anmelden müssen und einen nahtlosen Zugriff auf alle Anwendungen erhalten, die über die SAP BTP bereitgestellt werden

Kundeneigene Identity Provider

Optional kann sowohl in der Neo- als auch in der Cloud-Foundry-Umgebung ein kundeneigener Identity Provider verwendet werden. Für die Verwendung eines solchen Identity Providers fallen abgesehen von der Lizenz keine Kosten im Zusammenhang mit den Services der SAP BTP an.

Identity Authentication Service

Eine weitere Option ist die Verwendung des Identity Authentication Service als Plattform-Identity-Provider. Dieser Service kann in der Rolle des Plattform-Identity-Providers als Proxy für unternehmensinterne Benutzerspeicher, wie beispielsweise ein LDAP-Verzeichnis, verwendet werden. Er kann aber auch als Proxy für Identity Provider von Drittanbietern wie Microsoft Azure Active Directory verwendet werden. Der Identity Authentication Service wird in Abschnitt 2.4.1 ausführlicher behandelt. Für die Verwendung dieses Service muss eine entsprechende Lizenz erworben werden. Die für die Verrechnung verwendete Metrik ist die Anzahl der Anmeldungen.

Unterstützte Authentifizierungsszenarien

Folgende Szenarien werden von der SAP BTP zur Authentifizierung der Benutzer über den Identity Provider unterstützt:

- Standardidentitätsverbund durch den SAP ID Service
- Identitätsverbund durch den Identity Authentication Tenant
- Identitätsverbund durch einen Corporate Identity Provider

Standardidentitätsverbund

Sie können den SAP ID Service auch als Identity Provider für Ihr Identitätsverbundszenario verwenden. Die Vertrauensbeziehung zum SAP ID Service ist auf der SAP BTP, wie bereits erwähnt, standardmäßig vorkonfiguriert, sodass Sie ihn ohne weitere Konfiguration verwenden können. Optional können Sie auf der SAP BTP zusätzliche Vertrauenseinstellungen konfigurieren, wie z. B. die Registrierung des Service-Providers, Rollenzuordnungen zu Benutzern und Gruppen usw.

Die Verwendung des SAP ID Service für einen Standardidentitätsverbund wird in Abbildung 2.14 dargestellt. Möchte ein Benutzer Zugriff auf die SAP BTP bekommen, erfolgt die Authentifizierung aber über den SAP ID Service und wird mittels Trust von der SAP BTP als vertrauenswürdig eingestuft. Ein Zugriff ist also möglich, wenn der SAP ID Service eine positive Authentifizierung bestätigt hat.

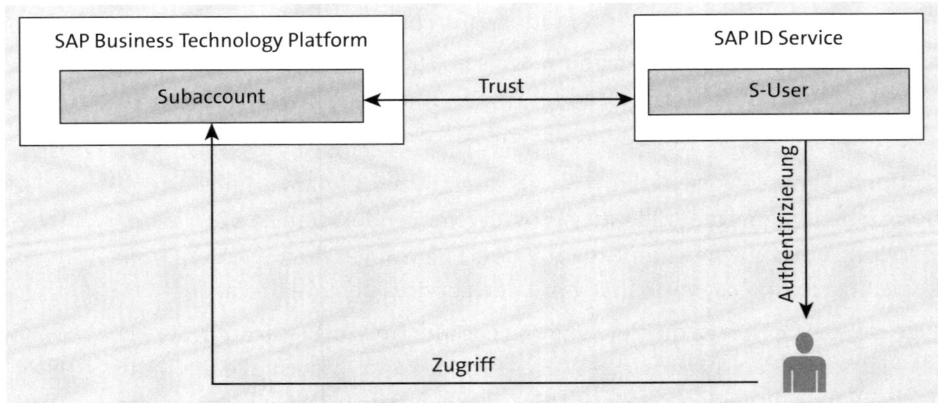

Abbildung 2.14 Ablauf der Authentifizierung mit SAP ID Service als Identity Provider

Identity Authentication Tenant

Wenn Sie Subaccount-Benutzer (Mitglieder) aus Ihrer unternehmenseigenen Benutzerbasis verwenden möchten, anstatt S-User für diese Benutzer anzulegen, können Sie den Identity Authentication Tenant als Identity Provider für Ihre Anwendungen verwenden. Identity Authentication ist ein Cloud-Service für das Lebenszyklusmanagement der von Ihnen verwalteten Identitäten. Damit haben Sie die Möglichkeit, Ihre eigene Benutzerbasis in die SAP BTP zu integrieren. Außerdem können Sie ein Corporate Branding (z. B. die Integration des Unternehmenslogos auf der Authentifizierungsseite) nutzen und Identity Provider sozialer Medien wie Facebook, Twitter, Google oder LinkedIn verwenden. Damit schaffen Sie die Basis für die Bereitstellung der Benutzer in verschiedenen Cloud- und On-Premise-Applikationen.

Der Identity Authentication Tenant (d. h. Ihre Instanz des Identity Authentication Service) steht innerhalb Ihres Global Accounts allen Subaccounts zur Verfügung (siehe Abbildung 2.15).

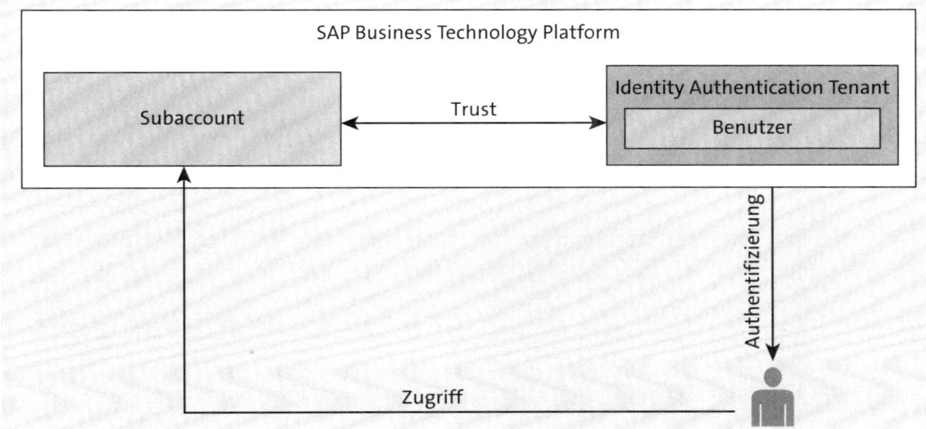

Abbildung 2.15 Verwendung des Identity Authentication Tenants zur Authentifizierung im Identitätsverbund

Identity Provider des Unternehmens

Neben der Verwendung des SAP ID Service und des Identity Authentication Service besteht die Möglichkeit, dass die Anwendungen der SAP BTP die Authentifizierung und die Identitätsverwaltung an einen bestehenden Identity Provider innerhalb Ihres Unternehmens (einen *Corporate Identity Provider*) delegieren. Dieser kann die Mitarbeitenden Ihres Unternehmens beispielsweise gegen einen unternehmensweiten Verzeichnisdienst authentifizieren. Ihre Mitarbeitenden und gegebenenfalls Kunden und Partner haben so die Möglichkeit, sich mit ihren gewohnten Benutzerinformationen an der Cloud-Anwendung anzumelden. Alle von der SAP BTP benötigten Informationen über einen Benutzer können mit dem Anmeldevorgang auf der Grundlage eines bewährten und standardisierten Sicherheitsprotokolls sicher weitergegeben werden.

In diesem Szenario besteht keine Notwendigkeit, zusätzliche Systeme zu verwalten, die sich um die Synchronisierung oder Provisionierung von Benutzerkonten zwischen dem Unternehmensnetzwerk und der SAP BTP kümmern. Es ist lediglich eine Vertrauensbeziehung, ein sogenannter *Trust*, zwischen dem Subaccount der SAP BTP, auf dem die Anwendung läuft, und Ihrem Corporate Identity Provider herzustellen. Dieses Szenario wird in Abbildung 2.16 dargestellt.

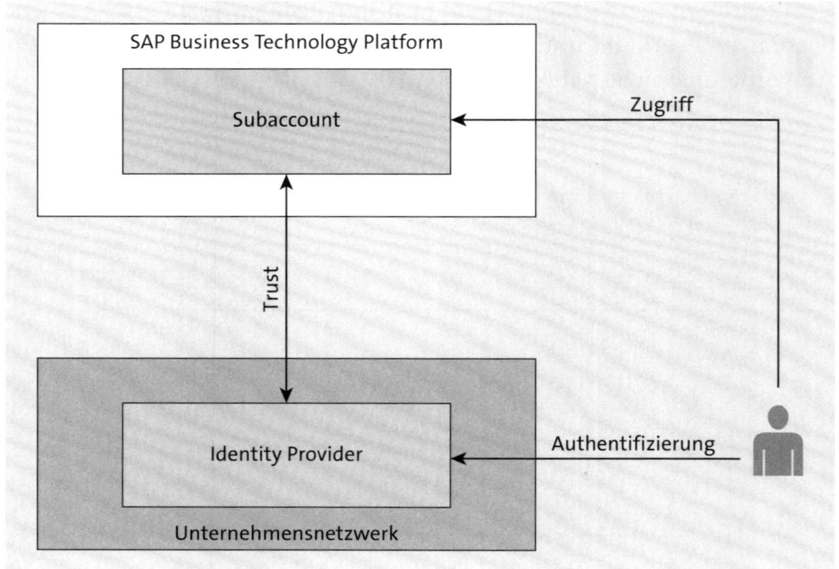

Abbildung 2.16 Corporate Identity Provider im Identitätsverbund

Konfiguration des Identity Providers in der Neo-Umgebung

Die Konfiguration des Plattform-Identity-Providers erfolgt ebenso wie die des Anwendungs-Identity-Providers im SAP BTP Cockpit auf Ebene des Subaccounts. In der Neo-Umgebung wechseln Sie hierzu in den Bereich **Security • Trust** (siehe Abbildung 2.17).

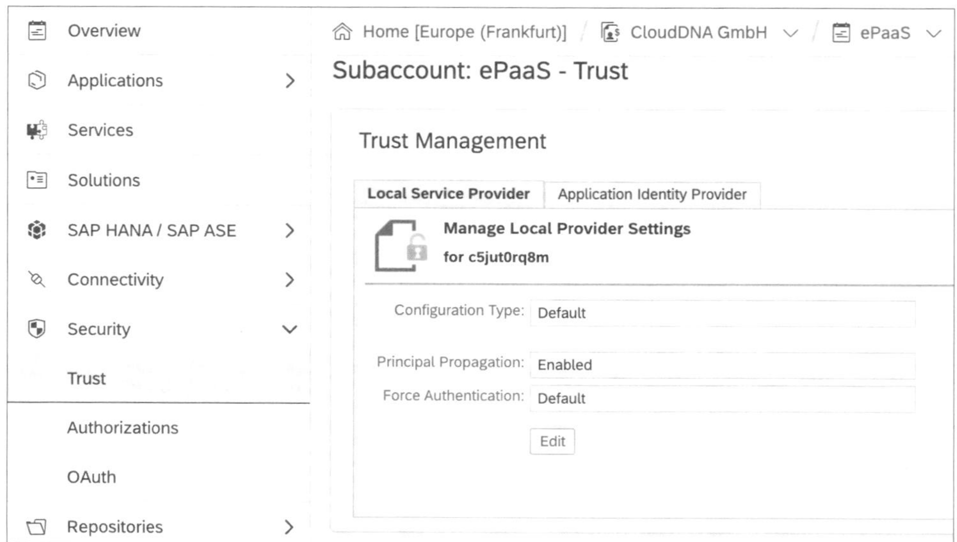

Abbildung 2.17 Trust-Konfiguration im Subaccount der Neo-Umgebung

SAP Platform Identity Provider Service

Falls die Registerkarte **Platform Identity Provider** nicht sichtbar ist, muss zunächst der *SAP Platform Identity Provider Service* für die SAP BTP auf Ebene des Subaccounts aktiviert werden:

1. Navigieren Sie dazu, wie in Abbildung 2.18 dargestellt, im Subaccount in den Bereich **Services**, und suchen Sie nach »Platform Identity Provider«.

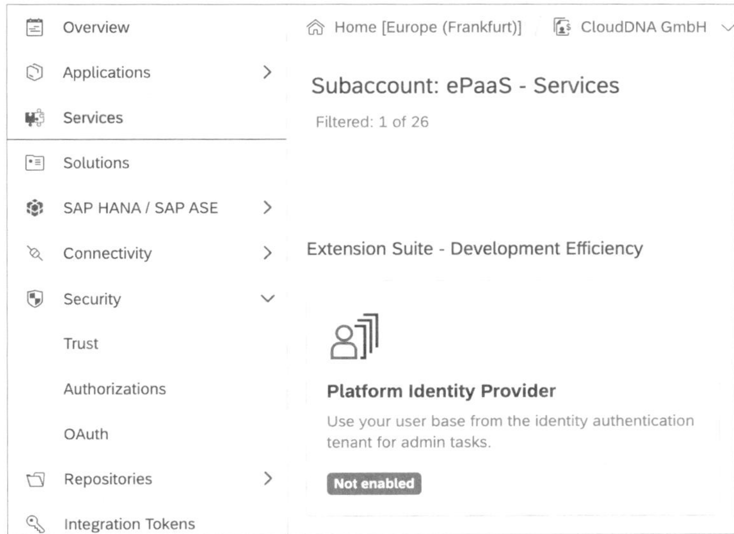

Abbildung 2.18 Kachel zur Aktivierung des SAP Platform Identity Provider Service

2. Klicken Sie auf die Kachel **Platform Identity Provider**, um in die Servicedetails abzuspringen.
3. Dort klicken Sie auf den Button **Enable** (siehe Abbildung 2.19).

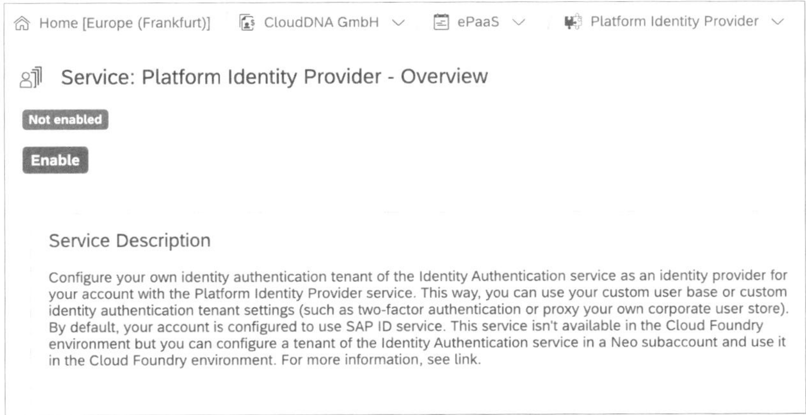

Abbildung 2.19 SAP Platform Identity Provider Service aktivieren

Die Aktivierung des SAP Platform Identity Provider Service führt dazu, dass der SAP ID Service als Standard-Plattform-Identity-Provider hinterlegt wird. Dies erkennen Sie daran, dass auf der Registerkarte **Platform Identity Provider** als **Name** die URL *https://accounts.sap.com* hinterlegt ist (siehe Abbildung 2.20).

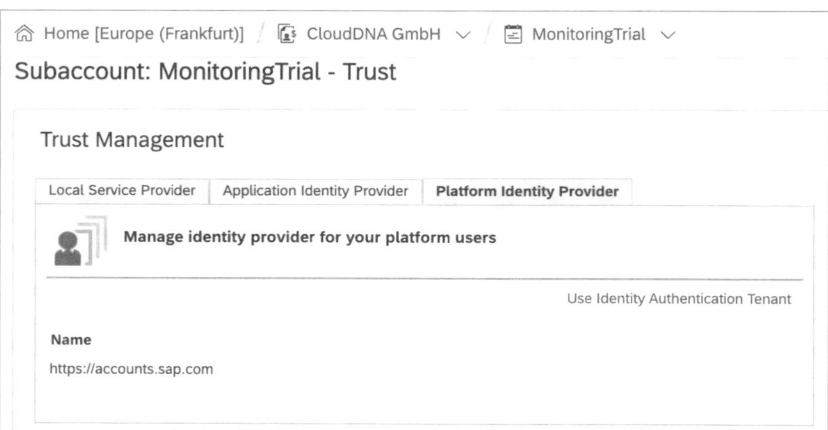

Abbildung 2.20 Standardeinstellung für den Plattform-Identity-Provider

Identity Authentication Tenant

Klicken Sie auf den Link **Use Identity Authentication Tenant**, wenn Sie den Identity Authentication Tenant als Plattform-Identity-Provider verwenden möchten. Dass der Identity Authentication Tenant als Plattform-Identity-Provider verwendet wird, erkennen Sie daran, dass der Button **Cockpit** für den Absprung in das SAP BTP Cockpit und der Button **Administration Console** für den Absprung in die Administrationskonsole sichtbar sind (siehe Abbildung 2.21).

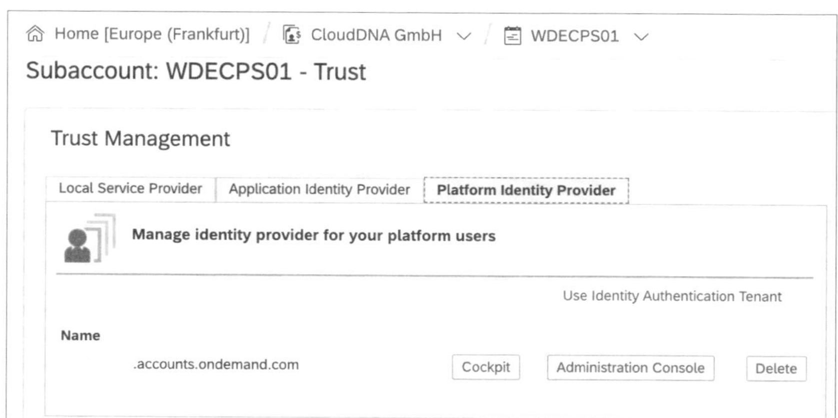

Abbildung 2.21 Identity Authentication Tenant als Plattform-Identity-Provider konfigurieren

Sie können die Verbindung zwischen Ihrem SAP-BTP-Subaccount und dem Identity Authentication Tenant durch einen Klick auf den Button **Delete** löschen.

Konfiguration des Identity Providers in der Cloud-Foundry-Umgebung

In der Cloud-Foundry-Umgebung der SAP BTP erfolgen sowohl die Konfiguration des Plattform-Identity-Providers als auch die des Anwendungs-Identity-Providers auf Ebene des Subaccounts im Bereich **Security • Trust Configuration**.

Standard-Identity-Provider

Der SAP ID Service ist auch hier als Default-Identity-Provider vorkonfiguriert (siehe Abbildung 2.22). Wenn Sie stattdessen den Identity Authentication Service als Plattform-Identity-Provider verwenden möchten, müssen Sie zunächst eine Vertrauensbeziehung zwischen dem Cloud-Foundry-Subaccount und dem Identity Authentication Service herstellen. Die Konfiguration dieser Vertrauensbeziehung zeigen wir in Abschnitt 4.3.2, »Plattform-Identity-Provider einrichten«.

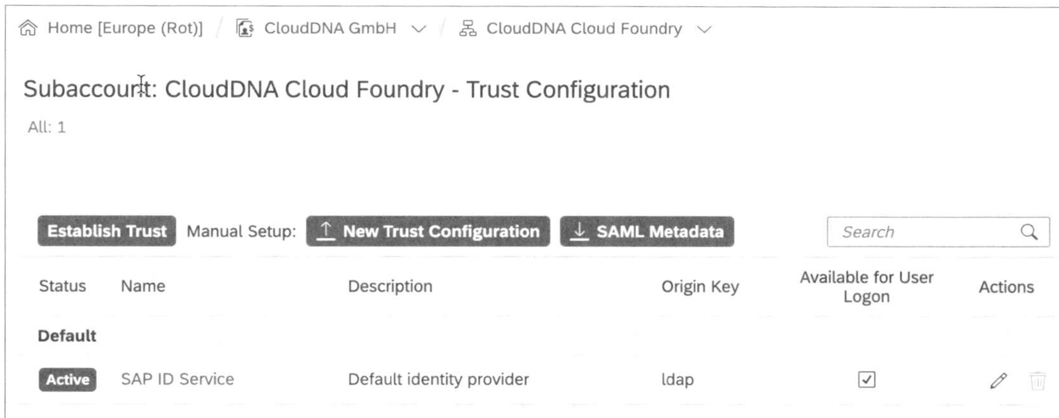

Abbildung 2.22 Default-Identity-Provider in der Cloud-Foundry-Umgebung

Konfiguration von Identity Providern von Drittanbietern

Identity Provider von Drittanbietern werden typischerweise in der Rolle eines Anwendungs-Identity-Providers verwendet. Wechseln Sie zur Konfiguration im Bereich **Security • Trust** auf die Registerkarte **Application Identity Provider**. Grundsätzlich kann ein Identity Provider eines Drittanbieters jedoch auch als Plattform-Identity-Provider verwendet werden. Dafür ist es erforderlich, den Identity Authentication Service als Proxy einzusetzen.

2.2.2 Lightweight Directory Access Protocol

LDAP

Das *Lightweight Directory Access Protocol* (LDAP) ist ein Netzwerkprotokoll zur Kommunikation mit einem Verzeichnisdienst. Es handelt sich bei LDAP also nicht um den Verzeichnisdienst selbst, sondern lediglich um das Zugriffsprotokoll. LDAP ermöglicht es, ein auf mehrere Server verteiltes, in einer Baumstruktur aufgebautes Verzeichnis einfach zu durchsuchen.

Datenmodell

Die hierarchische Baumstruktur des Verzeichnisdienstes ist dabei in wesentlichen Zügen vorgegeben. Das LDAP-Datenmodell ist einfach gehalten. LDAP basiert auf Objekten und folgt Ansätzen der objektorientierten Programmierung wie der Vererbung und der Polymorphie. An oberster Stelle der Verzeichnisstruktur steht immer das Wurzelelement (*Root*). Darunter kann in folgende Elemente verzweigt werden:

- `C`: Country (Länder)
- `O`: Organization (Organisationen)
- `OU`: Organisational Unit (Organisationseinheiten)
- `DC`: Domain Component (Individuen)

Individuen können Dokumente, Personen oder Gegenstände sein.

Distinguished Name

Die Bezeichnung von Objekten erfolgt durch den *Distinguished Name* (DN). Ein gültiger Distinguished Name für ein Objekt kann beispielsweise wie folgt aussehen:

```
CN=Martin Koch,OU=Beratung,DC=clouddna,DC=at
```

`CN` steht hier für Common Name. Das bedeutet, dass das Individuum Martin Koch der Organisationseinheit Beratung innerhalb der Domäne CloudDNA in Österreich zugeordnet ist. Abbildung 2.23 zeigt die Position eines Distinguished Names innerhalb eines LDAP-Hierarchiebaumes.

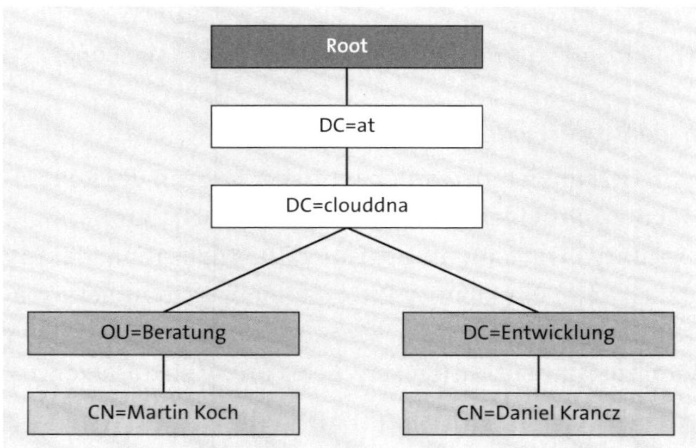

Abbildung 2.23 Beispiel für eine LDAP-Struktur

Einsatz als Benutzerspeicher

Sie können die SAP BTP so konfigurieren, dass ein vorhandenes LDAP-Verzeichnis aus einem On-Premise-System als Benutzerspeicher verwendet wird. Voraussetzung dafür ist die Verwendung des Cloud Connectors.

Haben Sie die Applikationen der SAP BTP entsprechend konfiguriert, können diese den On-Premise-Benutzerspeicher für die folgenden Tätigkeiten nutzen:

- Zugangsdaten prüfen
- Benutzersuche
- Benutzerdetails auslesen
- Gruppenzugehörigkeit

Einsatz im Identitätsverbund

Eine weitere Möglichkeit für den Einsatz von LDAP ist die Verwendung im Identitätsverbund durch den Identity Authentication Tenant. In diesem Fall agiert der Identity Authentication Service als Proxy zum On-Premise-LDAP-Verzeichnis. Voraussetzung für dieses Szenario ist die Verwendung des *Identity Authentication Add-ons*. Dieses Add-on ermöglicht die Nutzung der Schnittstelle zur Authentifizierung am Subaccount (im Gegensatz zum Identity Authentication Service, bei dem die Schnittstelle am Identity Authentification Tenant eingesetzt wird). Wechseln Sie dazu im SAP BTP Cockpit in Ihren Subaccount und suchen Sie im Bereich **Services** nach »Identity Authentication Add-on« (siehe Abbildung 2.24).

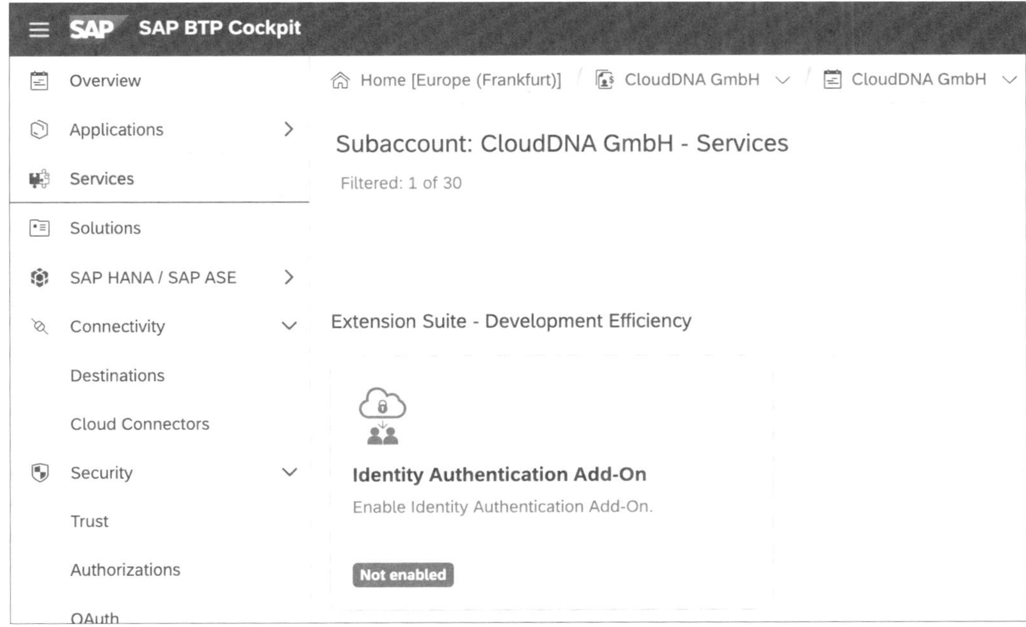

Abbildung 2.24 Kachel zur Aktivierung des Identity Authentication Add-ons

In der Detailssicht des Add-ons können Sie den Service über den Button **Enable** aktivieren.

Sofern Sie den Identity Authentication Tenant für die Verwendung eines LDAP-Servers in Ihrer On-Premise-Landschaft konfiguriert haben, fungiert das Identity Authentication Add-on als Proxy in die On-Premise-Landschaft. Es steht aktuell nur in der Neo-Umgebung zur Verfügung.

Architektur der Authentifizierung

Der Identity Authentication Tenant authentifiziert sich über das offene *OAuth*-Protokoll (siehe auch Abschnitt 2.3, »Autorisierung«) gegenüber dem Subaccount, in dem das Add-on bereitgestellt wird. Das Identity Authentication Add-on stellt anschließend eine Verbindung zum LDAP-Server über den Cloud Connector her (siehe Abbildung 2.25).

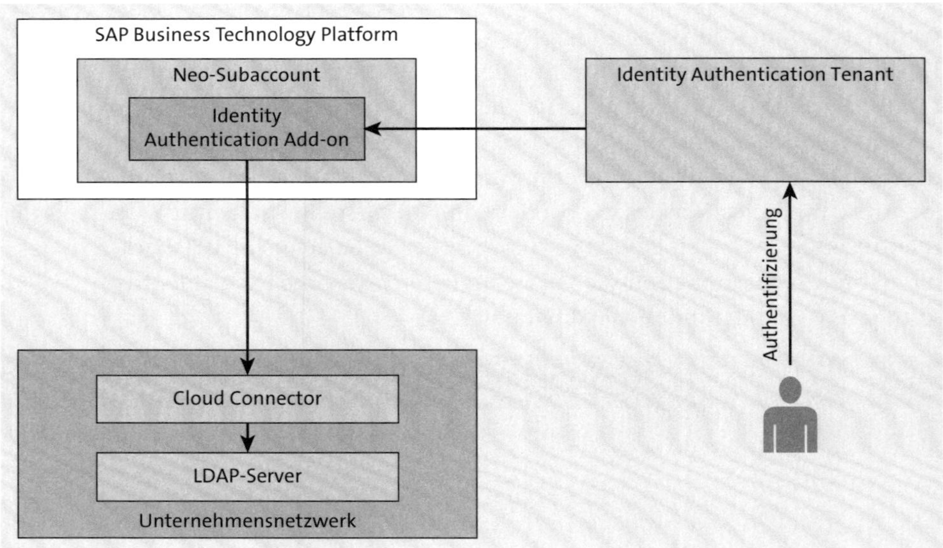

Abbildung 2.25 Benutzerauthentifizierung gegen einen On-Premise-LDAP-Server

2.3 Autorisierung

Als *Autorisierung* bezeichnet man den Prozess, um einem Benutzer die Erlaubnis zu erteilen, auf eine bestimmte Ressource oder Funktionalität zuzugreifen. Dieser Begriff wird meist synonym mit dem Begriff *Zugriffskontrolle* verwendet. Ein Beispiel für einen Autorisierungsvorgang ist es, wenn Sie jemandem die Erlaubnis erteilen, eine bestimmte Datei auf Ihrem Server herunterzuladen. Ein weiteres Beispiel ist es, wenn Sie einem einzelnen Benutzer administrativen Zugriff auf eine Anwendung gewähren.

Autorisierung und Authentifizierung

In sicheren Umgebungen erfolgt die Autorisierung immer nach der Authentifizierung. Die Benutzer müssen zunächst nachweisen, dass ihre Identität echt ist, bevor ihnen der Zugang zu den angeforderten Ressourcen gewährt wird.

In der SAP BTP werden zwei verschiedene Standards zur Autorisierung verwendet, SAML und OAuth.

SAML

Security Assertion Markup Language (SAML) ist ein offener Standard zum Austausch von Authentifizierungs- und Autorisierungsidentitäten zwischen Sicherheitsdomänen. SAML wurde 2003 in einer ersten Version veröffentlicht und 2005 als OASIS-Standard in der Version 2.0 ratifiziert.

Das entscheidende Prinzip des Standards ist die Ausstellung von sogenannten *SAML Tokens* durch einen *SAML Service Provider*. Diese Tokens werden über eine Vertrauensposition von anderen Anwendungen akzeptiert. Ein anderer Name für die SAML Tokens lautet *SAML Assertion*. Die Authentifizierung in der Neo-Umgebung der SAP BTP basiert auf SAML Tokens.

OAuth

Das Autorisierungs-Framework *OAuth 2.0* ermöglicht es einer Fremdanwendung, eingeschränkten Zugriff auf einen HTTP-Dienst zu erhalten. Die Autorisierung erfolgt dabei entweder im Namen eines Ressourcenbesitzers, indem eine Genehmigungsinteraktion zwischen dem Ressourcenbesitzer und dem HTTP-Dienst orchestriert wird, oder der Fremdanwendung wird der Zugriff in ihrem eigenen Namen erlaubt.

OAuth 2.0 vereinfach die Implementierung der Autorisierung für Client-Entwickler*innen und bietet gleichzeitig spezifische Autorisierungsabläufe für unterschiedliche Anwendungstypen. Der OAuth-2.0-Standard und dessen Erweiterungen werden von der Internet Engineering Task Force (IETF) definiert. Das Framework wird im RFC 6749 spezifiziert. RFC steht hier für *Request for Comments*, die Sammlung der Internetspezifikationen.

Rollen

OAuth definiert vier Rollen innerhalb des Autorisierungsprozesses:

- **Ressourcenbesitzer**
  Der *Ressourcenbesitzer* ist eine Einheit, die in der Lage ist, Zugang zu einer geschützten Ressource zu gewähren. Wenn der Ressourcenbesitzer eine Person ist, wird er als *Benutzer* bezeichnet.
- **Ressourcenserver**
  Der Server, auf dem die geschützten Ressourcen gehostet werden, ist in der Lage, Anfragen nach geschützten Ressourcen unter Verwendung von Zugriffs-Token anzunehmen und zu beantworten.
- **Client**
  Der Client ist eine Anwendung, die im Namen des Ressourcenbesitzers und mit dessen Genehmigung geschützte Ressourcen anfragt. Der Be-

griff *Client* impliziert keine besonderen Implementierungsmerkmale (z. B. einen Formfaktor oder die Bauart des Geräts).

- **Autorisierungsserver**
  Der Server, der nach erfolgreicher Authentifizierung des Ressourcenbesitzers und dessen Autorisierung Zugriffs-Token an den Client ausgibt, wird *Autorisierungsserver* genannt.

Um einen Zugriffs-Token anzufordern, erhält der Client die Autorisierung vom Ressourcenbesitzer. Die Autorisierung wird in Form einer Berechtigungserteilung (*Authorization Grant*) ausgedrückt. Mit dieser Berechtigung fordert der Client dann das Zugriffs-Token an (siehe Abbildung 2.26).

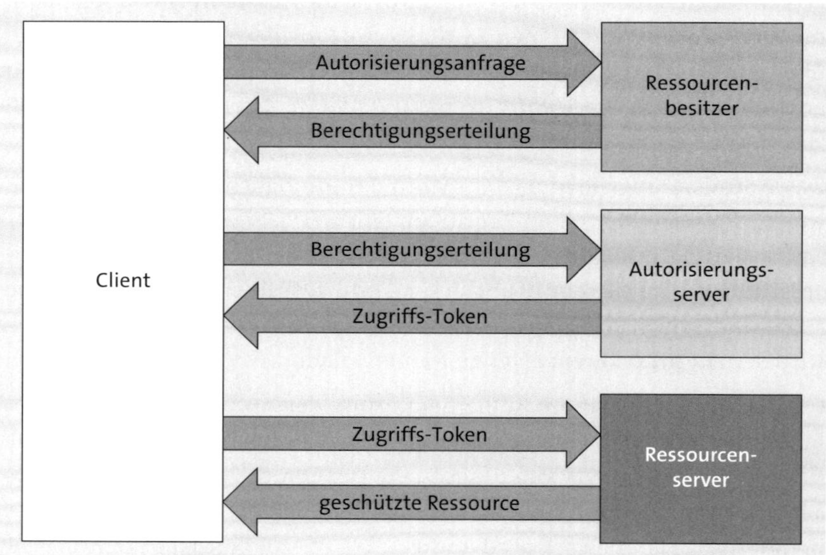

Abbildung 2.26 Ablauf des Autorisierungsprozesses mit OAuth

OAuth definiert vier Arten der Berechtigungserteilung (*Grant Types*):

- über einen Autorisierungscode
- implizite Autorisierung
- über die Anmeldedaten (Passwort) des Ressourcenbesitzers
- über die Anmeldedaten des Clients (Client Credentials)

Zusätzlich sieht OAuth einen Erweiterungsmechanismus für die Definition zusätzlicher Arten der Berechtigungserteilung vor.

Berechtigungserteilung in der SAP BTP

Die SAP BTP unterstützt in der Neo-Umgebung die folgenden Arten der Berechtigungserteilung mit OAuth 2.0:

- **Autorisierungscode**
  Bei dieser Variante gibt es einen menschlichen Nutzer oder eine Nutzerin, der oder die eine mobile Anwendung autorisiert, in seinem oder ihrem Namen auf Ressourcen zuzugreifen.
- **Client Credentials**
  Bei dieser Variante gibt es keinen menschlichen Benutzer, sondern ein Gerät gewährt die Berechtigung. In diesem Fall wird das Zugriffs-Token nur auf der Grundlage der Client-Anmeldeinformationen gewährt.

OpenID Connect

OpenID Connect ist eine Identitätsschicht, die auf dem Protokoll OAuth 2.0 basiert. Clients können damit die Identität der Anwender*innen auf Grundlage der von einem Autorisierungsserver durchgeführten Authentifizierung verifizieren und grundlegende Profilinformationen über Anwender*innen auf REST-ähnliche Weise erhalten. Durch die Verwendung des REST-Formats wird eine Weiterverwendung in Services der SAP BTP erleichtert, da für dieses Format eine Menge vorgefertigte Bibliotheken und Beispiele existieren.

Autorisierung in den Umgebungen

In der Cloud-Foundry-Umgebung der SAP BTP werden alle Services über den sogenannten *Anwendungsrouter* aufgerufen. Er ist der zentrale Einstiegspunkt für alle Anwendungen, die in der Cloud-Foundry-Umgebung ausgeführt werden. Der Anwendungsrouter wird verwendet, um statische Inhalte bereitzustellen, Benutzer zu authentifizieren und URLs umzuschreiben. Er leitet Anfragen an andere Microservices weiter oder fungiert als Proxy, wobei die Benutzerinformationen ebenfalls an Microservices weitergereicht werden.

In der Cloud-Foundry-Umgebung basiert die Authentifizierung auf dem OAuth-Protokoll. Alle Zugriffsrechte auf Anwendungen (*Application Scopes*), die dem aktuellen Benutzer gewährt wurden, werden in Form eines Tokens weitergeleitet. Dabei handelt es sich um das *JSON Web Token* (JWT). Dieses Token wird im RFC 7519 spezifiziert. Das Token wird vom Anwendungsrouter erstellt, indem dieser mit der Benutzer-Account- und Authentifizierungsinstanz der SAP BTP kommuniziert.

2.4 SAP Cloud Identity Services

SAP bietet in der SAP BTP die *SAP Cloud Identity Services* mit unterschiedlichen Aufgabengebieten an. Mit dieser Sammlung von Services können Sie den gesamten Sicherheitslebenszyklus von Benutzern bzw. Identitäten abbilden. Das Spektrum reicht vom Onboarding neuer Benutzer über die Bereitstellung dieser Benutzer in den verschiedenen Cloud-Applikationen bis hin zur Erkennung potenzieller Probleme bei der Zuordnung kritischer Berechtigungen. Auch der bereits angesprochene Identity Authentication Service (siehe Abschnitt 2.2, »Authentifizierung«) gehört zu den SAP Cloud Identity Services. Damit können Sie Single-Sign-on-Szenarien umsetzen und die Authentifizierung an Identity Provider von Drittanbietern oder Identity Provider in Ihren On-Premise-Systemen delegieren.

2.4.1 Identity Authentication

Identity Authentication ist ein PaaS-Dienst (Platform as a Service) von SAP. Es handelt sich um einen SAML Identity Provider für die Authentifizierung der Benutzer in den SAP-BTP-Anwendungen und in allen SAP-SaaS-Produkten (Software as a Service). Optional kann der Service auch für Anwendungen eingesetzt werden, die in Ihrer On-Premise-Landschaft laufen.

Der Identity Authentication Service ermöglicht Ihnen die Authentifizierung und das Single Sign-on von Benutzern in der Cloud. Der Service wird sowohl für die Neo- als auch für die Cloud-Foundry-Umgebung bereitgestellt. Es handelt sich dabei um ein zentrales Element für die Sicherheit von Cloud-Architekturen.

Kernfunktionen

Identity Authentication stellt Ihnen folgende Kernfunktionen bereit (siehe Abbildung 2.27):

- **Authentifizierung**
  Der Identity Authentication Service fungiert als Identity Provider, der die von den Benutzern bereitgestellten Anmeldedaten überprüft. Nach erfolgreicher Authentifizierung stellt er eine SAML-Assertion aus, die von den Zielanwendungen verwendet werden. Dieses Authentifizierungsszenario haben wir in Abschnitt 2.2.1, »Identity Provider für die SAP Business Technology Platform«, bereits beschrieben.
- **Identitätsverbund und Single Sign-on**
  Der Service kann die Authentifizierung an einen Identity Provider eines Drittanbieters delegieren und so ein Single Sign-on über On-Premise- und Cloud-Anwendungen hinweg ermöglichen.
- **Risikobasierte Authentifizierung**
  Der Service ermöglicht eine Multi-Faktor-Authentifizierung, falls für den Zugriff auf bestimmte Geschäftsanwendungen stärkere Mittel der Authentifizierung erforderlich sind.
- **Benutzerverwaltung**
  Der Service ermöglicht die Verwaltung seiner Benutzer.

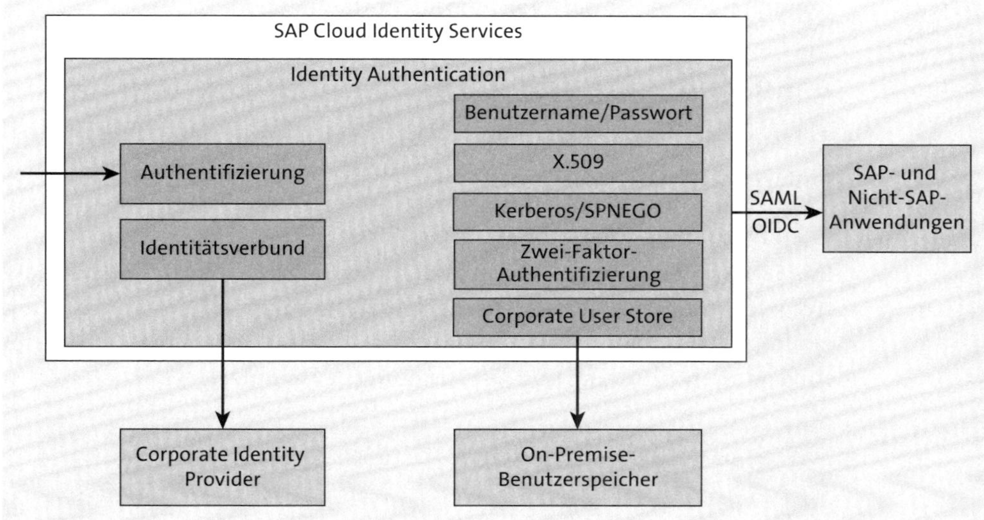

Abbildung 2.27 Funktionen von Identity Authentication

Lizenzierung

SAP stellt Ihnen unabhängig von der Anzahl der unterzeichneten Nutzungsverträge, in denen der Identity Authentication Service enthalten oder gebündelt ist, einen Identity Authentication Tenant zur Verfügung. Der Tenant wird als Teil eines Bundles mit anderen SAP-Produkten erworben (beispielsweise ist der Identity Authentication Service in einer Lizenz für SAP Analytics Cloud inkludiert) und ist in seinem Umfang nicht beschränkt, sondern erlaubt die Nutzung der vollen Funktionalität von Identity Authentication. Wenn Sie eine Lizenz für eine produktive Instanz von Identity Authentication erworben haben, können Sie zu Testzwecken einen zweiten Tenant anfordern. Dieser wird ohne zusätzliche Kosten bereitgestellt. Zusätzliche Tenants müssen separat erworben werden, egal, ob diese produktiv oder zu Testzwecken verwendet werden.

Aktivierung

Nachdem Sie eine Lizenz für den Identity Authentication Service erworben haben, erhalten Sie per E-Mail eine Einladung zur Registrierung des initialen Administrators oder der Administratorin. Die E-Mail enthält einen Link zur Einstiegsseite der Administrationskonsole für den Identity Authentication Tenant. Dort können Sie die Registrierung des ersten Administrationsbenutzers bestätigen.

Anzahl der Administrator*innen

Auf Basis unserer Projekterfahrung empfehlen wir Ihnen, unmittelbar nach der Aktivierung des initialen Administrationsbenutzers einen weiteren Administrationsbenutzer anzulegen.

Szenarien für den Einsatz von Identity Authentication

Der Identity Authentication Service unterstützt folgende Szenarien:

- Business-to-Consumer-Szenarien
- Business-to-Business-Szenarien
- Business-to-Employee-Szenarien

Business-to-Consumer

Das Szenario *Business-to-Consumer* (B2C) deckt aus der Sicherheitsperspektive alle Aktionen ab, die klassische Anwender*innen bei der Verwendung einer Applikation durchführen. Dazu zählen unter anderem die Registrierung, Authentifizierung und Autorisierung der Benutzer.

Webshop-Registrierung

Eine typischer Anwendungsfall ist ein Webshop oder eine mobile Shopping-App. Die Wahrscheinlichkeit, dass Sie dieses Buch online erworben haben, ist sehr hoch. Genau diesen Fall nehmen wir als Beispiel für das B2C-Szenario. Um dieses Buch über den Webshop des Rheinwerk Verlags zu erwerben, müssen Sie sich für den Einkauf im Webshop registrieren. Diese Aktion wird von Ihnen in der Rolle des Kunden oder der Kundin initiiert. Im ersten Schritt werden Sie auf eine Registrierungsseite weitergeleitet. Dort legen Sie auf Basis Ihrer E-Mail-Adresse ein neues Benutzerkonto an. Sie müssen dazu den Nutzungsbedingungen zustimmen. Optional besteht die Möglichkeit eines Social Log-ins, d. h., Sie haben die Möglichkeit, die Daten eines bestehenden Benutzerkontos eines sozialen Mediums wie Facebook, Twitter, LinkedIn oder Google für die Anmeldung zu verwenden. Sollten Sie ein eigenes Passwort verwenden wollen, müssen Sie bestimmte Passwortrichtlinien einhalten.

Nachdem Sie sich registriert haben, wird Ihnen eine E-Mail mit einem Aktivierungslink zugesendet. Sobald Sie das Konto duch einen Klick auf den Link registriert haben, können Sie sowohl physische als auch elektronische Artikel einkaufen. Sollten Sie zwischenzeitlich Ihr Passwort vergessen haben, besteht die Möglichkeit, das Passwort über einen Self-Service zurückzusetzen.

Funktionen für B2C-Anwendungen

Alle Funktionen, die Sie in diesem Szenario kennengelernt haben, werden für B2C-Anwendungen auf der SAP BTP vom Identity Authentication Service abgedeckt. Der Service unterstützt Sie bei der Bereitstellung folgender Funktionen:

- Authentifizierung mit Benutzername und Passwort
- Single Sign-on für Cloud-Anwendungen
- Social Sign-on

- Selbstregistrierung von Benutzern
- Erstellen von Branding-Elementen auf den Formularen für die Anmeldung, Registrierung, Passwortaktualisierung und Kontoaktivierung
- Vorgabe von Passwort- und Sicherheitsrichtlinien
- Erstellen von Datenschutzrichtlinien und Nutzungsbedingungen
- Import und Export von Benutzern

Business-to-Business

Das Szenario Business-to-Business (B2B) deckt aus der Sicherheitsperspektive alle Aktionen ab, die ein Unternehmenskunde bei Verwendung einer Applikation durchführt. Dieses Szenario unterscheidet sich vom B2C-Szenario dahingehend, dass keine Selbstregistrierung möglich ist. Die Benutzer werden vom Serviceanbieter oder von einer berechtigten Person des eigenen Unternehmens eingeladen.

B2B-Shops

Typische Anwendungsfälle sind Serviceportale oder B2B-Shops. Ein B2B-Shop ermöglicht Unternehmenskunden den Kauf bestimmter Waren und Dienstleistungen, die nicht von Endkund*innen erworben werden können. Dazu gehören beispielsweise Ersatzteile. Den Unternehmenskunden wird typischerweise ein Benutzerkonto vom Betreiber des Shops bereitgestellt. Wie in B2C-Szenarien müssen auch die Unternehmenskunden dieses Benutzerkonto aktivieren und die Nutzungsbedingungen des Anbieters akzeptieren. Nachdem sie die Aktivierung durchgeführt haben, können sie im Shop einkaufen. Ein Social Sign-on ist in diesem Szenario typischerweise nicht erwünscht.

[zB]

SAP Support Portal

Ein anderes Beispiel für das B2B-Szenario sind Support-Portale. Wir gehen davon aus, dass Sie bereits mit dem SAP Support Portal gearbeitet haben. Dort haben Sie unter anderem die Möglichkeit, Tickets für Ihre Systeme zu erstellen, falls ein Problem, wie beispielsweise ein Kurz-Dump in SAP-Standardprogrammen, auftritt. Im SAP Support Portal haben Sie auch die Möglichkeit, auf SAP-Hinweise zuzugreifen. In beiden Fällen benötigen Sie einen berechtigten Benutzer. SAP stellt Ihrem Unternehmen initial einen solchen S-User zur Verfügung. Dieser hat Administratorberechtigungen für sein Unternehmen und kann andere Benutzer anlegen und den Anforderungen entsprechend berechtigen.

Funktionen für B2B-Anwendungen

In den beiden genannten Anwendungsfällen kann der Identity Authentication Service Sie vollständig oder zumindest teilweise unterstützen. Folgende Funktionen stehen Ihnen dabei zur Verfügung:

- Authentifizierung mit Benutzername und Passwort
- Single Sign-on für Cloud-Anwendungen
- Einladung von Partnern
- stellvertretende Registrierung von Partnern durch Administrator*innen
- Erstellen von Branding-Elementen auf den Formularen für die Anmeldung, Registrierung, Kennwortaktualisierung und Kontoaktivierung
- Vorgabe von Kennwort- und Sicherheitsrichtlinien
- Erstellen von Datenschutzrichtlinien und Nutzungsbedingungen
- Import und Export von Benutzern

Business-to-Employee

Das Szenario Business-to-Employee (B2E) deckt aus der Sicherheitsperspektive alle Aktionen ab, die ein Mitarbeiter oder eine Mitarbeiterin Ihres Unternehmens bei der Verwendung von Unternehmensanwendungen durchführt.

SAP Fiori Launchpad

Wahrscheinlich haben Sie bereits vom SAP Fiori Launchpad gehört. Das SAP Fiori Launchpad ist der zentrale Einstiegspunkt für moderne SAP-Anwendungen. Ein Großteil der Anwendungen in SAP S/4HANA wird in Form solcher *SAP-Fiori-Apps* ausgeliefert.

Das SAP Fiori Launchpad kann sowohl on premise als auch über die SAP BTP bereitgestellt werden. Bei der Bereitstellung über die SAP BTP kann der Identity Authentication Service zum Einsatz kommen. Er unterstützt Sie dabei, Ihren bestehenden Benutzerspeicher zu integrieren, um eine einheitliche Benutzererfahrung zu ermöglichen. Die Benutzer können sich so mit ihren gewohnten Zugangsdaten und Authentifizierungsmechanismen am System anmelden.

Hybride Systemlandschaft

Hybride Systemlandschaften sind bei vielen SAP-Kunden mittlerweile Realität. In diese Landschaften wird eine Kombination aus On-Premise- und SaaS-Lösungen genutzt. Beispielsweise werden die SaaS-Lösungen SAP SuccessFactors und SAP Concur häufig in Kombination mit einer on premise betriebenen SAP Business Suite oder einem SAP-S/4HANA-System verwendet. In diesem Fall kann das SAP Fiori Launchpad in der SAP BTP die Rolle des zentralen Einstiegspunktes übernehmen, und der Identity Authentication Service übernimmt die Authentifizierung der Benutzer und stellt das Single Sign-on zur Verfügung.

Funktionen für B2E-Szenarien

Folgende Funktionen stehen Ihnen für B2E-Szenarien zur Verfügung:

- Authentifizierung mit Benutzername und Passwort
- Single Sign-on für Cloud-Anwendungen
- Erstellen von Branding-Elementen auf den Formularen für die Anmeldung, Registrierung, Passwortaktualisierung und Kontoaktivierung
- Vorgabe von Kennwort- und Sicherheitsrichtlinien
- Erstellen von Datenschutzrichtlinien und Nutzungsbedingungen
- Import und Export von Benutzern

Anmeldung am Identity Authentication Tenant

Anmeldung

Die Anmeldung am Identity Authentication Tenant erfolgt über die folgende URL:

https://<IdentityAuthenticationTenantID>.accounts.ondemand.com

Ersetzen Sie den Platzhalter *<IdentityAuthenticationTenantID>* dabei durch die ID Ihres Identity Authentication Tenants.

Die Tenant-ID ist eine von SAP automatisch generierte ID. Der erste für den Mandanten angelegte Administrationsbenutzer erhält eine Aktivierungs-E-Mail mit einer URL. Diese URL enthält die Tenant-ID. Sie haben aber auch die Möglichkeit, direkt aus dem SAP BTP Cockpit heraus in den Identity Authentication Tenant abzuspringen.

Absprung aus dem SAP BTP Cockpit

Im SAP BTP Cockpit in der Neo-Umgebung navigieren Sie dazu in den Bereich **Security • Trust** und wechseln auf die Registerkarte **Platform Identity Provider**. Klicken Sie dort auf den Button **Administration Console** (siehe Abbildung 2.28).

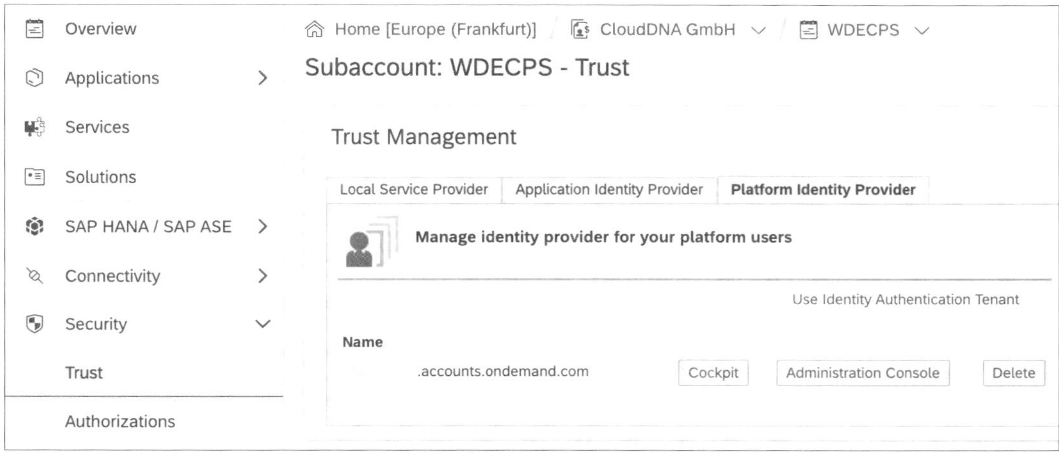

Abbildung 2.28 Absprung in den Identity Authentication Tenant aus der Neo-Umgebung

Im Cloud-Foundry-Subaccount ist es Voraussetzung für den Absprung, dass eine Vertrauensbeziehung zwischen dem Subaccount und dem Identity Authentication Tenant hergestellt wurde. Navigieren Sie dafür in den Bereich **Security • Trust Configuration**, und klicken Sie auf den Link **Custom IAS Tenant** (siehe Abbildung 2.29).

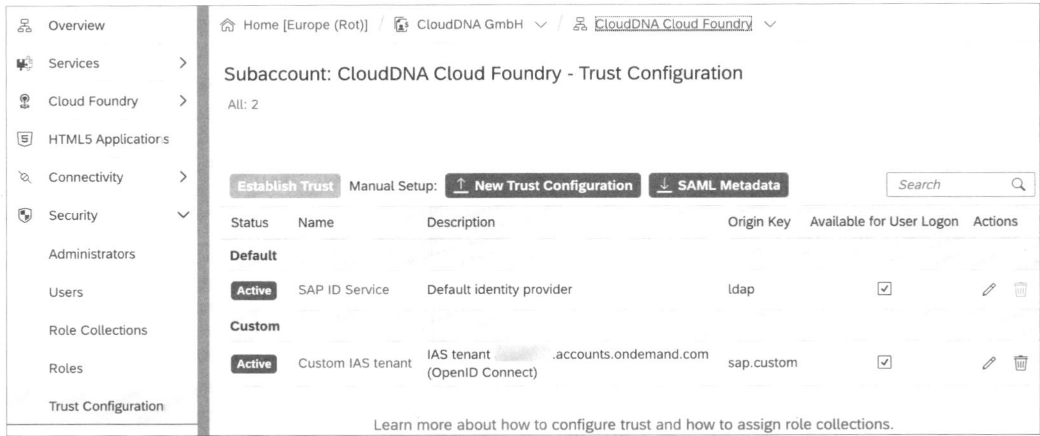

Abbildung 2.29 Trust-Konfiguration in der Cloud-Foundry-Umgebung

In der daraufhin angezeigten Übersicht der benutzerdefinierten Identity Authentication Tenants klicken Sie auf den Link, der dem Hostnamen Ihres Identity Authentication Tenants entspricht (Feld **IAS Tenant Hostname**, siehe Abbildung 2.30).

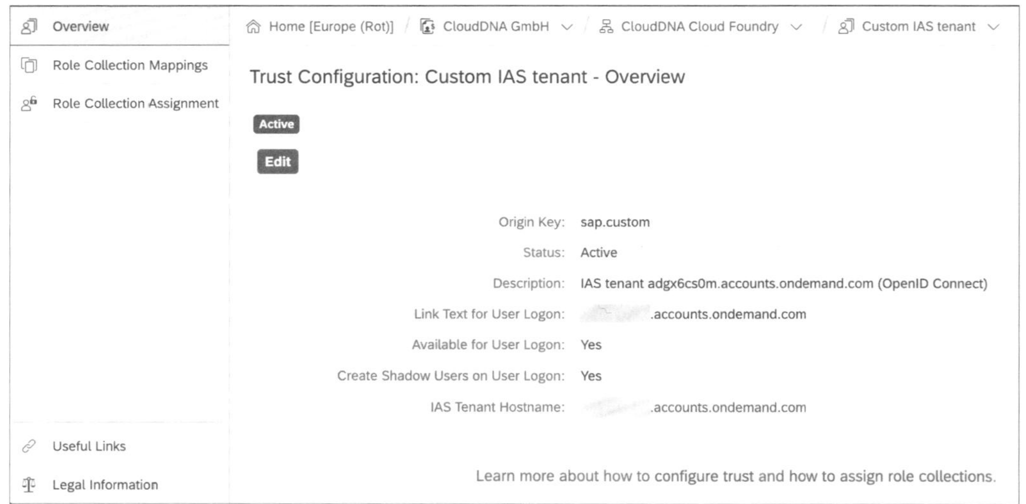

Abbildung 2.30 Absprung zum Identity Authentication Tenant aus der Cloud-Foundry-Umgebung

Administrationskonsole

In Abbildung 2.31 sehen Sie die Anmeldemaske der Administrationskonsole Ihres Identity Authentication Tenants. Hier müssen Sie sich initial mit dem Benutzernamen anmelden, den Sie in der Einladungs-E-Mail erhalten haben. Falls Sie bereits einen weiteren Administrationsbenutzer angelegt haben, können Sie auch diesen verwenden.

Administration Console
Anmelden
E-Mail oder Benutzername
E-Mail oder Benutzername
Kennwort
Kennwort
Angemeldet bleiben
Anmelden
Kennwort vergessen?

Abbildung 2.31 Anmeldung am Identity Authentication Tenant

Benutzerpflege im Identity Authentication Service

Serviceübersicht

Nach erfolgreicher Anmeldung gelangen Sie in die Übersicht des Identity Authentication Service (siehe Abbildung 2.32).

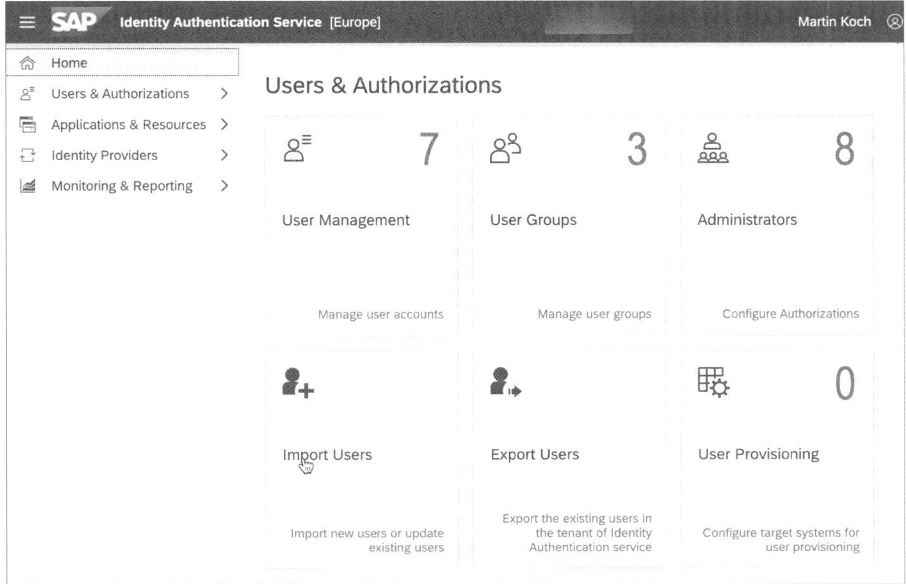

Abbildung 2.32 Übersicht des Identity Authentication Service

Die Startseite wird dynamisch auf Basis der Ihnen zugewiesenen Berechtigungen aufgebaut. Das Menü ist in folgende Bereiche unterteilt:

- **Users & Authorizations**
  Hier verwalten und administrieren Sie Benutzer, Benutzergruppen und Administrationsbenutzer. Sie können Benutzer importieren oder exportieren und Zielsysteme für die Benutzerbereitstellung konfigurieren.
- **Applications & Resources**
  Hier können Sie Applikationen und Subaccounts registrieren und konfigurieren. Die Einstellungen des Identity Authentication Tenants werden ebenfalls an dieser Stelle vorgenommen. Sie können die im Standard ausgelieferten Dokumente im Bereich **Terms of Use** sowie **Privacy Policy** anpassen und in verschiedenen Sprachen pflegen. Die E-Mail-Vorlagen für diverse Benachrichtigungen in unterschiedlichen Sprachen können Sie an dieser Stelle ebenfalls pflegen. Sie haben außerdem die Möglichkeit, ein sogenanntes *Custom CSS* (Cascading Style Sheet) zu hinterlegen, um die Anmeldemaske für den Identity Authentication Service Ihrem Corporate Design anzupassen. Auch die Passwortrichtlinien können Sie an dieser Stelle Ihren Anforderungen und Vorgaben anpassen.
- **Identity Providers**
  Hier können Sie Ihre bestehenden unternehmensinternen Identity Provider einbinden. Die Konfiguration der sogenannten *Social Identity Provider* erfolgt ebenfalls an dieser Stelle. Der Identity Authentication Service erlaubt Ihnen in diesem Kontext die Verwendung von Google, Facebook, LinkedIn und Twitter. Auch die Konfiguration externer Quellsysteme für Benutzerdaten, z. B. SAP SuccessFactors, führen Sie hier durch.
- **Monitoring & Reporting**
  Hier können Sie die zur Vermessung bzw. Lizenzierung des Systems relevanten Metriken einsehen. Zusätzlich können Sie Zugangsdaten für das API-basierte Auslesen der Audit Logs erzeugen und die Änderungs- und Troubleshooting-Logs in Form einer CSV-Datei herunterladen.

Um zunächst die Administrationsbenutzer zu pflegen, wechseln Sie in den Menübereich **Users & Authorizations • Administrators**.

Administratortypen

Sie gelangen zu einer Übersicht der aktuell im Identity Authentication Service gepflegten Administrationsbenutzer (siehe Abbildung 2.33). Wie Sie an den Icons erkennen können, gibt es zwei Arten von Administrationsbenutzern: Personen () und Systeme (). Beide Arten von Administrationsbenutzern können Sie hier anlegen. Ein Administrationsbenutzer vom Typ System kann die gleichen Rollen erhalten und die gleichen Aktionen ausführen wie ein Administrationsbenutzer vom Typ Person.

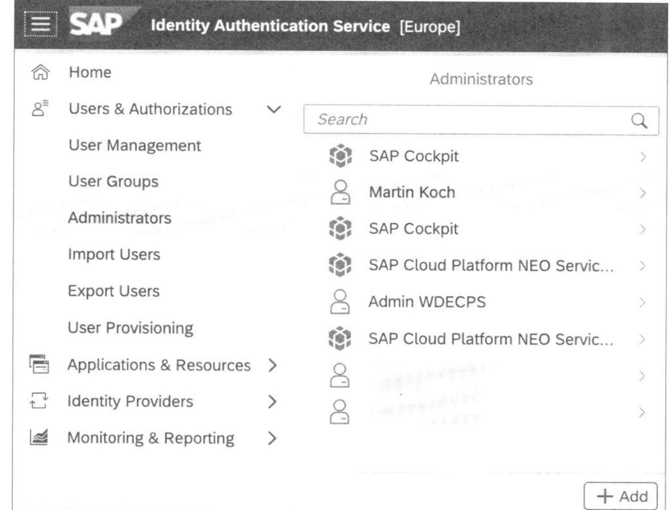

Abbildung 2.33 Übersicht der Administrationsbenutzer für den Identity Authentication Service

Administrationsbenutzer anlegen

Klicken Sie auf den Button **Add**, um einen neuen Administrationsbenutzer anzulegen. Dazu müssen Sie die E-Mail-Adresse sowie einen Vornamen und Nachnamen für den Administrator bzw. die Administratorin pflegen.

Administrationsrollen

Sie können die Administrationsbenutzer mit unterschiedlichen Rollen ausstatten. Mit Ausnahme der Rolle **Read Users** sind alle folgenden Rollen standardmäßig für Administrationsbenutzer ausgewählt:

- **Manage Applications**
  Diese Rolle gibt dem Tenant-Administrationsbenutzer das Recht, Anwendungen über die Administrationskonsole zu konfigurieren.
- **Manage Corporate Identity Providers**
  Diese Rolle gibt dem Tenant-Administrationsbenutzer das Recht, die Identity Provider über die Administrationskonsole zu konfigurieren.
- **Manage Users**
  Diese Rolle gibt dem Tenant-Administrationsbenutzer das Recht, Benutzer über die Administrationskonsole zu verwalten, zu importieren und zu exportieren.
- **Read Users**
  Diese Rolle gibt dem Tenant-Administrationsbenutzer das Recht zum Abrufen von Benutzerdaten sowie zum Importieren von Benutzern über die Administrationskonsole und die SCIM-REST-API des Identity Authentication Service. Dieser Standard dient dem Management von Identitäten über Domänengrenzen hinweg.

- **Manage Groups**
  Diese Rolle gibt dem Tenant-Administrationsbenutzer das Recht, Benutzergruppen über die Administrationskonsole zu erstellen, zu bearbeiten und zu löschen.
- **Manage Tenant Configuration**
  Diese Rolle gibt dem Tenant-Administrationsbenutzer das Recht, die Tenant-Konfiguration und die Berechtigungszuweisung an Benutzer zu verwalten.

SICM-Protokoll

Das *System for Cross-Domain Identity Management* (SCIM) ist ein HTTP-basiertes Protokoll, das die Verwaltung von Identitäten in sogenannten *Multi-Domain-Szenarien* durch einen standardisierten Dienst vereinfacht. Solche Szenarien bestehen z. B. übergreifend zwischen der kundeneigenen Domäne und der Standarddomäne der SAP BTP: *ondemand.com*. Der SCIM-Standard wird von der IETF verwaltet. Folgende Spezifikationen decken den SCIM-Standard ab:

- RFC7642 (SCIM: Definitions, Overview, Concepts, and Requirements)
- RFC7643 (SCIM: Core Schema)
- RFC7644 (SCIM: Protocol)

SCIM-fähige Systeme können im Identity Authentication Service als Quell- oder als Zielsystem verwendet werden. Zusätzlich stellt der Identity Authentication Service eine SCIM-API bereit. Damit können Benutzer und Benutzergruppen angelegt und verwaltet werden.

SCIM 2.0 baut auf einem Objektmodell auf, das in Abbildung 2.34 dargestellt ist. Hier dient eine Ressource als Kernelement, von der alle weiteren SCIM-Objekte abgeleitet werden.

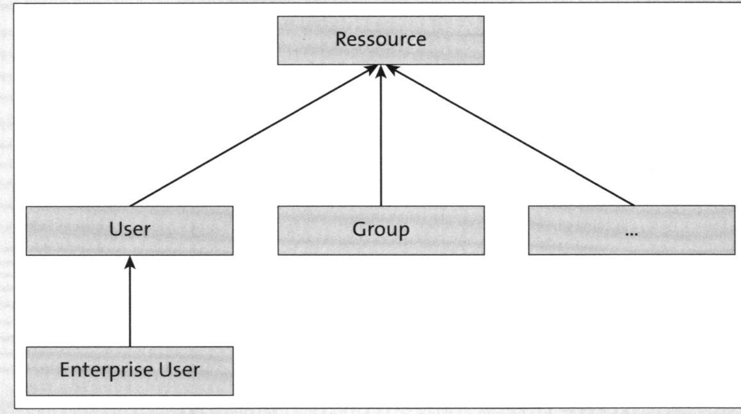

Abbildung 2.34 SCIM-Objektmodell

Weisen Sie Ihrem neuen Administrationsbenutzer die gewünschten Rollen zu, und speichern Sie den Benutzer danach über den Button **Save** (siehe Abbildung 2.35).

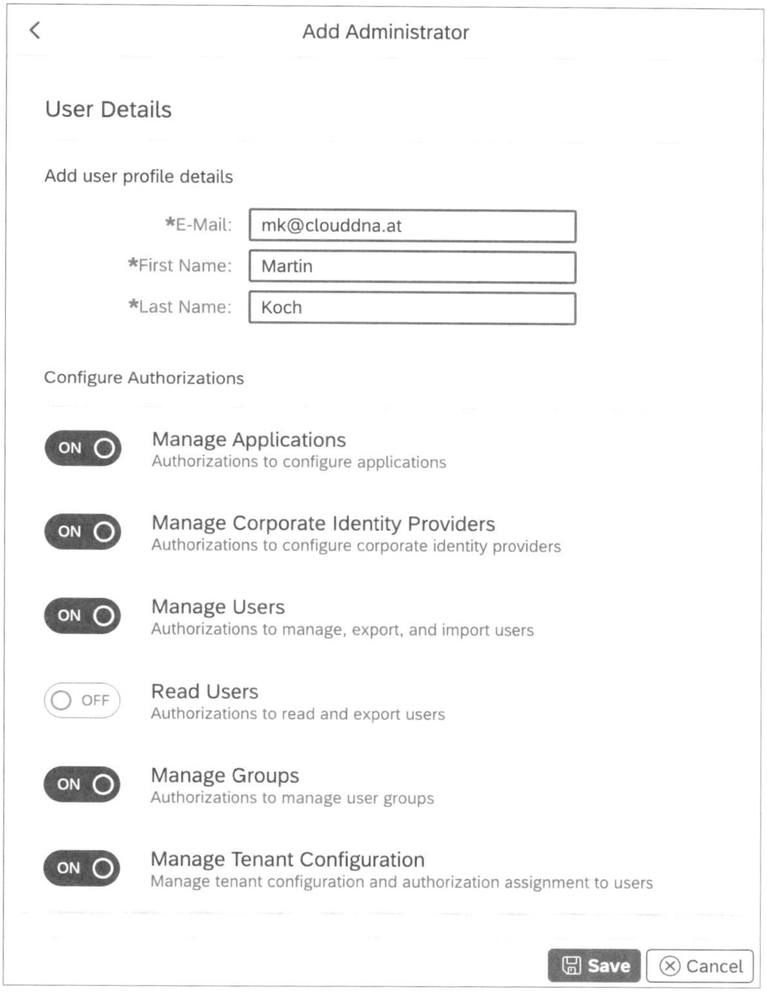

Add Administrator

User Details

Add user profile details

*E-Mail: mk@clouddna.at

*First Name: Martin

*Last Name: Koch

Configure Authorizations

ON Manage Applications
Authorizations to configure applications

ON Manage Corporate Identity Providers
Authorizations to configure corporate identity providers

ON Manage Users
Authorizations to manage, export, and import users

OFF Read Users
Authorizations to read and export users

ON Manage Groups
Authorizations to manage user groups

ON Manage Tenant Configuration
Manage tenant configuration and authorization assignment to users

Save Cancel

Abbildung 2.35 Administrationsbenutzer für den Identity Authentication Service anlegen

Das System vergibt nun eine User ID für den neuen Benutzer. Parallel dazu erhält der Benutzer eine E-Mail. Diese E-Mail enthält einen Link, mit dem das Benutzerkonto aktiviert werden kann.

Weitere Benutzer pflegen

Um die weiteren Benutzer zu pflegen, die über den Identity Authentication Service auf Ihre Cloud-Anwendungen zugreifen sollen, wählen Sie im Menü den Pfad **Users & Authorizations • User Management**.

Sie sehen nun eine Liste aller im Identity Authentication Service angelegten Benutzer (siehe Abbildung 2.36). Da diese Liste üblicherweise sehr viele Einträge enthält, besteht die Möglichkeit, nach unterschiedlichen Attributen zu suchen, wie beispielsweise der User ID. Klicken Sie auf eine Zeile der Ergebnistabelle, um die Details eines Benutzers einzusehen

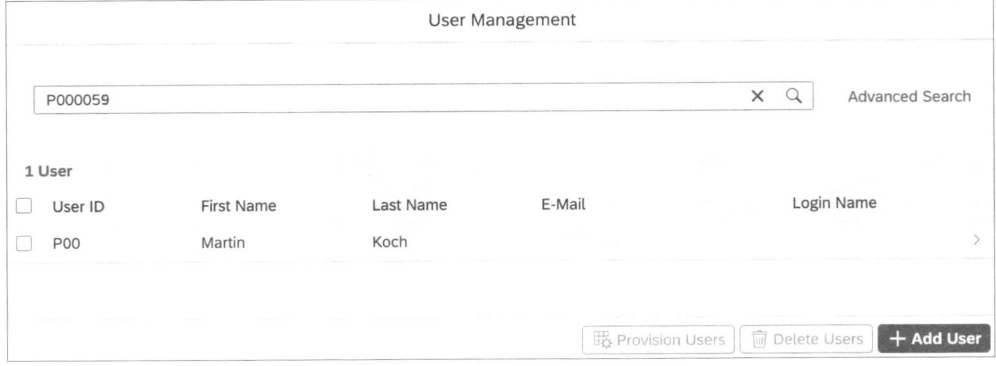

Abbildung 2.36 Benutzerübersicht für den Identity Authentication Service

Benutzer anlegen

Klicken Sie auf den Button **Add User**, um einen neuen Benutzer anzulegen. Im Anlagedialog müssen Sie den Nachnamen, die E-Mail-Adresse, den Benutzertyp und die Art der Account-Aktivierung verpflichtend pflegen (siehe Abbildung 2.37). Im Feld **User Type** ist standardmäßig **Employee** ausgewählt. Sie können zwischen den Optionen Kund*in (**Customer**), Mitarbeiter*in (**Employee**), Partner*in (**Partner**) und öffentlich (**Public**, also öffentlichen, dem Unternehmen nicht zwingend bekannten Personen) wählen.

Add New User

Personal Information

First Name: Oscar
*Last Name: Charlie
*E-Mail: oc@clouddna.at
Login Name: oscar.charlie
*User Type: Employee
*Account Activation: Send activation e-mail
Set initial password
Set status active

Save Cancel

Abbildung 2.37 Benutzer anlegen

Für die Aktivierung des Benutzerkontos gibt es folgende Möglichkeiten:

- **Send activation e-mail**
  Der Benutzer erhält eine E-Mail mit Anweisungen zur Aktivierung des Benutzerkontos.
- **Set initial password**
  Der Tenant-Administrator oder die Administatorin legt das Passwort für den Benutzer fest. Der Benutzer wird bei der ersten Authentifizierung aufgefordert, das Passwort zu ändern.
- **Set status active**
  Der Tenant-Administrator oder die Administratorin legt direkt einen aktiven Benutzer an. Er setzt kein Initialpasswort für den Benutzer, und der Benutzer erhält keine E-Mail mit Anweisungen zur Aktivierung des Benutzerkontos. Diese Option ist zu wählen, wenn der Identity Authentication Service als Proxy zu einem anderen Identity Provider eingesetzt wird oder wenn sich der Benutzer mittels Zertifikat authentifiziert.

Willkommens-E-Mail

In Abbildung 2.38 sehen Sie die Willkommens-E-Mail, die der Benutzer bei Auswahl der Option **Send activation e-mail** erhält. Der in der E-Mail verwendete Text wird von SAP vorgegeben. Wir zeigen Ihnen im Abschnitt »Applikationseinstellungen« im Kontext des Brandings, an welcher Stelle Sie die Standardtexte von SAP anpassen und übersetzen können.

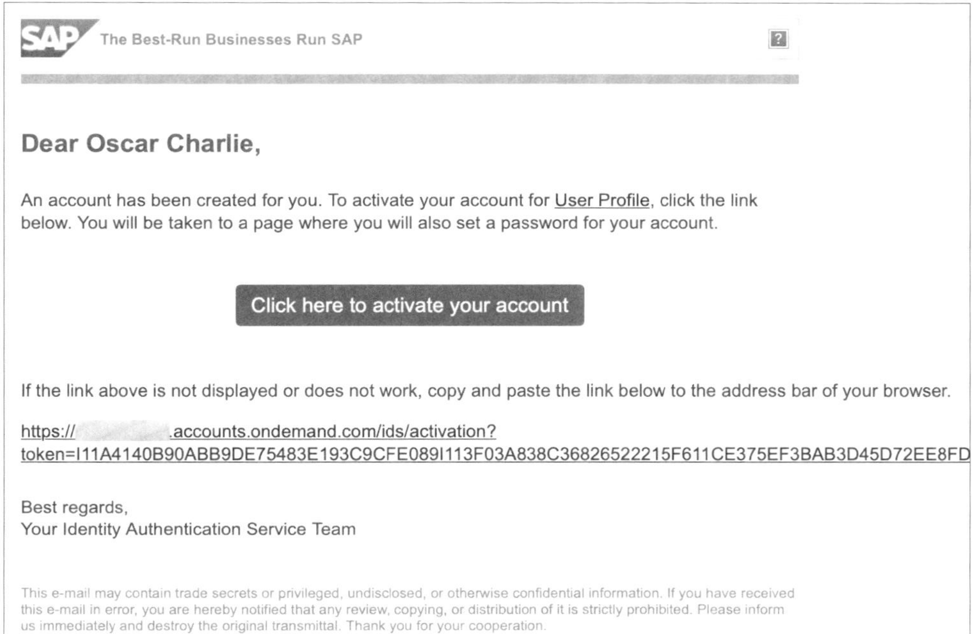

Abbildung 2.38 Willkommens-E-Mail

Die E-Mails, die der Identity Authentication Service generiert, werden immer über die Adresse *notification@sapnetworkmail.com* versendet. Es besteht jedoch auch die Möglichkeit, Ihren eigenen E-Mail-Server dafür zu verwenden. Die erforderliche Konfiguration finden Sie im Abschnitt »Applikationseinstellungen« im Kontext des Brandings.

Erweiterte Benutzerinformationen

Bei der Anlage eines neuen Benutzers müssen Sie nur die aus Sicht des Identity Authentication Service wichtigsten Attribute pflegen. In vielen Fällen ist es jedoch gewünscht, weitere Informationen zum Benutzer zu pflegen. Dazu können Sie in die Details des Benutzers abspringen (siehe Abbildung 2.39). Hier können Sie persönliche Informationen, Mitarbeiterinformationen, Firmeninformationen und kundenspezifische Attribute pflegen.

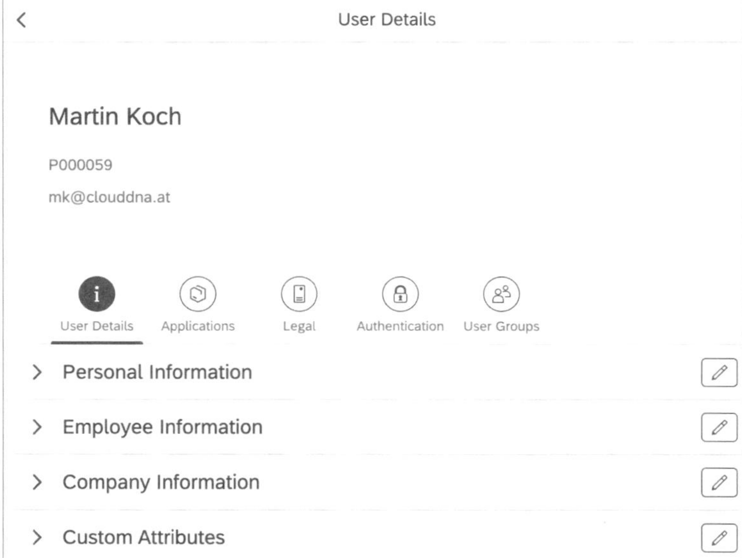

Abbildung 2.39 Benutzerdetails

Die persönlichen Informationen sind für viele Einsatzszenarien interessant. Hier können Sie beispielsweise den Gültigkeitszeitraum eines Benutzerkontos konfigurieren. Wenn beispielsweise ein Mitarbeiter oder eine Mitarbeiterin aus Ihrem Unternehmen ausscheidet, müssen Sie das zugehörige Benutzerkonto nicht löschen, sondern können stattdessen das Datum im Feld **Valid To** auf den Stichtag des Ausscheidens setzen und den Gültigkeitszeitraum damit abgrenzen (siehe Abbildung 2.40). In diesem Bereich können Sie auch das Verhalten des Identity Authentication Service beim Versand von Benachrichtigungen zumindest teilweise steuern, indem Sie die Sprache des Benutzers setzen. E-Mail-Benachrichtigungen werden, wenn möglich, immer in der passenden Sprache gesendet.

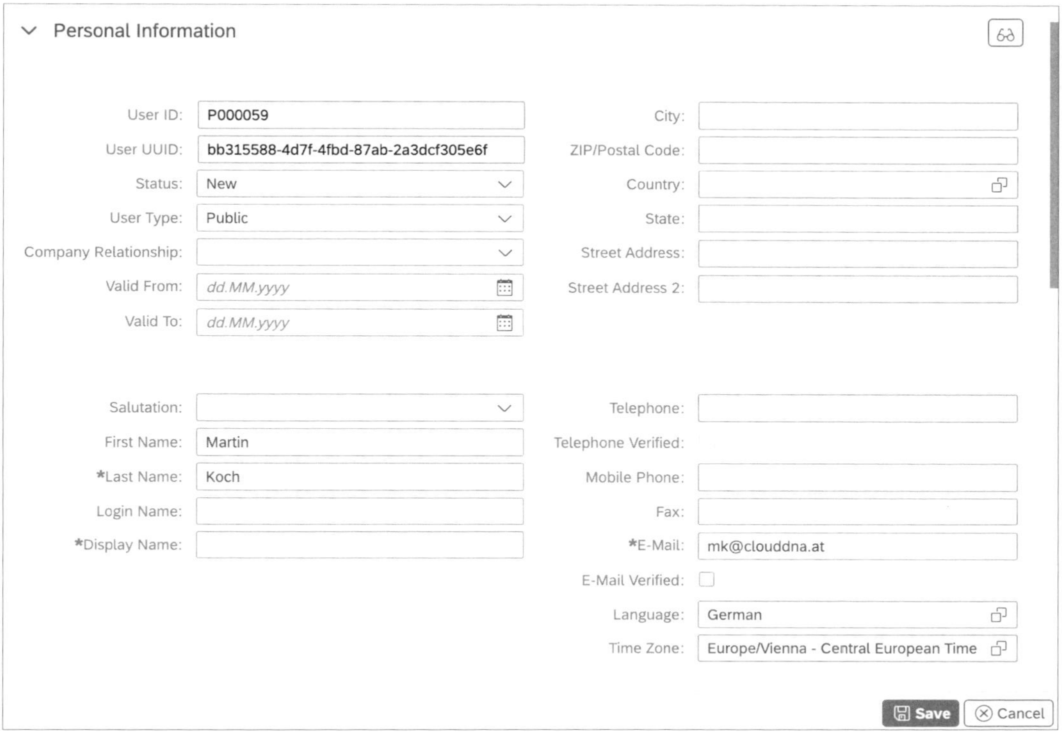

Abbildung 2.40 Persönliche Details in einem Benutzerkonto

Im Bereich **Legal Information** finden Sie auch wichtige Informationen, die dem Support helfen können (siehe Abbildung 2.41).

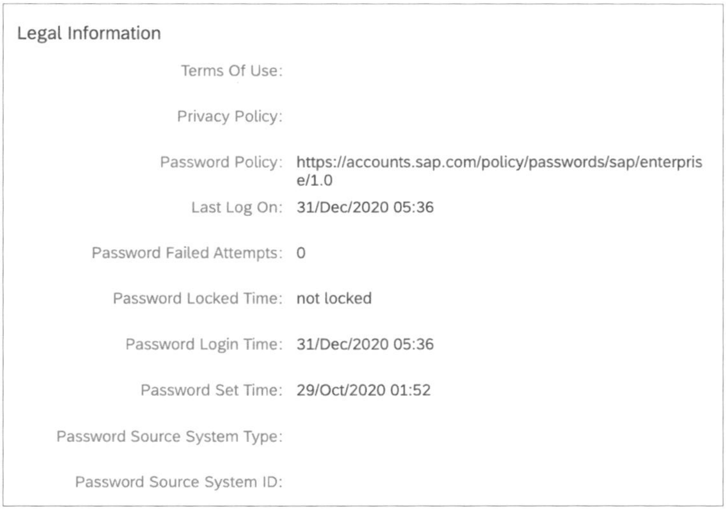

Details des Benutzerkontos

Abbildung 2.41 Bereich »Legal Information« in den Details eines Benutzerkontos

Sie sehen unter anderem, wann sich ein Benutzer zum letzten Mal erfolgreich angemeldet hat, ob das Passwort gesperrt ist, wann das Passwort gesetzt wurde und aus welchem System das Passwort bezogen wurde. Auf diese Informationen kann nur lesend zugegriffen werden. Eine Datenmanipulation ist somit nicht möglich.

Entsperren von Benutzern

Eine typische Tätigkeit im Support ist das Entsperren von Benutzern bzw. das Zurücksetzen von Passwörtern. Diese Tätigkeiten können Sie ausgehend von den Benutzerdetails durchführen. Navigieren Sie dazu auf die Registerkarte **Authentication**, und klicken Sie auf **Password Details** (siehe Abbildung 2.42).

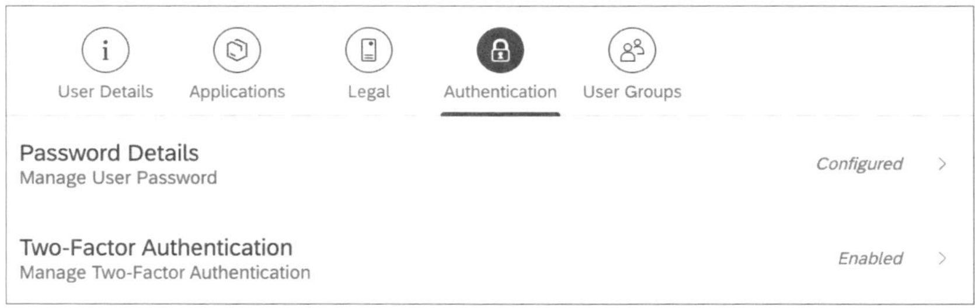

Abbildung 2.42 Passwortdetails in den Details zu einem Benutzerkonto aufrufen

In den Passwortdetails können Sie folgende Aktionen ausführen (siehe Abbildung 2.43):

- ein gesperrtes Benutzerkonto entsperren
- eine E-Mail mit Informationen zum Zurücksetzen des Passwortes versenden
- den Zähler für den Versand von E-Mails pro Benutzer zurücksetzen, um die maximale Anzahl von E-Mails zur Aktivierung oder zur Passwortrücksetzung, die an einen Benutzer gesendet werden kann, nicht zu überschreiten
- ein Initialpasswort setzen

Benutzergruppen

Eine *Benutzergruppe* ist eine Sammlung von Benutzern. Sie dient dazu, Benutzer, die Gemeinsamkeiten aufweisen, zusammen zu verwalten. Das können beispielsweise Benutzer von Mitarbeitenden sein, die in der gleichen Abteilung arbeiten, oder solche, die ähnliche Aufgaben innerhalb des Unternehmens haben.

Um die existierenden Benutzergruppen einzusehen, wählen Sie im Menü den Pfad **Users & Authorizations • User Groups** (siehe Abbildung 2.44).

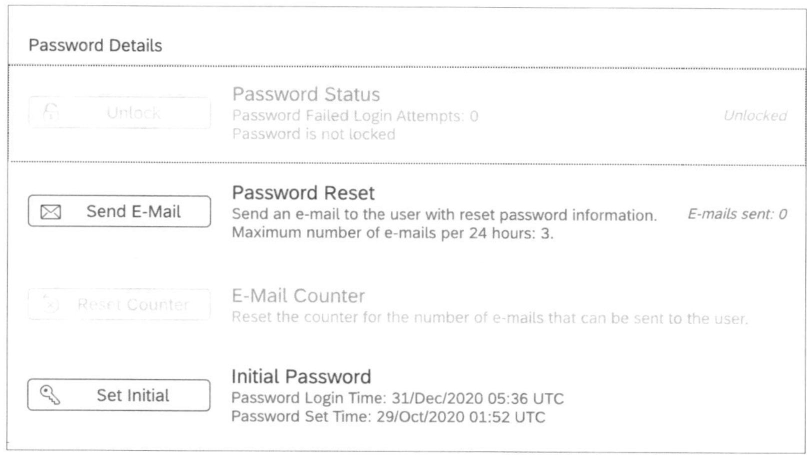

Abbildung 2.43 Aktivitäten in den Passwortdetails eines Benutzerkontos

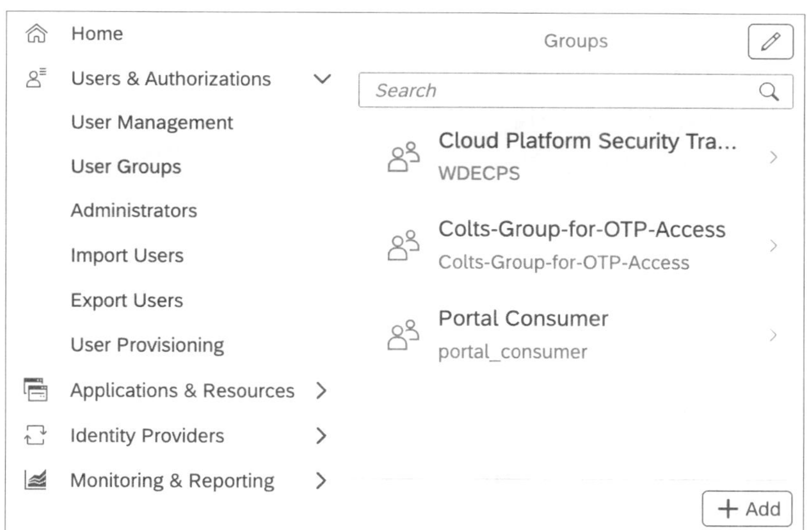

Abbildung 2.44 Benutzergruppenpflege

Benutzergruppe anlegen

Klicken Sie auf den Button **Add**, um eine neue Benutzergruppe anzulegen. Dabei müssen Sie, wie in Abbildung 2.45 dargestellt, einen technischen Namen und einen Anzeigenamen (**Display name**) vergeben. Für den Namen gilt die Einschränkung, dass keine Sonder- und Leerzeichen verwendet werden dürfen. Optional können Sie eine Beschreibung ergänzen. Beim Speichern wird zusätzlich eine *Group ID* in Form eines *Globally Unique Identifiers* (GUID) vergeben.

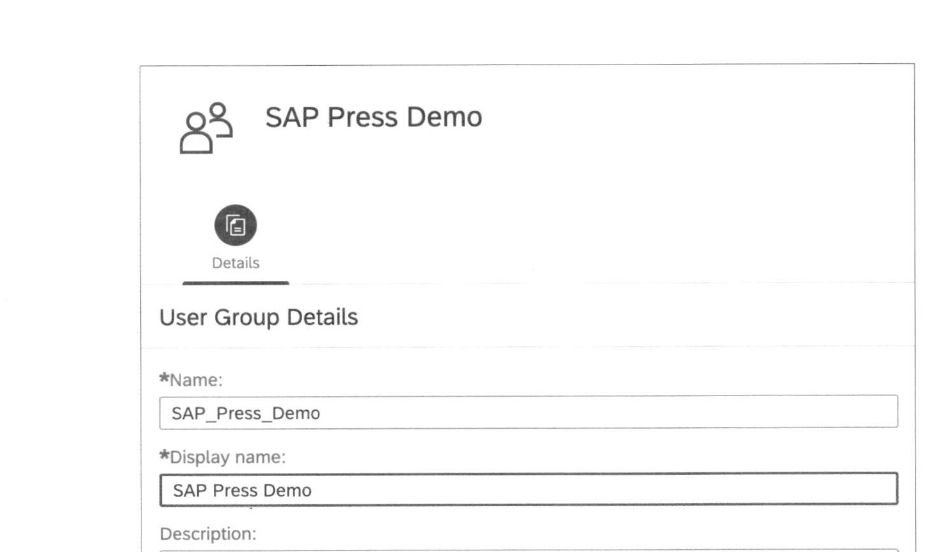

Abbildung 2.45 Benutzergruppe anlegen

Benutzer Gruppen zuordnen

Die Zuordnung von Benutzern zu einer Gruppe erfolgt über die Benutzerverwaltung. Navigieren Sie dazu, wie zuvor beschrieben, in die Details des Benutzerkontos, und klicken Sie auf der Registerkarte **User Groups** auf den Button **Assign Groups** (siehe Abbildung 2.46).

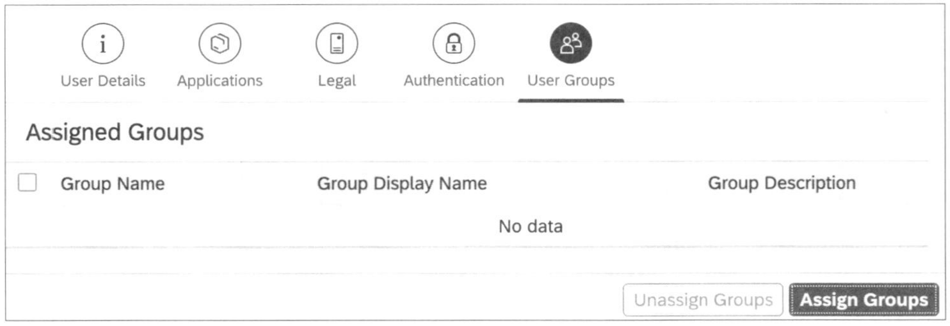

Abbildung 2.46 Benutzer einer Benutzergruppe zuordnen

Im sich öffnenden Pop-up-Fenster wählen Sie die gewünschten Benutzergruppen aus und klicken anschließend auf den Button **Save** (siehe Abbildung 2.47).

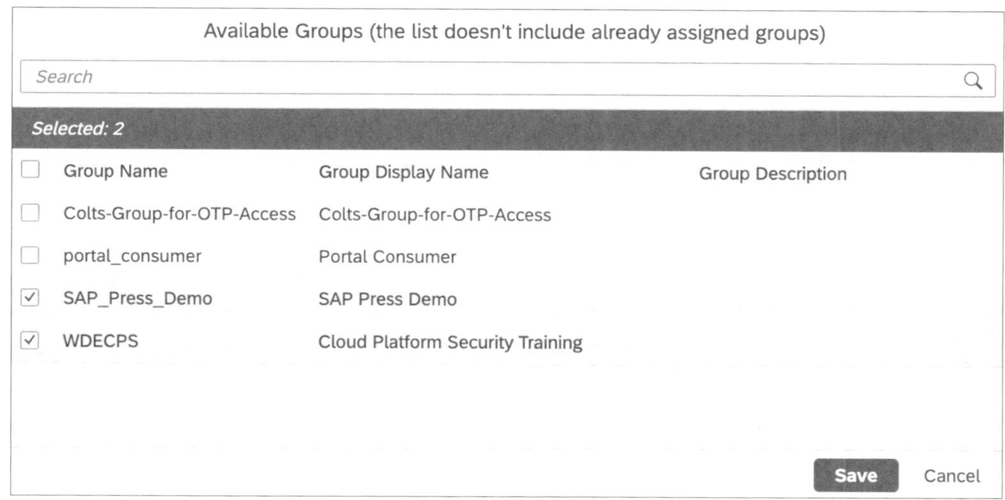

Abbildung 2.47 Benutzergruppen für die Zuordnung auswählen

Einstellungen des Identity Authentication Tenants

Der Identity Authentication Tenant wird Ihnen von SAP mit vorkonfigurierten Standardeinstellungen bereitgestellt. Sie haben jedoch die Möglichkeit, diese Einstellungen anzupassen. Navigieren Sie dazu im Menü in den Bereich **Application & Resources • Tenant Settings**.

Einstellungsmöglichkeiten

Sie können diverse Einstellungen für den Tenant anpassen. Die aus unserer Sicht relevantesten Einstellungsoptionen sind:

- Anpassen und Download der SAML-2.0-Metadaten im Rahmen der SAML-2.0-Konfiguration
- Konfigurieren der vertrauenswürdigen Zertifizierungsstellen für X.509-Client-Zertifikate
- Konfigurieren der Gültigkeitsdauer der E-Mail-Links
- Konfigurieren des Session Time-outs
- Konfigurieren der risikobasierten Authentifizierung
- Konfigurieren des Corporate User Stores
- Konfigurieren des E-Mail-Servers
- Aktivieren von Security Alerts
- Konfigurieren einer Custom Domain

Im Folgenden gehen wir auf die für die Praxis relevanten Einstellungen genauer ein.

Gültigkeitsdauer der E-Mail-Links

E-Mail-Benachrichtigungen, die Links für bestimmte Aktionen enthalten, können für verschiedenste Ereignisse versendet werden. Um die Gültigkeitsdauer der E-Mail-Links zu konfigurieren, wählen Sie in den **Tenant Settings** den Punkt **E-Mail Link Validity** (siehe Abbildung 2.48).

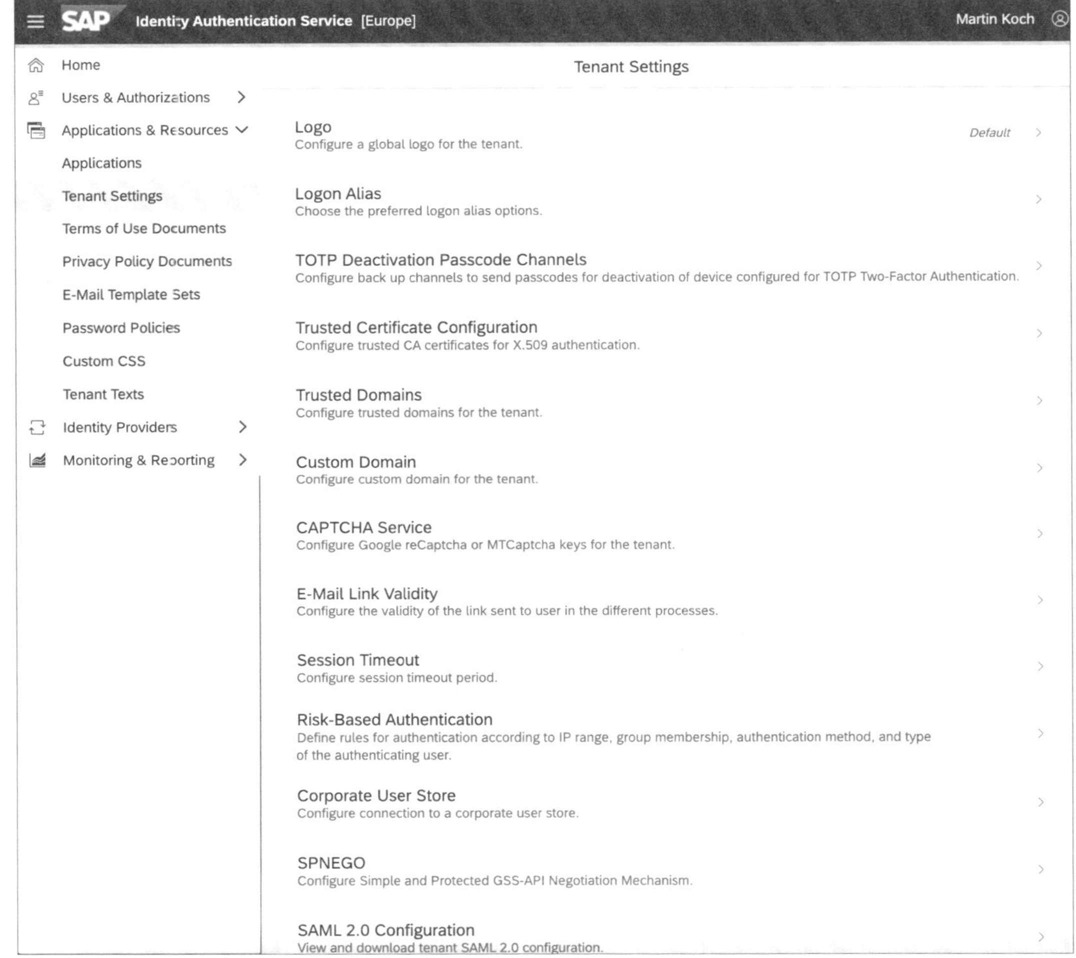

Abbildung 2.48 Absprung in die Konfiguration der E-Mail-Link-Gültigkeitsdauer

Sie können die Gültigkeitsdauer individuell auf einen Zeitraum zwischen 1 Stunde und 30 Tagen anpassen (siehe Abbildung 2.49). Für alle passwortbezogenen Aktionen empfehlen wir, die Gültigkeit auf einige Stunden zu begrenzen.

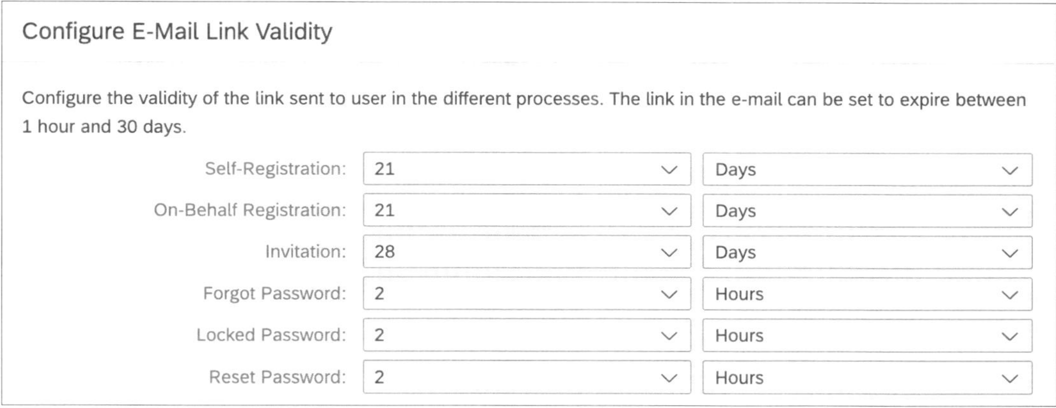

Abbildung 2.49 Konfiguration der E-Mail-Link-Gültigkeitsdauer

Konfiguration des Session Time-outs

Der Identity Authentication Service bietet Ihnen auch die Möglichkeit, das Session Time-out für die Benutzer zu konfigurieren. Nach dem Erreichen des Time-outs ist eine neue Authentifizierung erforderlich. Zum Absprung in die Konfiguration wählen Sie im Bereich Tenant **Settings** den Punkt **Session Timeout** (siehe Abbildung 2.50).

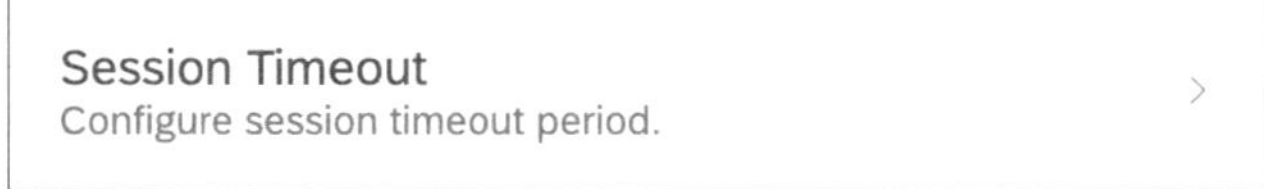

Abbildung 2.50 Absprung in die Konfiguration des Session Time-outs

Das Session Time-out ist mit dem Maximalwert von 12 Stunden vorkonfiguriert. Sie können stattdessen einen Wert zwischen 5 Minuten und 12 Stunden wählen (siehe Abbildung 2.51).

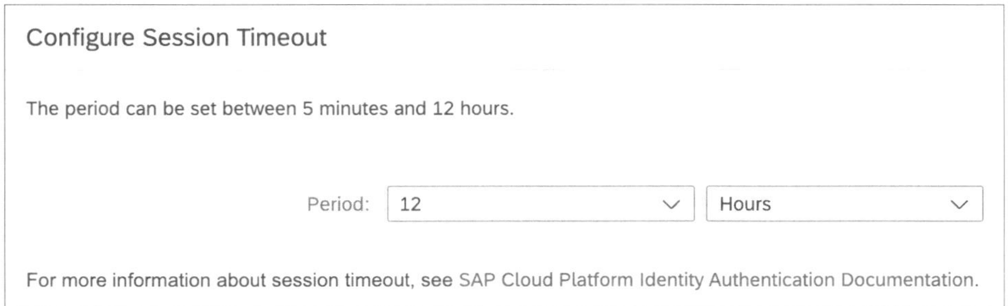

Abbildung 2.51 Konfiguration des Session Time-outs

Konfiguration des E-Mail-Servers

Wie bereits erwähnt, bietet Ihnen der Identity Authentication Service die Möglichkeit, Benachrichtigungs-E-Mails über Ihren eigenen E-Mail-Server zu versenden. Um dies einzustellen, wählen Sie in den **Tenant Settings** den Eintrag **Mail Server Configuration** (siehe Abbildung 2.52).

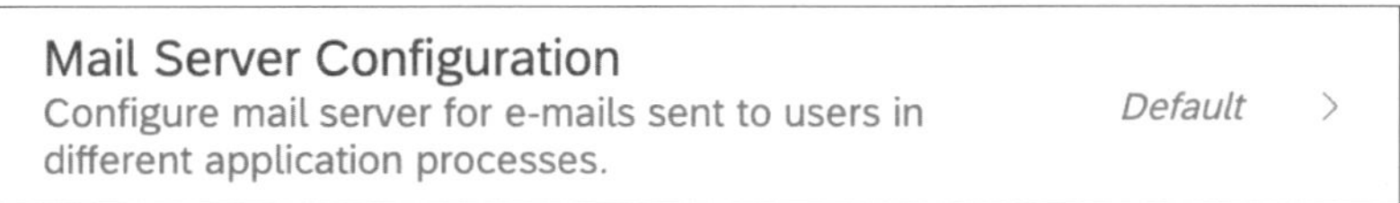

Abbildung 2.52 Absprung in die Konfiguration des E-Mail-Servers

Standardmäßig wird für den Versand von E-Mail-Benachrichtigungen ein E-Mail-Server von SAP verwendet. Möchten Sie einen eigenen Server verwenden, müssen Sie Host, Port, Sender- und Empfängeradresse, Benutzername und Passwort pflegen (siehe Abbildung 2.53). Der benutzerdefinierte E-Mail-Server muss SSL unterstützen.

Mail Server Configuration

Enter the required information to configure your mail server. Once you configure the mail server, all e-mails will go through this configuration. To return to the default settings, remove the configuration.

*Host:
Example: sap.com

*Port:
587

*From:
Enter sender e-mail.

*Reply to:
Enter reply-to e-mail.

*User:
Enter username.

*Password:
Enter password

Abbildung 2.53 Konfiguration eines eigenen E-Mail-Servers

Security Alerting

Der Identity Authentication Service ermöglicht Ihnen das Senden von Warn-E-Mails (*Alerts*), wenn die E-Mail-Adresse, der Anmeldename oder das Passwort eines Benutzers geändert werden. Der Versand solcher Alerts ist im Standard deaktiviert. Aktivieren Sie sie, indem Sie den Schalter **Security Alerting** auf **ON** setzen (siehe Abbildung 2.54). Die Anwender*innen werden dann über die für sie hinterlegte E-Mail-Adresse über Änderungen an ihren Benutzerdaten informiert.

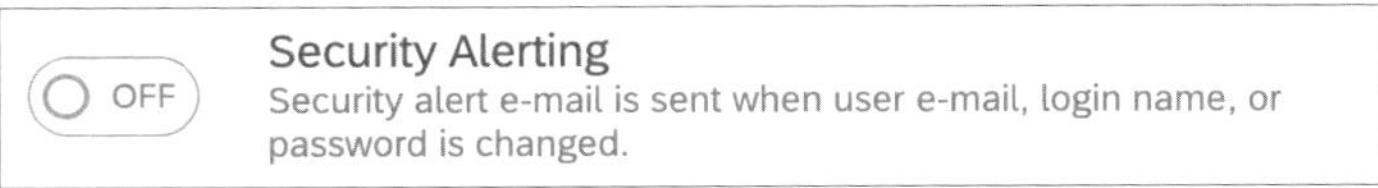

Abbildung 2.54 Security Alerting aktivieren

Passwortrichtlinien pflegen

Passwörter für die Authentifizierung von Benutzern sollten, wie bereits erwähnt, bestimmten Regeln und Einschränkungen unterliegen. Diese werden in einer Passwortrichtlinie definiert. Der Identity Authentication Service bietet Ihnen zwei vordefinierte Passwortrichtlinien zur Nutzung an. Diese Standardrichtlinien können nicht geändert werden. Zusätzlich können Sie jedoch eine benutzerdefinierte Richtlinie erstellen. Navigieren Sie in den Bereich **Application & Resources • Passwort Policies**.

Kundeneigene Richtlinie

Klicken Sie auf der Registerkarte **Password Policies** auf den Button **Add Custom Policy**, um eine kundeneigene Richtlinie zu erstellen. Auf der Registerkarte **Password Blacklist** haben Sie alternativ die Möglichkeit, eine Sperrliste mit nicht zulässigen Passwörtern zu pflegen (siehe Abbildung 2.55).

Password Policies Configurations

Password Policies   Password Blacklist

Configurations

The password policies are listed according to their strength. You can add only one custom password policy. The custom password policy is always the strongest one.

+ Add Custom Policy

Policy	Actions
Enterprise	6ꝺ
Standard	6ꝺ

Abbildung 2.55 Konfiguration der Passwortrichtlinien

In Abbildung 2.56 sehen Sie, welche Einschränkungen Sie für Passwörter definieren können, etwa die Länge des Passwortes, die Zeit, nach der ein Passwort geändert werden muss, die maximale Zeit, während der ein Benutzer inaktiv sein darf, die Wiederverwendbarkeit von Passwörtern und die maximale Anzahl erlaubter Fehlanmeldungen. Achten Sie darauf, dass die Dauer für die Sperrung eines Passwortes (**Password Locked Period**) im Standard auf 1 Stunde gesetzt ist. Sollte ein Benutzerkonto infolge zu vieler fehlerhafter Anmeldeversuche gesperrt werden, wird es also nach Ablauf 1 Stunde automatisch wieder entsperrt. Der Maximalwert für die Sperrdauer beträgt 24 Stunden. Es gibt keine Möglichkeit, das Benutzerkonto dauerhaft zu sperren und nur durch einen Administrator oder eine Administratorin entsperren zu lassen.

Custom Password Policy

Password Policy Name:				
Password Length:	Minimum:	8	Maximu...	255
Password Lifetime:	Minimum:	24 Hours	Maximu...	6 Months
Maximum Duration of User Inactivity:	6 Months			
Number of Last Used Passwords that Cannot Be Reused:	5			
Number of Allowed Failed Logon Attempts:	5			
Password Locked Period:	1 Hour			

+ Add | ⊗ Cancel

Abbildung 2.56 Details der Kennwortrichtlinie

Vorgegebene Passwortkomplexität

Die Passwortkomplexität selbst kann an dieser Stelle nicht konfiguriert werden. Passwörter müssen für alle Policy-Typen drei der vier folgenden Komponenten beinhalten:

- Kleinbuchstaben (a–z)
- Großbuchstaben (A–Z)
- Ziffern (0–9)
- Sonderzeichen

Applikationseinstellungen

Applikationen

Der Identity Authentication Service nimmt im Kontext der SAML-Autorisierung die Rolle des Identity Providers ein. Die angebundenen Systeme, beispielsweise die Subaccounts der SAP BTP, nehmen die Rolle eines *Service*

Providers ein. Diese Service Provider werden im Identity Authentication Service als *Applikationen* geführt und können unabhängig voneinander konfiguriert werden.

Subaccount konfigurieren

Navigieren Sie zum Menüeintrag **Applications & Authorizations • Applications**, um die angebundenen Subaccounts zu sehen (siehe Abbildung 2.57). Wählen Sie anschließend den Subaccount in der Liste der Applikationen aus, den Sie konfigurieren möchten. Sollte Ihr gewünschter Subaccount nicht in der Liste sichtbar sein, wurde für diesen der SAP Platform Identity Provider Service nicht aktiviert.

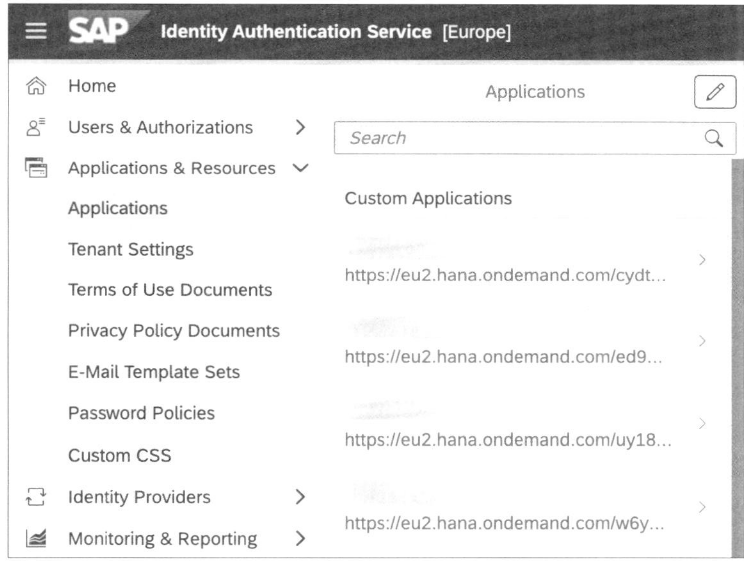

Abbildung 2.57 Applikationen für den Identity Authentication Service konfigurieren

Einstellungsmöglichkeiten

In den Einstellungen der Applikationen können Sie Anpassungen in den folgenden Bereichen vornehmen:

- Einstellung der Vertrauensbeziehung (**Trust**)
- Einstellung der Authentifizierungs- und Zugriffskontrolle (**Authentication and Access**)
- Einstellung des Brandings und Layouts der Formulare (**Branding and Layout**)

Vertrauensbeziehung

Im Bereich **Trust** ist die wichtigste Einstellung der verwendete Authentifizierungstyp. Dieser kann entweder SAML 2.0 oder OpenID Connect lauten. Subaccounts der Neo-Umgebung der SAP BTP verwenden SAML 2.0, Subaccounts der Cloud-Foundry-Umgebung hingegen verwenden standardmäßig OpenID Connect. Zusätzlich können Sie im Bereich **Trust** die Attribute der Authentifizierungs-Assertion anpassen und den API-basierten Zugriff auf den Subaccount konfigurieren.

Bedingte Authentifizierung

Im Bereich **Authentication Rules** haben Sie die Möglichkeit, eine sogenannte bedingte Authentifizierung (*Conditional Authentication*) zu konfigurieren. Damit können Sie steuern, dass Benutzer abhängig von folgenden Attributen von unterschiedlichen Identity Providern authentifiziert werden:

- E-Mail-Domäne
- Benutzertyp
- Benutzergruppe
- IP-Adressbereich

Um eine entsprechende Regel anzulegen, klicken Sie auf den Button **+ Add Rule**, und legen Sie fest, welche Bedingungen für die einzelnen Provider gelten. Ein Beispiel wäre, gewisse Benutzergruppen nur von einem spezifischen Identity Provider zu authentifizieren oder eine Authentifizierung nur dann zuzulassen, wenn sich der Benutzer von einer internen IP-Adresse aus anmeldet (siehe Abbildung 2.58).

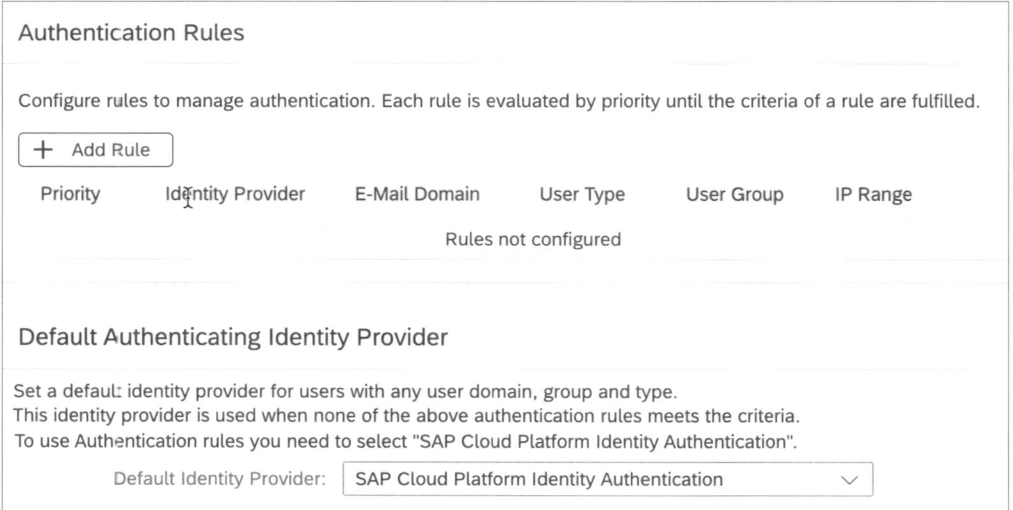

Abbildung 2.58 Definition einer Authentifizierungsregel

Authentifizierung und Zugriffskontrolle

Im Bereich **Authentication and Access** wird konfiguriert, wie sich Benutzer am System anmelden und welche Policies zum Einsatz kommen und von den Benutzern akzeptiert werden müssen (siehe Abbildung 2.59).

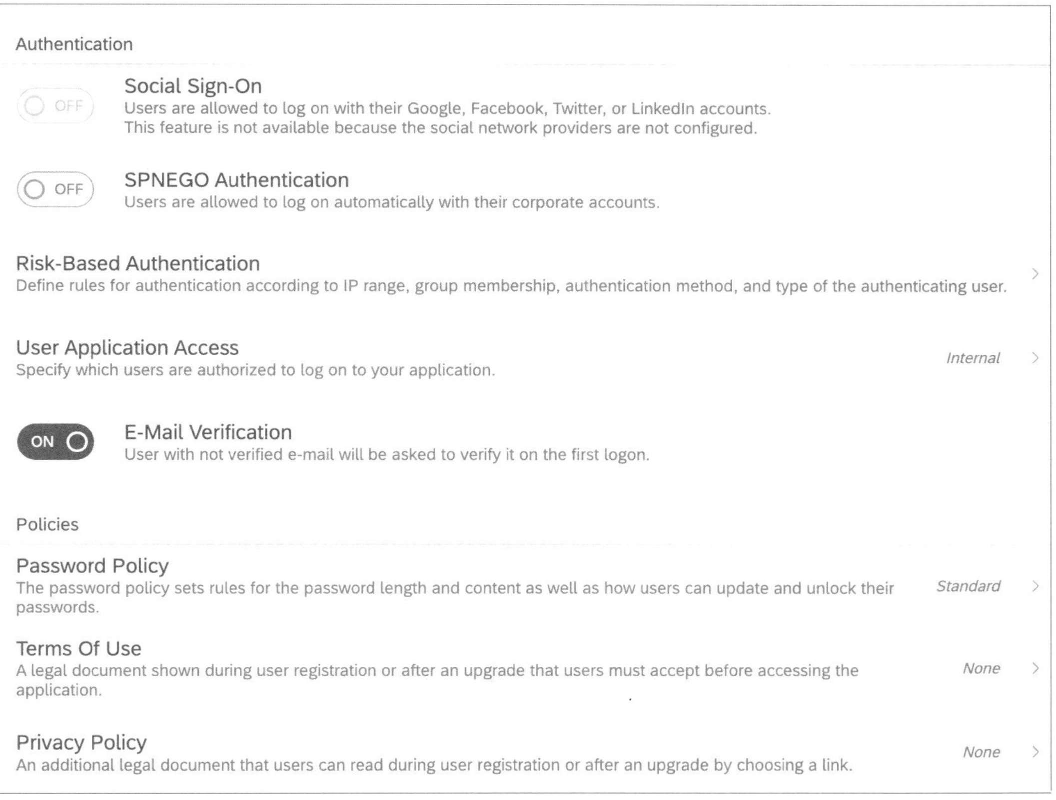

Abbildung 2.59 Konfiguration der Authentifizierung und Zugangskontrolle

Social Sign-on

Das **Social Sign-On** ist im Standard deaktiviert. Diese Anmeldemethode ist üblicherweise in Consumer-Szenarien im Einsatz, in denen die Benutzer keine Mitarbeitenden Ihres Unternehmens, sondern Endkund*innen sind. Für solche Szenarien ist es in den meisten Fällen nicht sinnvoll, einen Benutzer im Identity Provider anzulegen.

Stattdessen greift man auf bestehende Benutzerkonten in diversen sozialen Medien zurück. Voraussetzung dafür ist die in Abbildung 2.60 dargestellte Konfiguration der *Social Identity Provider* Google, Facebook, LinkedIn oder Twitter. Für jeden dieser Provider kann man separat festlegen, dass dieser verwendet werden kann.

Risikobasierte Authentifizierung

Abhängig von Ihren unternehmensinternen Anforderungen kann es erforderlich sein, dass bestimmte Benutzergruppen unterschiedlich authentifiziert werden. Beispielsweise können Sie für Administrator*innen eine Zwei-Faktor-Authentifizierung einstellen. Der Identity Authentication Service unterstützt Sie in solchen Fällen mit der *risikobasierten Authentifizierung*.

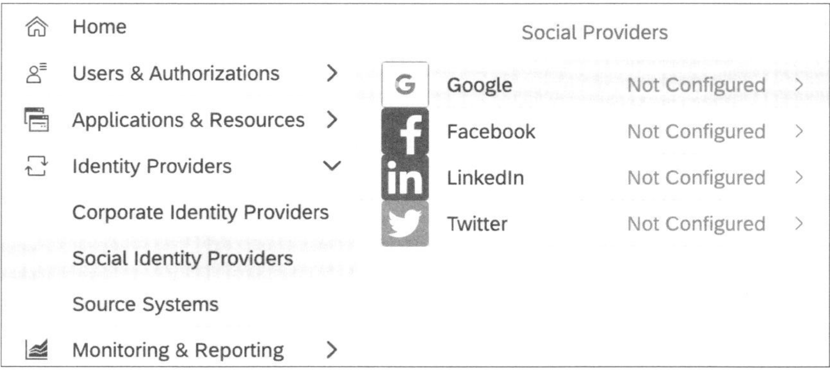

Abbildung 2.60 Konfiguration der Social Identity Provider

Um die risikobasierte Authentifizierung zu konfigurieren, wählen Sie den Konfigurationsbereich **Risk-Based Authentication** aus (siehe auch Abbildung 2.48). Im folgenden Fenster können Sie über einen Klick auf den Button **Add Rule** eine neue Authentifizierungsregel hinzufügen (siehe Abbildung 2.61). Sie können beliebig viele Regeln hinzufügen.

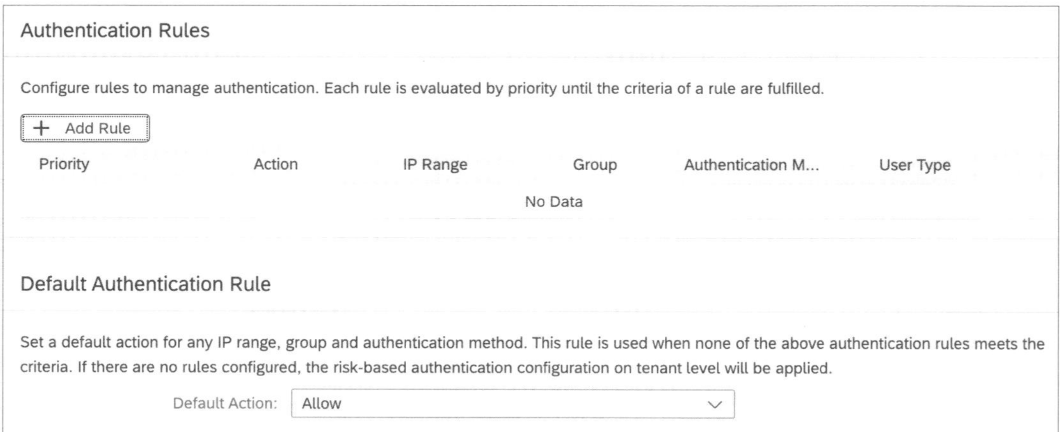

Abbildung 2.61 Risikobasierte Authentifizierung

Aktionen für die Standardregel

Außerdem müssen Sie verpflichtend eine Aktion für die Standardregel hinterlegen. Diese Aktion bestimmt, was geschehen soll, wenn keine andere Regel zutrifft. Die Standardregel ist immer aktiv. Über die Auswahl **Deny** kann man diese aber quasi inaktiv setzen.

Folgende Aktionen stehen für die Regel zur Verfügung:

- **Allow**
  Diese Aktion ermöglicht die Authentifizierung des Benutzers gemäß den Regelbedingungen.
- **Deny**
  Diese Aktion verweigert die Authentifizierung des Benutzers gemäß den Regelbedingungen. Sie wird typischerweise für eine Testanwendung oder vor der Produktivschaltung einer Anwendung verwendet.
- **TOTP Two-Factor Authentication**
  Diese Aktion verwendet zwei Faktoren zur Authentifizierung des Benutzers. Die Anwender*innen müssen zusätzlich zu ihren primären Anmeldedaten ein zeitbasiertes Einmalpasswort (*Time-based One Time Password*, kurz TOTP), d. h. einen *Passcode*, angeben. Sie müssen dazu eine Authenticator-Anwendung, z. B. *SAP Authenticator*, auf ihren mobilen Geräten installieren, um die TOTP-Passcodes zu generieren.
- **SMS Two-Factor Authentication**
  Bei dieser Variante der Zwei-Faktor-Authentifizierung müssen die Anwender*innen zusätzlich zu ihren primären Anmeldedaten einen SMS-Code angeben, der an ihre mobilen Geräte gesendet wird. Um die Zwei-Faktor-Authentifizierung per SMS zu verwenden, müssen Sie *SAP Authentication 365* lizenziert und in der Administrationskonsole für Identity Authentication konfiguriert haben.
- **Web Two-Factor Authentication**
  Benutzer müssen sich zusätzlich zu ihren primären Anmeldedaten mit einem Gerät wie einem eingebauten biometrischen Scanner oder USB-, Bluetooth- oder NFC-Geräten (Near-Field Communication) authentifizieren.
- **RADIUS Server Two-Factor Authentication**
  Benutzer müssen zusätzlich zu ihren primären Anmeldedaten einen *RA-DIUS-Passcode* angeben. Dazu müssen sie ein RADIUS-Token über einen RADIUS-Einwahlserver konfiguriert haben, damit sie Passcodes generieren können. RADIUS ist ein Standard für die Einwahl in andere Netze, der sehr gerne für die Zwei-Faktor-Authentifizierung verwendet wird.

Authentifizierungsregel konfigurieren

Die Konfiguration einer Authentifizierungsregel wird in Abbildung 2.62 dargestellt. Zentrales Attribut einer solchen Regel ist die auszuführende Aktion. Auslöser für die Aktion können ein oder mehrere der folgenden Attribute sein:

- **IP Range**
  Hier definieren Sie den Bereich der zulässigen IP-Adressen oder Proxys, von denen aus sich der Benutzer anmelden darf.
- **Authentication Method**
  Hier wählen Sie die Authentifizierungsmethode, die der sich authentifizierende Benutzer zu verwenden hat.
- **User Type**
  Hier geben Sie den Typ an, den der sich authentifizierende Benutzer haben muss.
- **Group**
  Hier geben Sie eine Cloud- oder On-Premise-Benutzergruppe an, in der der sich authentifizierende Benutzer Mitglied sein muss. Wenn keine Gruppe ausgewählt wird, gilt die Regel für alle Benutzer.

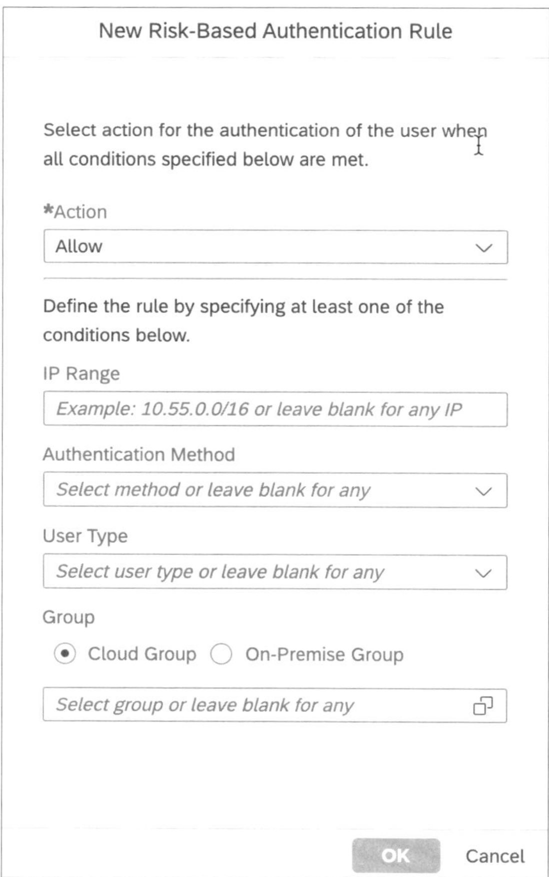

Abbildung 2.62 Risikobasierte Authentifizierung definieren

Branding

Im Bereich **Branding** bietet Ihnen der Identity Authentication Service die Möglichkeit, das Aussehen und Verhalten der generierten Seiten und E-Mails (z. B. Anmeldung, Passwortrücksetzung) Ihren Vorgaben anzupassen. Dies umfasst, wie in Abbildung 2.63 zu erkennen, das **Logo**, den **Branding Style** in Form eines CSS und die zu verwendenden E-Mail-Vorlagen.

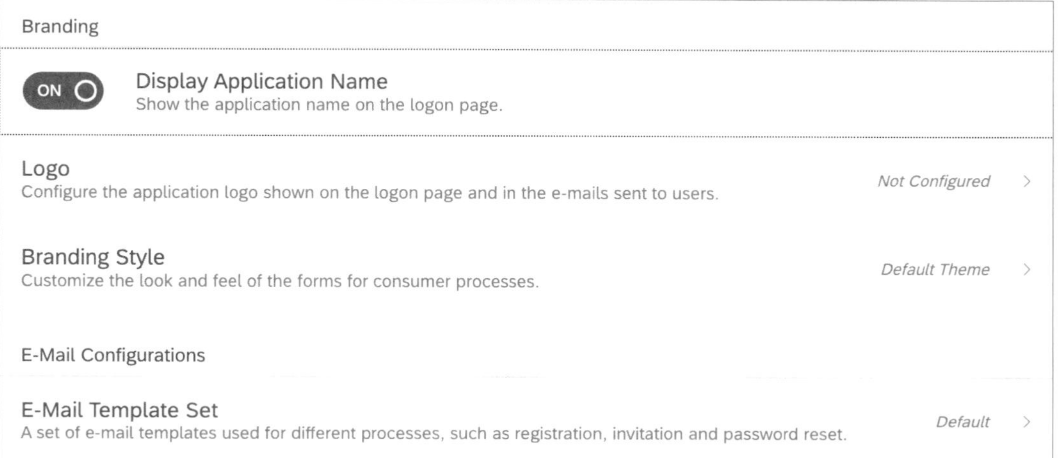

Abbildung 2.63 Branding

2.4.2 Identity Provisioning

Ein weiterer Bestandteil der SAP Cloud Identity Services ist der Service *Identity Provisioning*. Er unterstützt Sie dabei, den Lebenszyklusprozess der Identitäten zu automatisieren. Er hilft Ihnen bei der Bereitstellung von Identitäten und deren Berechtigungen für Cloud- und On-Premise-Geschäftsanwendungen. Zum Zeitpunkt der Drucklegung dieses Buches läuft dieser Service nur in der Neo-Umgebung der SAP BTP.

Die Funktionsweise von Identity Provisioning wird in Abbildung 2.64 dargestellt. Der Service liest die Benutzer aus einem oder mehreren Quellsystemen aus, transformiert sie und passt sie an. Eine Transformation kann bedeuten, dass Attribute, die in einem Quellsystem an einem Benutzer als kundeneigene Attribute vorliegen, auf ein Standardattribut in der SAP BTP gemappt werden. Anschließend werden die Benutzer in ein oder mehrere Zielsysteme geschrieben.

Quellsysteme

Das Quellsystem ist in der Regel der bestehende Corporate User Store eines Unternehmens, der ein Cloud- oder ein On-Premise-System sein kann, beispielsweise Microsoft Active Directory. Der Identity Authentication Service kann ebenfalls als Quellsystem dienen. Sie können maximal 20 Quellsysteme pflegen.

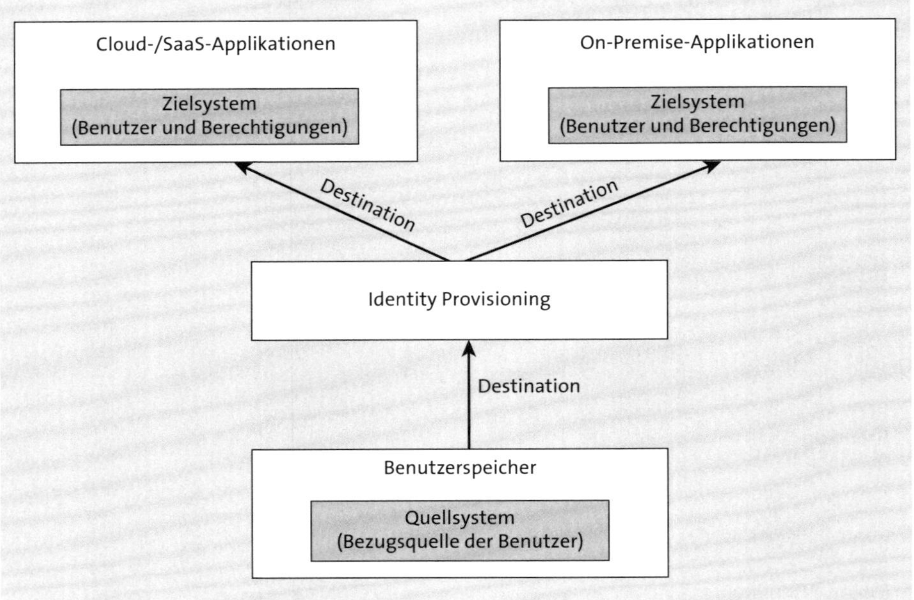

Abbildung 2.64 Architektur des Identity Provisioning Service

Die im Folgenden aufgelisteten Quellsysteme werden von Identity Provisioning grundsätzlich unterstützt. Es ist von Ihrem Lizenz-Bundle abhängig, welche Kombinationen zulässig sind. Eine Übersicht über die Bundles finden Sie im SAP Help Portal unter *http://s-prs.de/v809803*.

- Identity Authentication
- Local Identity Directory
- SAP Analytics Cloud
- SAP NetWeaver Application Server for ABAP (SAP NetWeaver AS for ABAP)
- SAP BTP, ABAP Environment
- SAP BTP Subaccounts
- Java- oder HTML5-Apps auf der SAP BTP
- SAP Commissions
- SAP Concur
- SAP Configure, Price, and Quote (SAP CPQ)
- SAP Fieldglass
- User Account and Authentification (UAA) Server des SAP HANA Extended Application Servers, Advanced Model (XSA)
- SAP Integrated Business Planning for Supply Chain (SAP IBP for Supply Chain)

- SAP Jam
- SAP Marketing Cloud
- SAP S/4HANA Cloud
- SAP S/4HANA (on premise)
- SAP SuccessFactors
- SAP SuccessFactors Learning Marketplace
- SAP Work Zone
- SAP Sales Cloud
- UAA Server der Cloud-Foundry-Umgebung
- Google Workspace (vormals G Suite)
- LDAP-Server
- Microsoft Active Directory
- Microsoft Azure Active Directory
- SCIM-System
- SSH-Server (Secure Shell, zum Zeitpunkt der Drucklegung in der Beta-Phase)

Zielsysteme

Das Zielsystem ist das Cloud- oder On-Premise-System, in dem Sie die Identitäten aus Ihrem Quellsystem anlegen bzw. anpassen möchten. Sie können maximal 50 Zielsysteme pflegen. Als Zielsystem sind dieselben Systeme zulässig wie als Quellsystem. Zusätzlich können Sie auch folgende Systeme als Zielsysteme verwenden:

- SAP Sales Cloud und SAP Service Cloud (vormals SAP Cloud for Customer)
- SAP HANA (zum Zeitpunkt der Drucklegung in der Beta-Phase)
- SAP Document Center

Einsatz als Proxy-System

Ein *Proxy-System* ist ein spezieller Konnektor, der in hybriden Szenarien verwendet wird, in denen Cloud- mit On-Premise-Systemen verbunden werden. Das heißt, Sie können Entitäten aus einem Cloud-System für ein On-Premise-System bereitstellen und umgekehrt, ohne eine direkte Verbindung zwischen diesen Systemen herzustellen. Zu diesem Zweck kann der Identity Provisioning Service als Proxy-System verwendet werden, das die vom lokalen System angeforderten Bereitstellungsvorgänge wie das Erstellen, Aktualisieren und Löschen von Entitäten ausführt.

Lizenzierung

Sie können den Identity Provisioning Service kostenlos im Bundle mit einer SAP-Cloud-Lösung erhalten. Dies kann beispielsweise SAP S/4HANA Cloud, SAP Marketing Cloud, SAP Sales Cloud oder SAP SuccessFactors sein. Eine vollständige Auflistung aller verfügbaren Bundles erhalten Sie entweder in der Produktdokumentation oder von Ihrem SAP-Ansprechpartner oder Ihrer SAP-Ansprechpartnerin.

Jeder Kunde erhält zwei Identity Provisioning Tenants pro Region. Einen dieser Tenants können Sie zu Testzwecken nutzen, den anderen für die produktive Konfiguration und die Bereitstellungsjobs. Ein Tenant im Bundle mit einem SAP-Cloud-Produkt erhält Zugriff auf alle Quell-, Ziel- und Proxy-Systeme, die für dieses Produkt relevant sind. Wenn ein Kunde mehrere SAP-Cloud-Produkte erworben hat, werden alle relevanten Systeme für seine beiden Tenants aktiviert, also in beiden Identity-Provisioning-Administrationskonsolen. Seit Oktober 2020 kann Identity Provisioning nicht mehr als eigenständiges Produkt erworben werden.

Aktivierung

Der Identity Provisioning Service ist als Service auf Ebene Ihrer Subaccounts in der Neo-Umgebung der SAP BTP gelistet. Um ihn zu aktivieren, navigieren Sie in den Bereich **Services**, und suchen Sie nach »Identity Provisioning«. Klicken Sie auf die Kachel, um in die Details abzuspringen (siehe Abbildung 2.65).

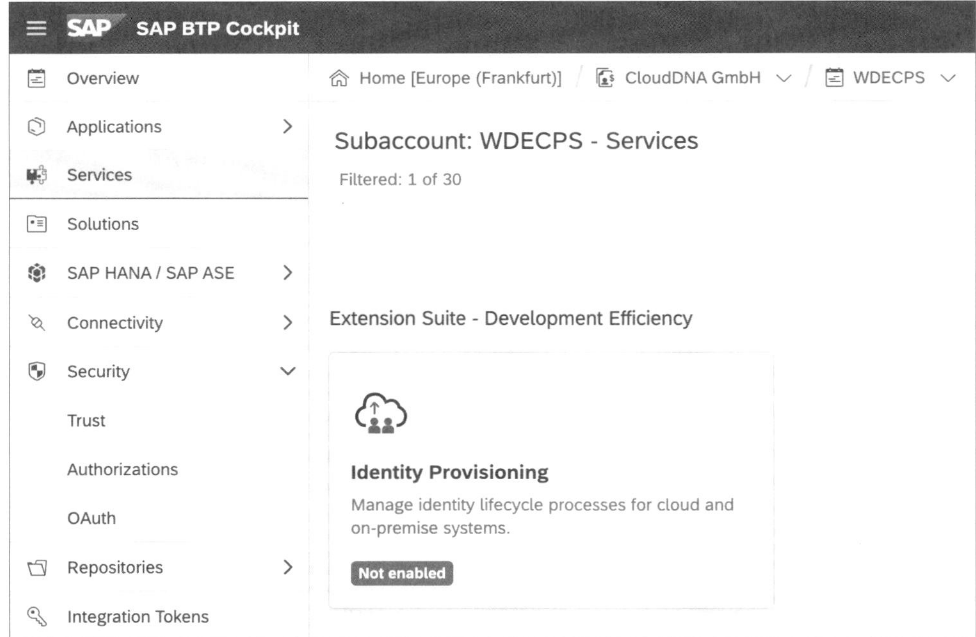

Abbildung 2.65 Identity Provisioning in der Serviceübersicht

Aktivieren Sie den Service, indem Sie auf den Button **Enable** klicken. Die Aktivierung dauert nur wenige Sekunden.

Nachdem der Service einmalig aktiviert wurde, ist in den Servicedetails im Bereich **Take Action** der Link **Go to Service** sichtbar (siehe Abbildung 2.66). Klicken Sie auf diesen Link, um zum Service abzuspringen.

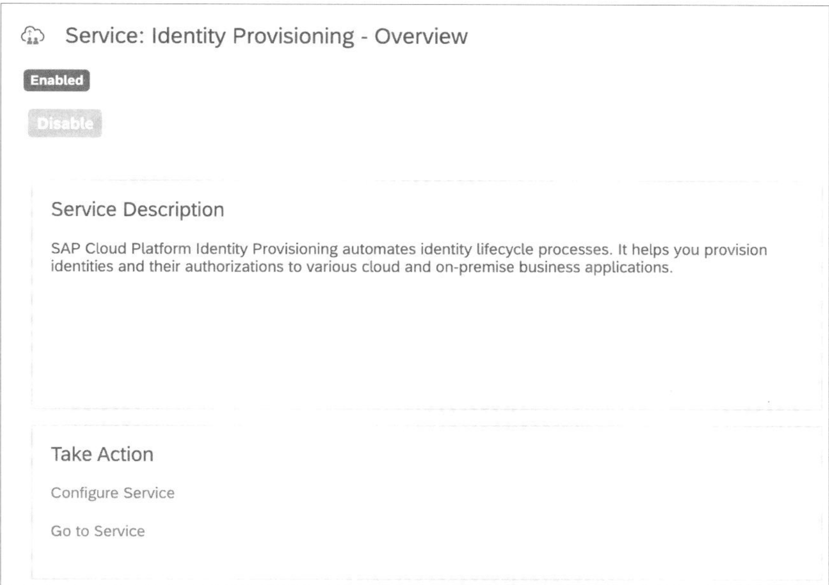

Abbildung 2.66 Identity Provisioning öffnen

Nun können Sie Quell- und Zielsysteme anlegen und die Transformation der Identitäten konfigurieren.

Quell- und Zielsysteme anlegen

Quellsystem anlegen

Um ein neues Quellsystem für den Identity Provisioning Service anzulegen, wählen Sie den Menüeintrag **Source Systems** aus. Klicken Sie danach unter der Liste der Quellsysteme (in Abbildung 2.67 noch leer) auf den Button **+ Add**.

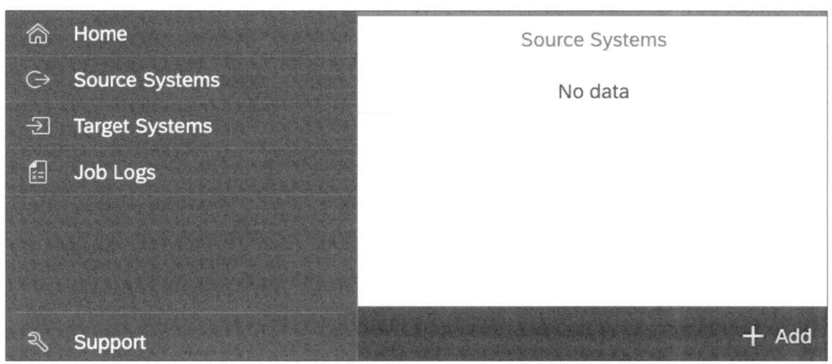

Abbildung 2.67 Quellsystem anlegen

Quellsystemeinstellungen

Wählen Sie den Typ des Quellsystems aus, und vergeben Sie einen frei wählbaren Namen für das System. Zusätzlich können Sie eine Destination angeben und eine Beschreibung erfassen. Sofern Sie eine Destination auswählen, wird diese für die technische Kommunikation mit dem Quellsystem verwendet (siehe Abbildung 2.68).

Alternativ dazu haben Sie die Möglichkeit, die Verbindungsparameter auf der Registerkarte **Properties** zu pflegen. Die spezifischen Eigenschaften des ausgewählten Quellsystemtyps entnehmen Sie der jeweiligen Dokumentation.

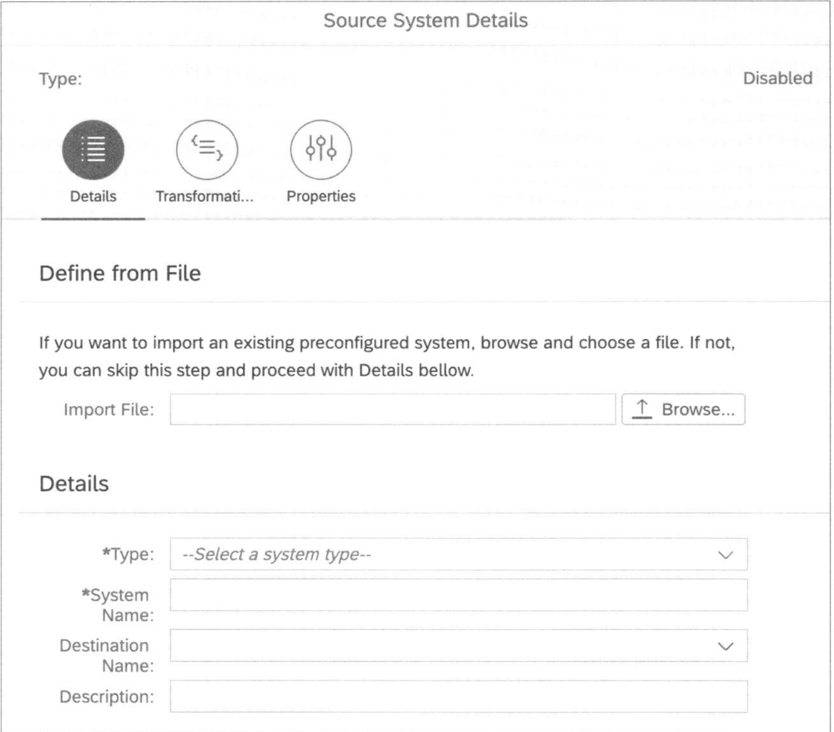

Abbildung 2.68 Details zum Quellsystem angeben

Identity Authentication als Quellsystem

Eine mögliche Konfiguration zeigen wir Ihnen am Beispiel des Identity Authentication Service als Quellsystem. Um diesen Service als Quellsystem verwenden zu können, müssen Sie einen technischen Benutzer vom Typ System mit einem Passwort und einer Client-ID anlegen. Dieser Benutzer wird für die Authentifizierung der REST-API-Aufrufe auf dem Identity Authentication Tenant verwendet.

Legen Sie dann ein Quellsystem des Typs **Identity Authentication** an. Pflegen Sie dessen Eigenschaften mit den Werten aus Tabelle 2.1.

Feld	Wert
Type	HTTP
URL	URL Ihres Identity Authentication Tenants
Proxy Type	Internet
Authentication	BasicAuthentication
User	UUID des technischen Benutzers für den Identity Authentication Tenant
Password	Passwort des technischen Benutzers

Tabelle 2.1 Eigenschaften eines Identity Authentication Tenants als Quellsystem

Zielsystem anlegen

Ein neues Zielsystem legen Sie unter dem Menüeintrag **Target Systems** an. Klicken Sie dazu auf den Button **+ Add** unter der Liste der Zielsysteme (in Abbildung 2.69 noch leer).

Abbildung 2.69 Zielsystem anlegen

Für das Zielsystem müssen Sie dieselben Eigenschaften pflegen wie für das Quellsystem (siehe Abbildung 2.70).

Zusätzlich können Sie die Quellsysteme auswählen, aus denen die Identitäten bezogen werden sollen. Die Eigenschaften für die Systemverbindung pflegen Sie identisch zum Quellsystem. Die systemspezifischen Eigenschaften entnehmen Sie der Dokumentation.

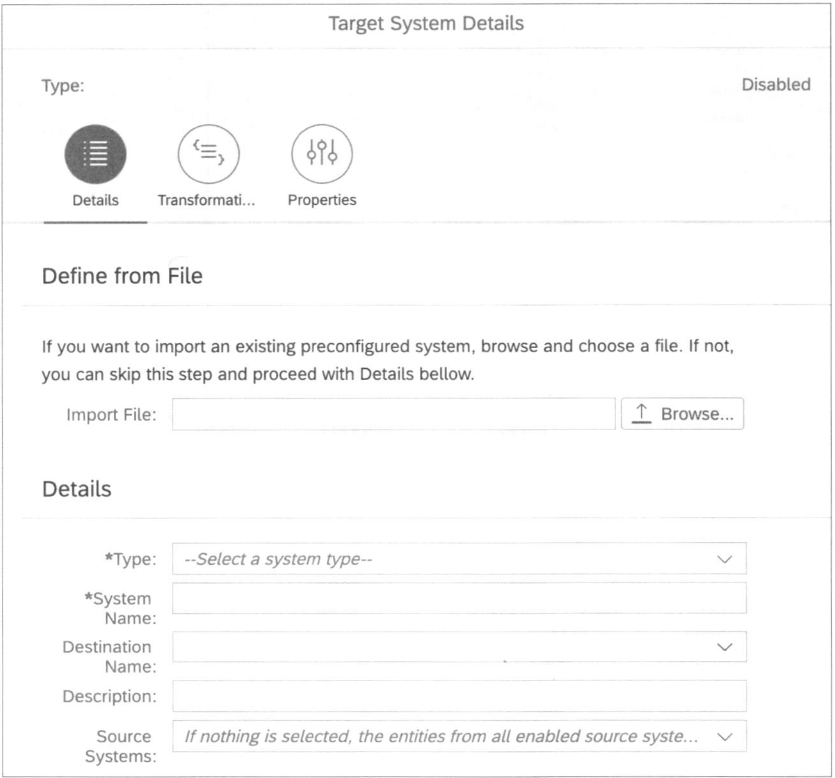

Abbildung 2.70 Details zum Zielsystem pflegen

Transformation konfigurieren

Mapping Quell- und Zielsysteme verwenden typischerweise unterschiedliche Datenstrukturen. Daher ist es erforderlich, ein Mapping dieser Datenstrukturen durchzuführen. Im Identity Provisioning Service wird das Mapping in Form von Transformationen durchgeführt. Der Identity Provisioning Service verarbeitet die Daten im *JSON-Format* (JavaScript Object Notation). Nachdem Sie ein Quellsystem konfiguriert und gespeichert haben, wird eine Standardtransformation angelegt. Diese konvertiert die Daten aus dem Quellsystem, die bereits im JSON-Format vorliegen, in ein generisches JSON, das vom Identity Provisioning Service verwendet wird.

Bei der Bereitstellung der Identitäten in das Zielsystem der *Provisionierung*) wird wieder eine Transformation durchlaufen. Diese Transformation konvertiert das generische JSON in ein JSON-Format, das vom Zielsystem verarbeitet werden kann. Die Transformationen können sowohl aufseiten des Quellsystems als auch aufseiten des Zielsystems angepasst werden.

Provisionierungsjob

Die Provisionierung wird aufseiten der Quellsysteme gestartet. Wählen Sie dazu im Menüband in Abbildung 2.67 unter dem Punkt **Source Systems** nochmals das betreffende Quellsystem. Zu diesem Zweck wird ein Job ausgeführt. Diesen können Sie manuell oder automatisch ausführen. Es gibt zwei unterschiedliche Jobtypen (siehe Abbildung 2.71):

- Read Job
- Resync Job

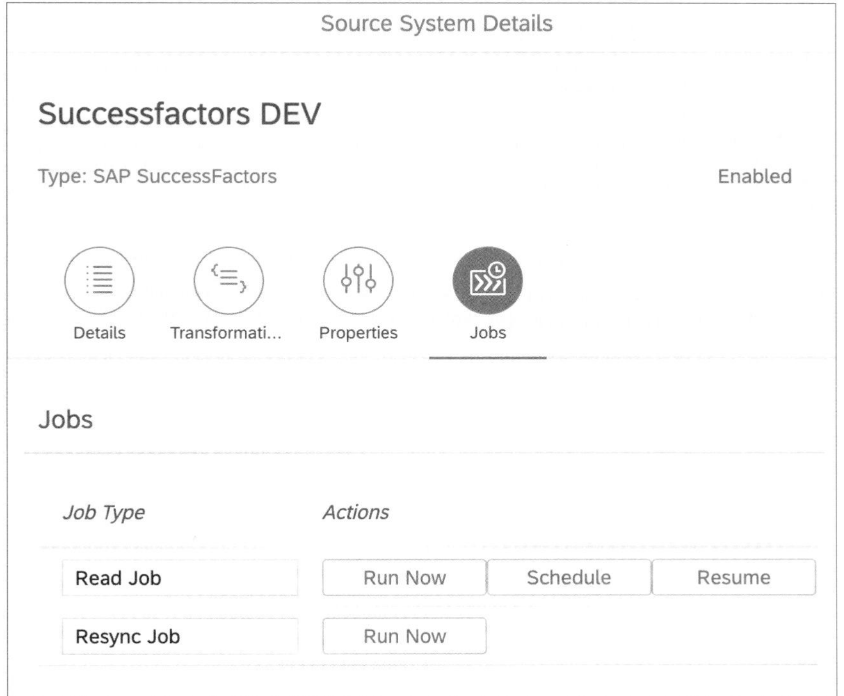

Abbildung 2.71 Identity Provisioning Job einplanen

Read Job

Einen Leseauftrag (*Read Job*) können Sie einplanen oder manuell starten. Mithilfe des Read Jobs können Sie die folgenden Operationen ausführen:

- **Run Now**
  Damit können Sie den Job unmittelbar starten. Der Job liest alle Identitäten aus dem Quellsystem und stellt sie nach Durchführung der Transformationen im Zielsystem bereit. Er prüft nur, ob Änderungen an den Identitäten im Quellsystem stattgefunden haben. Sollten Sie zwischenzeitlich Änderungen im Zielsystem durchgeführt haben, werden diese vom Job überschrieben.

- **Schedule**
  Damit können Sie die regelmäßige Ausführung des Jobs einplanen. Das kleinste Intervall liegt bei 30 Minuten. Der Leseauftrag wird in diesem Fall nicht unmittelbar gestartet, sondern erst, nachdem das eingestellte Intervall verstrichen ist.
- **Resume**
  Damit können Sie laufende Leseaufträge unterbrechen bzw. wieder fortsetzen.

Resync Job

Der Neusynchronisierungsauftrag (*Resync Job*) erlaubt es Ihnen, die Daten im Zielsystem neu zu synchronisieren, wenn im Quellsystem Änderungen durchgeführt wurden. Die einzig verfügbare Operation für diesen Jobtyp ist **Run Now**. Damit wird der Neusynchronisierungsauftrag unmittelbar gestartet. Ein wesentlicher Unterschied zum Read Job ist, dass Änderungen, die Sie zwischenzeitlich manuell im Zielsystem durchgeführt haben, vom Resync Job überschrieben werden.

[!]

Identity Provider und Bundle-Lizenz für Identity Provisioning

Die Bundle-Lizenzen für die Services Identity Authentication und Identity Provisioning sind oft auf bestimmte Funktionen beschränkt. So kann zum Beispiel bei einem Bundle mit SAP SuccessFactors nur diese Lösung als Quellsystem eingesetzt werden. Prüfen Sie daher vor dem Einsatz im SAP Help Portal (*http://s-prs.de/v809806*), ob die Bundle-Lizenzen Ihre Anforderungen abdecken. Details zu den Lizenzmodellen können Sie SAP-Hinweis 2717906 entnehmen.

2.5 SAP Cloud Identity Access Governance

SAP Cloud Identity Access Governance ist ein Servicepaket, das Ihnen das zentrale Management von Zugriffsrisiken und der Compliance für On-Premise- und Cloud-Systeme ermöglicht. Mit den bereitgestellten Services können Sie die Komplexität der Rollenverwaltung reduzieren und unberechtigte Zugriffe automatisch erkennen.

Enthaltene Services

Das Paket beinhaltet folgende Services:

- Access Analysis Service
- Access Request Service
- Role Design Service
- Access Certification
- Privileged Access Management

Das Servicepaket lässt sich gut mit anderen Services der SAP BTP integrieren, wie beispielsweise *SAP Workflow Management* mit der Funktion der *Business Rules*. Die Services verbinden sich mit Zielanwendungen, die entweder in der Cloud oder on premise laufen.

Verfügbarkeit

SAP Cloud Identity Access Governance ist in der Version 2.0 aktuell nur in der Cloud-Foundry-Umgebung der SAP BTP in AWS-Rechenzentren verfügbar.

Architektur

Die Architektur von SAP Cloud Identity Access Governance und das Zusammenspiel mit anderen Cloud-Services wird in Abbildung 2.72 dargestellt. Der Service SAP Workflow Management kann hier zur Automatisierung von Zutrittsanfragen eingesetzt werden, die in den verschiedenen Phasen der Erstellung und Genehmigung durchlaufen werden. SAP Workflow Management und die integrierte Business-Rules-Funktion ermöglicht Ihnen die Einbettung von flexibel anpassbaren Geschäftsentscheidungen in den Workflow. Der Identity Authentication Service aus dem Paket der SAP Cloud Identity Servies dient der Authentifizierung der Benutzer von SAP Cloud Identity Access Governance. Der Identity Provisioning Service dient im Kontext zur Bereitstellung der Benutzer.

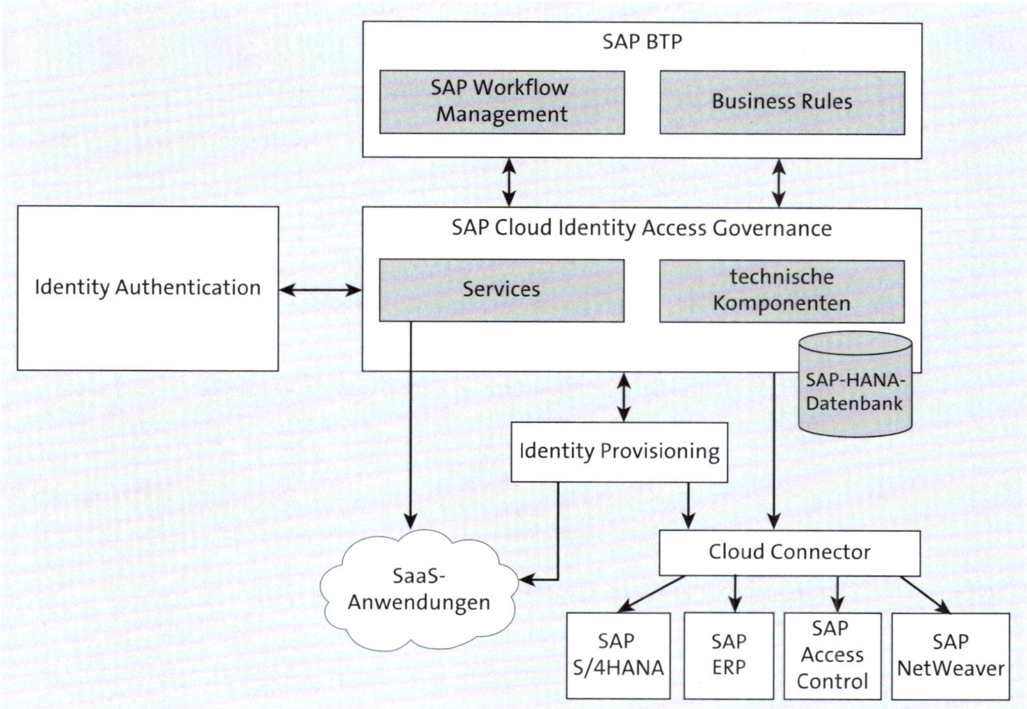

Abbildung 2.72 SAP-Cloud-Identity-Access-Governance-Architektur

2.6 Checkliste zur allgemeinen Sicherheit der SAP Business Technology Platform

In Tabelle 2.2 finden Sie eine Checkliste für die Sicherheitsthemen im Kontext der SAP BTP. Prüfen Sie, ob Sie alle hier aufgeführten Kriterien berücksichtigt haben.

Erledigt	Aufgabe
	Es besteht Klarheit über die verwendeten Domänen.
	Die Zertifizierungsstelle wurde festgelegt.
	Es wurde überprüft, ob die Zertifizierungsstelle als Root-Zertifikat im Standard-Truststore der SAP BTP vorhanden ist. Alternativ wurde ein kundeneigener Truststore erstellt.
	Es wurden Festlegungen zu den Destinationen getroffen, d. h. dazu, auf welchen Ebenen welche Verbindungen eingerichtet werden.
	Die Verantwortlichen für die jeweiligen Verbindungen wurden nominiert.
	Ein Ort zur Dokumentation der Destinationen wurde vereinbart.
	Der Ablauf der Zertifikate wurde in einem geeigneten Format bzw. Kalender vermerkt (bei kundeneigenen Zertifikaten).
	Es wurden Sicherheitsrichtlinien zu Passwörtern und zur Zwei-Faktor-Authentifizierung definiert.
	Es wurde entschieden, für welche Anwendungen und Subaccounts welcher Identity Provider genutzt wird.
	Die Nutzung eines Identity Authentication Tenants wurde diskutiert und abgewogen.
	Die Berechtigungserteilung für Cloud-Anwendungen wurde in die Organisation des Unternehmens integriert, und Verantwortlichkeiten wurden festgelegt.
	Er wurde geklärt, wie das Monitoring und die periodischen Attestierungen im Umfeld der SAP BTP erfolgen werden.

Tabelle 2.2 Checkliste für die Sicherheit auf der SAP BTP

Erledigt	Aufgabe
	E-Mails und Branding wurden so angepasst, dass die Benutzer in der Lage sind, die Cloud-Anwendungen als dem Unternehmen zugehörig zu identifizieren. Insbesondere die Absenderadresse der E-Mails wurde entweder auf einen eigenen E-Mail-Server angepasst, oder die SAP-Absenderadresse wurde im E-Mail-Server als sicher bekannt gemacht.
	Bei Verwendung von Webblockern im Browser wurde sichergestellt, dass die Anwendungen in der Cloud zugreifbar sind und dass allfällige Sicherheitshinweise zu externen Seiten nicht angezeigt werden.
	Es wurde festgelegt, von wo aus Zugriffe auf welche Art erfolgen dürfen. Daraus abgeleitet wurden Authentifizierungsregeln angepasst bzw. erstellt.
	Es wurde geklärt, wie die Bereitstellung von Benutzern erfolgt, insbesondere ob der Service Identity Provisioning genutzt werden soll.

Tabelle 2.2 Checkliste für die Sicherheit auf der SAP BTP (Forts.)

Kapitel 3
Sicherheit und Berechtigungen in der Neo-Umgebung konfigurieren

Die Neo-Umgebung ist die ältere der beiden Umgebungen der SAP BTP und dadurch heute weniger Änderungen unterworfen. Nichtsdestotrotz gibt es im Sicherheits- und Berechtigungsbereich immer etwas zu verbessern. Gerade im Parallelbetrieb von Cloud-Foundry- und Neo-Services und -Applikationen gilt es, die Konzepte beider Plattformen gut aufeinander abzustimmen.

In diesem Kapitel beschäftigen wir uns mit den sicherheitsrelevanten Aspekten der Neo-Umgebung. Diese Umgebung der SAP Business Technology Platform (SAP BTP) wird zwar mittelfristig durch die Cloud-Foundry-Umgebung abgelöst werden, jedoch haben sehr viele SAP-Kunden nach wie vor Services in der Neo-Umgebung im Einsatz.

Zunächst stellen wir Ihnen in Abschnitt 3.1 das Kommandozeilenwerkzeug der Neo-Umgebung vor, das Sie alternativ zur Weboberfläche zur Administration der Umgebung verwenden können. In Abschnitt 3.2 führen wir Sie dann in die Benutzerverwaltung der Neo-Umgebung ein. In Abschnitt 3.3 zeigen wir Ihnen, wie Sie eine Trust-Konfiguration durchführen, und vertiefen in diesem Zuge die Erläuterung der Funktionen des lokalen Service Providers, des Plattform-Identity-Providers und des applikationsspezifischen Identity Providers.

Anschließend zeigen wir Ihnen in Abschnitt 3.4, wie die Berechtigungsverwaltung durchgeführt wird, und führen Sie in die relevanten Konzepte ein. Um mit einem Subaccount arbeiten zu können, ist es erforderlich, einen entsprechenden Benutzer anzulegen und diesen mit den erforderlichen Berechtigungen zu versehen. Wir zeigen Ihnen, wie Sie Benutzer und Rollen anlegen und verwalten können. Die Zuordnung von Rollen zu Benutzern kann bei einer hohen Benutzeranzahl viel Aufwand verursachen, sowohl initial als auch im laufenden Betrieb. Wir geben Ihnen daher Tipps, wie Sie mehrere Rollen in Gruppen zusammenfassen und Benutzern zuordnen können. Wir gehen außerdem auf das Konzept der Plattformrollen ein. Wir erläutern, welche Funktion Plattformrollen haben und worauf Sie beim Anlegen kundenindividueller Rollen achten sollten.

Nachdem Sie nun mit den grundlegenden Konzepten vertraut sind, können Sie Ihr Wissen anhand der Checklisten in Abschnitt 3.5 überprüfen. Damit vergessen Sie bei sicherheitsrelevanten Aktivitäten keine wichtigen Schritte und können die damit verbundenen Tätigkeiten effizienter durchführen.

Abschließend zeigen wir Ihnen in Abschnitt 3.6 anhand zweier Praxisszenarien, wie Sie eine Zwei-Faktor-Authentifizierung für Subaccount-Administrator*innen umsetzen und Entwickler*innen über das Microsoft Azure Active Directory für die SAP Web IDE authentifizieren können.

3.1 Kommandozeile für die Neo-Umgebung einrichten

Kommandozeile

In den folgenden Abschnitten arbeiten wir mit der Weboberfläche der Neo-Umgebung. Alternativ können Sie auch die Kommandozeile verwenden, über die ebenfalls sehr viele Funktionen zur Verfügung stehen. Daher zeigen wir Ihnen in diesem Abschnitt kurz, wie Sie auf die Kommandozeile zugreifen können.

SAP BTP SDK

SAP bietet für die lokale Entwicklung das *SAP BTP Software Development Kit (SDK) für die Neo-Umgebung* an. Mit dem SAP BTP SDK wird unter anderem auch eine Konsole ausgeliefert (auch *Kommandozeilenschnittstelle* oder *Command Line Interface*, kurz CLI genannt). Um das SDK herunterzuladen, navigieren Sie auf der Webseite der SAP Development Tools (*https://tools.hana.ondemand.com/*) zur Registerkarte **CLOUD**. Suchen Sie dort nach dem SAP BTP SDK für die Neo-Umgebung, und klicken Sie auf den Download-Link für Java Web Tomcat 8 (siehe Abbildung 3.1).

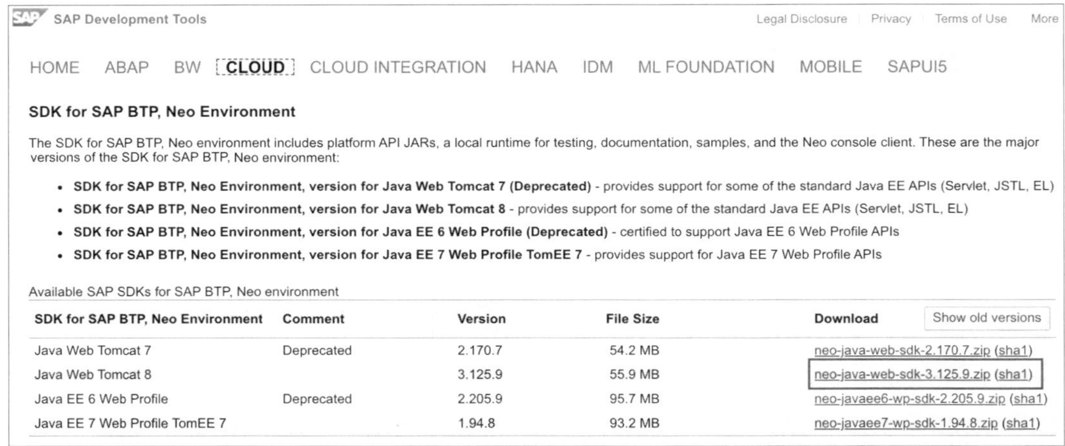

SDK for SAP BTP, Neo Environment	Comment	Version	File Size	Download
Java Web Tomcat 7	Deprecated	2.170.7	54.2 MB	neo-java-web-sdk-2.170.7.zip (sha1)
Java Web Tomcat 8		3.125.9	55.9 MB	neo-java-web-sdk-3.125.9.zip (sha1)
Java EE 6 Web Profile	Deprecated	2.205.9	95.7 MB	neo-javaee6-wp-sdk-2.205.9.zip (sha1)
Java EE 7 Web Profile TomEE 7		1.94.8	93.2 MB	neo-javaee7-wp-sdk-1.94.8.zip (sha1)

Abbildung 3.1 Download des SAP BTP SDK für die Neo-Umgebung

Aktuelle Version herunterladen

Die in Abbildung 3.1 gezeigte Versionsnummer spiegelt den Stand zum Zeitpunkt der Erstellung des Screenshots wider. Die Versionsnummer spielt jedoch für die Konsole keine entscheidende Rolle.

Download-Archiv entpacken

Das SDK wird als ZIP-Datei ausgeliefert. Es wird nicht zwischen unterschiedlichen Betriebssystemen wie Windows oder MacOS unterschieden. Das liegt daran, dass das SDK auf Basis von Java realisiert wurde. Entpacken Sie die ZIP-Datei, und navigieren Sie in das Verzeichnis **tools**, wie in Abbildung 3.2 dargestellt. Dort finden Sie zum Starten der Tools die Datei **neo.bat** für Rechner mit Windows-Betriebssystem und die Datei **neo.sh** für Rechner mit MacOS- oder Linux-Betriebssystem. Führen Sie die für Ihr Betriebssystem passende Datei aus.

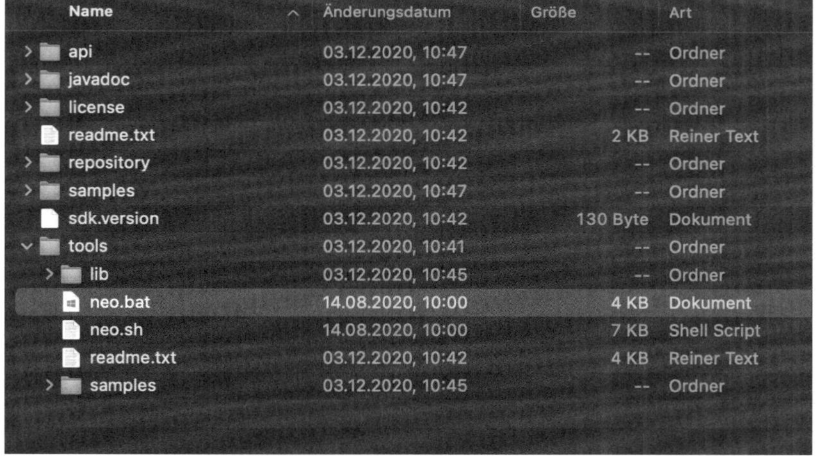

Name	Änderungsdatum	Größe	Art
api	03.12.2020, 10:47	--	Ordner
javadoc	03.12.2020, 10:47	--	Ordner
license	03.12.2020, 10:42	--	Ordner
readme.txt	03.12.2020, 10:42	2 KB	Reiner Text
repository	03.12.2020, 10:42	--	Ordner
samples	03.12.2020, 10:47	--	Ordner
sdk.version	03.12.2020, 10:42	130 Byte	Dokument
tools	03.12.2020, 10:41	--	Ordner
lib	03.12.2020, 10:45	--	Ordner
neo.bat	14.08.2020, 10:00	4 KB	Dokument
neo.sh	14.08.2020, 10:00	7 KB	Shell Script
readme.txt	03.12.2020, 10:42	4 KB	Reiner Text
samples	03.12.2020, 10:45	--	Ordner

Abbildung 3.2 Dateistruktur des Download-Archivs

Befehle in der Kommandozeile

Nun können Sie die Kommandozeile auf Ihrem Rechner verwenden. Eine Auflistung aller Befehle für die Arbeit mit der Neo-Umgebung finden Sie in der Dokumentation der Umgebung unter *http://s-prs.de/v809804*. Navigieren Sie hier in den Abschnitt **Administrations and Operations, Neo Environment • Account Administration in the Neo Console Client • Console Client fort he Neo Environment**.

Proxy-Server als Umgebungsvariable setzen

In vielen Unternehmen muss für die Verbindung ins Internet ein Proxy-Server verwendet werden. In diesem Fall müssen Sie im Betriebssystem den Proxy als Umgebungsvariable setzen.

Sie können sich die verfügbaren Kommandos auch direkt über die Kommandozeile ausgeben lassen. Verwenden Sie dazu den Befehl aus Listing 3.1. Wir zeigen hier exemplarisch die Aufrufe für MacOS/Linux und Windows. In den folgenden Abschnitten verwenden wir nur noch die MacOS/Linux-Befehle.

```
## MacOS / Linux
./neo.sh help

## Windows
neo.bat help
```

Listing 3.1 Liste der verfügbaren Befehle über die Kommandozeile abrufen

Authentifizierung gegenüber der Kommandozeile

Grundsätzlich erfordern alle Kommandos eine Authentifizierung. Zu diesem Zweck muss in Form des Parameters `-account` immer ein Subaccount übergeben werden, gegen den die Authentifizierung erfolgen soll. Zusätzlich müssen Sie einen Benutzer mitliefern.

Identity-Provider-Einstellungen beachten

Beachten Sie, dass die Einstellungen des Plattform-Identity-Providers für den übergebenen Subaccount herangezogen werden. Sollten Sie den Identity Authentification Service als Plattform-Identity-Provider konfiguriert haben (siehe Abschnitt 2.2.1, »Identity Provider für die SAP Business Technology Platform«), müssen Sie sich mit einem Benutzer mit Zugriffsrechten für diesen Service authentifizieren. Anderenfalls können Sie einen vom SAP ID Service bereitgestellten S-User verwenden.

Hosts

Des Weiteren müssen Sie bei allen Kommandos den Host mitliefern. Dabei handelt es sich um das Rechenzentrum, in dem Ihr Subaccount bereitgestellt wird. Tabelle 3.1 gibt einen Überblick über die Hostnamen der in der Neo-Umgebung verfügbaren Regionen.

Region	Host
Australia (Sydney)	`ap1.hana.ondemand.com`
Brazil (São Paulo)	`br1.hana.ondemand.com`
Canada (Toronto)	`ca1.hana.ondemand.com`
Europe (Amsterdam)	`eu3.hana.ondemand.com`
Europe (Frankfurt)	`eu2.hana.ondemand.com`

Tabelle 3.1 Regionen und Hostnamen in der Neo-Umgebung

Region	Host
Europe (Rot)	hana.ondemand.com eu1.hana.ondemand.com
Japan (Tokyo)	jp1.hana.ondemand.com
Kingdom of Saudi Arabia (Riyadh)	sa1.hana.ondemand.com
Russia (Moscow)	ru1.hana.ondemand.com
UAE (Dubai)	ae1.hana.ondemand.com
US East (Ashburn)	us1.hana.ondemand.com
US West (Chandler)	us2.hana.ondemand.com
US East (Sterling)	us3.hana.ondemand.com
US West (Colorado Springs)	us4.hana.ondemand.com

Tabelle 3.1 Regionen und Hostnamen in der Neo-Umgebung (Forts.)

Weitere Informationen zur Verwendung des Kommandozeilenwerkzeugs der Neo-Umgebung sowie ein Anwendungsbeispiel finden Sie in Abschnitt 6.1, »Administration der Neo-Umgebung über die Kommandozeile«, und Abschnitt 6.5.1, »Kommandozeile zur Konfiguration einer Custom Domain in der Neo-Umgebung verwenden«.

3.2 Benutzerverwaltung

Ebenen der Benutzerverwaltung

Die Verwaltung von Benutzern in der Neo-Umgebung spielt eine zentrale Rolle für die Sicherheit. Es gibt unterschiedliche Möglichkeiten, wie Sie Fach- und Administrationsbenutzer sowie Entwickler verwalten können. Grundsätzlich ist zwischen *Global-Account-*, *Subaccount-Benutzern* und *Endbenutzern* zu unterscheiden:

- Benutzer auf Ebene des Global Accounts sind ausschließlich Administrator*innen, die Subaccounts anlegen und den Subaccounts Ressourcen zur Verwendung innerhalb des Subaccounts zuordnen. Zusätzlich ist es erforderlich, dass Mitarbeitende aus dem Support sowie Auditor*innen auf Ebene des Global Accounts als Benutzer hinzugefügt werden. Diese Benutzer werden ausnahmslos gegen den SAP ID Service authentifiziert. Es handelt sich dabei typischerweise um S-User, die Sie im Service Marketplace anlegen, wie wir im Folgenden beschreiben.
- Benutzer auf Ebene des Subaccounts werden für Administrator*innen, Entwickler*innen und Support angelegt. Die Endanwender*innen der

Applikationen, die in diesem Subaccount bereitgestellt werden, werden nicht als Subaccount-Benutzer (Members) angelegt. Die Zuordnung der Plattformrollen und der Applikationsrollen zu diesen Benutzern wird in Abschnitt 3.4.1, »Rollen anlegen und verwalten«, behandelt.

- Endbenutzer*innen der Anwendungen benötigen keinerlei Berechtigungen im Subaccount. Sie werden im Anwendungs-Identity-Provider gepflegt. Diese Benutzer benötigen keine Plattformrollen, sondern lediglich Applikationsrollen. Die Applikationsrollen werden üblicherweise mit Gruppen des Applikations-Identity-Providers gemappt.

Voraussetzung für die direkte Zuordnung von Benutzern ist, dass die entsprechenden Benutzerkonten bereits im SAP ID Service registriert sind. Sollte dies nicht der Fall sein, bietet Ihnen das SAP Support Portal die Möglichkeit, S-User für Ihr Unternehmen anzulegen.

S-User anlegen

Um S-User für Global-Account-Benutzer anzulegen, müssen Sie sich auf der Seite *https://support.sap.com/* mit einem S-User Ihres Unternehmens anmelden. Dieser Benutzer muss über die entsprechenden Berechtigungen zur Benutzeradministration verfügen. Gehen Sie anschließend wie folgt vor:

1. Wählen Sie im Menü den Eintrag **Manage Users**, um in die Benutzerpflege abzuspringen (siehe Abbildung 3.3).

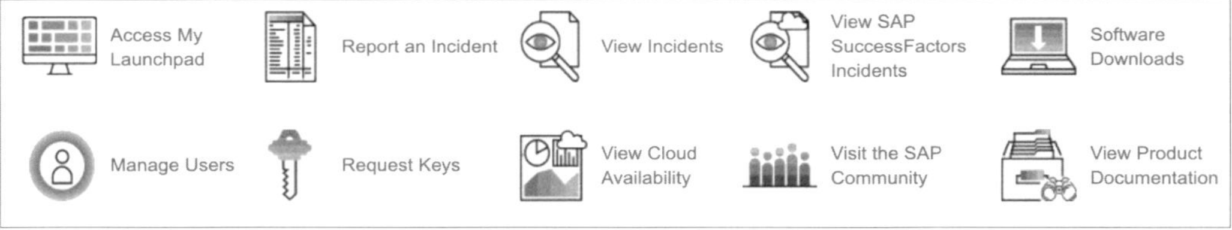

Abbildung 3.3 Menü im SAP Support Portal

2. Sie befinden sich nun in der Benutzerübersicht (siehe Abbildung 3.4).

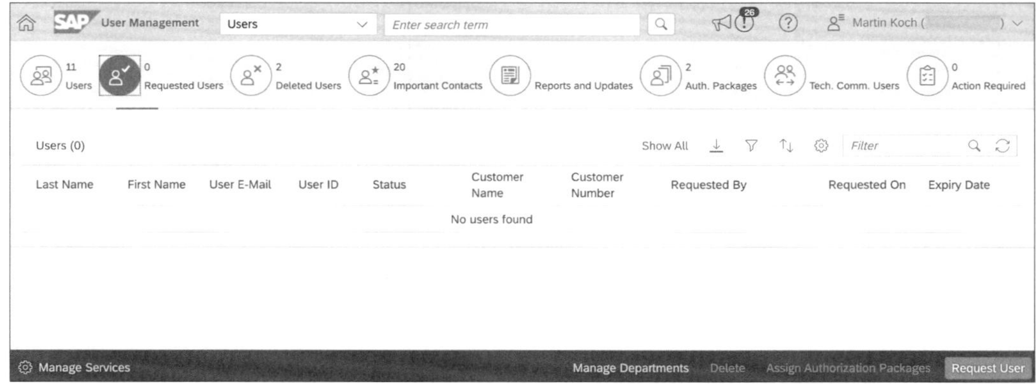

Abbildung 3.4 Neuen S-User anlegen

Klicken Sie in der unteren Funktionsleiste auf den Button **Request Users**, um einen neuen Benutzer anzulegen.

3. Im Anlagedialog geben Sie die Details zum Benutzer an (siehe Abbildung 3.5).

Request User

*Customer: CloudDNA GmbH ( )
*Salutation: Mr.
*First Name: Martin
*Last Name: Koch
*E-Mail: mk@clouddna.at
*Language: English
*Expiry Date: 03.01.2023
Department: *Enter Department ...*
Authorization Packages: System
Submit Cancel

Abbildung 3.5 Benutzerdetails pflegen

4. Schließen Sie die Anlage mit einem Klick auf **Submit** ab.

Der S-User wird nicht unmittelbar angelegt, da er zunächst von SAP bestätigt werden muss. Dies kann bis zu 24 Stunden dauern. SAP vergibt im Zuge dessen auch die S-User-ID. Nach erfolgter Genehmigung erhält der Benutzer eine Einladungs-E-Mail mit Anweisungen zur Aktivierung des Benutzerkontos.

Initialer Subaccount-Benutzer

Voraussetzungen für die Verwaltung der Benutzer auf Ebene des Subaccounts sind einerseits die Anmeldung am Subaccount und andererseits ausreichende Berechtigungen für die Benutzerverwaltung. Einen Subaccount legen Sie, wie in Abschnitt 1.3.2, »Subaccount«, beschrieben, ausgehend von Ihrem Global Account an. Der Benutzer, der den Subaccount angelegt hat, erhält automatisch die Rollen **Administrator** und **Developer** für den Subaccount. Initial hat nur dieser Benutzer Zugriff auf den Subaccount.

Benutzerverwaltung

Um weitere Benutzer auf Ebene des Subaccounts anzulegen, die sogenannten Mitglieder (*Members*), wechseln Sie in die Benutzerverwaltung. Wählen Sie dazu im SAP BTP Cockpit den Menüeintrag **Members** (siehe Abbildung 3.6).

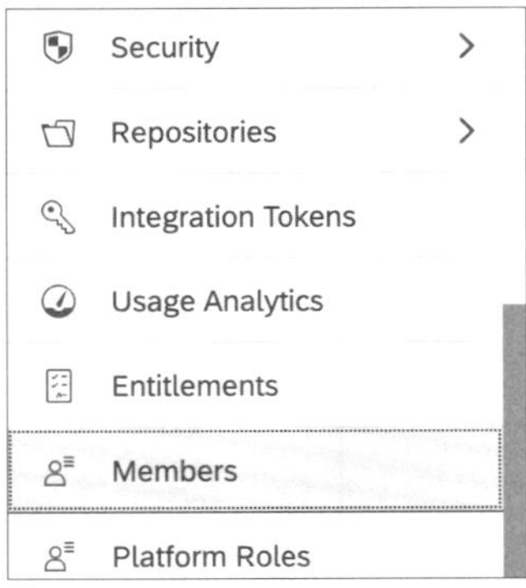

Abbildung 3.6 Menü zur Benutzerverwaltung

In der Benutzerübersicht sehen Sie alle Benutzer, die dem Subaccount aktuell zugeordnet sind (siehe Abbildung 3.7). Diese Benutzer können an dieser Stelle bearbeitet und gelöscht werden. Lediglich Ihren eigenen Benutzer können Sie nicht löschen.

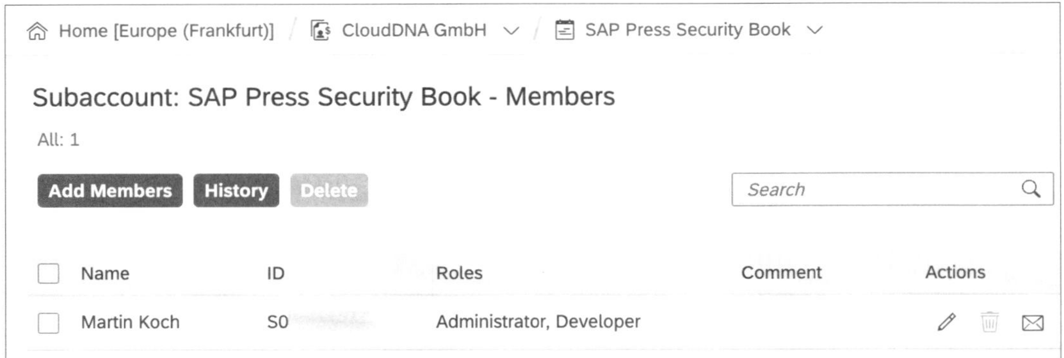

Abbildung 3.7 Benutzerübersicht auf Ebene eines Subaccounts

Benutzer hinzufügen

Um dem Subaccount einen neuen Benutzer hinzuzufügen, klicken Sie auf den Button **Add Members**.

Sie können bis zu 100 Benutzer gleichzeitig anlegen. Geben Sie im Feld **User IDs** den oder die S-User-IDs an, die vom SAP ID Service generiert wurden (siehe Abbildung 3.8). Es wird weder geprüft, ob diese IDs tatsächlich existieren, noch, ob die entsprechenden Benutzer im SAP Support Portal dem Benutzerstamm Ihres Unternehmens zugeordnet sind. Prüfen Sie die IDs daher genau, sonst kann es sein, dass unternehmensfremde Personen Zugriff erhalten.

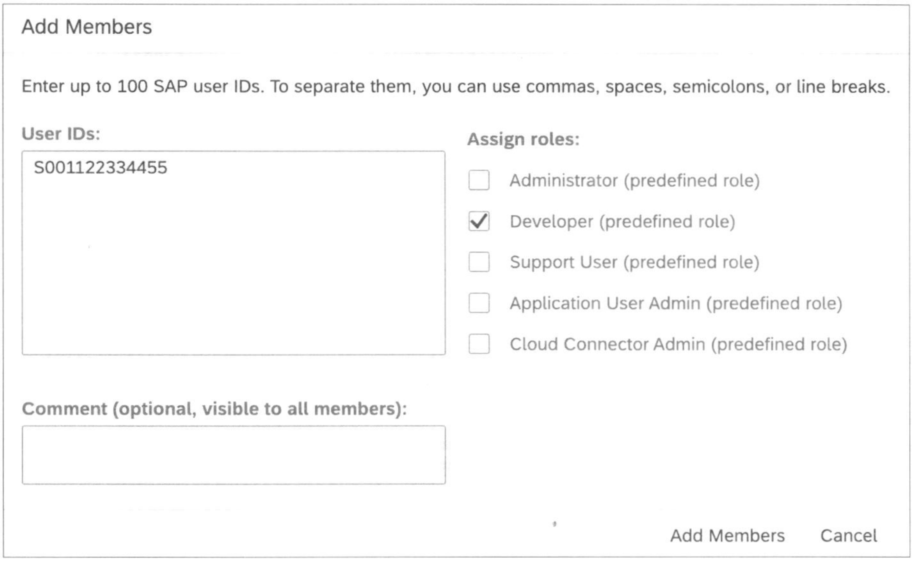

Abbildung 3.8 Benutzer hinzufügen

Rollen zuordnen

In demselben Dialog können Sie den Benutzern Rollen zuordnen. Sie können dazu entweder die von SAP ausgelieferten Standardrollen verwenden oder selbst definierte Rollen. Auf die Rollen gehen wir in Abschnitt 3.4.1, »Rollen anlegen und verwalten«, ausführlicher ein.

Nachdem die Benutzer erfolgreich zugeordnet wurden, erscheinen sie in der Benutzerübersicht mit dem Hinweis **-Subaccount not visited yet-** in der Spalte **Name** (siehe Abbildung 3.9). Sobald sich ein Benutzer erstmals am Subaccount angemeldet hat, wird anstelle dieses Hinweises der im SAP ID Service gepflegte Name des Benutzers übernommen.

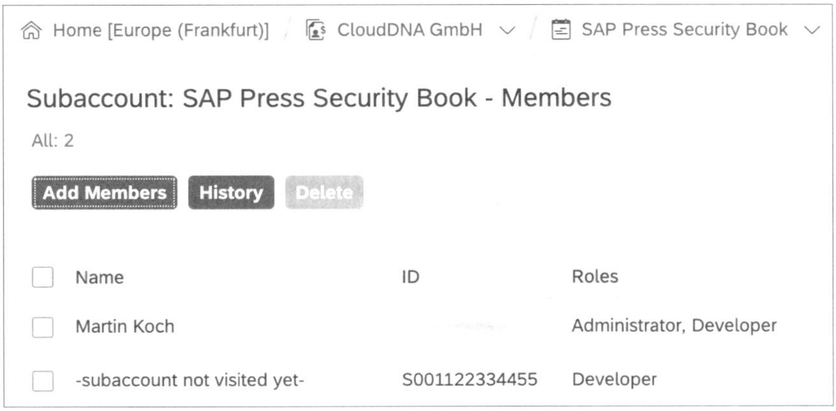

Abbildung 3.9 Neuer Benutzer in der Benutzerübersicht

Nachteile des SAP ID Service zur Benutzerauthentifizierung

Die Verwendung des SAP ID Service für die Authentifizierung der Benutzer eines Subaccounts bringt einige Nachteile mit sich. So können Sie beispielsweise im Subaccount keine Gültigkeitsdauer für den Benutzer hinterlegen. Sie haben auch keine Möglichkeit, den Benutzer direkt im Subaccount zu sperren oder zu entsperren. In Abschnitt 3.3.2, »Plattform-Identity-Provider einrichten«, zeigen wir Ihnen, wie Sie alternativ den Identity Authentication Service für die Authentifizierung der Benutzer verwenden können, um diese Einschränkungen aufzuheben.

Änderungshistorie

In der Benutzerübersicht haben Sie die Möglichkeit, alle Änderungen an den Benutzern einzusehen, indem Sie auf den Button **History** klicken. Die Änderungshistorie für den in diesem Buch verwendeten Subaccount sehen Sie in Abbildung 3.10.

Member List Changes (All: 5)

Search

Member	Action	By Administrator	When
S001122334455	Developer role added		3 Jan 2021, 08:17:45 (GMT+01:00)
S001122334455	Member added		3 Jan 2021, 08:17:45 (GMT+01:00)
	Administrator role added	SERVICES:CIS:WEB	31 Dec 2020, 08:44:23 (GMT+01:00)
	Developer role added	SERVICES:CIS:WEB	31 Dec 2020, 08:44:23 (GMT+01:00)
	Member added	SERVICES:CIS:WEB	31 Dec 2020, 08:44:23 (GMT+01:00)

Abbildung 3.10 Änderungshistorie für die Benutzer eines Subaccounts

Anmeldung am Subbaccount

Wie sich die Anwender*innen am Subaccount anmelden können, ist davon abhängig, ob der SAP ID Service für die Authentifizierung verwendet wird oder ob der Identity Authentication Service die Rolle des Plattform-Identity-Providers für den Subaccount einnimmt. Sofern der SAP ID Service verwendet wird, können sich sie Anwender*innen über die URL *https://account.hana.ondemand.com/* mit Ihren Benutzerdaten anmelden. Nach erfolgreicher Anmeldung sehen Sie eine Übersicht aller Global Accounts, denen Sie entweder direkt zugeordnet sind oder in denen Sie zumindest über einen Subaccount zugeordnet sind (siehe Abbildung 3.11).

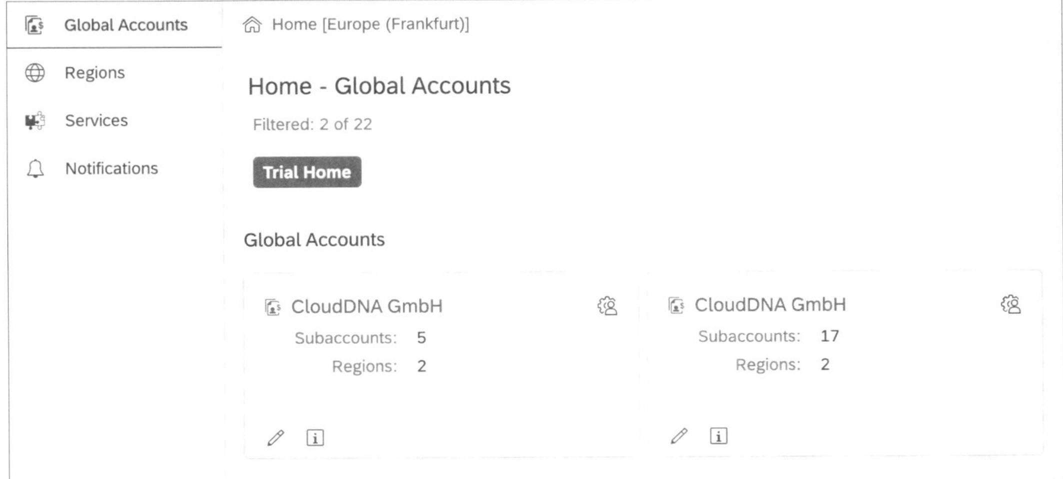

Abbildung 3.11 Übersicht der Global Accounts

Navigieren Sie in das SAP BTP Cockpit des Global Accounts, können Sie über den Menüeintrag **Subaccounts** die Übersicht aller Subaccounts aufrufen, denen Sie zugeordnet sind (siehe Abbildung 3.12).

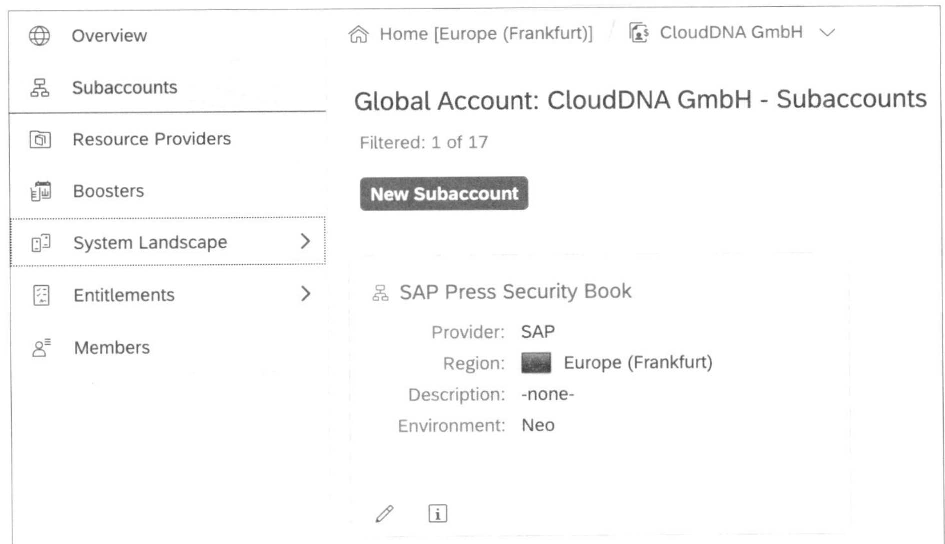

Abbildung 3.12 Übersicht der Subbaccounts

Benutzerübersicht nach Anmeldung

Nachdem sich ein Benutzer erstmals am Subaccount angemeldet hat, wird der Benutzername ausgelesen und in der Benutzerübersicht des Subaccounts hinterlegt (siehe Abbildung 3.13).

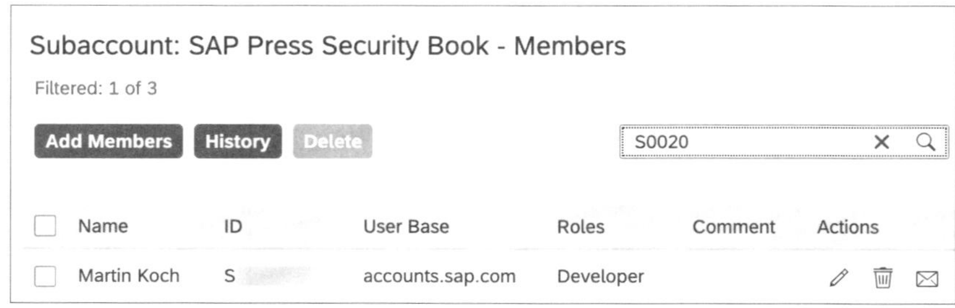

Abbildung 3.13 Subaccount-Benutzer nach erstmaliger Anmeldung

Benutzer löschen

Sie können einen Benutzer löschen, indem Sie auf das Löschsymbol ( ) in der Spalte **Actions** eines Benutzereintrags klicken. Diese Aktion wird protokolliert und kann über die Änderungshistorie eingesehen werden.

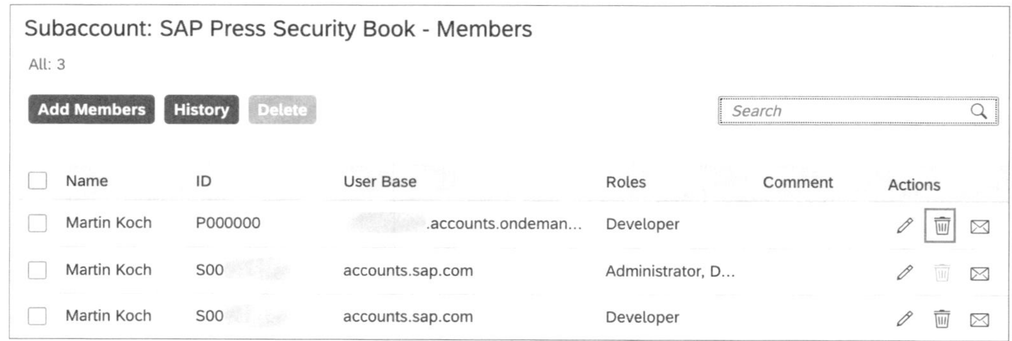

Abbildung 3.14 Einzelnen Benutzer löschen

Benutzer löschen als Massenaktion

Die SAP BTP bietet Ihnen auch die Möglichkeit, mehr als einen Benutzer gleichzeitig zu löschen. Markieren Sie dazu die gewünschten Benutzer, und klicken Sie anschließend auf den Button **Delete** (siehe Abbildung 3.15). Diese Aktion wird ebenso wie das Löschen eines einzelnen Benutzers protokolliert und kann über die Änderungshistorie eingesehen werden.

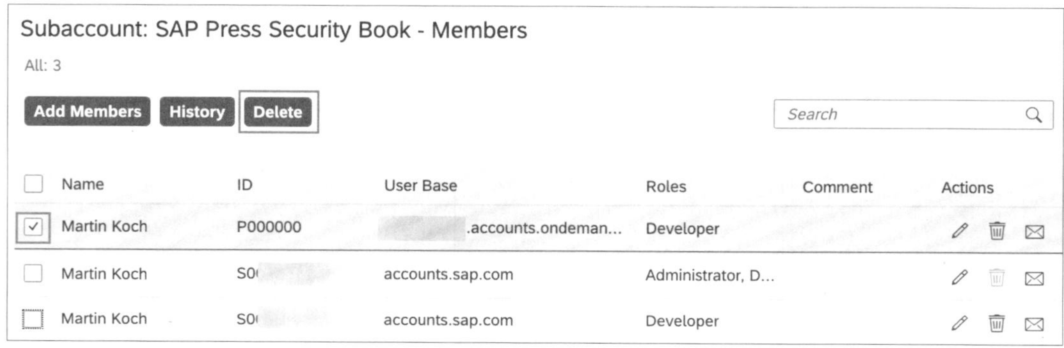

Abbildung 3.15 Mehrere Benutzer löschen

3.3 Trust-Konfiguration

Ein Subaccount der SAP BTP agiert in der SAML-2.0-basierten Kommunikation immer in der Rolle des Service Providers (siehe Abschnitt 2.2.1, »Identity Provider für die SAP Business Technology Platform«). Jeder Subaccount stellt hierbei einen eigene Service Provider dar. Haben Sie die Anforderung, jede Ihrer Anwendungen durch einen eigenen Service-Provider zu repräsentieren, müssen Sie daher für jede Anwendung einen eigenen Subaccount erstellen und konfigurieren.

Service und Identity Provider

Die Verwendung von SAML 2.0 setzt voraus, dass eine Vertrauensbeziehung (ein Trust) zwischen dem Service Provider und dem Identity Provider hergestellt wird. Die Konfiguration des Service Providers erfolgt im Subaccount. Wählen Sie dazu im Menü des SAP BTP Cockpits im Bereich **Security** den Eintrag **Trust**. Die Einrichtung eines lokalen Service Providers zeigen wir Ihnen im folgenden Abschnitt.

Neben dem Service Provider müssen Sie den Identity Provider konfigurieren. Neben der im Standard aktivierten Verwendung des SAP ID Service als Identity Provider ermöglicht Ihnen der Subbaccount die Konfiguration eines Anwendungs-Identity-Providers oder eines Plattform-Identity-Providers (siehe auch Abschnitt 2.2.1, »Identity Provider für die SAP Business Technology Platform«). Wie Sie diese einrichten, erläutern wir in Abschnitt 3.3.2, »Plattform-Identity-Provider einrichten«, und Abschnitt 3.3.3, »Anwendungs-Identity-Provider einrichten«.

3.3.1 Lokalen Service Provider einrichten

Die Vertrauenseinstellungen des lokalen Service Providers erben die Standardkonfiguration der SAP BTP. Dort ist unter anderem definiert, dass der SAP ID Service als Identity Provider verwendet wird. In der Dokumentation der Neo-Umgebung finden Sie den Hinweis, dass diese Standardeinstellung nur zum Testen und Erkunden der verfügbaren Szenarien verwendet werden sollte. Für produktive Szenarien sollten Sie den lokalen Service Provider daher gemäß Ihren Anforderungen konfigurieren.

Die Registerkarte **Local Service Provider** in der Trust-Konfiguration erlaubt Ihnen die folgenden Einstellungen (siehe Abbildung 3.16), die wir im Folgenden erläutern:

- Konfigurationstyp
- Principal Propagation
- Force Authentication

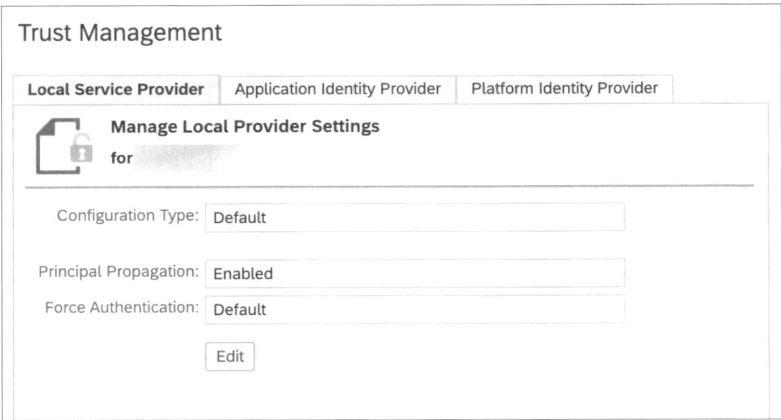

Abbildung 3.16 Konfiguration des lokalen Service Providers

Konfigurationstyp

Im Feld **Configuration Type** stehen Ihnen die folgenden Konfigurationstypen für den lokalen Service Provider zur Verfügung:

- **Default**
  Bei dieser Einstellung erben die Vertrauenseinstellungen des lokalen Service Providers die Standardkonfiguration der SAP BTP.
- **None**
  Bei diesem Typ werden keine Vertrauenseinstellungen für den lokalen Service Provider definiert, und der Service Provider nimmt damit an keinem Identitätsverbundszenario teil.
- **Custom**
  Bei diesem Typ hinterlegen Sie eine spezifische Konfiguration für den lokalen Service Provider, die von der Standardkonfiguration abweicht.

Principal Propagation

Mithilfe der **Principal Propagation** können Sie steuern, ob Informationen zu den Benutzeridentitäten zwischen den Applikationen ausgetauscht werden. Sie können den Wert **Enabled** oder **Disabled** auswählen. Setzen Sie den Wert auf **Enabled**, wenn Sie ein anwendungsübergreifendes Single Sign-on (SSO) aktivieren möchten. Sollten Sie die SAP Web IDE für Ihre Entwicklungen verwenden wollen, muss der Wert für die Principal Propagation zwingend auf **Enabled** gesetzt werden. So lautet die Vorgabe von SAP.

Force Authentication

Mit der Eigenschaft **Force Authentication** können Sie erzwingen, dass sich Benutzer beim Start der SAP BTP neu authentifizieren müssen. Haben Sie ein SSO konfiguriert, kommt diese Eigenschaft zur Laufzeit nicht zur Anwendung. Für diese Eigenschaft können Sie die Werte **Enabled** oder **Disabled** wählen. Im Standard ist der Wert **Default** gesetzt, was gleichbedeutend mit **Disabled** ist.

3.3.2 Plattform-Identity-Provider einrichten

Identity Authentication als Identity Provider

Als alternativer Plattform-Identity-Provider kann ausschließlich der Identity Authentication Service dienen, den wir in Abschnitt 2.4.1, »Identity Authentication«, vorgestellt haben. Er erlaubt Ihnen die Authentifizierung der Benutzer Ihres Subaccounts. Standardmäßig ist der SAP ID Service als Plattform-Identity-Provider gesetzt. Um Ihre eigene Instanz des Identity Authentication Service zu verwenden, müssen Sie im Trust Management auf der Registerkarte **Platform Identity Provider** auf den Link **Use Identity Authentication Tenant** klicken (siehe Abbildung 3.17).

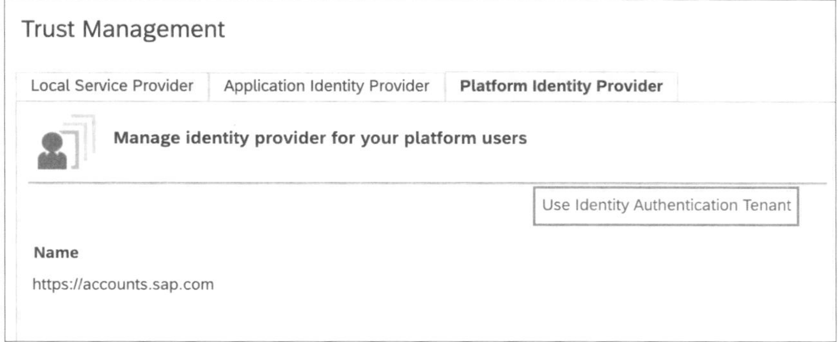

Abbildung 3.17 Plattform Identity Provider aktivieren

Im Anschluss müssen Sie einen Ihrem Global Account zugeordneten Identity Authentication Tenant auswählen (siehe Abbildung 3.18). Klicken Sie anschließend auf **Save**, um Ihre Auswahl zu speichern.

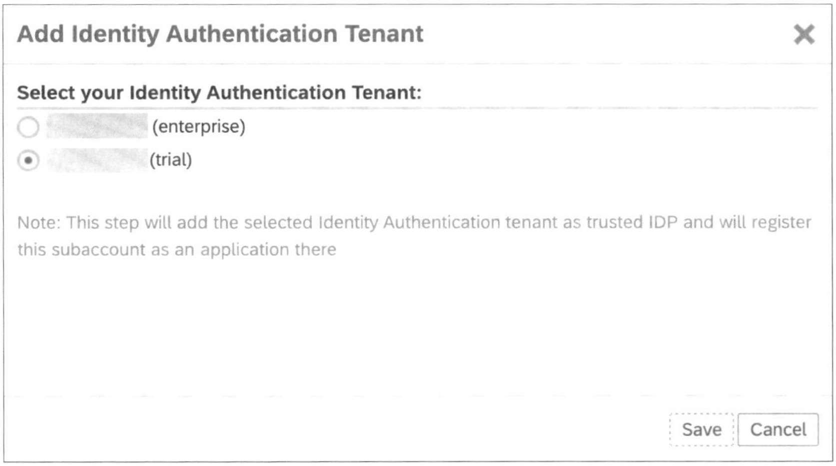

Abbildung 3.18 Identity Authentication Tenant auswählen

Die Zuordnung des Tenants dauert einige Sekunden. Dadurch wir eine Vertrauensbeziehung zum Identity Authentication Service hergestellt, und der Subaccount wird in diesem Service als Applikation registriert. Dort kann er in der Folge weiter konfiguriert werden.

Nachdem die Zuordnung erfolgreich durchgeführt wurde, ist der Identity Authentication Service im Trust Management als Plattform-Identity-Provider sichtbar. Von dort aus können Sie durch einen Klick auf den Button **Cockpit** in das SAP BTP Cockpit abspringen (siehe Abbildung 3.19).

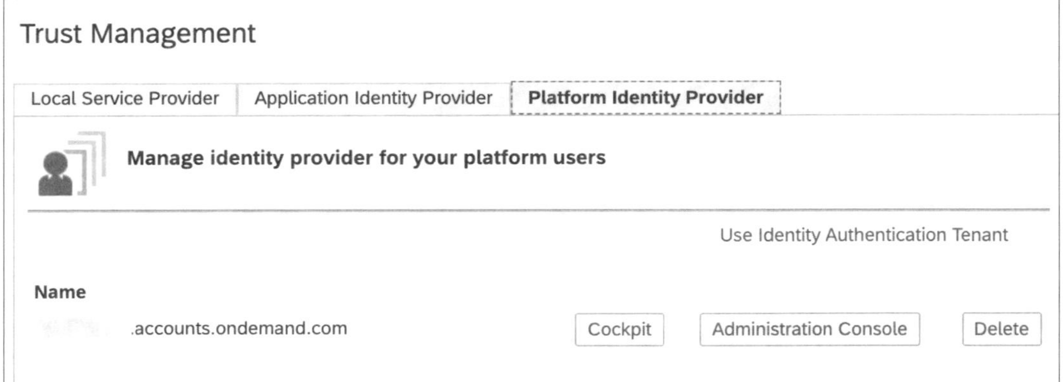

Abbildung 3.19 Anzeige des Identity Authentication Service als Plattform-Identity-Provider

Benutzerzuordnung

Damit die Authentifizierung der Benutzer mithilfe des Identity Authentication Service durchgeführt werden kann, müssen diese im Identity Authentication Service angelegt werden, wie in Abschnitt 2.4.1, »Identity Authentication«, beschrieben. Damit kann zwar die Authentifizierung erfolgreich durchgeführt werden, der Zugriff auf den Subaccount durch die Benutzer wäre jedoch noch nicht möglich. Die Benutzer müssen zusätzlich als Mitglieder in die Liste der Subaccount-Benutzer aufgenommen worden sein, wie in Abschnitt 3.2, »Benutzerverwaltung«, beschrieben.

Nun können die Benutzer sich authentifizieren und auf den Subaccount zugreifen. Der Zugriff auf den Subaccount in der Neo-Umgebung erfolgt über folgende URL:

https://account-<SubaccountName>.<Datacenter>.hana.ondemand.com/cockpit

Nach erfolgreicher Anmeldung sehen Sie die Liste der Global Accounts (siehe Abbildung 3.20). Von dort können Sie in den gewünschten Subaccount springen, wie in Abschnitt 3.2, »Benutzerverwaltung«, beschrieben.

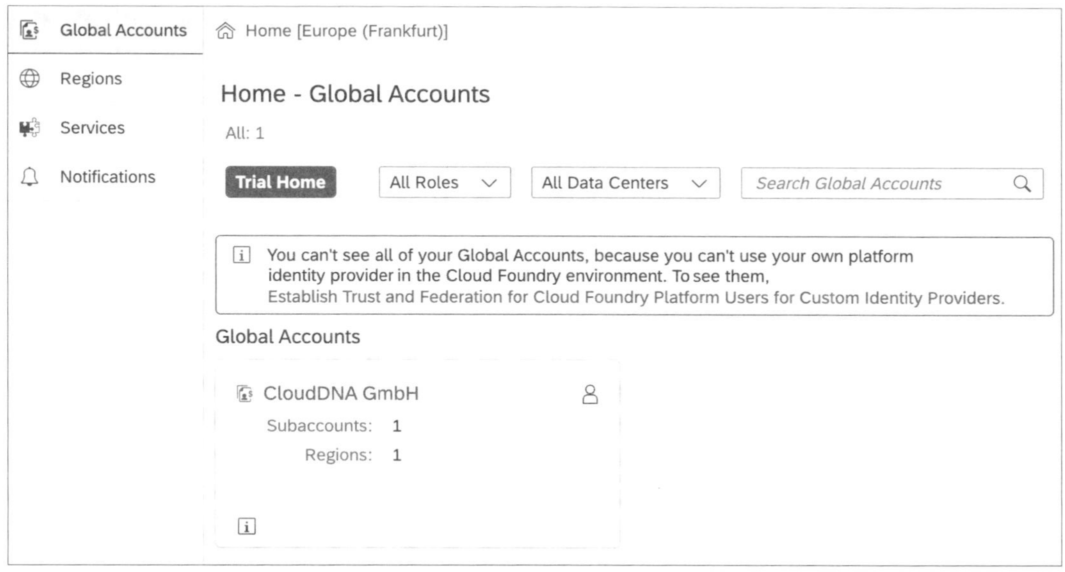

Abbildung 3.20 Übersicht der Global Accounts nach der erfolgreichen Anmeldung mittels Identity Authentication Service

In der Benutzerübersicht im Subaccount sehen Sie nun, dass die Eigenschaften Ihres Benutzers mit den im Identity Authentication Service gepflegten Daten befüllt wurden (siehe Abbildung 3.21).

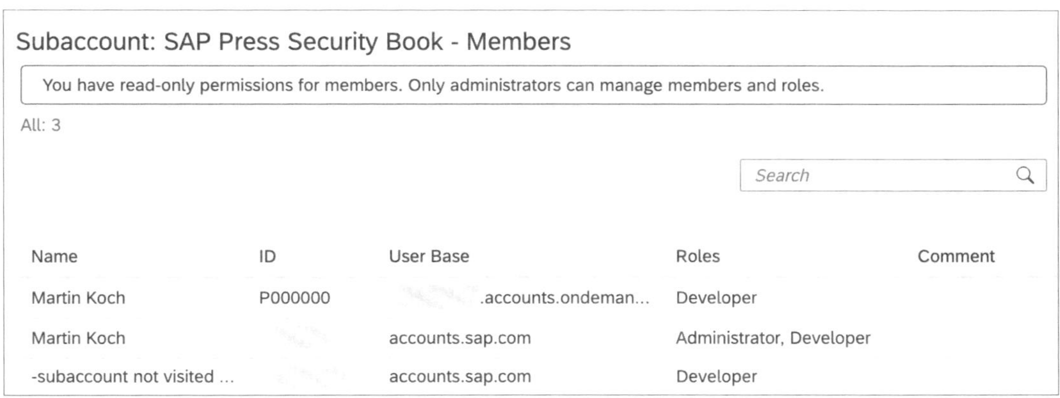

Abbildung 3.21 Benutzerübersicht mit den Benutzerdaten aus Identity Authentication

Erweiterte Konfiguration

Im Identity Authentication Tenant sind keine weiteren Einstellungen erforderlich. Optional besteht jedoch die Möglichkeit, eine weiterführende Konfiguration durchzuführen. Das könnte beispielsweise eine risikobasierte Authentifizierung sein, die Anpassung der E-Mail-Vorlagen an Ihre Anforderungen, die Konfiguration zur Verwendung Ihres eigenen E-Mail-Servers für den Versand von E-Mails oder das Erstellen eines eigenen Themes für die Anmeldemaske des Identity Authentication Service.

Melden Sie sich an der Administrationskonsole des Identity Authentication Tenants an, und öffnen Sie dort im Bereich **Applications & Resources** den Menüpunkt **Applications**.

Suchen Sie nach dem technischen Namen des Subaccounts. Sie werden einen oder zwei Einträge finden. Sollten Sie zwei Einträge finden, liegt das daran, dass der Identity Authentication Tenant sowohl als Plattform-Identity-Provider als auch als Anwendungs-Identity-Provider konfiguriert wurde. Bei der Aktivierung des Tenants als Plattform-Identity-Provider wird der Subaccount als kundeneigene Applikation (Custom Application) namens **SAP Cloud Platform <Technischer Name des Subaccounts>** im Identity Authentication Tenant angelegt (siehe Abbildung 3.22). Der Subaccount nimmt im SAML-Kontext die Rolle des Service Providers ein. Im Identity Authentication Service werden alle Service Provider als Applikationen geführt, daher finden Sie hier auch den Subaccount. Damit bietet Ihnen der Service die Möglichkeit, jeden Service Provider, der den Identity Authentication Service verwendet, unterschiedlich zu konfigurieren.

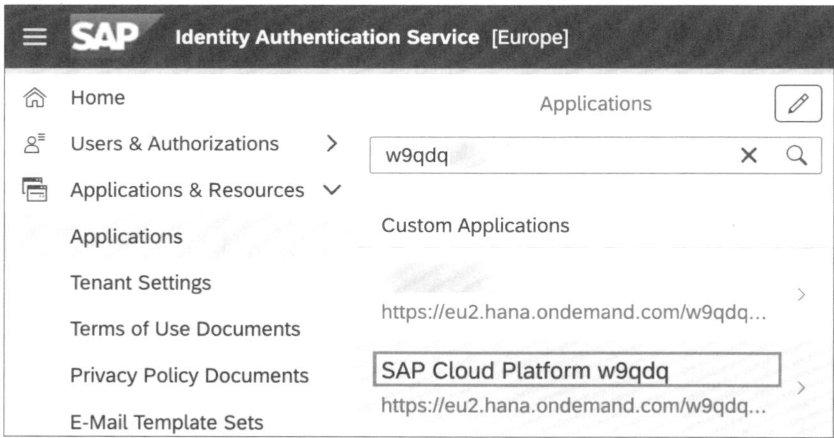

Abbildung 3.22 Registrierter Subaccount im Plattform-Identity-Provider

Einige Optionen der erweiterten Konfiguration für den Service Provider sind in Abbildung 3.23 zu sehen. Sie können an dieser Stelle zusätzlich zu den zuvor erwähnten Konfigurationen auch eigene Nutzungsbedingungen und Datenschutzrichtlinien (*Privacy Policies*) in verschiedenen Sprachen pflegen.

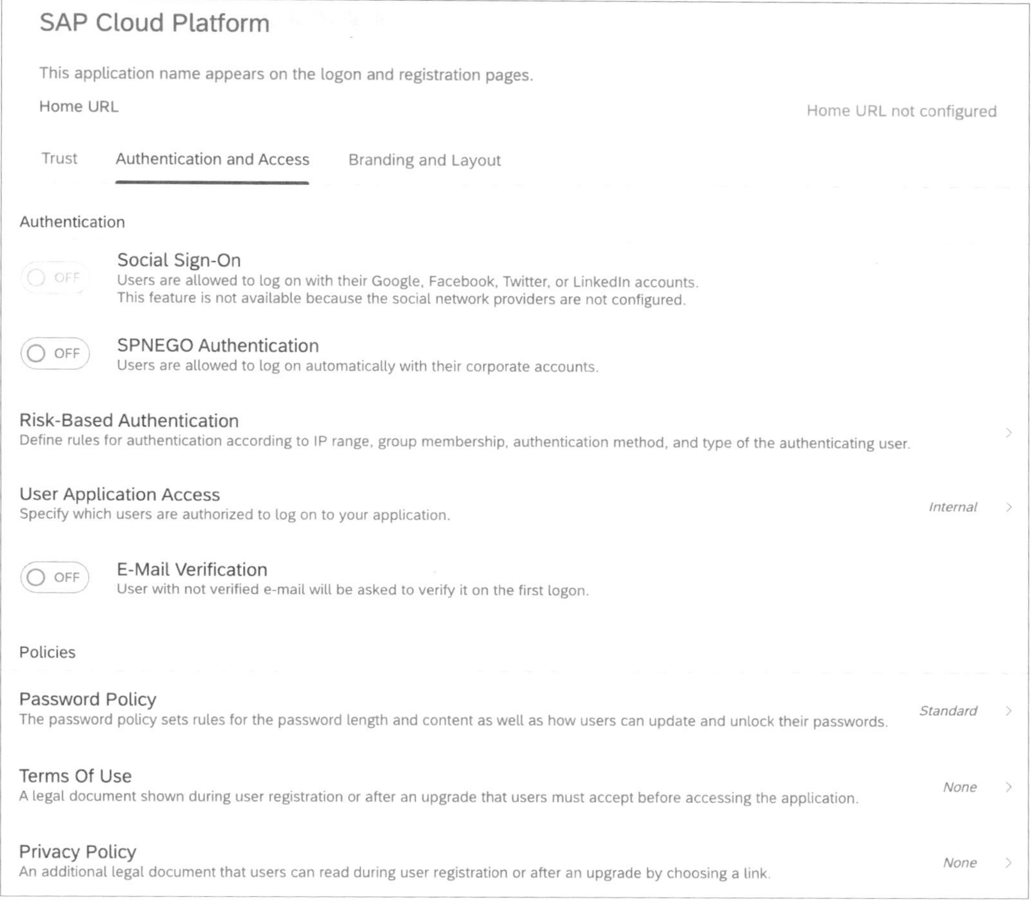

Abbildung 3.23 Service Provider – erweiterte Konfiguration

3.3.3 Anwendungs-Identity-Provider einrichten

Der Anwendungs-Identity-Provider liefert die Benutzerbasis für Ihre Anwendungen in Ihrem Subaccount der SAP BTP. Sie können beispielsweise Ihren bestehenden Corporate Identity Provider zur Authentifizierung der Benutzer für Ihre Anwendungen und Services verwenden. Dieses Szenario wird als Identitätsverbund bezeichnet. Die SAP BTP verwendet dafür SAML 2.0.

Mehrere Identity Provider

Sie müssen sich nicht auf einen einzelnen Anwendungs-Identity-Provider beschränken, sondern können mehrere Identity Provider einsetzen. Stellen Sie in einem solchen Fall sicher, dass alle Benutzeridentitäten über alle Identity Provider hinweg eindeutig sind und kein Benutzer in mehr als einem Identity Provider verfügbar ist. Anderenfalls könnte es zu einer falschen Zuweisung von Sicherheitsrollen im Subaccount der SAP BTP kommen.

Identity Authentication Tenant

Die SAP BTP bietet Ihnen auch die Möglichkeit, den Identity Authentication Tenant als Anwendungs-Identity-Provider zu verwenden. Dessen Konfiguration ist mit wenig Aufwand zu realisieren:

1. Navigieren Sie im SAP BTP Cockpit in den Bereich **Trust Management**, und öffnen Sie die Registerkarte **Application Identity Provider**.
2. Klicken Sie auf den Link **Add Identity Authentication Tenant** (siehe Abbildung 3.24).

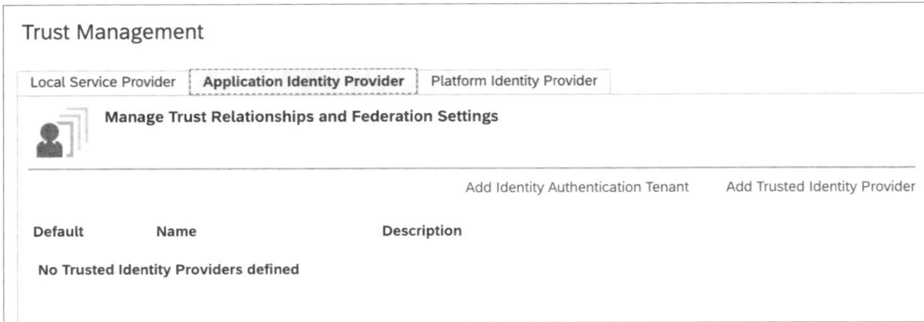

Abbildung 3.24 Konfiguration des Anwendungs-Identity-Providers

3. Wählen Sie den gewünschten Identity Authentication Tenant aus (siehe Abbildung 3.25).

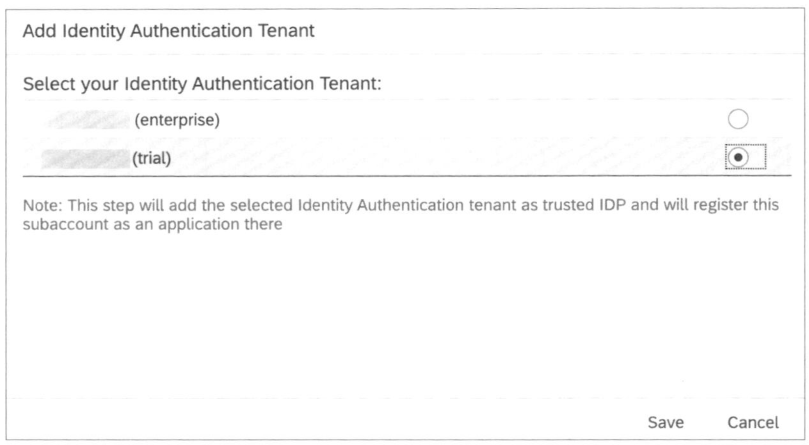

Abbildung 3.25 Identity Authentication Tenant auswählen

4. Der Konfigurationsvorgang dauert einige Sekunden. Danach ist der Identity Authentication Tenant als Anwendungs-Identity-Provider für den Subaccount konfiguriert (siehe Abbildung 3.26).

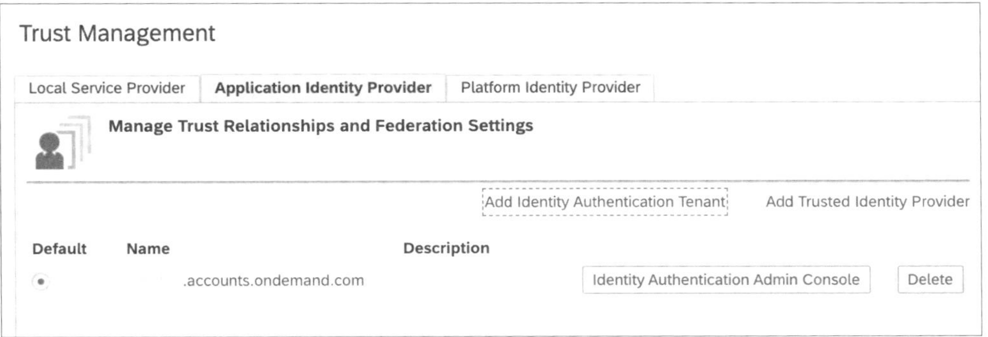

Abbildung 3.26 Identity Authentication Tenant als Anwendungs-Identity-Provider

Kundeneigene Applikation

Im Identity Authentication Tenant wird der Subaccount als kundeneigene Applikation angelegt. Diese trägt den Namen des Identity Authentication Tenants (siehe Abbildung 3.27). Sie können lediglich an dem in der URL eingebetteten technischen Namen des Subaccounts erkennen, dass es sich um den entsprechenden Subaccount handelt.

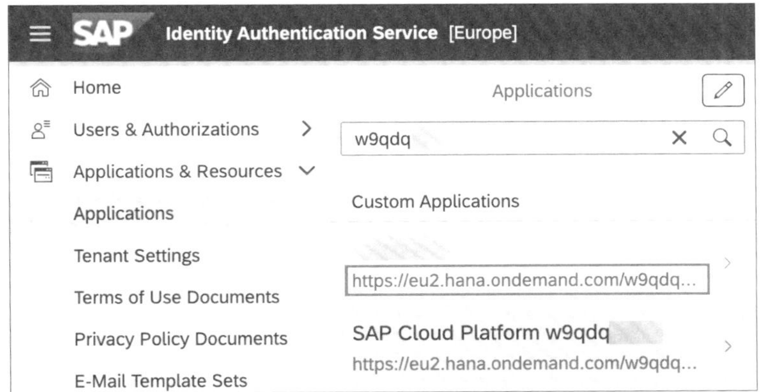

Abbildung 3.27 Subaccount im Identity Authentication Tenant

Identity Provider eines Drittanbieters

Als Alternative zum Identity Authentication Tenant können Sie jeden beliebigen auf SAML 2.0 basierenden Identity Provider als Anwendungs-Identity-Provider des Subaccounts verwenden. Um eine Vertrauensbeziehung zwischen dem Subaccount in der Rolle des SAML-Service-Providers und dem Identity Provider herzustellen, ist es erforderlich, Metadaten zwischen beiden Akteuren auszutauschen. Zuerst exportieren Sie die Metadaten des Service Providers. In der Neo-Umgebung der SAP BTP müssen Sie diesen Schritt im **Trust Management** ausführen:

1. Navigieren Sie im SAP BTP Cockpit in den Bereich **Trust Management**.
2. Öffnen Sie die Registerkarte **Local Service Provider**.
3. Setzen Sie den Local Service Provider auf den Typ **Custom**, was Voraussetzung für den Download der Metadaten ist.
4. Speichern Sie die Konfiguration.
5. Daraufhin wird der Link **Get Metadata** sichtbar (siehe Abbildung 3.28). Klicken Sie auf diesen Link, um die Metadaten in Form einer XML-Datei herunterzuladen.

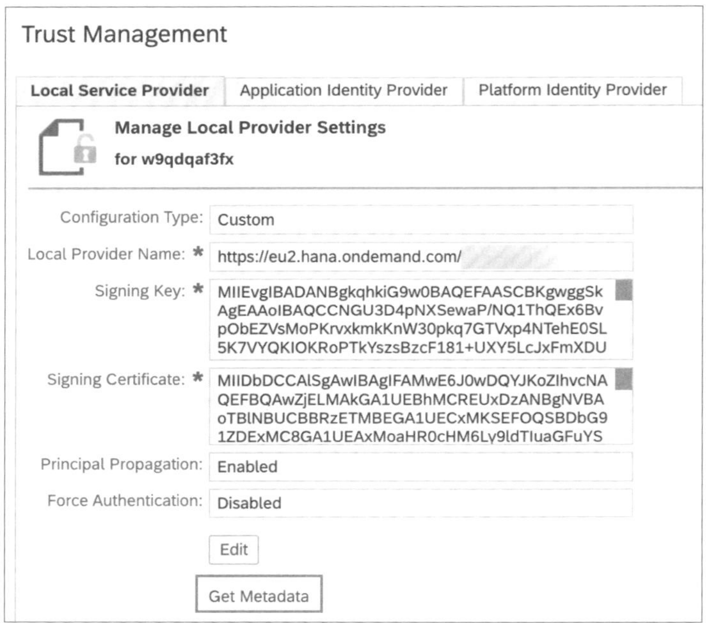

Abbildung 3.28 Metadaten zur Herstellung der Vertrauensbeziehung herunterladen

6. Im nächsten Schritt müssen Sie die Metadaten des Subaccounts in den Identity Provider importieren. Wie dieser Import ausgeführt wird, ist abhängig vom gewählten Drittanbieter-Identity-Provider, daher gehen wir an dieser Stelle nicht konkret darauf ein. Wir zeigen Ihnen in Abschnitt 3.6.2, »Authentifizierung von Benutzern der SAP Web IDE mittels Microsoft Azure Active Directory«, anhand des Microsoft Azure Active Directorys, wie Sie diesen Schritt durchführen.
7. Nachdem die Metadaten importiert wurden, muss die spezifische Konfiguration des Identity Providers durchgeführt werden. Auch diese ist abhängig vom gewählten Provider. Danach können Sie die Metadaten vom Identity Provider runterladen.

8. Der Import der Metadaten des Identity Providers in den Subaccount erfolgt im **Trust Management** auf der Registerkarte **Application Identity Provider**. Klicken Sie zunächst auf den Link **Add Trusted Identity Provider** (siehe Abbildung 3.29).

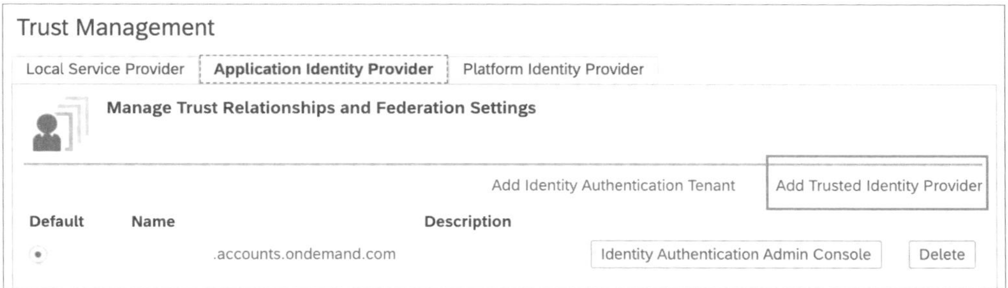

Abbildung 3.29 Trusted Identity Provider hinzufügen

9. Klicken Sie im folgenden Dialog zur Anlage des Trusted Identity Providers auf den Button **Browse** (siehe Abbildung 3.30), und wählen Sie die Metadatendatei des Identity Providers auf Ihrem lokalen Rechner aus.

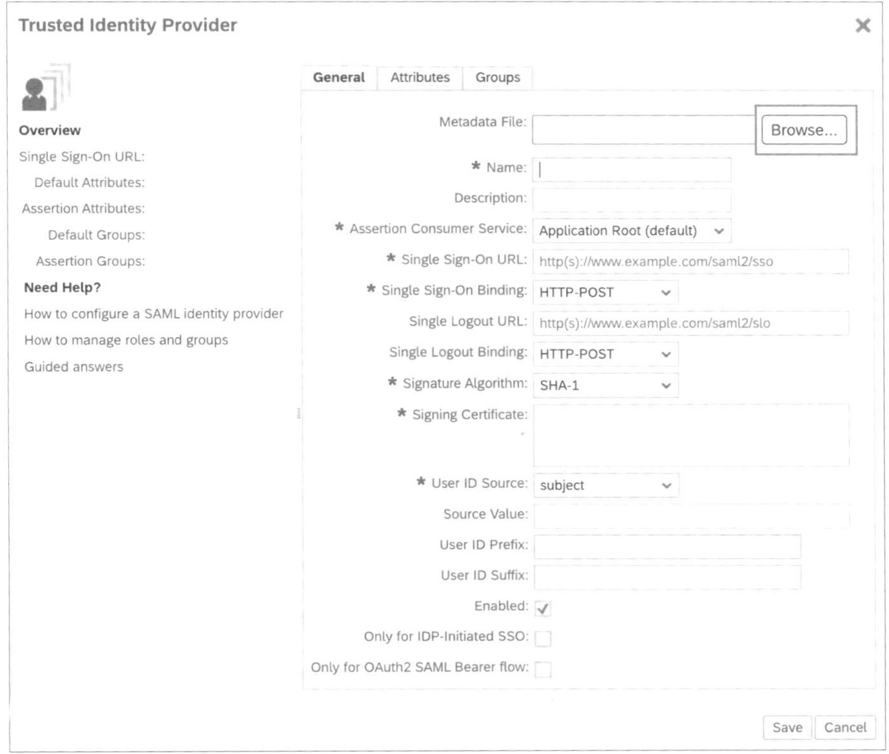

Abbildung 3.30 Import der Metadaten des Identity Providers

10. Optional können Sie auf den Registerkarten **Attributes** und **Groups** noch die gewünschten Standardwerte und Mappings für Attribute und Gruppen von Benutzern der SAP BTP und des Identity Providers konfigurieren.
11. Nachdem Sie Ihre Konfiguration gespeichert haben, kann der gewählte Identity Provider als Anwendungs-Identity-Provider verwendet werden.

Cloud-Sicherheitskonzept bei der Anbindung des Identity Authentication Service

Aus Kostengründen ist eine Pflege der Benutzer in einem zentralen Verzeichnis und dessen Anbindung über den Identity Authentication Service die erste Wahl.

Hinsichtlich der Sicherheit gibt es hierbei allerdings vieles zu beachten. Es muss beispielsweise geklärt werden, nach wie vielen Fehlanmeldungen in der Cloud ein Benutzer im Firmennetz gesperrt wird. Außerdem sollten Sie in Erwägung ziehen, administrative und normale Accounts nicht direkt anhand ihrer Namen unterscheidbar zu machen. Das macht es Hackern deutlich schwerer, auf administrative Konten abzuzielen. Viele Kunden binden ihre Verzeichnisdienste über den Identity Authentication Service an. Das erfordert jedoch ein gutes Cloud-Sicherheitskonzept. Unter anderem empfehlen wir dringend, die Authentifizierung mit zwei Faktoren durchzuführen.

3.4 Berechtigungsverwaltung

Authentifizierung und Autorisierung

In Kapitel 2, »Sicherheit auf der SAP Business Technology Platform im Überblick«, haben wir Sie in die Themen Authentifizierung und Autorisierung eingeführt. Mithilfe der Identity Provider können die Benutzer authentifiziert werden. Ein Subaccount der SAP BTP führt die Authentifizierung also nicht selbst durch, sondern delegiert diese an einen Identity Provider. Dieser kann, wie zuvor beschrieben, der von SAP verwaltete SAP ID Service, Ihr Identity Authentication Tenant oder der Identity Provider eines Drittanbieters sein.

Die Autorisierung erfolgt dagegen direkt im Subaccount. Dabei wird geprüft, ob die Benutzer über die erforderlichen Berechtigungen verfügen, um eine bestimmte Aktion auszuführen.

3.4.1 Rollen anlegen und verwalten

In der SAP BTP wird hinsichtlich der Berechtigungen zwischen *Applikationsrollen* und *Plattformrollen* unterschieden. Applikationsrollen sind für Tätigkeiten in Applikationen und abonnierten Services gedacht, Plattformrollen für Tätigkeiten in Zusammenhang mit der Administration des Subaccounts.

Plattformrollen

SAP liefert bereits vordefinierte Plattformrollen aus, die zu typischen Interaktionen mit der Plattform berechtigen. Darüber hinaus können Sie als Subaccount-Administrator*in verschiedene Scopes zu einer benutzerdefinierten Plattformrolle kombinieren, die Ihren individuellen Anforderungen entspricht. *Scopes* stellen eine Reihe von Berechtigungen dar, die festlegen, welche Aktivitäten Benutzer im Subaccount ausführen können und auf welche Plattformressourcen sie zugreifen dürfen. Eine Plattformrolle ist eine Sammlung von Berechtigungen bzw. Scopes, die von der Plattform auf Ebene des Subaccounts verwaltet werden.

Vordefinierte Rollen

SAP liefert folgende vordefinierte Plattformrollen aus:

- Administrator
- Cloud Connector Admin
- Developer
- Support User
- Application User Admin

Vordefinierte Rollen können nicht gelöscht oder geändert werden. Entspricht eine Rolle nicht Ihren Anforderungen, können Sie diese entweder kopieren und die gewünschten Anpassungen vornehmen oder alternativ eine neue Rolle anlegen und die gewünschten Berechtigungen hinzufügen.

Administrator

Die Plattformrolle **Administrator** berechtigt Sie zu folgenden Aktionen:

- Verwalten der Subaccount-Benutzer
- Verwalten von Subskriptionen, Vertrauensbeziehungen, Berechtigungen und OAuth-Einstellungen
- Heap Dumps (Speicherabbilder der Laufzeitumgebung) einsehen und herunterladen
- den SAP HANA Service starten und stoppen
- Anzeigen der Registerkarte **Connectivity** im SAP BTP Cockpit
- alle Berechtigungen der Rolle **Developer** mit Ausnahme der Berechtigung für das Debugging

Cloud Connector Admin

Die Plattformrolle **Cloud Connector Admin** berechtigt Sie zu folgenden Aktionen:

- Öffnen eines sicheren Tunnels im Cloud Connector, um Ihr On-Premise-Netzwerk und die dahinterliegenden Systeme mit einem Subaccount der SAP BTP zu verbinden
- Anzeigen der Registerkarte **Connectivity** im SAP BTP Cockpit

Developer

Die Plattformrolle **Developer** wird neu angelegten Plattformbenutzern im Standard zugewiesen und berechtigt Sie zu folgenden Aktionen:

- Deployment von Applikationen
- Starten und Stoppen von Applikationen
- Debugging von Applikationen
- Ändern von Log Levels, d. h. der Protokollierungsumfänge zum Debuggen der Applikationen
- Monitoring von Applikationen und deren Ressourcenverbrauch

Support User

Die Plattformrolle **Support User** ist für den technischen Support konzipiert und berechtigt Sie dazu, Subaccount-bezogene Daten auszulesen, z. B. Metadaten, Konfiguration und Protokolle (Logs).

Application User Admin

Die Plattformrolle **Application User Admin** berechtigt Sie zur Verwaltung von Berechtigungen für den Zugriff auf HTML5- und Java-Applikationen auf Applikationsebene sowie zur Verwaltung von Berechtigungen auf Ebene von Subskriptionen. Diese Rolle berechtigt Sie weder zum Verwalten von Rollen auf Ebene des Subaccounts noch zum Starten, Stoppen oder Löschen von Applikationen.

Rollenverwaltung

Die Verwaltung der Plattformrollen erfolgt im SAP BTP Cockpit. Klicken Sie dort im Menü auf den Eintrag **Platform Roles**, um die Verwaltungsumgebung der Plattformrollen aufzurufen (siehe Abbildung 3.31).

Abbildung 3.31 Aufruf der Verwaltungsumgebung für Plattformrollen

Plattformrolle anlegen

Mit einem Klick auf den Button **New Platform Role** können Sie eine neue Plattformrolle anlegen (siehe Abbildung 3.32). Beachten Sie, dass Plattformrollen, die in einem Subaccount der Neo-Umgebung angelegt werden, in allen Subaccounts verfügbar sind, die im selben Global Account und in derselben Region angelegt wurden. Das heißt, es gibt keine Möglichkeit, eine Plattformrolle anzulegen, die nur in einem Subaccount sichtbar ist. Die Plattformrolle kann auch aus anderen Subaccounts heraus geändert und gelöscht werden.

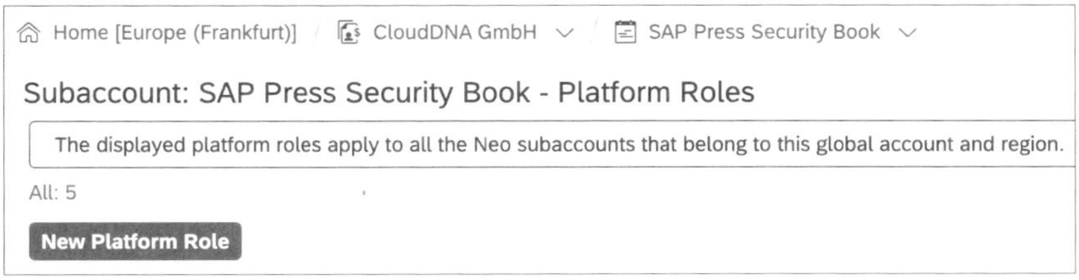

Abbildung 3.32 Plattformrolle anlegen

Im Dialog zur Anlage einer neuen Plattformrolle müssen Sie verpflichtend eine ID vergeben. Diese unterliegt bestimmten Beschränkungen und darf beispielsweise keine Leerzeichen beinhalten. Der Eintrag im Feld **Display Name** ist optional, wir empfehlen jedoch, einen solchen Anzeigenamen zusätzlich zur Rollen-ID zu pflegen (siehe Abbildung 3.33).

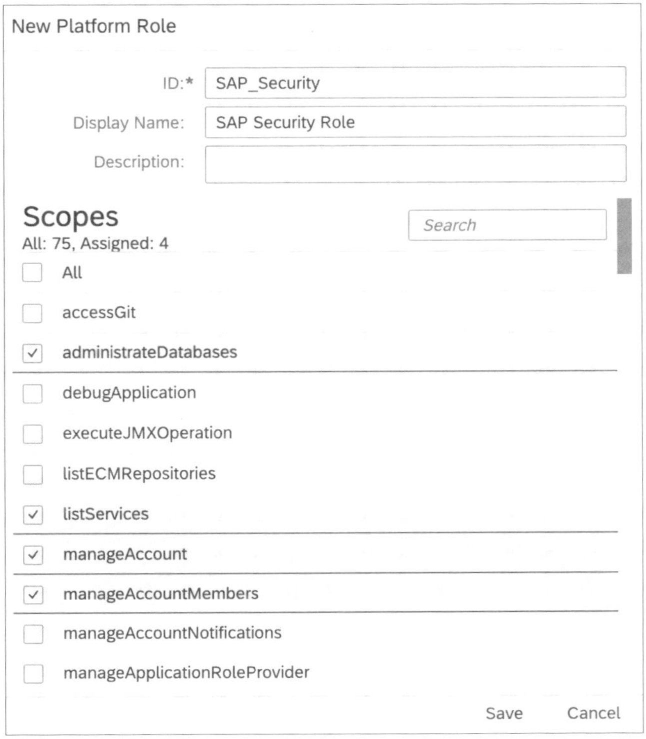

Abbildung 3.33 Dialog zur Anlage einer Plattformrolle

Scopes zuordnen

Abschließend müssen Sie der Rolle die gewünschten Scopes zuordnen. Eine Übersicht der verfügbaren Scopes finden Sie in der Dokumentation der SAP BTP unter *http://s-prs.de/v809805*. SAP stellt Scopes in folgenden Kategorien bereit:

- Account Management
- Agent Activation for Dyntrace Service
- Authorization Management
- Connectivity Service
- Document Service
- Enterprise Messaging
- Extension Integration Management
- Git Service
- HTML5 Application Management
- Java Application Lifecycle Management
- Keystore Service
- Logging Service
- Member Management
- Metering Service
- Monitoring Service
- Multi-Target Application Management
- OAuth Client Management
- Password Storage
- SAP HANA/SAP ASE Service
- Service Management
- Subscription Management
- Trust Management
- Virtual Machines

Nachdem Sie die gewünschten Scopes markiert haben, speichern Sie Ihre Plattformrolle über den Button **Save**.

[+]

Berechtigungskonzept erarbeiten

Wir empfehlen Ihnen, die von Ihnen benötigten Rollen im Rahmen eines *Berechtigungskonzepts* zu definieren. Sie sollten dabei auch entscheiden, ob die Standardrollen Ihre Anforderungen erfüllen können. Beachten Sie an dieser Stelle, dass die Standardrollen **Administrator** und **Developer** sehr umfangreiche Berechtigungen besitzen. Es gibt keine Möglichkeit, Plattformrollen und Applikationsrollen zu kombinieren.

Übersicht der Plattformrollen

Nach der Anlage wird die kundeneigene Plattformrolle in der Übersicht der Plattformrollen angezeigt (siehe Abbildung 3.34). Anders als bei den vordefinierten Rollen wird für diese Rolle kein Informationssymbol (i) angezeigt. Über dieses Symbol können Sie in die Dokumentation der vordefinierten Rollen abspringen. Während die vordefinierten Rollen nicht editiert oder gelöscht werden können, gibt es diese Einschränkung für kundeneigene Rollen nicht. Über die Symbole in der Spalte **Actions** können sie editiert, angezeigt, kopiert oder gelöscht werden.

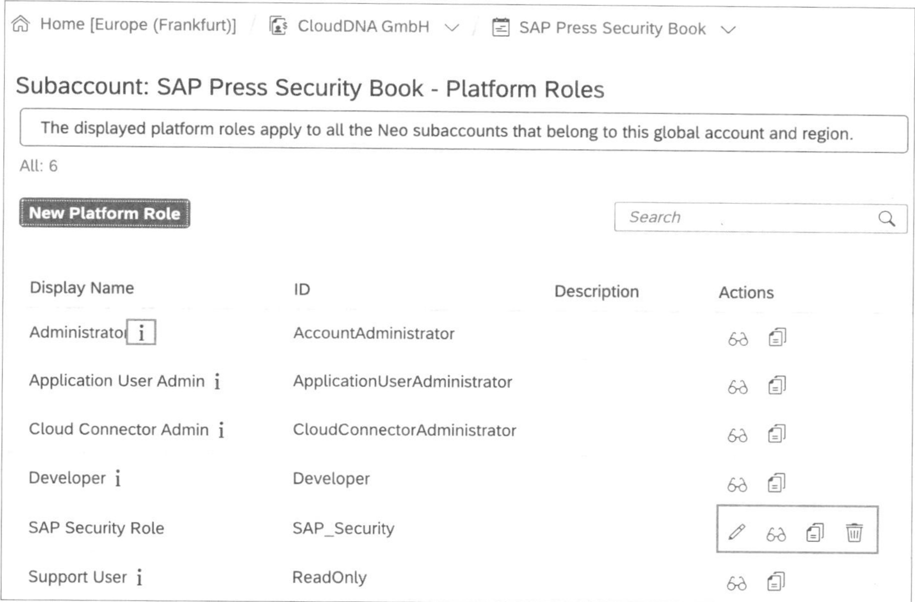

Abbildung 3.34 Übersicht der Plattformrollen

Rolle zuordnen

Die Zuordnung von Rollen zu Benutzern erfolgt über die Benutzerübersicht. Navigieren Sie dazu über den Menüeintrag **Members** in die Benutzerübersicht, und klicken Sie in der Zeile des Benutzers, dem Sie die Rolle zuweisen möchten, auf den Bearbeiten-Button (, siehe Abbildung 3.35).

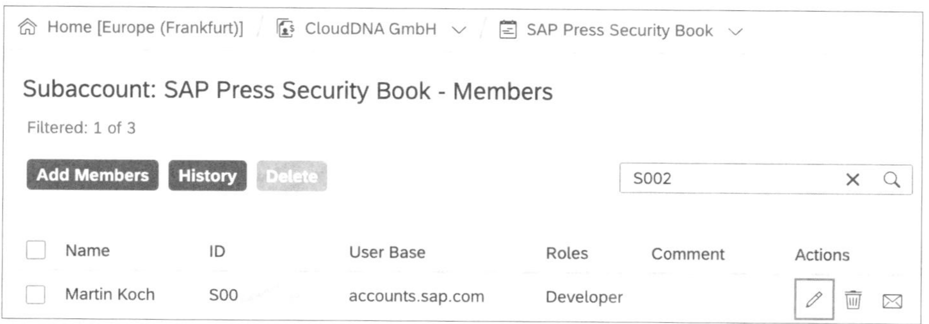

Abbildung 3.35 Benutzer bearbeiten

In der Bearbeitungsansicht des Benutzers werden alle verfügbaren Plattformrollen aufgelistet. Selektieren Sie die Rollen, die Sie dem Benutzer zuordnen möchten, z. B. die eben angelegte kundeneigene Rolle **SAP Security Role** (siehe Abbildung 3.36).

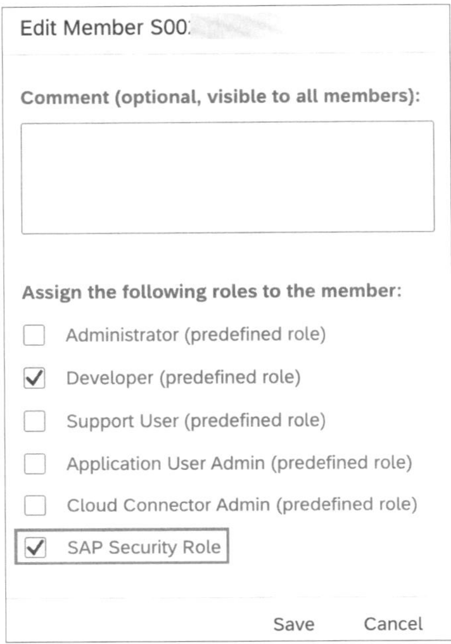

Abbildung 3.36 Rollenzuordnung durchführen

Es gibt keine Möglichkeit der Massenbearbeitung, d. h., Sie müssen die Rollen jedem Benutzer einzeln zuweisen. Es wird auch keine Möglichkeit angeboten, alle einer Rolle zugeordneten Benutzer zu ermitteln.

Vergabe von Plattformrollen

Welche Benutzer welche Plattformrollen erhalten sollten, ist vom Anwendungsfall abhängig. Entwickler*innen und Administrator*innen sind hier vergleichsweise einfach einzuordnen. Auf einem produktiven Subaccount wird die Rolle **Cloud Connector Admin** eher einem Mitglied des SAP-Basisteams zugeordnet werden, in einem Entwicklungs-Subaccount kann diese Rolle auch an Entwickler*innen vergeben werden.

Applikationsrollen

Applikationsrollen werden durch die Services der SAP BTP bereitgestellt. Sie dienen der Vergabe von Berechtigungen auf Ebene der Applikationen und haben keine Auswirkung auf administrative Tätigkeiten im Subaccount der SAP BTP.

[«]

Services, Subskriptionen und Applikationen

Im Kontext der SAP BTP wird häufig von *Applikationen* und *Subskriptionen* gesprochen. Der Unterschied ist einfach zu erklären. Eine Subskription läuft in einem anderen Subaccount, dem sogenannten *Provider Account*, und wurde so entwickelt, dass Sie von verschiedenen Subaccounts unterschiedlicher Benutzer, sogenannten *Consumer Accounts*, verwendet werden kann. Es handelt sich bei einer Subskription um eine mandantenfähige Applikation, die dafür sorgt, dass die Daten der einzelnen Konsumenten strikt getrennt und voneinander isoliert werden. Eine Subskription kann auf einer Java-Applikation oder auf einer HTML5-Applikation basieren.

Im Unterschied zu einer Subskription wird ein *Service* in Form einer Applikation direkt im Subaccount des Kunden bereitgestellt. Vereinfacht können Sie sich vorstellen, dass SAP beim Aktivieren eines Service die dahinterliegende Applikation in Ihrem Subaccount installiert.

Rollenverwaltung auf Subskriptionsebene

Sie können in die Verwaltung der Subskriptionen abspringen, indem Sie im Menübereich **Applications** auf den Eintrag **Subscriptions** klicken (siehe Abbildung 3.37).

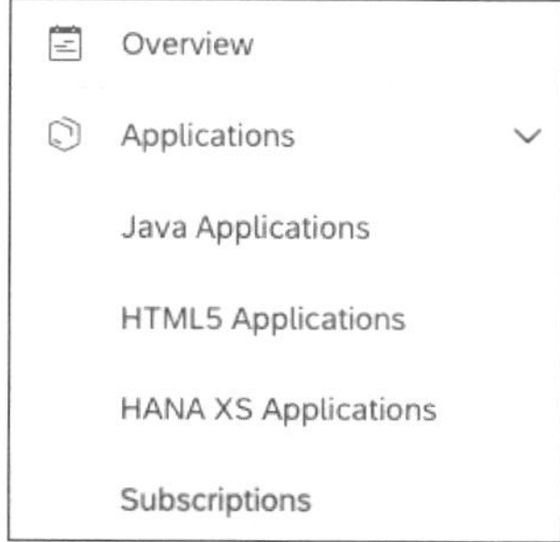

Abbildung 3.37 Menü für Subskriptionen

Details einer Applikation

In der Übersicht der Subskriptionen werden die Java-Applikationen und die HTML-Applikationen getrennt voneinander dargestellt. Für jede Applikation wird ein technischer Name angezeigt (siehe Abbildung 3.38). Klicken Sie in der Spalte **Application** auf den Namen einer Applikation, um in deren Details abzuspringen.

In den Details einer Applikation finden Sie eine Übersicht der Applikationsmetadaten. Darüber hinaus ist an dieser Stelle die Pflege von Destinationen und Rollen möglich.

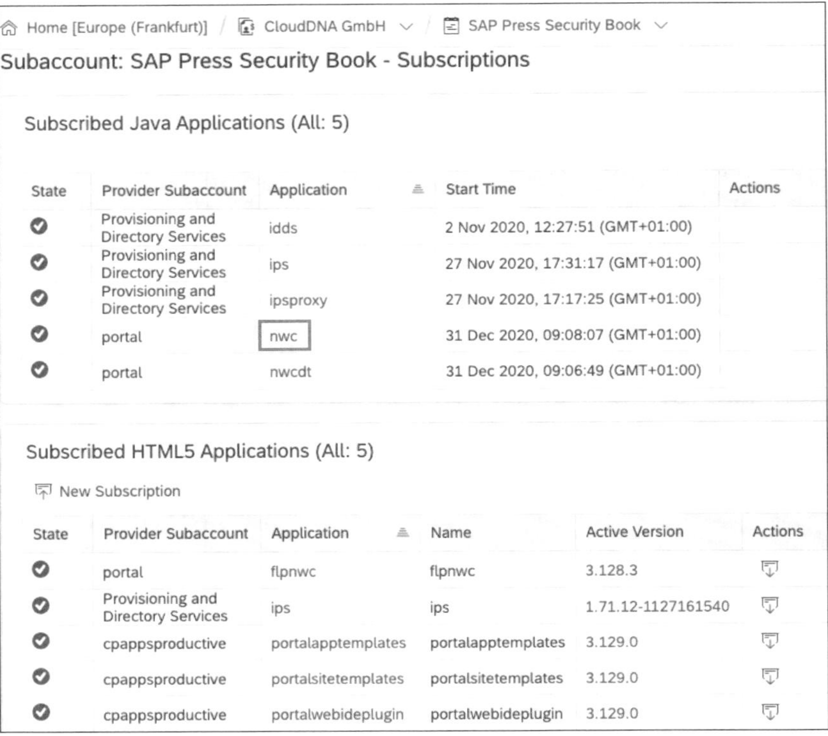

Abbildung 3.38 Übersicht der Subskriptionen

Applikationsrollenverwaltung

Wählen Sie den Menüeintrag **Roles**, um in die Rollenverwaltung der Applikation abzuspringen (siehe Abbildung 3.39).

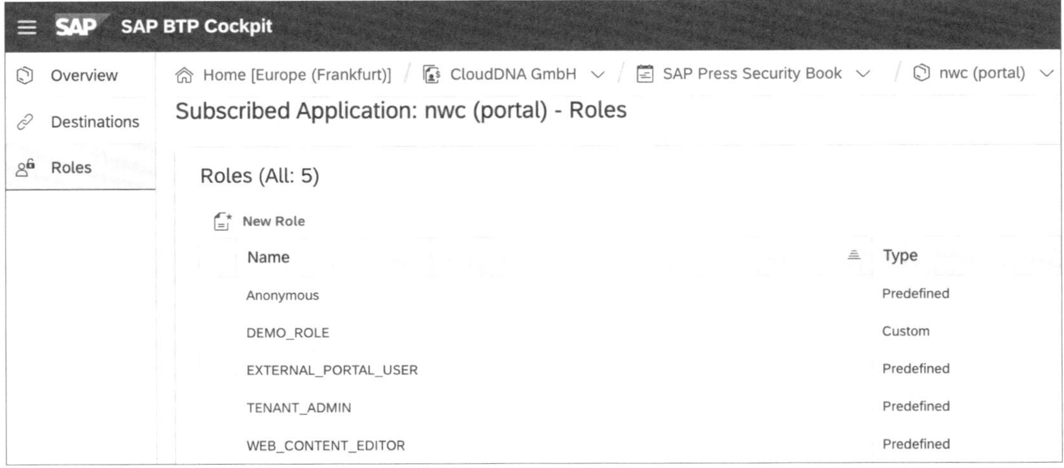

Abbildung 3.39 Menü in der Detailsicht einer Applikation

Als Beispiel verwalten wir im Folgenden die Rollen für den SAP Cloud Portal Service (die Java-Applikation nwc). Bei der Aktivierung dieses Service ist nicht offensichtlich, ob es sich um einen Service oder eine Subskription handelt. Diese Information können Sie der Dokumentation entnehmen. Der SAP Cloud Portal Service wird in Form einer Subskription ausgeliefert. Er stellt vier vordefinierte Rollen bereit.

[«]

Kundeneigene Applikationsrollen

Theoretisch könnten Sie auch auf dieser Ebene kundeneigene Rollen anlegen, was auf den ersten Blick nicht unbedingt sinnvoll ist, da die Berechtigungen in der Applikation geprüft werden müssen und dies nur für vordefinierte Rollen geschieht. Wenn Sie den SAP Cloud Portal Service näher betrachten, werden Sie jedoch feststellen, dass kundenindividuelle Rollen auch für Subskriptionen sehr hilfreich sind.

Benutzer zuordnen

Sie können einer Rolle entweder einzelne Benutzer oder alternativ Benutzergruppen zuordnen. Klicken Sie in der Rollenübersicht über der Tabelle **Individual Users** auf den Button **Assign**, um die Zuordnung eines einzelnen Benutzers zu starten (siehe Abbildung 3.40).

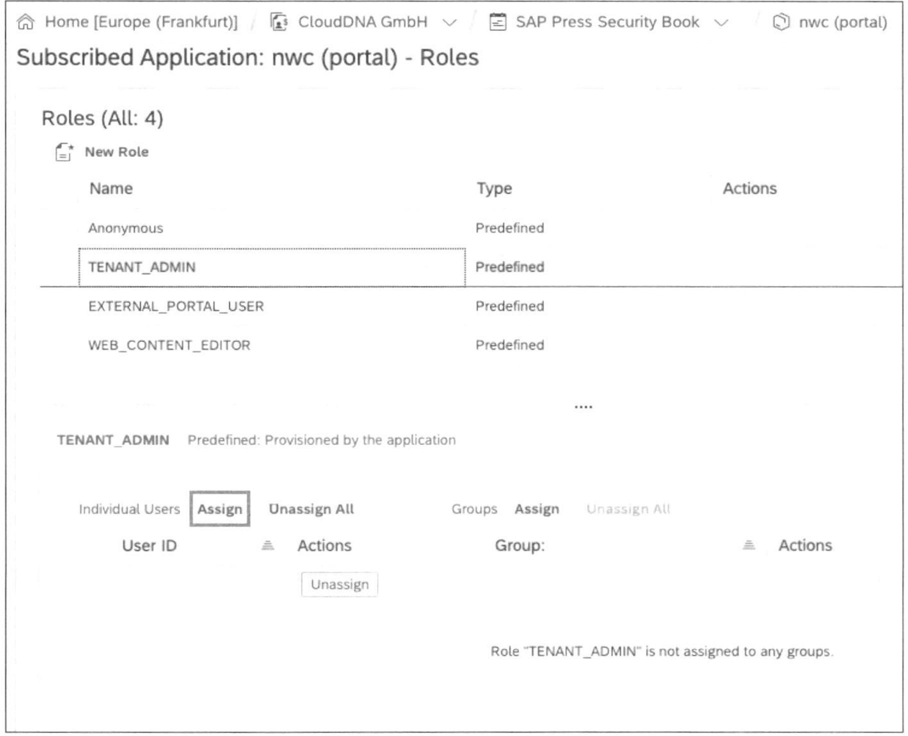

Abbildung 3.40 Übersicht der Rollen auf Applikationsebene

Im sich öffnenden Pop-up-Fenster müssen Sie die Benutzer-ID manuell pflegen (siehe Abbildung 3.41). Es wird keine Werte- oder Suchhilfe angeboten und auch nicht geprüft, ob der Benutzer mit dieser ID tatsächlich existiert. Da es sich um Applikationsrollen handelt, haben Sie auch die Möglichkeit, Benutzer zuzuordnen, die nicht in der Benutzerübersicht im Subaccount gelistet sind. Nachdem Sie die Benutzer-ID eingetragen haben, bestätigen Sie die Zuordnung mit **Assign**.

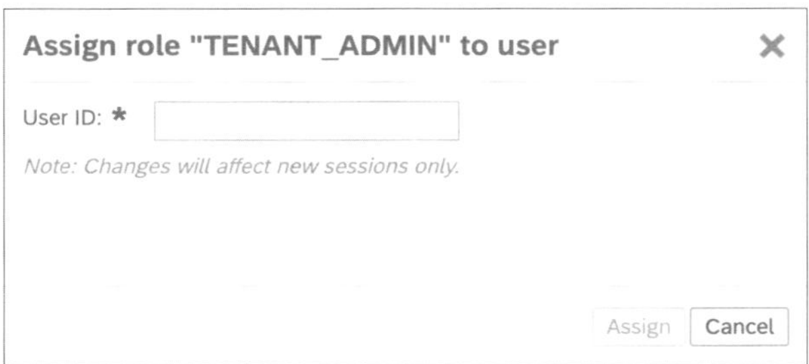

Abbildung 3.41 Benutzerzuordnung zu einer Applikationsrolle

[+]

Benutzergruppen verwenden

Wir raten generell davon ab, Benutzer auf diese Weise direkt Anwendungsrollen zuzuordnen. Dies kann bei einer großen Anzahl an Benutzern einen hohen Aufwand sowohl für die initiale Einrichtung der Applikation als auch im laufenden Betrieb verursachen. Stattdessen empfehlen wir die Verwendung von Benutzergruppen, auf die wir in Abschnitt 3.4.2, »Benutzergruppen anlegen und verwalten«, eingehen.

Rollenverwaltung auf Serviceebene

Für die Konsumenten eines Service gibt es keine großen Unterschiede im Vergleich zur Rollenverwaltung auf Subskriptionsebene. Für SAP als Betreiber der SAP BTP gibt es jedoch einen signifikanten Unterschied: Subskriptionen müssen nur im Provider Account aktualisiert werden, d. h., Updates werden an einer zentralen Stelle eingespielt. Bei einem Service müssen Updates dagegen in alle Subaccounts der Kunden eingespielt werden.

Um in die Rollenpflege eines Service abzuspringen, wählen Sie im Menübereich **Applications** den Eintrag **Services** aus (siehe Abbildung 3.42). Wir zeigen Ihnen die Rollenverwaltung auf dieser Ebene im Folgenden am Beispiel des Service SAP Workflow Management. Diesen haben wir vorab bereits aktiviert. Klicken Sie auf die Kachel **Workflow**, um in die Serviceübersicht abzuspringen. Falls diese Kachel in Ihrem Subaccount nicht sichtbar ist, sollten Sie prüfen, ob Sie den Service lizenziert und auf Ebene des Global Accounts Ihrem Subaccount zugeordnet haben.

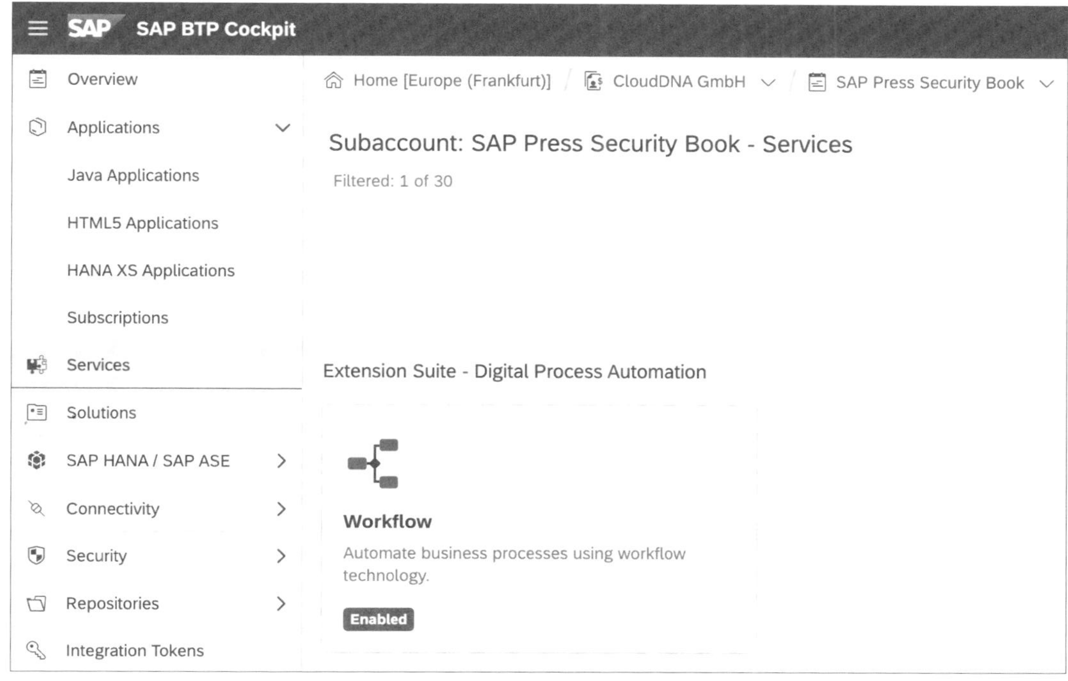

Abbildung 3.42 Serviceübersicht auf Ebene des Subaccounts

Auf der Übersichtsseite des Workflow-Service sehen Sie den Bereich **Take Action** (siehe Abbildung 3.43). Klicken Sie dort auf den Link **Configure Service**, um in die Konfiguration abzuspringen. Grundsätzlich ist dieser Bereich bei allen Services ähnlich aufgebaut, und Sie finden immer einen Absprung zur Servicekonfiguration.

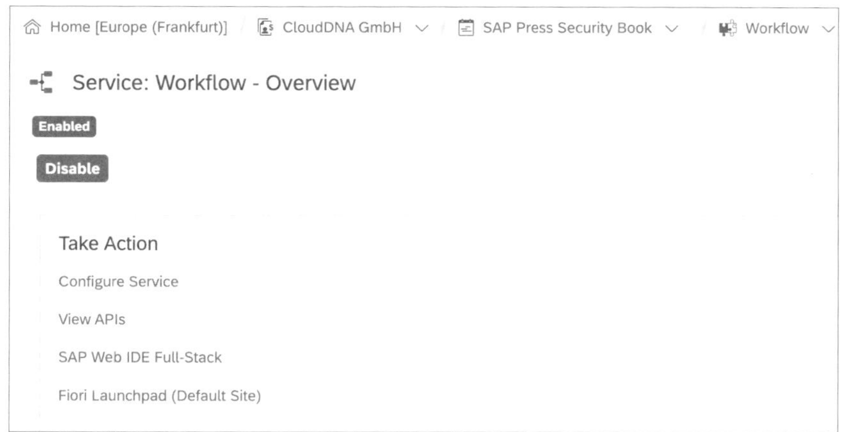

Abbildung 3.43 Aktionen für einen Service – Absprung zur Konfiguration

Wählen Sie in der Servicekonfiguration den Menüeintrag **Roles**, um in die Rollenpflege des Service zu navigieren.

Benutzer zuordnen

Wie bei den Subskriptionen können Sie auch hier einer Rolle entweder individuelle Benutzer oder Gruppen zuordnen. Selektieren Sie dazu zuerst die gewünschte Rolle, und klicken Sie anschließend im Bereich **Individual Users** auf den Button **Assign** (siehe Abbildung 3.44). Danach müssen Sie die Benutzer-ID des Benutzers eingeben. Es besteht keine Möglichkeit der Massenzuordnung, d. h., Sie müssen jeden Benutzer einzeln zuweisen. Daher empfehlen wir auch hier die Anlage von Benutzergruppen. Auch hier haben Sie außerdem die Möglichkeit, kundenindividuelle Rollen anzulegen.

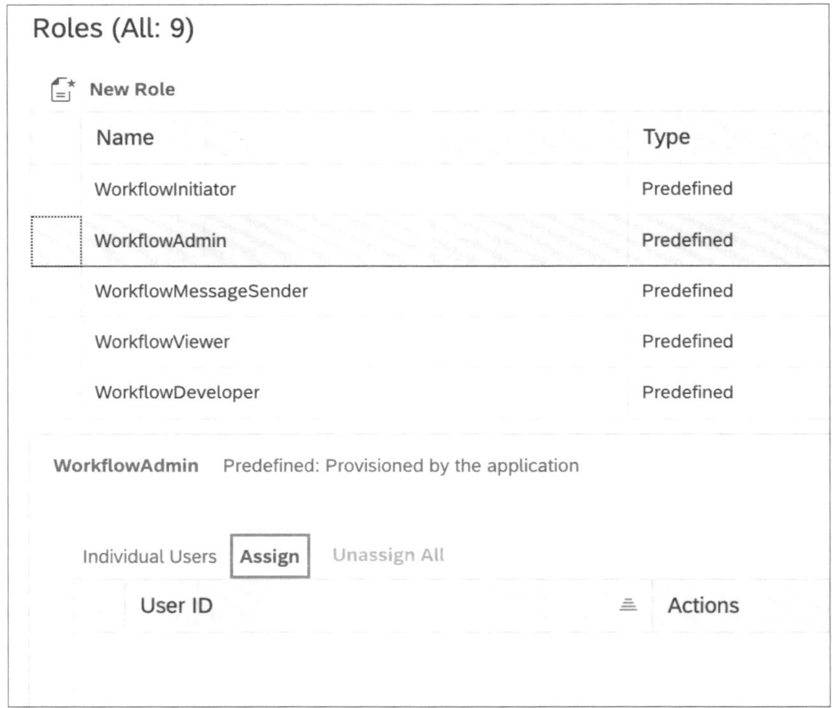

Abbildung 3.44 Applikationsrolle Benutzerzuordnung

Zuordnung über das Authorization Management

Für Applikationsrollen besteht auf Ebene der Subaccounts außerdem die Möglichkeit, einem Benutzer eine Rolle über die Berechtigungsverwaltung (das *Authorization Management*) zuzuordnen. Für Plattformrollen besteht diese Option nicht. Bis jetzt haben Sie nur den umgekehrten Weg kennengelernt, bei dem einer Rolle ein Benutzer zugeordnet wird. Die Berechtigungsverwaltung rufen Sie über den Menüpfad **Security • Authorizations** auf (siehe Abbildung 3.45).

Abbildung 3.45 Absprung zum Authorization Management im Menü

Hier können Sie nach Benutzern suchen. Geben Sie dazu im Eingabefeld **User** eine Benutzer-ID ein, und klicken Sie anschließend auf den Button **Show Assignments** (siehe Abbildung 3.46). Sie sehen nun eine Liste aller Rollen, die diesem Benutzer zugeordnet sind. Klicken Sie auf den Button **Assign**, um dem Benutzer eine neue Rolle zuzuordnen.

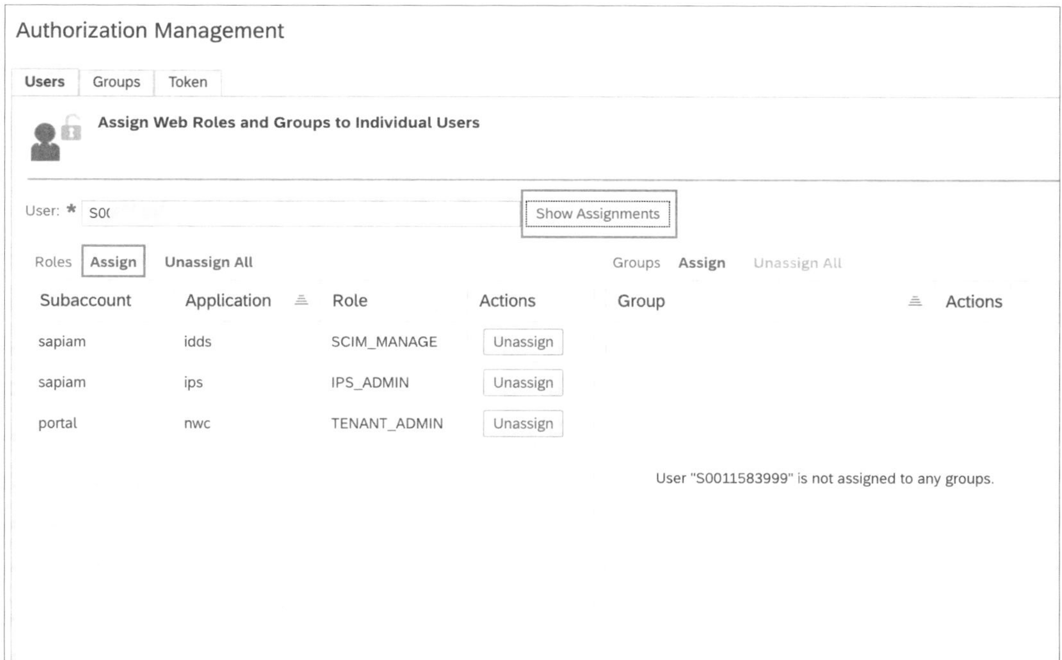

Abbildung 3.46 Zugeordnete Rollen im Authorization Management

Die Rollenzordnung erfolgt auf drei Ebenen. Sie müssen zuerst den Subaccount auswählen. Danach müssen Sie auf zweiter Ebenen die Applikation angeben, gefolgt von der Rolle auf dritter Ebene. Speichern Sie die Zuordnung über den Button **Save**. In Abbildung 3.47 haben wir dem Benutzer im

Subaccount bpm die Rolle WorkflowDeveloper für die Applikation bpmworkflowruntime zugeordnet.

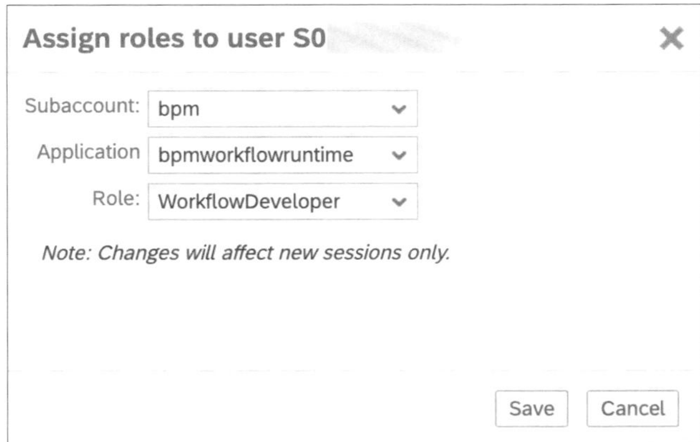

Abbildung 3.47 Rollenzuordnung im Authorization Management

An dieser Stelle stellen wir fest, dass der Workflow-Service auch als Subskription bereitgestellt wird, auch wenn dieser weder in der Übersicht der Java-Applikationen noch in den HTML5-Applikationen sichtbar ist. Services laufen grundsätzlich im selben Subaccount. Da der Workflow-Service im Subaccount bpm bereitgestellt wird, muss es sich um eine Subskription handeln.

Rollenzuordnung löschen

Nachdem Sie die Rollenzuordnung abgeschlossen haben, ist die neue Rolle in der Rollenübersicht des Benutzers sichtbar (siehe Abbildung 3.48). Möchten Sie die Zuordnung wieder aufheben, klicken Sie auf den Button **Unassign** neben der gewünschten Rolle.

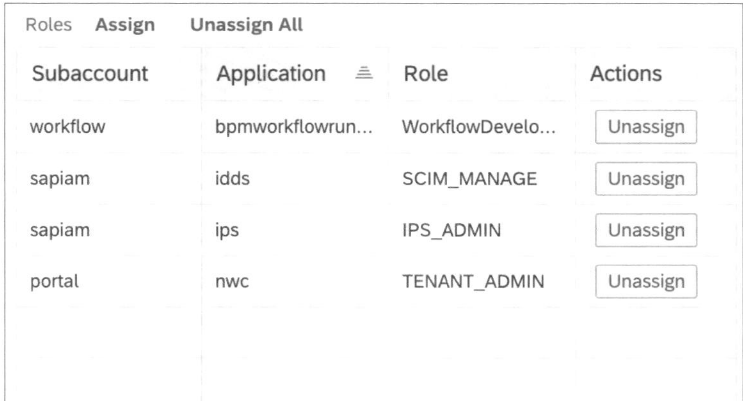

Abbildung 3.48 Rollenzuordnung löschen

Das Löschen der Rollenzuordnung muss in einem Dialogfenster bestätigt werden.

[«]

Berechtigungskonzept für Cloud- und On-Premise-Systeme

Achten Sie darauf, dass die für die Cloud vergebenen Berechtigungen und Ihr lokales Berechtigungskonzept zusammenpassen. Jemand, der in der Cloud Benutzer pflegen darf, sollte das beispielsweise auch auf den On-Premise-Systemen tun dürfen und umgekehrt.

3.4.2 Benutzergruppen anlegen und verwalten

Gruppen

Mit Benutzergruppen (*Groups*) können Sie die Rollenzuweisungen vereinfachen. Sie ordnen die Rollen nicht einzelnen Benutzern zu, sondern einer Gruppe. Der Gruppe ordnen Sie dann die einzelnen Benutzer zu. Damit können Zuweisungen und Änderungen von Berechtigungen an einer zentralen Stelle durchgeführt werden.

Gruppen bieten auch in Kombination mit applikationsspezifischen Identity Providern einen Vorteil: Sie haben die Möglichkeit, Gruppen in Mapping-Regeln zu verwenden und können damit auf Basis der Attribute, die in der SAML Assertion mitgeliefert werden, Gruppen dynamisch zur Laufzeit zuordnen. Wir zeigen Ihnen dieses Vorgehen anhand eines Beispiels in Abschnitt 3.6.2, »Authentifizierung von Benutzern der SAP Web IDE mittels Microsoft Azure Active Directory«.

Gruppe anlegen

Um eine neue Gruppe anzulegen, gehen Sie wie folgt vor:

1. Navigieren Sie über den Pfad **Security • Authorizations** in die Berechtigungsverwaltung.
2. Öffnen Sie die Registerkarte **Groups**, und klicken Sie auf den Button **New Group** (siehe Abbildung 3.49).

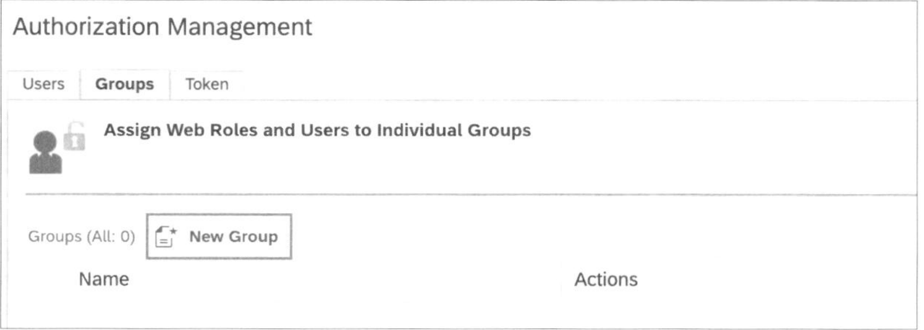

Abbildung 3.49 Neue Gruppe anlegen

3. Vergeben Sie einen Namen für die Gruppe (siehe Abbildung 3.50). Sie sollten einen sprechenden Namen verwenden und darauf achten, dass der Name eindeutig ist. Die Gruppen werden ausschließlich im jeweiligen Subaccount angelegt.

Abbildung 3.50 Gruppennamen pflegen

4. Speichern Sie die Gruppe über den Button **Save**.

Gruppenübersicht

Nachdem die Gruppe angelegt wurde, ist sie in der Gruppenübersicht sichtbar. Hier können Sie der Gruppe Rollen oder einzelne Benutzer zuordnen. Klicken Sie dazu auf den **Assign**-Button über der Tabelle **Roles** oder **Individal Users** (siehe Abbildung 3.51).

Abbildung 3.51 Rollen und Benutzer zuordnen

Rollen zuordnen

Die Zuordnung der Rollen wird in Abbildung 3.52 dargestellt. Den Dialog kennen Sie bereits aus Abschnitt 3.4.1, »Rollen anlegen und verwalten«. Auch hier wählen Sie einen Subaccount, eine Applikation und eine Rolle aus, die Sie der Gruppe zuweisen, und speichern Ihre Auswahl über den Button **Save**.

Assign roles for group SAP_Security_Buch

Note: Changes will affect new sessions only.

Subaccount bpm

Application bpmworkflowruntime

Role WorkflowDeveloper

Save Cancel

Abbildung 3.52 Rolle einer Gruppe zuordnen

Benutzer zuordnen

Die Zuordnung eines Benutzers zu einer Gruppe wird in Abbildung 3.53 dargestellt. Der Dialog ist identisch mit dem Dialog zur Zuordnung eines Benutzers zu einer Applikationsrolle. Auch hier geben Sie wieder die Benutzer-ID an und klicken auf **Save**.

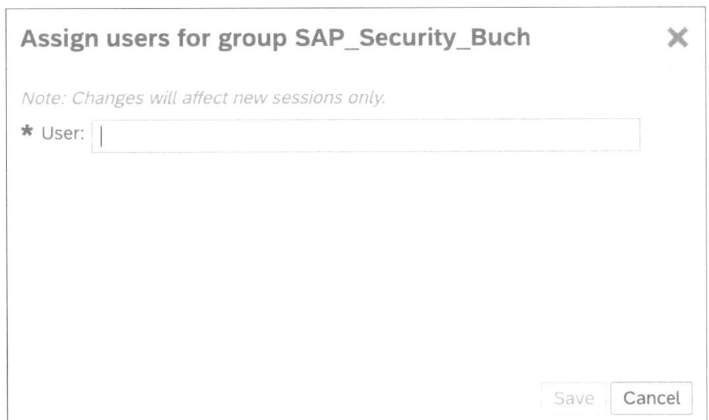

Abbildung 3.53 Benutzer einer Gruppe zuordnen

Zuordnung löschen

Nachdem Sie einer Gruppe die gewünschten Benutzer und Rollen zugeordnet haben, sind diese in der Gruppenübersicht in den Tabellen **Roles** und **Individual Users** sichtbar (siehe Abbildung 3.54). Wählen Sie die Gruppe dazu im oberen Bereich der Gruppenübersicht aus. Die Zuordnung einer Rolle oder eines Benutzers können Sie bei Bedarf wieder löschen, indem Sie in der entsprechenden Zeile auf den Button **Unassign** klicken.

Abbildung 3.54 Ergebnis der Rollen und Benutzerzuordnung

Die Gruppenzuordnung ist auch auf Ebene des Service sichtbar. Nachdem wir der Gruppe `SAP_Security_Buch` die Rolle `WorkflowDeveloper` für den Workflow-Service zugeordnet haben, sehen Sie die Rolle in der Rollenübersicht des Workflow-Service in der Tabelle **Groups** (siehe Abbildung 3.55). Die Benutzerzuordnung zur Gruppe ist an dieser Stelle nicht sichtbar.

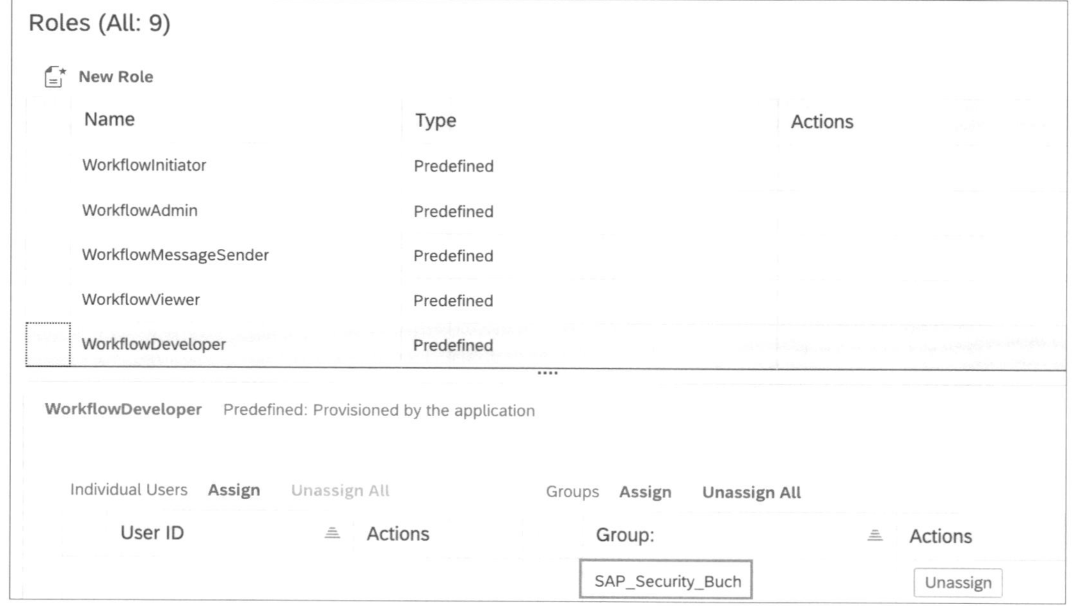

Abbildung 3.55 Gruppenzuordnung im Service überprüfen

3.5 Checkliste zu Sicherheit und Berechtigungen in der Neo-Umgebung

In Tabelle 3.2 finden Sie die Checkliste für die Berechtigungs- und Berechtigungsverwaltung in der Neo-Umgebung.

Erledigt	Aufgabe
	Sie haben die unterschiedlichen Rechenzentren der Cloud-Foundry- und der Neo-Umgebung im Blick und haben sich am besten die genutzten Server an zentraler Stelle notiert.
	Es wurde festgelegt, welche Authentifizierungsmethode genutzt werden soll. Für Anwendungen, die in Subaccounts der Neo-Umgebung laufen, kann eine spezifische Authentifizierung eingerichtet werden. Das ist vor allem dann sinnvoll, wenn diese Anwendungen für einen eigenen Personenkreis freigegeben werden, der z. B. auch extern verwaltete Identitäten umfasst.
	Sie haben Ihre Subaccounts von anderen Subaccounts abgegrenzt. Das hat speziell bei der Anbindung von On-Premise-Systemen über den Cloud Connector (siehe Kapitel 5) große Bedeutung, weil Sie in diesem Fall die Berechtigungen für die angebundenen Entwicklungssysteme nur auf dem Entwicklungs-Subaccount einrichten können.
	Sie haben festgelegt, wo der Einsatz von Identity Providern dokumentiert wird und wie viele Identity Provider Sie einsetzen wollen.
	Es wurde sichergestellt, dass nur ein eingeschränkter Benutzerkreis Änderungen an der produktiven Konfiguration der Identity Provider vornehmen kann.
	Das Cloud-Sicherheitskonzept ist mit dem lokalen Sicherheitskonzept abgestimmt und stimmig. Beachten Sie insbesondere, welche (alle?) Benutzer Ihres Unternehmens sich an den Cloud-Anwendungen anmelden könnten.
	Sie haben sichergestellt, dass sich die Plattformrollen anwendungsfallweise mit den Benutzerrollen in anderen Systemen decken. Die Benutzerrollen sollten aufeinander abgestimmt sein.

Tabelle 3.2 Checkliste zu Sicherheit und Berechtigungen in der Neo-Umgebung

3.6 Beispiele für die Benutzer- und Berechtigungsverwaltung aus der Praxis

Wir zeigen Ihnen in diesem Abschnitt anhand von zwei konkreten Anwendungsfällen aus der Praxis, wie Sie gängige Aufgaben im Bereich der Benutzer- und Berechtigungsverwaltung der Neo-Umgebung der SAP BTP lösen können. Im ersten Beispiel zeigen wir Ihnen, wie Sie eine Zwei-Faktor-Authentifizierung für Administrationsbenutzer im Identity Authentication Service einrichten. Dieser Service fungiert in diesem Fall als Plattform-Identity-Provider. Im zweiten Beispiel zeigen wir Ihnen, wie Sie das Microsoft Azure Active Directory als Anwendungs-Identity-Provider einrichten können. Aus einem Attribut im Benutzerstamm des Active Directorys leiten wir dabei eine Rolle in der SAP BTP ab, die für den Zugriff auf die SAP Web IDE berechtigt.

3.6.1 Zwei-Faktor-Authentifizierung von Subaccount-Admins unter Verwendung des Plattform-Identity-Providers

Das in diesem Abschnitt beschriebene Szenario ist uns in diversen Projekten begegnet. Daher haben wir uns entschieden, Ihnen die Konfiguration Schritt für Schritt zu zeigen. Eine typische Anforderung in Unternehmen ist es, für bestimmte Benutzergruppen, wie beispielsweise Administrator*innen, eine Zwei- oder Mehr-Faktor-Authentifizierung umzusetzen. Das liegt in vielen Fällen daran, dass diese Benutzergruppen auf die Konfiguration kritischer Infrastrukturkomponenten zugreifen können. Dies gilt nicht nur in der On-Premise-Welt, sondern auch in der Cloud und somit in der SAP BTP.

Mit dem SAP ID Service in der Rolle des Plattform-Identity-Providers lässt sich diese Anforderung nicht lösen. Es ist erforderlich, den Identity Authentication Service als Plattform-Identity-Provider zu verwenden. Dessen Konfiguration haben wir bereits in Abschnitt 2.4.1, »Identity Authentication«, beschrieben. An dieser Stelle zeigen wir Ihnen nun, welche Schritte erforderlich sind, um die Zwei-Faktor-Authentifizierung zu aktivieren.

Voraussetzung

Wir gehen davon aus, dass Sie den Identity Authentication Service bereits als Identity Provider eingerichtet haben. Dazu müssen Sie den SAP Platform Identity Provider Service aktivieren, der im Standard deaktiviert ist. Außerdem müssen Sie im Trust Management des Subaccounts den Identity Authentication Tenant als Plattform-Identity-Provider aktivieren.

Konfiguration in Identity Authentication

Wir starten mit der Konfiguration der Zwei-Faktor-Authentifizierung im Identity Authentication Service:

1. Navigieren Sie dazu im Subaccount in das Trust Management.

2. Öffnen Sie die Registerkarte **Platform Identity Provider**, und klicken Sie auf den Button **Administration Console**.
3. Melden Sie sich mit einem Administrationsbenutzer am Identity Authentication Service an, und navigieren Sie im Bereich **Applications & Resources** zu den Applikationen.
4. Suchen Sie anhand des technischen Namens des Subaccounts nach der passenden Applikation. Falls Sie wie in Abbildung 3.56 zwei Treffer erhalten, dann liegt das daran, dass der Service sowohl als Anwendungs- als auch als Plattform-Identity-Provider zum Einsatz kommt. Die Applikation, deren Namen sich aus **SAP Cloud Platform** und dem technischen Subaccount-Namen zusammensetzt, entspricht dem Plattform-Identity-Provider.

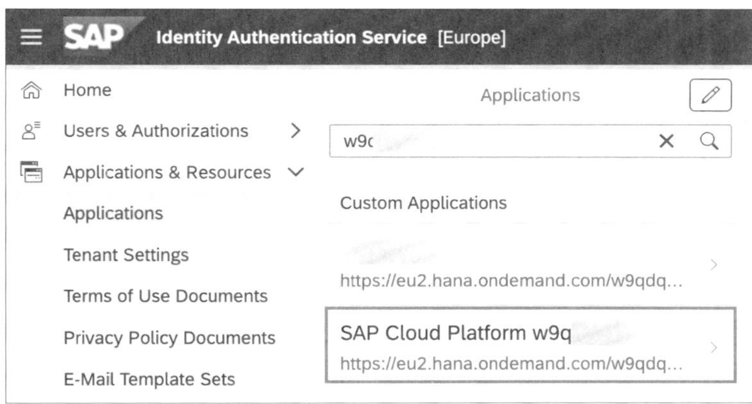

Abbildung 3.56 Applikationen für die Identity Provider des Subaccounts

5. Die Konfiguration des Anwendungs- und des Plattform-Identity-Providers werden unabhängig voneinander durchgeführt. Klicken Sie zuerst auf die Applikation des Plattform-Identity-Providers.
6. Wechseln Sie in den Applikationsdetails auf die Registerkarte **Authentication and Access**, und wählen Sie dort den Eintrag **Risk-Based Authentication** (siehe Abbildung 3.57).
7. Es kann beliebig viele Authentifizierungsregeln und eine Standardregel geben. Die Standardregel kommt zur Anwendung, wenn keine andere Regel zutrifft. In unserem Beispiel in Abbildung 3.58 ist für die Standardregel die Aktion **Allow** gesetzt, d. h. für alle Benutzer, auf die diese Regel zutrifft, gelten keine weiteren Einschränkungen bzw. ist keine zusätzliche Authentifizierung erforderlich.

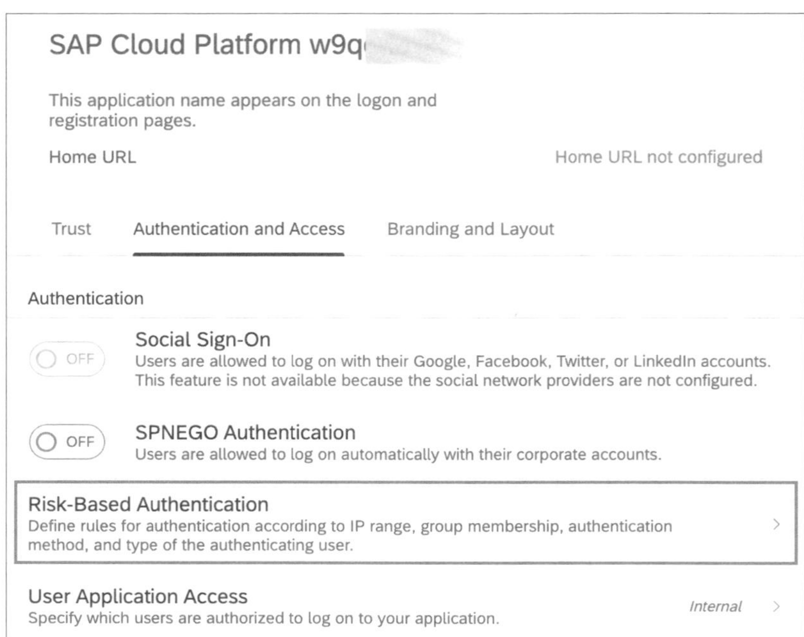

Abbildung 3.57 Einstellungen zur risikobasierten Authentifizierung aufrufen

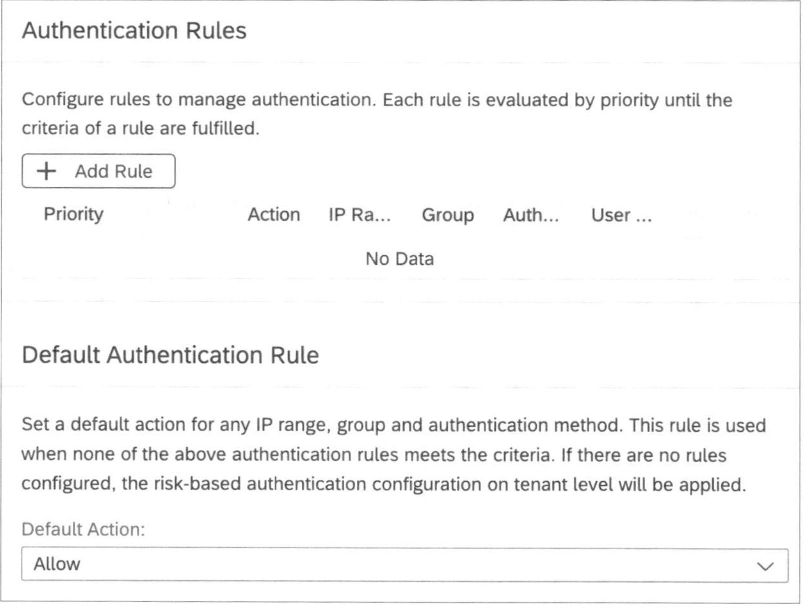

Abbildung 3.58 Authentifizierungsregeln anlegen

8. Klicken Sie auf den Button **Add Rule**, um eine neue Regel anzulegen.

9. Wählen Sie im Anlegedialog als Aktion **TOTP Two Factor Authentication** aus. Diese Regel soll in unserem Beispiel für alle Benutzer gelten, die der Identity Authentication einer bestimmten Benutzergruppe zugeordnet sind.
10. Wählen Sie die Option **Cloud Group**, und öffnen Sie die Wertehilfe im darunterliegenden Feld (siehe Abbildung 3.59).

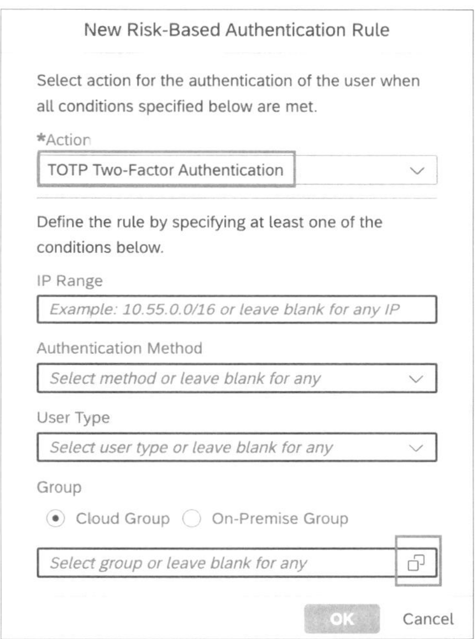

Abbildung 3.59 Konfiguration der risikobasierten Authentifizierung

11. Wählen Sie im sich öffnenden Dialog die Gruppe `Subaccount_Admin` aus (siehe Abbildung 3.60). Diese Benutzergruppe wurde in der Vorbereitung für diese Übung angelegt. Wie Sie Benutzergruppen anlegen, haben wir in Abschnitt 3.4.2, »Benutzergruppen anlegen und verwalten«, gezeigt.

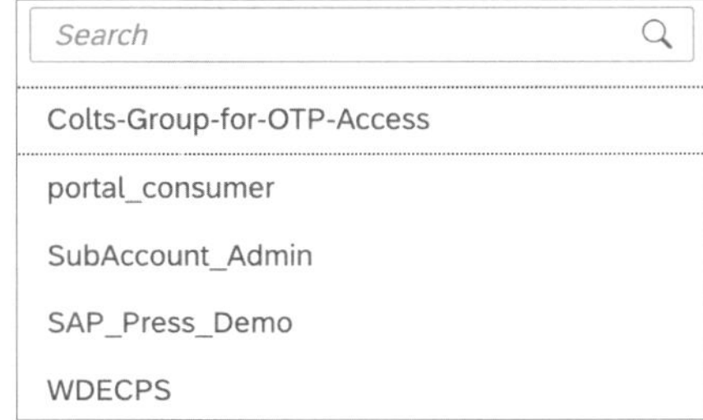

Abbildung 3.60 Benutzergruppe auswählen

12. Bestätigen Sie Ihre Einstellungen abschließend mit **OK**.

Hierarchie von Regeln

Die Authentifizierungsregel wird nun in die Regelübersicht aufgenommen. Sollten Sie mehrere Regeln definiert haben, können Sie mithilfe der Pfeil-Buttons in der Spalte **Priority** die Priorität der Regeln ändern. Die Regelfindung wird abgebrochen, sobald eine passende Regel gefunden wurde. Die Regeln werden von oben nach unten durchlaufen, d. h. die Regel, die in der Liste an erster Stelle steht, wir zuerst angewendet und jene an letzter Stelle als letzte.

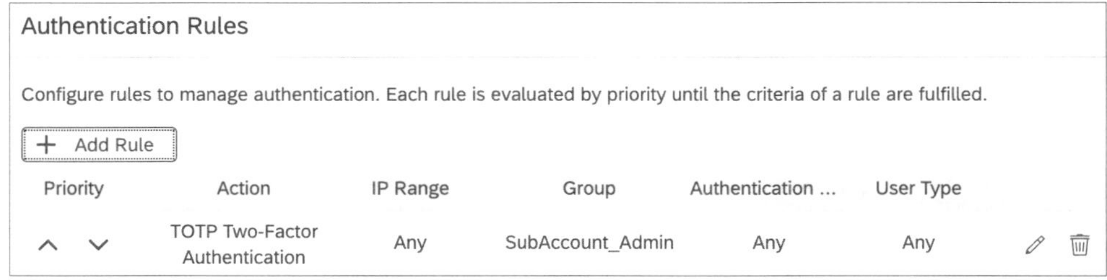

Abbildung 3.61 Authentifizierungsregeln

Weitere Authentifizierungsregeln

Die risikobasierte Authentifizierung bietet Ihnen sehr viel Flexibilität. Die hier gezeigte Konfiguration kann analog für den Anwendungs-Identity-Provider durchgeführt werden.

Benutzergruppe zuordnen

Damit Sie die Konfiguration testen können, ordnen Sie Ihrem Benutzer die Gruppe `Subaccount_Admin` zu. Navigieren Sie dazu in die Detailsicht des Benutzers, und klicken Sie auf der Registerkarte **User Groups** auf den Button **Assign Groups** (siehe Abbildung 3.62).

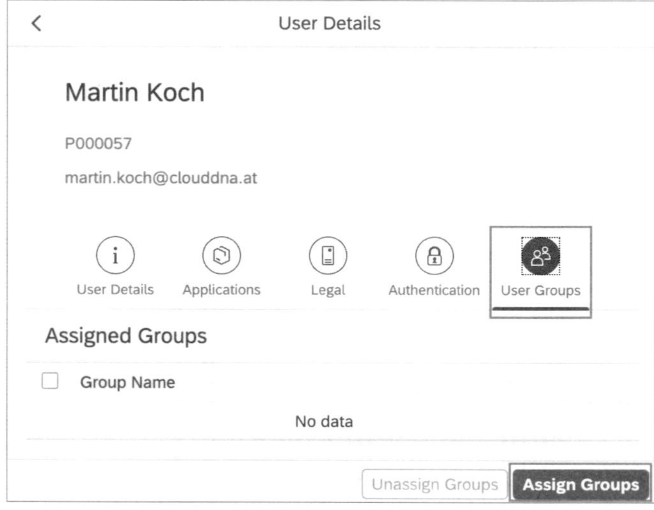

Abbildung 3.62 Benutzergruppe zuordnen

Wählen die in der Regel verwendete Benutzergruppe aus, und klicken Sie anschließend auf den **Save**-Button (siehe Abbildung 3.63).

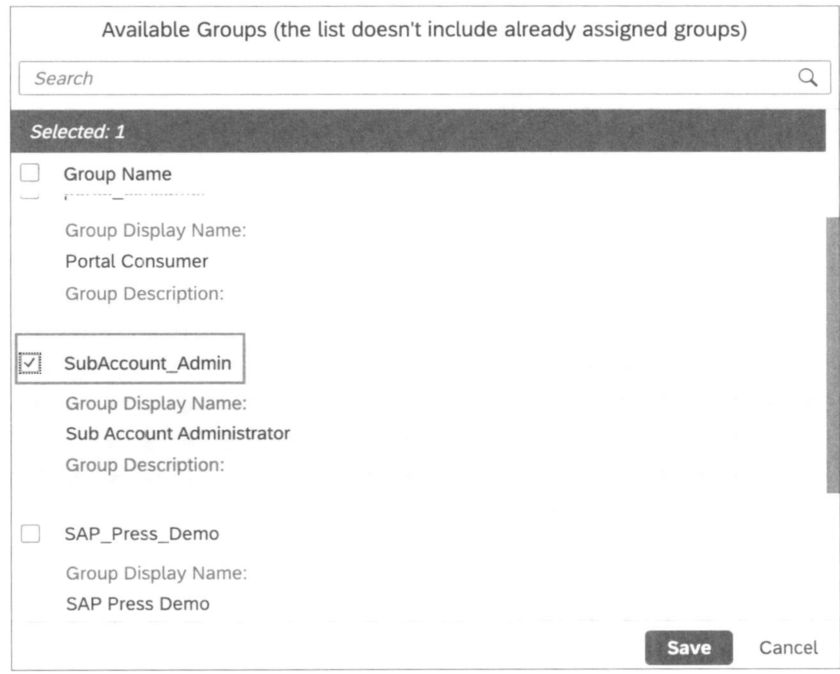

Abbildung 3.63 Benutzergruppe auswählen

Subaccount-Benutzer zuordnen

Ordnen Sie nun den Subaccount-Benutzer zu. Wechseln Sie dazu zurück in das SAP BTP Cockpit des Subaccounts. Navigieren Sie in die Mitgliederverwaltung, und nehmen Sie die Benutzer-IDs aus dem Identity Authentication Service in die Liste der Benutzer auf. Vergewissern Sie sich, dass Sie die korrekte Benutzerbasis ausgewählt haben (siehe Abbildung 3.64).

Doppelte Benutzerpflege im Identity Authentication Service und im Subaccount

Der Identity Authentication Service ist in der Rolle des SAML-Identity-Providers für die Authentifizierung der Benutzer zuständig. Er verwaltet zentral und Service-Provider-übergreifend alle Benutzer. Der Service Provider kann jedoch nicht auf diese Benutzerbasis zugreifen. Er erhält lediglich ein SAML-Ticket, in dem die Benutzeridentitäten sowie die Gruppenzugehörigkeiten im Identity Authentication Service als Informationen übergeben werden. Daher müssen die Benutzer im Service Provider, ebenso wie im Plattform-Identity-Provider, vorab angelegt werden, um ihnen entsprechende Plattformrollen zuweisen zu können.

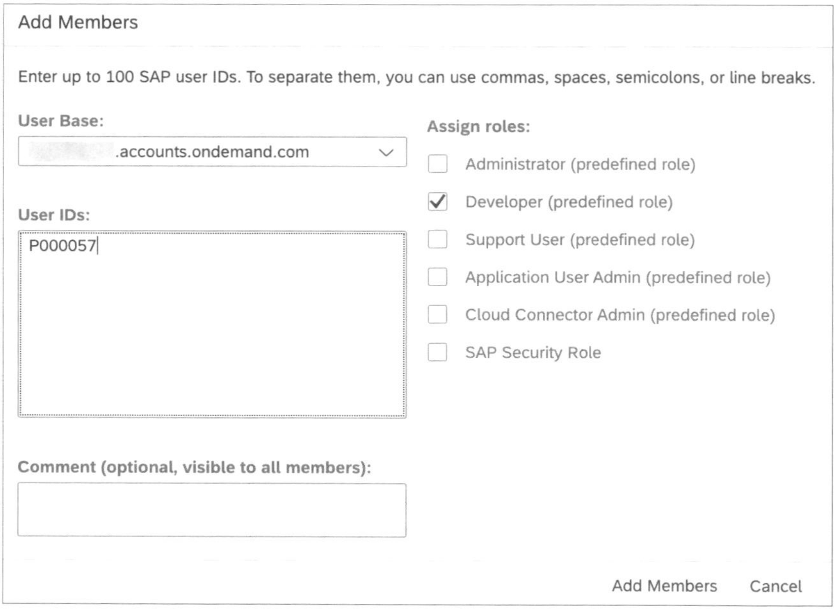

Abbildung 3.64 Benutzer dem Subaccount zuordnen

Test der Konfiguration

Im nächsten Schritt testen wir die Konfiguration der Zwei-Faktor-Authentifizierung. Klicken Sie dazu im Trust Management auf der Registerkarte **Platform Identity Provider** auf den Button **Cockpit**. Sie werden aufgefordert, sich mit einem Benutzer aus der Benutzerbasis des Identity Authentication Service zu authentifizieren (siehe Abbildung 3.65).

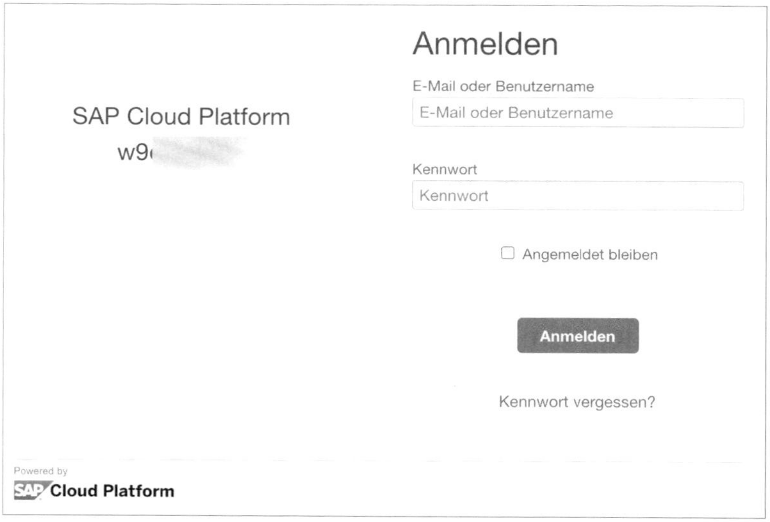

Abbildung 3.65 Anmeldung mit Identity-Authentication-Benutzer

Authenticator App

Nachdem der Benutzer erfolgreich authentifiziert wurde, leitet der Identity Authentication Service die Benutzerdaten zur Zwei-Faktor-Authentifizierung weiter. Wie von uns konfiguriert, wird dazu das TOTP-Verfahren angewendet, d. h., der*die Administrator*in, der*die sich anmelden möchte, muss den dargestellten QR-Code mit einer Authenticator-App auslesen und den angezeigten Sicherheitscode in der Anmeldemaske eingeben (siehe Abbildung 3.66). Für die Authentifizierung können unterschiedliche Apps verwendet werden. Wir haben uns für *Microsoft Authenticator* entschieden. Grundsätzlich würden hier auch SAP Authenticator oder andere Apps funktionieren.

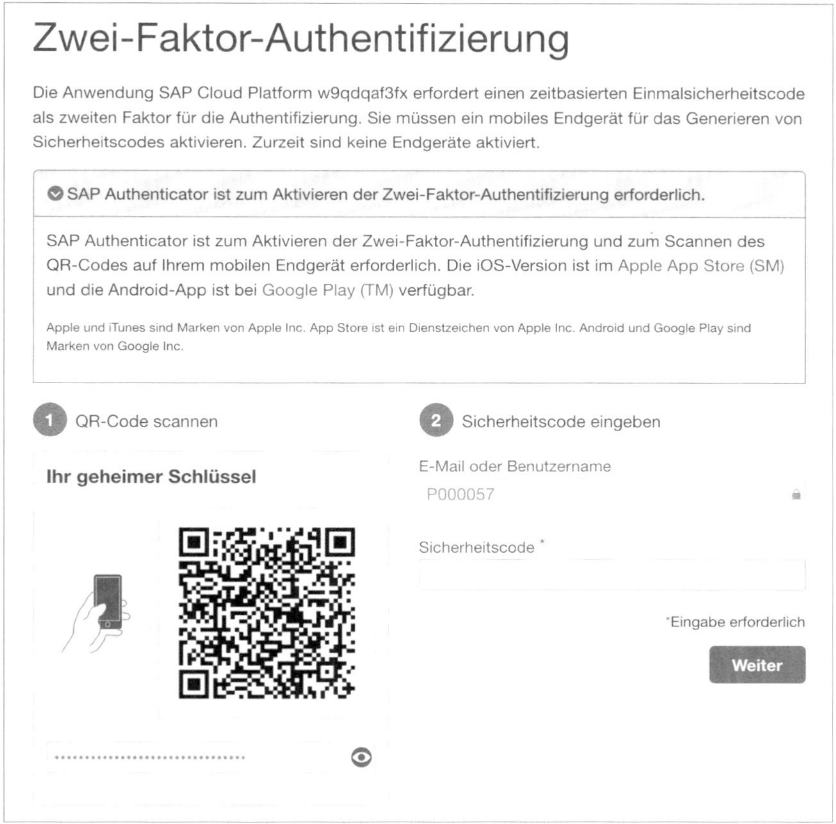

Abbildung 3.66 Zwei-Faktor-Authentifizierung

Nachdem der Sicherheitscode erfolgreich überprüft wurde, gelangt der*die Administrator*in zum Global Account. Von dort kann sie oder er in den Subaccount abspringen.

3.6.2 Authentifizierung von Benutzern der SAP Web IDE mittels Microsoft Azure Active Directory

Im nächsten Szenario sehen wir uns an, wie ein Identity Provider eines Drittanbieters direkt aus dem Subaccount heraus als Anwendungs-Identity-Provider verwendet werden kann. Mit Microsoft Azure Active Directory (Azure AD) in der Rolle des SAML-2.0-Identity-Providers verwenden wir ein in der Praxis häufig eingesetztes Werkzeug. Ziel unserer exemplarischen Konfiguration ist es, dass sich Entwickler*innen zur Nutzung der Entwicklungsumgebung SAP Web IDE gegen das Azure AD authentifizieren. Alternativ könnten Sie auch den Identity Authentication Service als Proxy zu dem Identity Provider des Drittanbieters verwenden.

SAP Web IDE aktivieren

Im ersten Schritt sollten Sie überprüfen, ob die SAP Web IDE in Ihrem Subaccount bereits aktiviert wurde. Navigieren Sie dazu im Subaccount in den Bereich **Services**, und suchen Sie nach »Web IDE«. Sollte auf deren Kachel nicht der Status **Enabled** angezeigt werden, wie in Abbildung 3.67 zu sehen, müssen Sie durch einen Klick auf die Kachel in die Details abspringen und den Service aktivieren.

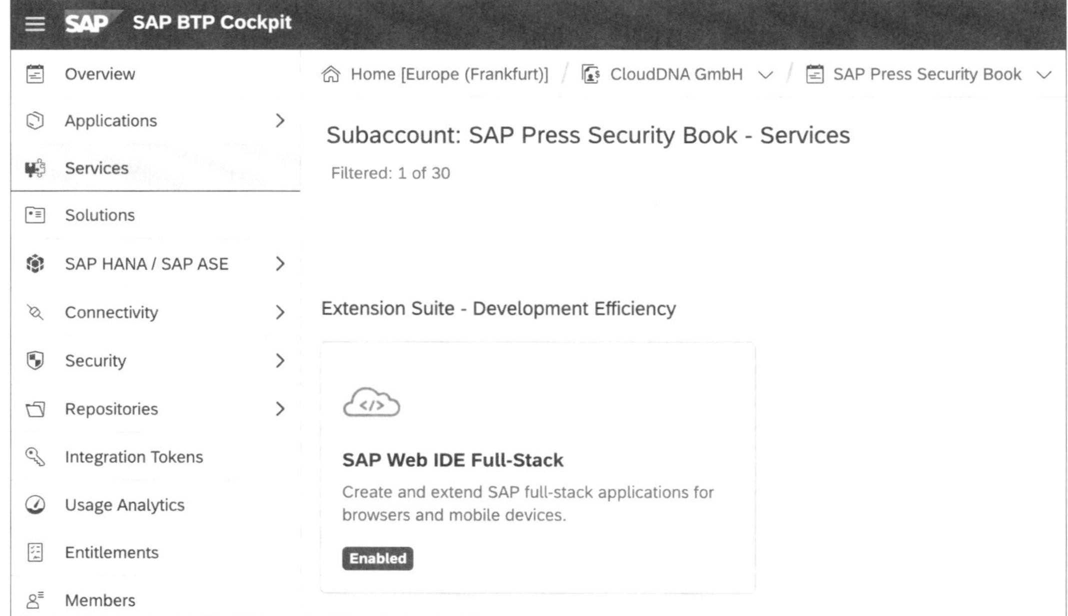

Abbildung 3.67 Aktivierungsstatus der SAP Web IDE prüfen

Metadaten herunterladen

Wie bereits erklärt, muss in SAML-2.0-Szenarien eine Vertrauensbeziehung zwischen dem Service Provider und dem Identity Provider hergestellt werden. Der Service Provider ist in unserem Fall der Subaccount der SAP BTP. Für die Herstellung der Vertrauensbeziehung ist der gegenseitige Import von Metadaten erforderlich:

1. Navigieren Sie im Subaccount im Menübereich **Security** in das Trust Management.
2. Prüfen Sie auf der Registerkarte **Local Service Provider**, ob der Konfigurationstyp **Custom** ausgewählt wurde und ob die **Principal Propagation** aktiviert wurde (**Enabled**).
3. Klicken Sie auf den Button **Get Metadata**, um den Download der Metadaten in Form einer XML-Datei zu starten (siehe Abbildung 3.68).

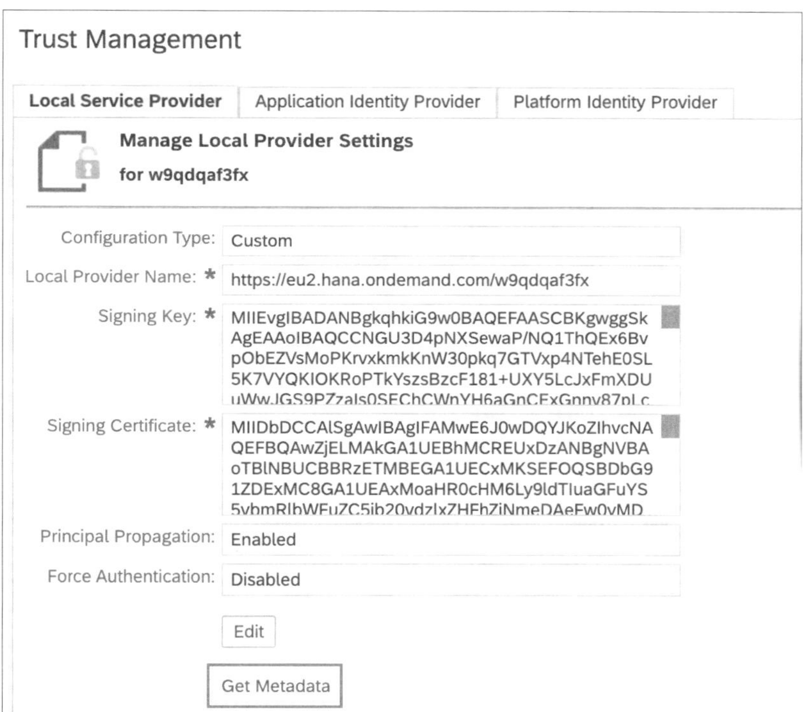

Abbildung 3.68 Metadaten für den Service Provider herunterladen

Konfiguration des Azure ADs

Nun können Sie das Azure AD konfigurieren:

1. Melden Sie sich auf der Seite *https://portal.azure.com* auf der Plattform Microsoft Azure an (siehe Abbildung 3.69). Sie können dieses Szenario auch mit einem Trial Account realisieren.
2. Wählen Sie im Bereich **Azure-Dienste** auf der Startseite das **Azure Active Directory** (siehe Abbildung 3.70).

Abbildung 3.69 Anmeldung an Microsoft Azure

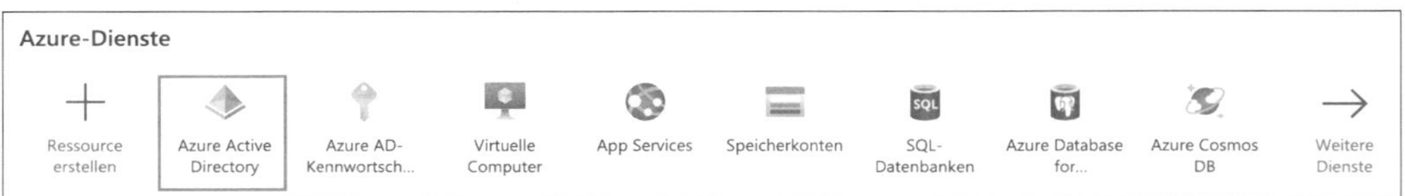

Abbildung 3.70 Azure Active Directory öffnen

3. Wählen Sie im Seitenmenü den Eintrag **Unternehmensanwendungen** (siehe Abbildung 3.71). Dort werden die Service Provider konfiguriert.

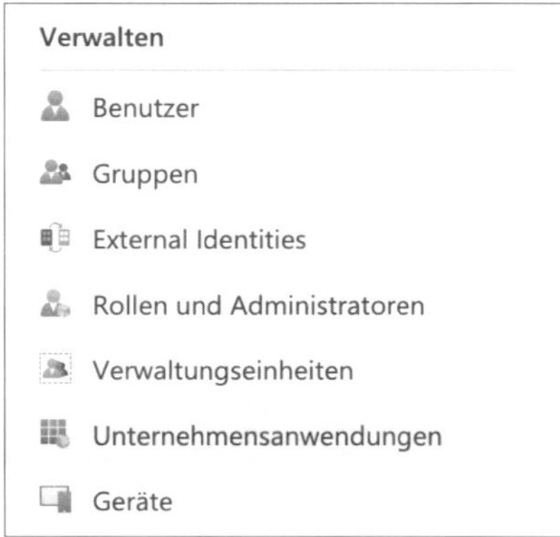

Abbildung 3.71 Absprung zu den Unternehmensanwendungen

4. Sie müssen nun eine neue Anwendung anlegen. Klicken Sie dazu auf den Button **+ Neue Anwendung** (siehe Abbildung 3.72).

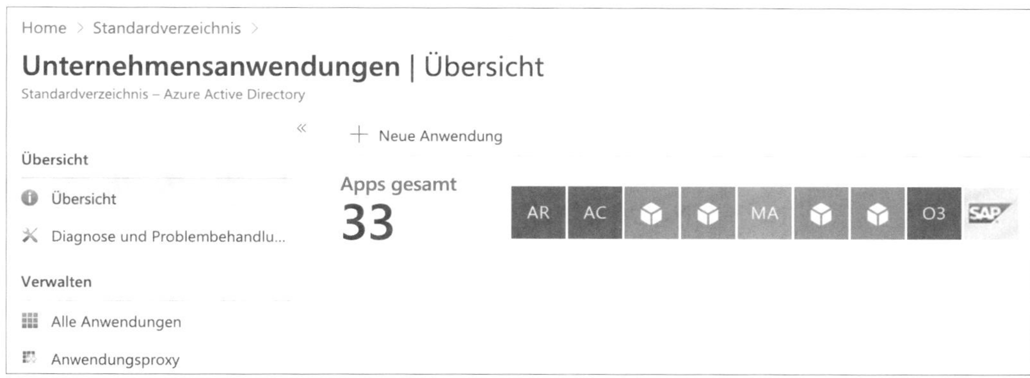

Abbildung 3.72 Neue Anwendung anlegen

5. Wie Sie in Abbildung 3.73 erkennen können, gibt es mehr als 3.700 vordefinierte Systeme, die als Service Provider registriert werden können. Suchen Sie nach dem Begriff »SAP«. Suchen Sie in der Ergebnisliste nach der **SAP Cloud Platform**, und klicken Sie darauf.

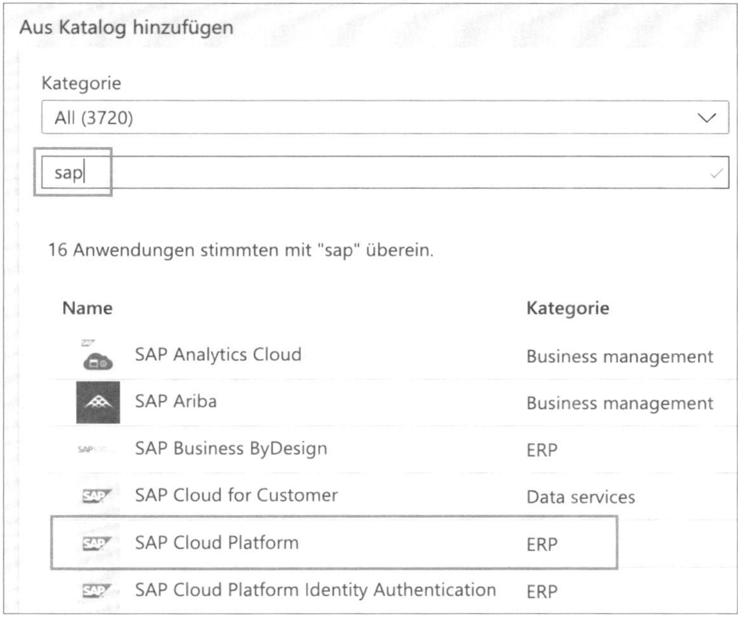

Abbildung 3.73 SAP BTP als Service Provider hinzufügen

6. Im Dialog auf der rechten Seite des Bildschirms bestätigen Sie das Anlegen des Service Providers, indem Sie auf den Button **Hinzufügen** klicken (siehe Abbildung 3.74).

   An dieser Stelle haben Sie die Möglichkeit, den Namen des Service Providers anzupassen. Wir empfehlen Ihnen, sprechende Namen zu verwenden.

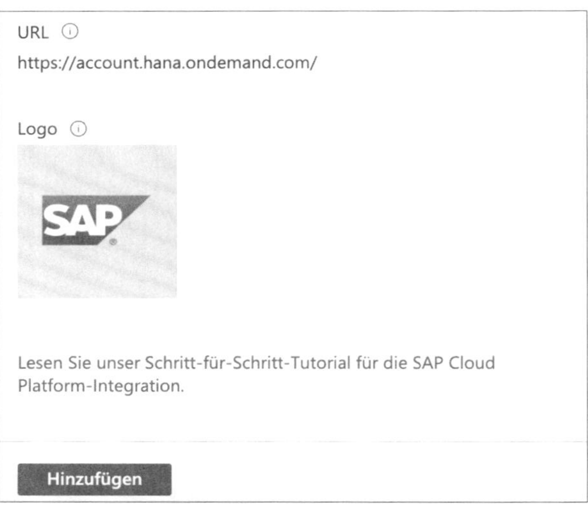

Abbildung 3.74 Service Provider bestätigen

7. Es dauert einige Sekunden, bis dieser Vorgang abgeschlossen wurde. Der Fortschritt wird, wie in Abbildung 3.75 dargestellt, im oberen rechten Bereich angezeigt.

Abbildung 3.75 Status der Anwendung

8. Nachdem der Service Provider erfolgreich angelegt wurde, können Sie in die Details abspringen. Dort starten Sie die Konfiguration des Single Sign-ons (SSO), indem Sie auf die Kachel **SSO einrichten** klicken (siehe Abbildung 3.76).
9. Im nächsten Schritt muss die SSO-Methode ausgewählt werden. Wir verwenden dafür **SAML** (siehe Abbildung 3.77).

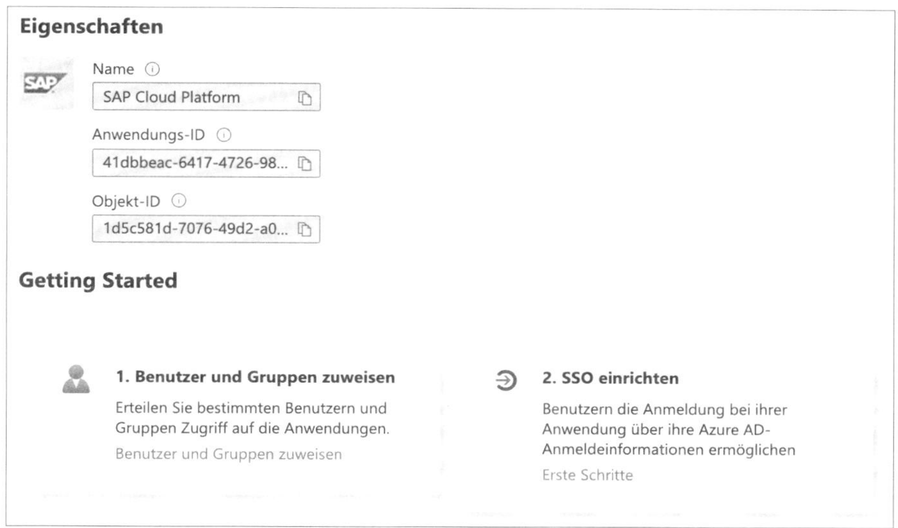

Abbildung 3.76 Single Sign-on einrichten

Abbildung 3.77 SAML als SSO-Methode auswählen

10. Laden Sie nun die Metadaten des Service Providers hoch, indem Sie auf **Metadatendatei hochladen** klicken (siehe Abbildung 3.78).

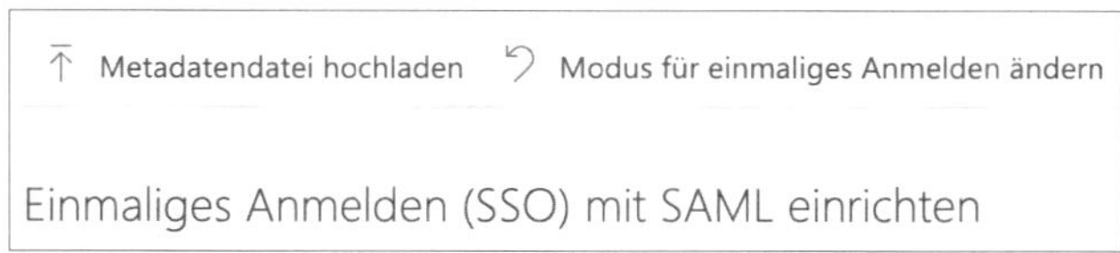

Abbildung 3.78 Metadaten des Service Providers hochladen

11. Wählen Sie im folgenden Dialog die zuvor vom Subaccount exportierte Metadatendatei aus.
12. Die grundlegenden Informationen für die Verbindung sind bereits im Metadatendokument enthalten. Sie müssen lediglich den Parameter **Anmelde-URL** pflegen (siehe Abbildung 3.79). In unserem Beispiel setzen wir hier den Endpunkt der SAP Web IDE ein.

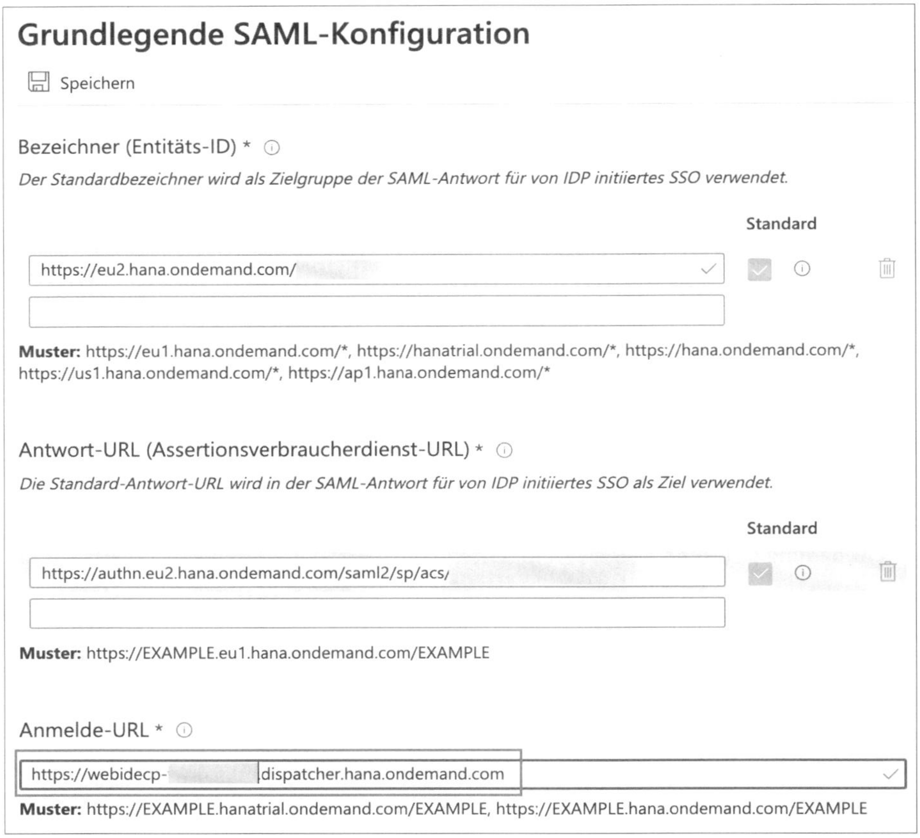

Grundlegende SAML-Konfiguration

Speichern

Bezeichner (Entitäts-ID) *

Der Standardbezeichner wird als Zielgruppe der SAML-Antwort für von IDP initiiertes SSO verwendet.

Standard

https://eu2.hana.ondemand.com/

Muster: https://eu1.hana.ondemand.com/*, https://hanatrial.ondemand.com/*, https://hana.ondemand.com/*, https://us1.hana.ondemand.com/*, https://ap1.hana.ondemand.com/*

Antwort-URL (Assertionsverbraucherdienst-URL) *

Die Standard-Antwort-URL wird in der SAML-Antwort für von IDP initiiertes SSO als Ziel verwendet.

Standard

https://authn.eu2.hana.ondemand.com/saml2/sp/acs/

Muster: https://EXAMPLE.eu1.hana.ondemand.com/EXAMPLE

Anmelde-URL *

https://webidecp- dispatcher.hana.ondemand.com

Muster: https://EXAMPLE.hanatrial.ondemand.com/EXAMPLE, https://EXAMPLE.hana.ondemand.com/EXAMPLE

Abbildung 3.79 Anmelde-URL für den Service der SAP BTP pflegen

13. Klicken Sie abschließend auf den Button **Speichern**. Sie gelangen damit wieder in die Details des Service Providers zurück.
14. Hier passen Sie die SAML-Attribute unseren Anforderungen an. Klicken Sie dazu im Bereich **Benutzerattribute und Ansprüche** auf **Bearbeiten** (siehe Abbildung 3.80).

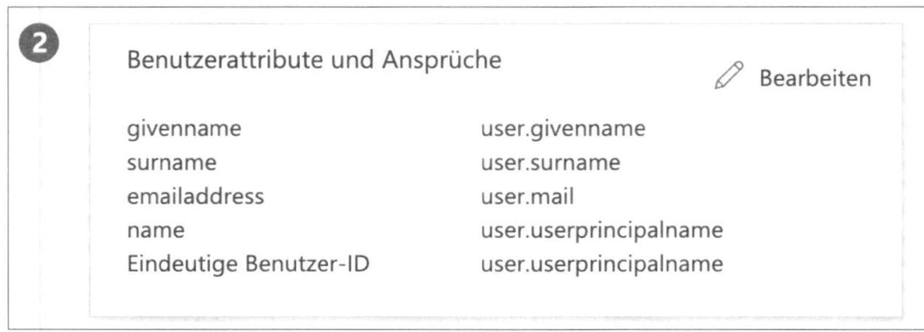

Abbildung 3.80 SAML-Attribute bearbeiten

15. Passen Sie den in der SAML Assertion verwendeten Benutzerbezeichner an. Im Standard wird das Attribut `userprincipalname` verwendet. Wir möchten jedoch die E-Mail-Adresse des Benutzers verwenden. Klicken Sie dazu im Bereich **Erforderlicher Anspruch** auf den Eintrag **Eindeutiger Benutzerbezeichner** (siehe Abbildung 3.81).

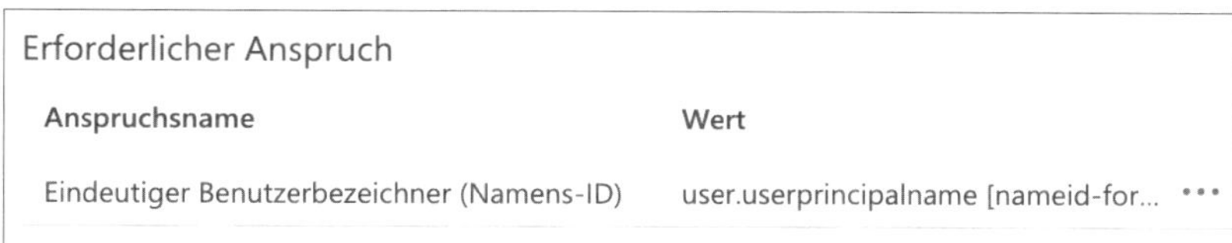

Abbildung 3.81 Benutzerbezeichner anpassen

16. Ändern Sie das **Quellattribut** auf den Wert `user.mail`, und speichern Sie die Änderung (siehe Abbildung 3.82).

Abbildung 3.82 Quellattribut ändern

17. Wir werden in diesem Szenario die Abteilung des Benutzers abfragen, um daraus abzuleiten, ob er die SAP Web IDE starten darf. Dazu nehmen Sie das Attribut Abteilung als *Anspruch* in die SAML Assertion auf. Klicken Sie dazu im Bereich **Benutzerattribute und Ansprüche** auf **Neuen Anspruch hinzufügen** (siehe Abbildung 3.83).

Abbildung 3.83 Neuen Anspruch hinzufügen

18. Tragen Sie im Feld **Name** den Wert »Department« für Abteilung ein, und wählen Sie als **Quellattribut** `user.department` aus (siehe Abbildung 3.84). Dadurch legen Sie fest, dass der Wert des Attributs `user.department` in den Anspruch namens **Department** kopiert wird.

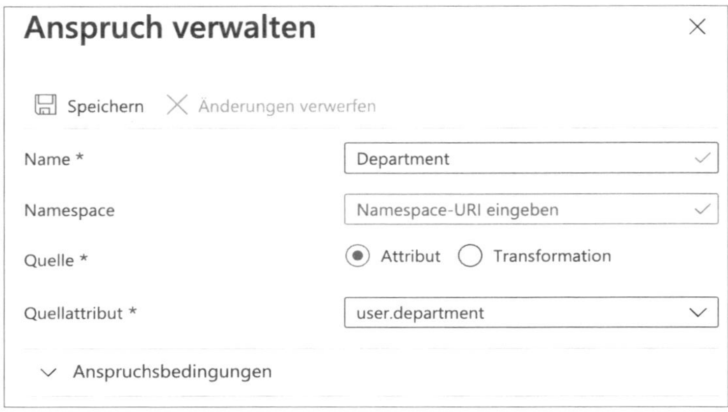

Abbildung 3.84 Anspruch anlegen

19. Speichern Sie den Anspruch.
20. Navigieren Sie in der Service-Provider-Übersicht in den Bereich **SAML-Signaturzertifikat**. Klicken Sie dort in der Zeile **Verbundmetadaten-XML** auf den Link **Herunterladen**, um die Metadaten herunterzuladen (siehe Abbildung 3.85)

Abbildung 3.85 Download der Metadaten des Service Providers

Benutzer im Service Provider verwalten

Sie müssen nun noch den oder die gewünschten Benutzer dem Azure AD als Service Provider hinzufügen. Klicken Sie dazu im Azure AD auf den Menüeintrag **Benutzer und Gruppen**. Klicken Sie anschließend auf **Benutzer/Gruppe hinzufügen**, und wählen Sie den gewünschten Benutzer aus.

Konfiguration des Anwendungs-Identity-Providers

Als letzten Schritt müssen Sie das Azure AD als Anwendungs-Identity-Provider im Subaccount der SAP BTP konfigurieren. Navigieren Sie dazu wie gewohnt in das **Trust Management**, öffnen Sie die Registerkarte **Application Identity Provider**, und klicken Sie auf den Link **Add Trusted Identity Provider** (siehe Abbildung 3.86).

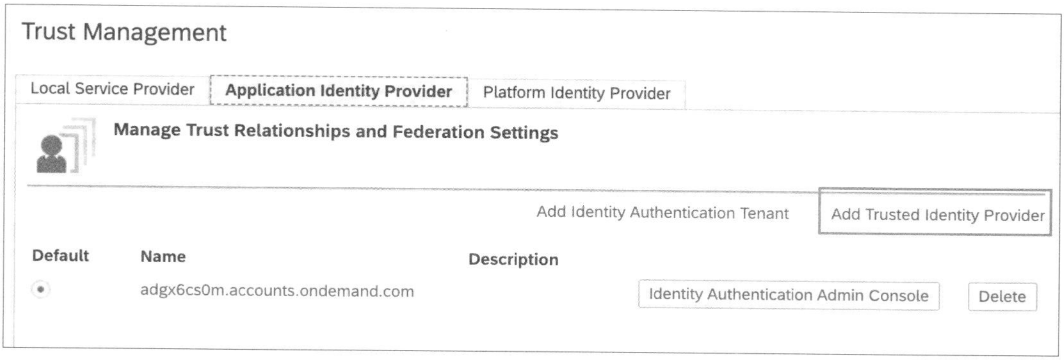

Trust Management

Local Service Provider | Application Identity Provider | Platform Identity Provider

Manage Trust Relationships and Federation Settings

Add Identity Authentication Tenant | Add Trusted Identity Provider

Default	Name	Description		
●	adgx6cs0m.accounts.ondemand.com		Identity Authentication Admin Console	Delete

Abbildung 3.86 Trusted Identity Provider hinzufügen

Importieren Sie dann die Metadaten des Azure ADs. Klicken Sie dazu auf den Button **Browse**. Wählen Sie die XML-Datei aus, die zuvor vom Azure AD exportiert wurde (siehe Abbildung 3.87).

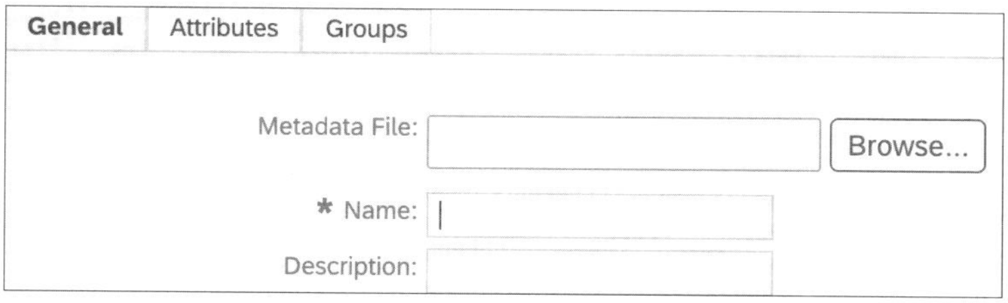

General | Attributes | Groups

Metadata File: [ ] Browse...

* Name: [ ]

Description: [ ]

Abbildung 3.87 Metadaten des Trusted Identity Providers importieren

Sie müssen nun noch einige Anpassungen durchführen, da einige Werte von Azure nicht vorbelegt werden. Ändern Sie den Wert des **Assertion Consumer Service** auf **Assertion Consumer Service**, um die SAP BTP korrekt als einen Service zu erfassen. Ändern Sie den Wert des **Signature Algorithm** auf **SHA-256**, da dies der aktuelle Standardwert ist. Prüfen Sie, ob der Haken im Feld **Enabled** gesetzt ist (siehe Abbildung 3.88).

Abbildung 3.88 Einstellung des Trusted Identity Providers

Mapping der Attribute

Als Nächstes müssen Sie die Attribute der SAML Assertion auf die sogenannten *Principal Attributes*, also die Benutzerattribute der SAP BTP, abbilden. Der Begriff *Principal* bezeichnet hier den Benutzer. Es handelt sich um einen Begriff aus der SAML-Spezifikation. Wechseln Sie dazu auf die Registerkarte **Attributes**, und klicken Sie auf den **Link Add Assertion-Based Attributes** (siehe Abbildung 3.89). Pflegen Sie die in Tabelle 3.3 dargestellten Werte.

Assertion-Attribute	Principal Attribute
http://schemas.xmlsoap.org/ws/2005/05/identity/claims/givenname	`firstName`
http://schemas.xmlsoap.org/ws/2005/05/identity/claims/emailaddress	`email`
http://schemas.xmlsoap.org/ws/2005/05/identity/claims/surname	`lastName`

Tabelle 3.3 Mapping der SAML-Assertion-Attribute

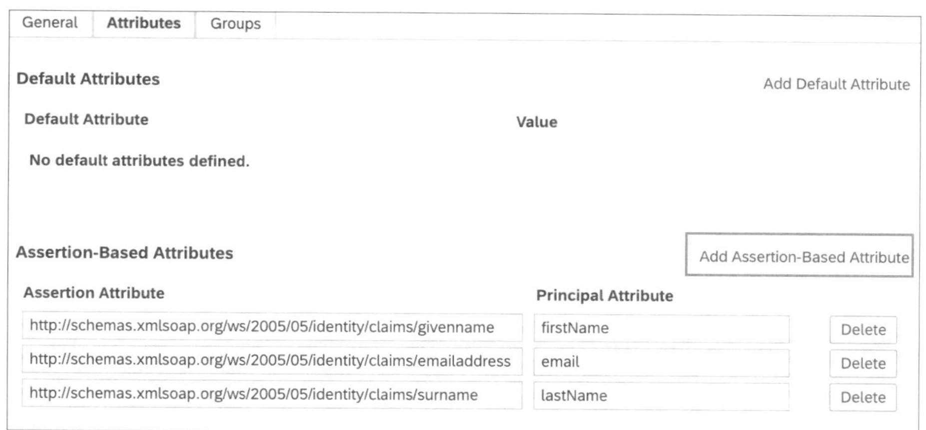

Abbildung 3.89 Assertion-Attribute übernehmen

Assertion-basierte Benutzergruppe

Wie bereits erwähnt, leiten wir die Berechtigung zum Start der SAP Web IDE aus der Abteilung des Mitarbeiters oder der Mitarbeiterin ab. Klicken Sie auf der Registerkarte **Groups** auf den Link **Add Assertion-Based Group**, um eine entsprechende Benutzergruppe zu definieren. Wählen Sie im Feld **Group** die Gruppe `SAP_Security_Buch`, die Sie in Abschnitt 3.4.2, »Benutzergruppen anlegen und verwalten«, angelegt haben. Im Feld **Mapping Rules** geben Sie den Wert »Department« an, als Operation **equals** und als Wert »Development« für die Entwicklungsabteilung (siehe Abbildung 3.90). Speichern Sie die Konfiguration des Identity Providers anschließend.

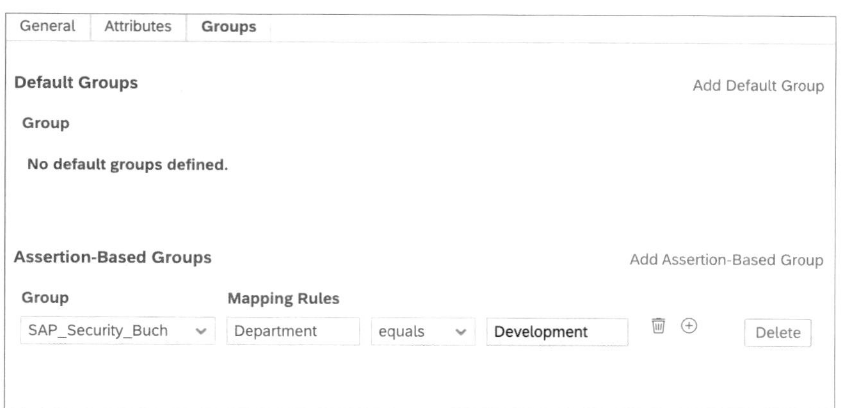

Abbildung 3.90 Benutzergruppe aus den Assertion-Attributen ableiten

Standard-Identity-Provider

Stellen Sie nun den soeben angelegten Identity Provider als Standard-Identity-Provider ein. Klicken Sie dazu auf der Registerkarte **Application Identity Provider** in der entsprechenden Zeile auf den Radiobutton in der Spalte **Default** (siehe Abbildung 3.91).

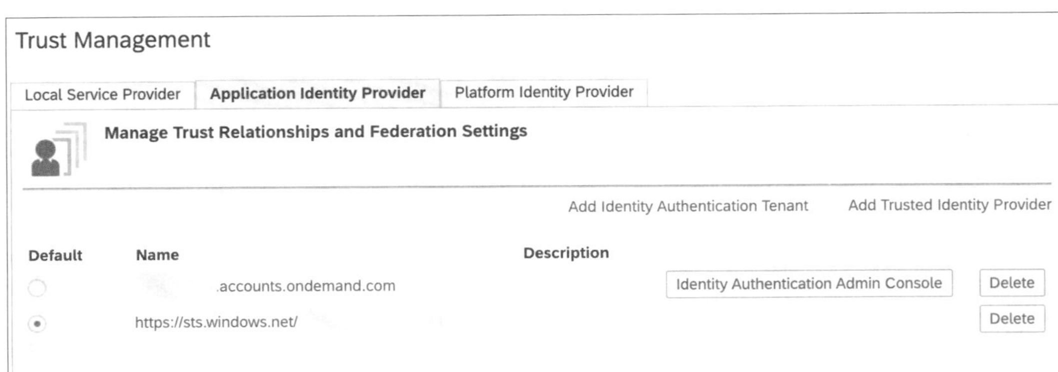

Abbildung 3.91 Azure AD als Standard-Identity-Provider auswählen

Gruppe/Rolle zuordnen

Fügen Sie nun noch der Gruppe `SAP_Security_Buch` eine Rolle mit Berechtigungen für den Start der SAP Web IDE hinzu. Navigieren Sie dazu wie gewohnt in die Pflege der Benutzergruppen, und wählen Sie die Gruppe in der Liste aus. Klicken Sie anschließend im Bereich der Rollen auf den Button **Assign** (siehe Abbildung 3.92).

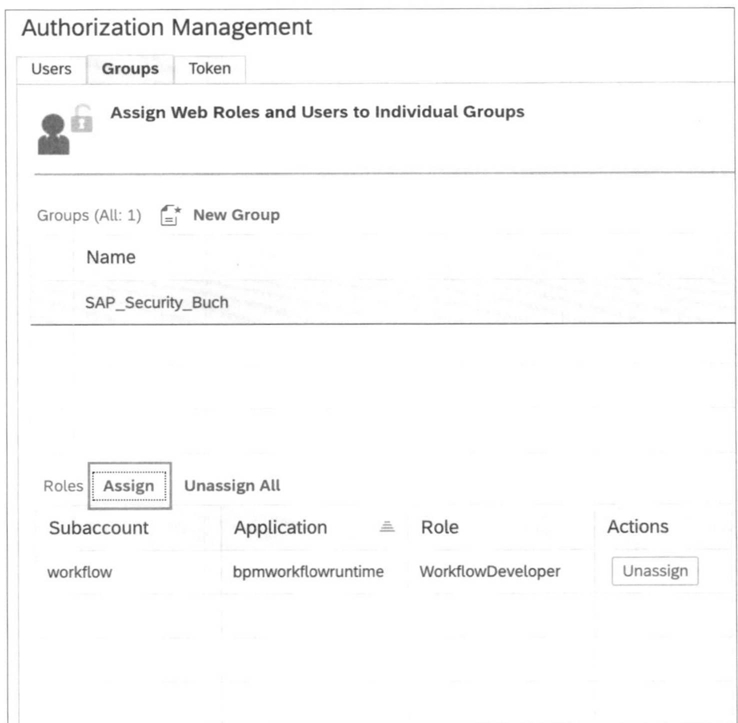

Abbildung 3.92 Rolle in der Gruppenpflege zuweisen

Im Dialog für die Zuordnung der Rolle wählen Sie den Subaccount `sapwebide EU2` aus, die Applikation `di` und die Rolle `DiDeveloper` (siehe Abbildung 3.93). Dies ist so vorgegeben, um Entwicklerrechte für die Anwendung SAP Web IDE zu erlangen. Speichern Sie Ihre Zuordnung.

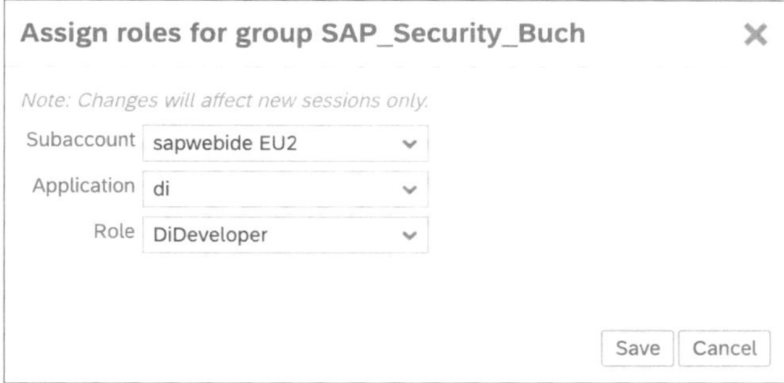

Abbildung 3.93 Rolle »DiDeveloper« auswählen

Test der Authentifizierung

Wir können die Konfiguration des Identity Providers nun testen, indem Sie die SAP Web IDE aufrufen. Springen Sie dazu in der Serviceübersicht in die SAP Web IDE ab, und klicken Sie auf den Link **Go to Service** (siehe Abbildung 3.94).

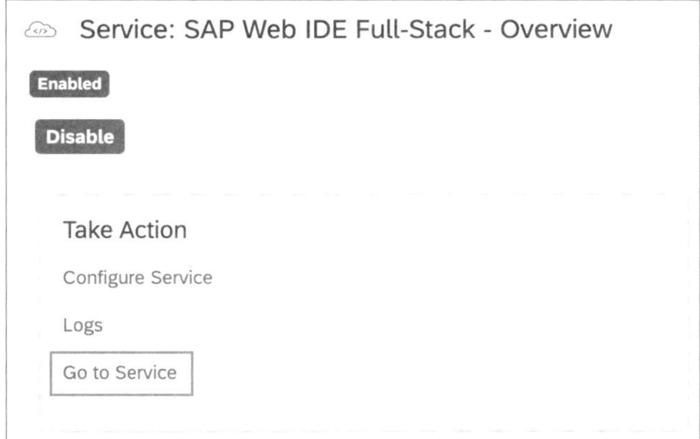

Abbildung 3.94 SAP Web IDE starten

Sie werden zum Azure AD weitergeleitet und aufgefordert, sich mit Ihren Microsoft-Zugangsdaten zu authentifizieren (siehe Abbildung 3.95). Sollte die Authentifizierung nicht klappen, prüfen Sie, ob für Ihren Benutzer im Benutzerstamm des Azure ADs die Abteilung Entwicklung korrekt gepflegt wurde.

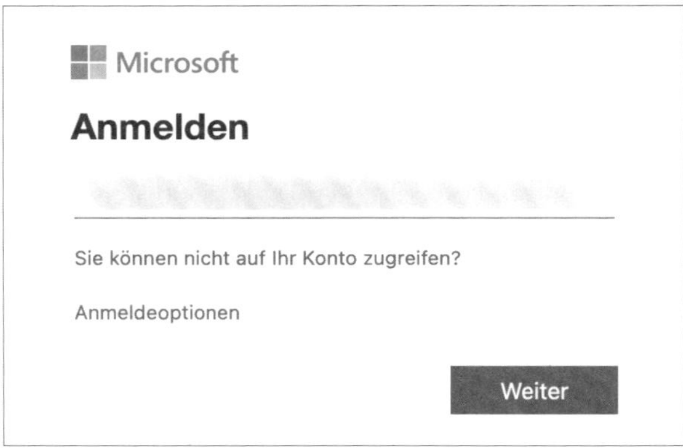

Abbildung 3.95 Anmeldung über das Azure AD als Identity Provider

Sie haben in diesem Kapitel eine detaillierte Einführung in das Thema Sicherheit und Berechtigungen in der Neo-Umgebung erhalten. Damit sollten Sie in der Lage sein, gängige Anforderungen von der Konzeption bis hin zur Implementierung und Konfiguration von Sicherheitsvorkehrungen und Berechtigungen kompetent und effizient zu lösen. Anhand der Beispiele konnten Sie sehen, wie einfach sich eine Zwei-Faktor-Authentifizierung umsetzen lässt. Auch die Verwendung eines Identity Providers eines Drittanbieters ist kein Hexenwerk und lässt sich, wie im zweiten Beispiel gezeigt, mit wenigen gezielten Klicks umsetzen.

Kapitel 4

Sicherheit und Berechtigungen in der Cloud-Foundry-Umgebung konfigurieren

Welche Möglichkeiten der Absicherung gibt es in der Cloud-Foundry-Umgebung? Nachdem wir im vorangegangenen Kapitel über die Sicherheitskonzepte und deren Umsetzung in der Neo-Umgebung geschrieben haben, geht es nun um die Spezifika der Cloud-Foundry-Umgebung.

In diesem Kapitel beschäftigen wir uns mit der Cloud-Foundry-Umgebung der SAP BTP und ihren Sicherheitsaspekten. Sie lernen alles Wichtige über die Rollen und Berechtigungen in dieser Umgebung sowie über Mappings, beispielsweise mit den Benutzern externer Identity Provider.

In Abschnitt 4.1 stellen wir Ihnen das Kommandozeilenwerkzeug als alternative Bedienungsmöglichkeit für die Cloud-Foundry-Umgebung vor. In Abschnitt 4.2 behandeln wir die Benutzerverwaltung in der Cloud-Foundry-Umgebung und die Vergabe grundlegender Rechte. In Abschnitt 4.3 zeigen wir Ihnen, wie Sie eine Vertrauensbeziehung zwischen Identity Providern konfigurieren und was technisch dahintersteht.

In Abschnitt 4.4 gehen wir auf die Verwaltung der Berechtigungen ein. Sie lernen die verschiedenen Arten von Rollen und Möglichkeiten des dynamischen Mappings zwischen Berechtigungen und Benutzerattributen kennen. Schließlich zeigen wir Ihnen, welche Reporting-Möglichkeiten es für die Berechtigungen gibt.

In Abschnitt 4.5 finden Sie wieder eine Checkliste, mit der Sie prüfen können, ob Sie alle wichtigen Sicherheitseinstellungen vorgenommen haben. Wir schließen das Kapitel in Abschnitt 4.6 mit zwei Praxisbeispielen zur sicheren Servicekonfiguration und der Integration von Microsoft Azure Active Directory ab.

Versionen der Cloud-Foundry-Umgebung

Von der Cloud-Foundry-Umgebung gibt es aktuell zwei verschiedene Versionen, genannt *Feature Sets*. Diese werden als Feature Set A und B bezeichnet und unterscheiden sich unter anderem durch ihre Oberflächengestaltung und Funktionen.

SAP hat angekündigt, alle Kunden in mehreren Phasen auf das Feature Set B umzustellen. Daher behandeln wir in diesem Buch nur die Oberfläche des Feature Sets B.

Im SAP BTP Cockpit können Sie herausfinden, ob Ihr Account auf Feature Set B läuft, indem Sie in Ihrem persönlichen Menü den Eintrag **About** aufrufen (siehe Abbildung 4.1).

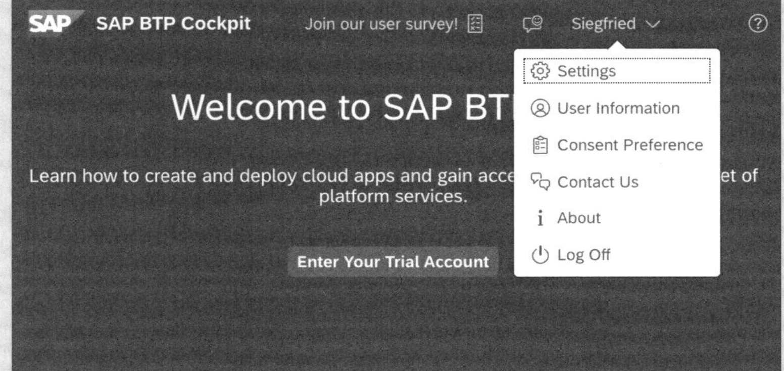

Abbildung 4.1 Aufruf der Systeminformationen im Benutzermenü

Unter **Cloud Management Tools** finden Sie die Angabe des Feature Sets (siehe Abbildung 4.2).

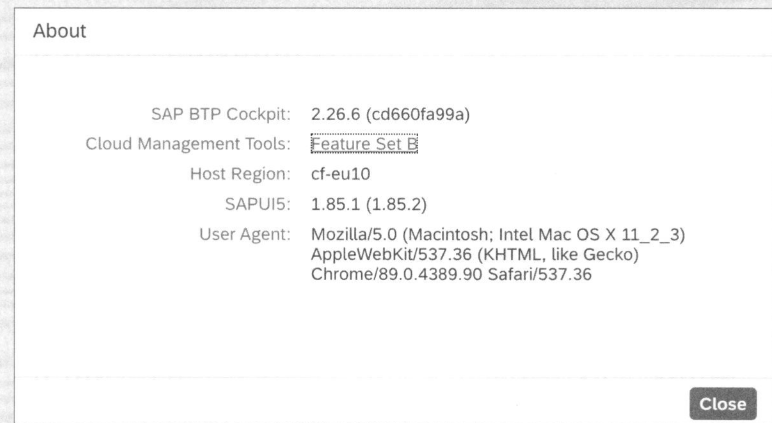

Abbildung 4.2 Lokalisieren des Feature Sets im About-Dialog

4.1 Kommandozeile für die Cloud-Foundry-Umgebung einrichten

Cloud Foundry CLI

Die Administration der Cloud-Foundry-Umgebung der SAP BTP kann ebenso wie die der Neo-Umgebung mithilfe einer Konsole erfolgen, dem Cloud Foundry Command Line Interface (CLI). Da Cloud Foundry nicht von SAP entwickelt wurde, wird der Download nicht von SAP angeboten, sondern über ein öffentliches Git Repository. Eine betriebssystemspezifische Installationsdatei samt Anleitung finden Sie unter der URL *https://github.com/cloudfoundry/cli#downloads*. Wenn Sie die jeweiligen Binary-Versionen herunterladen, ist ein Installationsprogramm inkludiert, für das keine weiteren Vorkenntnisse vonnöten sind.

Wichtige Konsolenbefehle

Mit dem folgenden Kommando können Sie prüfen, ob die Konsole funktioniert. Ist das der Fall, wird die Hilfe mit der Liste aller Kommandos angezeigt:

```
cf help
```

Mit dem folgenden Kommando können Sie alle in der Konsole verfügbaren Befehle anzeigen:

```
cf help -a
```

Möchten Sie alle Optionen eines bestimmten Befehls einsehen, können Sie das folgende Kommando verwenden. Im Beispiel würden als Ergebnis die Optionen des Befehls `login` ausgegeben:

```
cf help login
```

Anmeldung an der Cloud-Foundry-Umgebung

Um Befehle über die Konsole in der Cloud-Foundry-Umgebung auszuführen, müssen Sie sich im ersten Schritt über den in Listing 4.1 gezeigten Befehl anmelden. Sie müssen dabei zumindest den API-Endpunkt Ihrer Serviceinstanz, Ihre Organisation und Ihre Benutzerkennung übergeben.

```
cf login
      -a <ihrApiEndpunkt>
      -o <ihreOrganisation>
      -u <ihreEmailAddress>
```

Listing 4.1 Anmeldung an der Cloud-Foundry-Umgebung mit dem Befehl »login«

Die Werte für die erforderlichen Parameter können Sie über das SAP BTP Cockpit ermitteln. Navigieren Sie dazu in die Übersicht Ihres Subaccounts. Den Namen Ihrer Organisation und den API-Endpunkt finden Sie im Block **Cloud Foundry** in den Feldern **Org Name** und **API Endpoint** (siehe Abbildung 4.3).

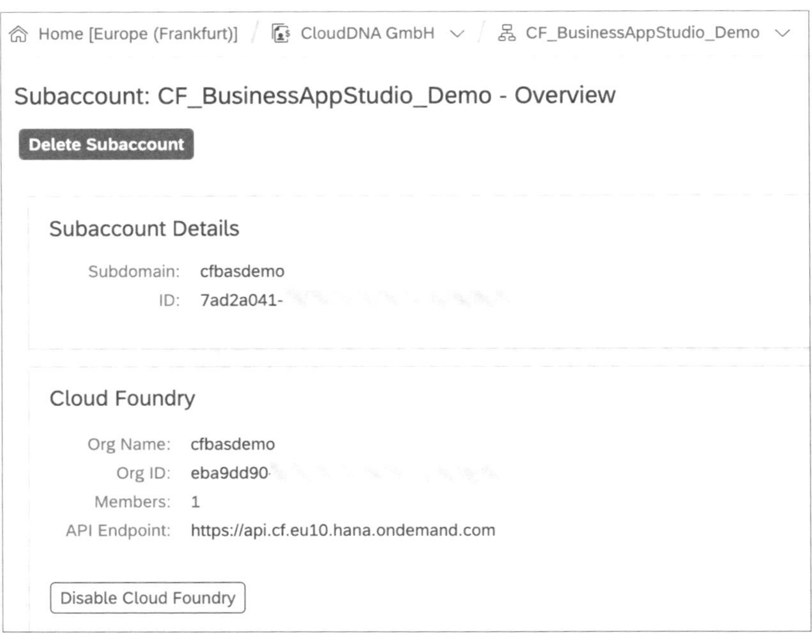

Abbildung 4.3 Anmeldeparameter für die Cloud-Foundry-Umgebung

Plug-ins installieren

Das Cloud Foundry CLI kann nicht nur zur Administration der SAP BTP, sondern auch für alle anderen Cloud-Foundry-Implementierungen verwendet werden. Es kann durch Plug-ins herstellerspezifisch erweitert werden. Davon hat auch SAP Gebrauch gemacht. SAP liefert folgende Plug-ins aus:

- Plug-in für Multitarget Applications (kurz MTA, d. h. für verteilte Anwendungen mit gemeinsamem Lebenszyklus)
- Plug-in Service Fabrik (zur Unterstützung beim Sichern und Wiederherstellen von Serviceinstanzen)
- Plug-in für die PostgreSQL-Datenbankmigration
- Plug-in für Custom Domains (zur Unterstützung kundeneigener Domänen in Applikationen)

Diese finden Sie auf der Seite *https://tools.hana.ondemand.com/#cloud* (siehe Abbildung 4.4).

Mit dem folgenden Befehl können Sie ein Plug-in im Cloud Foundry CLI installieren:

```
cf install-plugin <ihrPfad>/custom-domain-cli
```

Der Name des Plug-ins setzt sich aus dem Pfad, beispielsweise `darwin-amd64`, und der Bezeichnung des Plug-ins, hier `custom-domain-cli`, zusammen. Der

Pfad ergibt sich hierbei aus der Umgebung (Linux, Windows oder MacOS), für die Sie das Plug-in heruntergeladen haben. Er verweist auf das Verzeichnis, das nach dem Entpacken des Archivs auf Ihrem Rechner angelegt wurde.

Cloud Foundry CLI Plugins for SAP BTP

The Cloud Foundry Plugins for SAP BTP are used to extend the Cloud Foundry CLI with additional commands.

- **Service Fabrik based B&R** - Perform backup and restore operations on service-instances
- **PostgreSQL Migration Service** - Migrate PostgreSQL db to PostgreSQL, hyperscaler option
- **Custom Domain Self-service** - Manage TLS server certificates and client authentication trust for custom domains

For more information, on how to install the plugins see the documentation.

Available Cloud Foundry CLI Plugins for SAP BTP

Cloud Foundry CLI Plugin for SAP BTP	Operating System	Version	File Size	Download
Service Fabrik based B&R	Linux (x86_64)	1.3.0	3.4 MB	service-fabrik-cli-plugin-1.3.0-linux-x86_64.tar.gz (sha1)
Service Fabrik based B&R	Mac OS X (x86_64)	1.3.0	3.4 MB	service-fabrik-cli-plugin-1.3.0-darwin-x86_64.tar.gz (sha1)
Service Fabrik based B&R	Windows (x86_64)	1.3.0	9.7 MB	service-fabrik-cli-plugin-1.3.0-windows-x86_64.exe (sha1)
PostgreSQL Migration Service	Linux (x86_64)	1.2.0	5.7 MB	cf_cli_pg_migrate_plugin-1.2.0-linux-amd64-x86_64.tar.gz (sha1)
PostgreSQL Migration Service	Mac OS X (x86_64)	1.2.0	5.7 MB	cf_cli_pg_migrate_plugin-1.2.0-darwin-amd64-x86_64.tar.gz (sha1)
PostgreSQL Migration Service	Windows (x86_64)	1.2.0	5.5 MB	cf_cli_pg_migrate_plugin-1.2.0-windows-amd64-x86_64.tar.gz (sha1)
Custom Domain Self-service	Linux (x86_64)	1.0.36	4.7 MB	custom-domain-cli-1.0.36-linux-amd64-x86_64.tar.gz (sha1)
Custom Domain Self-service	Mac OS X (x86_64)	1.0.36	4.8 MB	custom-domain-cli-1.0.36-darwin-amd64-x86_64.tar.gz (sha1)
Custom Domain Self-service	Windows (x86_64)	1.0.36	4.7 MB	custom-domain-cli-1.0.36-windows-amd64-x86_64.tar.gz (sha1)

Abbildung 4.4 SAP-Plug-ins für das Cloud Foundry CLI

Mit dem folgenden Befehl können Sie die in Ihrem Cloud Foundry CLI installierten Plug-ins anzeigen:

```
cf plugins
```

Ein weiteres Kommandozeilenwerkzeug, mit dem Sie Ihren Global Account der SAP BTP verwalten können, lernen Sie in Abschnitt 6.2, »Verwaltung des Global Accounts mit dem SAP BTP Command Line Interface«, kennen.

4.2 Benutzerverwaltung

Mitglieder einer Organisation

Zu einer Organisation innerhalb Ihres Subaccounts der Cloud-Foundry-Umgebung können Sie Benutzer als Mitglieder (*Members*) hinzufügen. Diesen Mitgliedern weisen Sie wiederum Rollen zu, um sie für Aktionen zu berechtigen. Voraussetzung für das Anlegen von Mitgliedern und das Zuordnen der Rollen ist, dass Ihnen die Rolle *Organization Manager* zugewiesen ist. Der Benutzer, der den Subaccount angelegt hat, wird automatisch als Mitglied hinzugefügt und mit dieser Rolle versehen. Weiterführende Informationen zu Organisationen und den Abhängigkeiten zu Subaccounts finden Sie in Abschnitt 1.3.3, »Organisationen«.

Einem Space können Sie ebenfalls Mitglieder hinzufügen und diesen Mitgliedern Rollen zuordnen. Voraussetzung ist dafür, dass Ihnen die Rolle *Space Manager* oder Organization Manager zugewiesen ist. Besitzen Sie lediglich die Rolle Space Manager, müssen die Benutzer, die Sie dem Space als Mitglied hinzufügen möchten, vorab der Organisation als Mitglied zugeordnet worden sein. Besitzen Sie die Rolle des Organization Managers, wird das neue Mitglied nicht nur dem Space, sondern automatisch auch der übergeordneten Organisation hinzugefügt. In der Cloud-Foundry-Umgebung werden Mitglieder auf Ebene der Subaccounts und der Spaces ausschließlich über ihre E-Mail-Adressen identifiziert.

Benutzerverwaltung aufrufen

Der Einstieg in die Benutzerverwaltung erfolgt über den Pfad **Security • Users** im SAP BTP Cockpit. In Abbildung 4.5 sehen Sie die Standardansicht der Benutzerverwaltung mit einem Administrationsbenutzer, der über den SAP ID Service als Identity Provider zugeordnet wurde, sowie einem weiteren Benutzer, der über das Microsoft Azure Active Directory (**Microsoft AAD**) bereitgestellt wurde. Für beide Benutzer wird jeweils die E-Mail-Adresse als **User Name** angegeben.

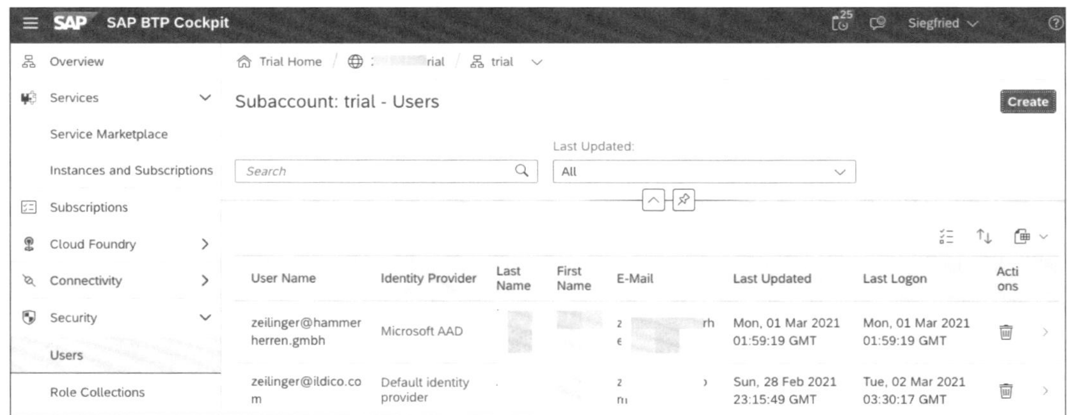

Abbildung 4.5 Übersicht der Benutzer im Subaccount

Benutzer anlegen

Über den Button **Create** können Sie neue Benutzer anlegen. Für Benutzer, die aus dem SAP ID Service (in der Übersicht als **Default identity provider** bezeichnet) stammen, sollte das explizit geschehen (mehr dazu in Abschnitt 4.3.1, »SAP ID Service einrichten«). Bei anderen Identity Providern müssen Sie die Benutzer nicht explizit hinzufügen.

In der Anlegemaske hinterlegen Sie die E-Mail-Adresse des Benutzers in den Feldern **User Name** und **E-Mail** als eindeutiges Merkmal (siehe Abbildung 4.6). Geben Sie außerdem den **Identity Provider** an, der diesen Benutzer bereitstellt. Bestätigen Sie die Angaben mit dem Button **Create**.

New User

User Name: *
martin.koch@clouddna.at

Identity Provider: *
Default identity provider

E-Mail: *
martin.koch@clouddna.at

Create Cancel

Abbildung 4.6 Benutzer anlegen

Benutzerdetailsicht

Nach der Anlage können Sie die Benutzerdaten nochmals prüfen, indem Sie über den Pfeil rechts in der Zeile (>) die Benutzerdetailsicht einblenden (siehe Abbildung 4.7). An dieser Stelle können Sie dem Benutzer auch direkt Rollen zuordnen, was wir in Abschnitt 4.4.1, »Rollen anlegen und verwalten«, zeigen. Auch ein Löschen des Benutzers wäre über die Schaltfläche **Delete** möglich.

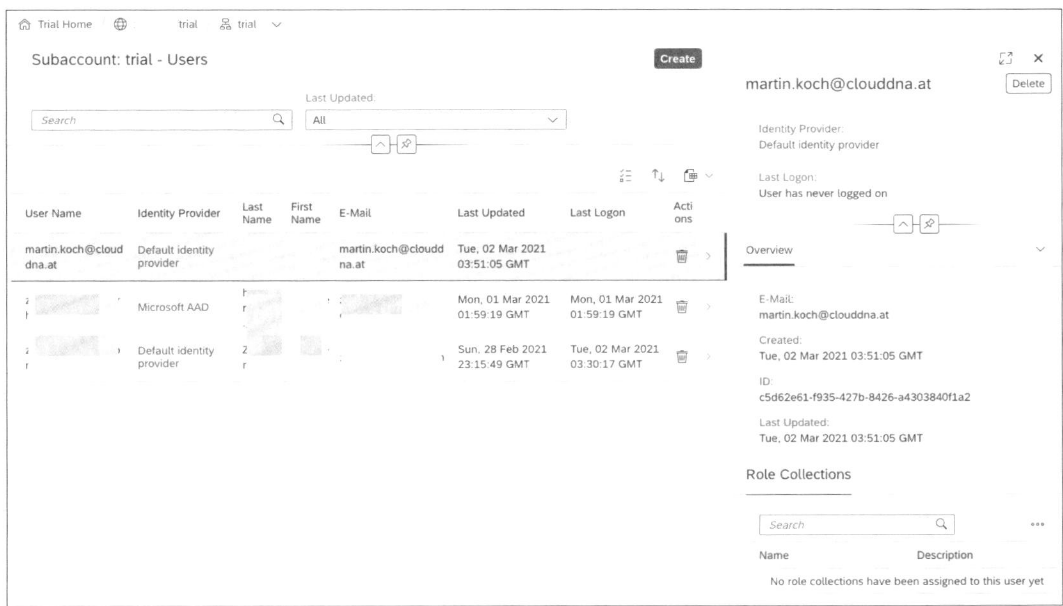

Abbildung 4.7 Einblenden der Benutzerdetails

Benutzer für Endanwender*innen

Für Administrator*innen ist dies der Standardweg, um neue Benutzer auf Subaccount-Ebene anzulegen. Wenn Endanwender*innen Zugriff auf eine Cloud-Anwendung erhalten sollen, die in einem Subaccount der SAP BTP betrieben wird, ist es dagegen üblich, die Benutzer aus dem unternehmenseigenen Identity Provider automatisch anlegen zu lassen. Dazu müssen Sie lediglich einen Haken in der Konfiguration des Identity Providers setzen (siehe Abschnitt 4.3.2, »Plattform-Identity-Provider einrichten«, und Abschnitt 4.3.3, »Identity Provider von Drittanbietern einrichten«). In der Praxis spart man sich so die Schritte zur Anlage von Benutzern für Endanwender*innen.

Administrationsbenutzer

Auch an dieser Stelle sei erwähnt, dass es sinnvoll ist, mindestens zwei Administrator*innen zu haben, denen die Subaccount-spezifische Standardrolle **Subaccount Admin** zugewiesen ist. Damit lässt sich der Subaccount umfassend verwalten. Außerdem sollten Sie mindestens zwei Benutzer über den Default Identity Provider verwalten, falls der externe Identity Provider einmal nicht verfügbar sein sollte.

4.3 Trust-Konfiguration

Authentifizierung und SAML-Trust

Um die Vertrauensbeziehungen zu konfigurieren, sollten Sie mit den Grundlagen der Authentifizierung vertraut sein. Dazu verweisen wir an dieser Stelle auf Abschnitt 2.2, »Authentifizierung«. Im Speziellen haben wir in Abschnitt 2.2.1, »Identity Provider für die SAP Business Technology Platform«, beschrieben, wie Identity Provider und Subaccounts zusammenwirken können.

Die Verwaltung der Trusted Identity Provider finden Sie im SAP BTP Cockpit unter **Security • Trust Configuration** (siehe Abbildung 4.8).

In der Übersicht sehen Sie alle aktuell eingerichteten Provider. Standardmäßig ist der Default Identity Provider aktiviert, den wir in Abschnitt 4.3.1, »SAP ID Service einrichten«, beschreiben. Alternativ können Sie einen Plattform-Identity-Provider einrichten; dazu mehr in Abschnitt 4.3.2. Wenn Sie Ihren eigenen Provider verwenden wollen, wird dieser als Custom Identity Provider eingerichtet. Darauf gehen wir in Abschnitt 4.3.3, »Identity Provider von Drittanbietern einrichten«, ein. Für jeden weiteren Provider muss explizit eine Vertrauensbeziehung eingerichtet werden.

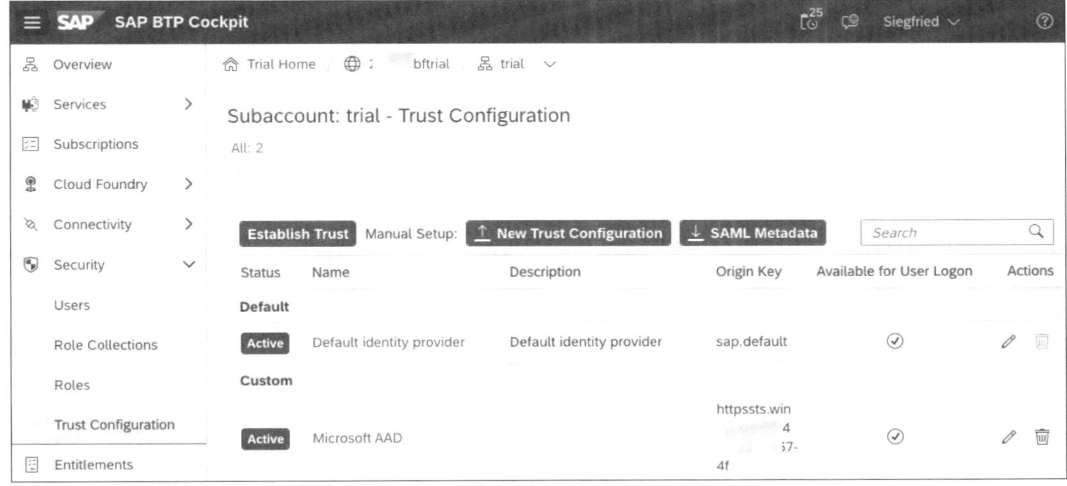

Abbildung 4.8 Trust-Konfiguration im SAP BTP Cockpit

Vergleich von Neo- und Cloud-Foundry-Umgebung

Wenn Sie Kapitel 3, »Sicherheit und Berechtigungen in der Neo-Umgebung konfigurieren«, bereits durchgearbeitet haben, werden Sie bei der Lektüre der folgenden Abschnitte Unterschiede zwischen den Umgebungen feststellen. In Abschnitt 1.2.3, »Wahl der Umgebung«, finden Sie Anmerkungen zu den Unterschieden zwischen der Neo-Umgebung und der Cloud-Foundry-Umgebung.

4.3.1 SAP ID Service einrichten

Der SAP ID Service dient als Standard-Identity-Provider. Auf dem Bildschirm wird er als **Default identity provider** oder mit dem **Origin Key** `sap.default` bezeichnet. Dieser Identity Provider lässt sich nicht löschen, aber konfigurieren. Zur Konfiguration wechseln Sie über das Stiftsymbol () in der Spalte **Actions** in den Änderungsmodus. Wenn Sie sicher sind, dass Ihr Plattform-Identity-Provider und/oder Ihr Identity Provider von einem Drittanbieter alle Benutzer korrekt authentifiziert, können Sie den SAP ID Service als Identity Provider deaktivieren, indem Sie den Haken bei der Checkbox **Available for User Logon** entfernen (siehe Abbildung 4.9).

Mit der Option **Create Shadow Users During Logon** können Sie steuern, dass Benutzer, die im Default Identity Provider gelistet sind, automatisch in Ihrem Tenant der SAP BTP angelegt werden. Das ist bei eigenen Identity Providern durchaus sinnvoll. Im Zusammenhang mit dem SAP ID Service bedeutet dies aber, dass alle Anwender*innen, die einen Account im SAP ID Service haben, sich als Benutzer Ihrer Cloud-Anwendungen anmelden können. Sie müssen lediglich den Link zum Aufruf der Anwendung kennen. Daher ist diese Einstellung beim SAP ID Service standardmäßig inaktiv, und wir empfehlen ihre Aktivierung für diesen Identity Provider nicht.

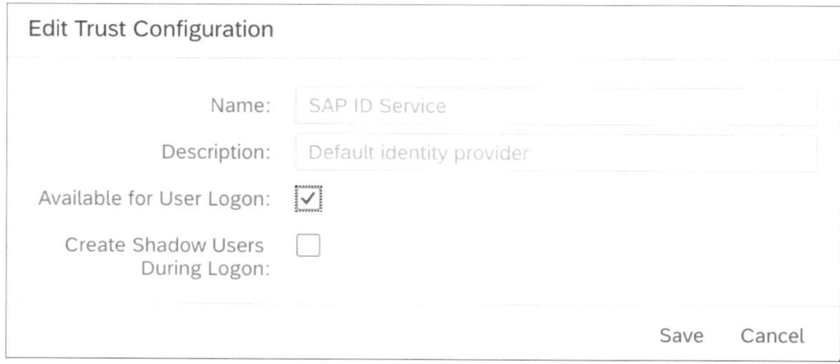

Abbildung 4.9 SAP ID Service als Identity Provider deaktivieren

4.3.2 Plattform-Identity-Provider einrichten

Die Verwendung eines Plattform-Identity-Providers ist eine weitere Option in der Cloud-Foundry-Umgebung. Die Bezeichnung des Providers stammt daher, dass der Service zur Authentifizierung auf der SAP BTP läuft. Es kommt der Identity Authentication Service zum Einsatz, der in einem eigenen Tenant betrieben wird. Die Nutzung dieses Service ist bei einigen SAP-Produkten bereits in der Lizenz inkludiert (Bundle-Lizenz). Identity Authentication hat vor allem die Aufgabe, Subaccount-übergreifend als zentraler Identity Provider zu dienen.

Identity Authentication Tenant anbinden

Zur Anbindung eines Identity Authentication Tenants klicken Sie auf den Button **Establish Trust** (siehe Abbildung 4.10). Die Einrichtung ist über diesen Weg einfacher als bei einem kundeneigenen Identity Provider, folgt aber in der Cloud-Foundry-Umgebung dem gleichen Ablauf wie in der Neo-Umgebung (siehe Abschnitt 3.3.2, »Plattform-Identity-Provider einrichten«).

Wenn sich der Identity Authentication Tenant nicht im gleichen Subaccount befindet, können Sie über den Button **New Trust Configuration** eine neue Vertrauensbeziehung zu dem Service herstellen. In diesem Fall müssen Sie die SAML-Metadaten selbst herunterladen und im Identity Authentication Tenant hochladen. Das Herunterladen der Metadaten funktioniert so wie für den Anwendungs-Identity-Provider in Abschnitt 3.3.3, »Anwendungs-Identity-Provider einrichten«, beschrieben. Zum Hochladen verwenden Sie die Administrationskonsole des Identity Authentication Tenants, die Sie über die URL *https://<tenant>.accounts.ondemand.com/admin* aufrufen. Dort finden Sie im Bereich **Configuration** die **SAML 2.0 Configuration**. Dort können Sie unter dem Punkt **Define from Metadata** die XML-Datei aus der SAP BTP hochladen.

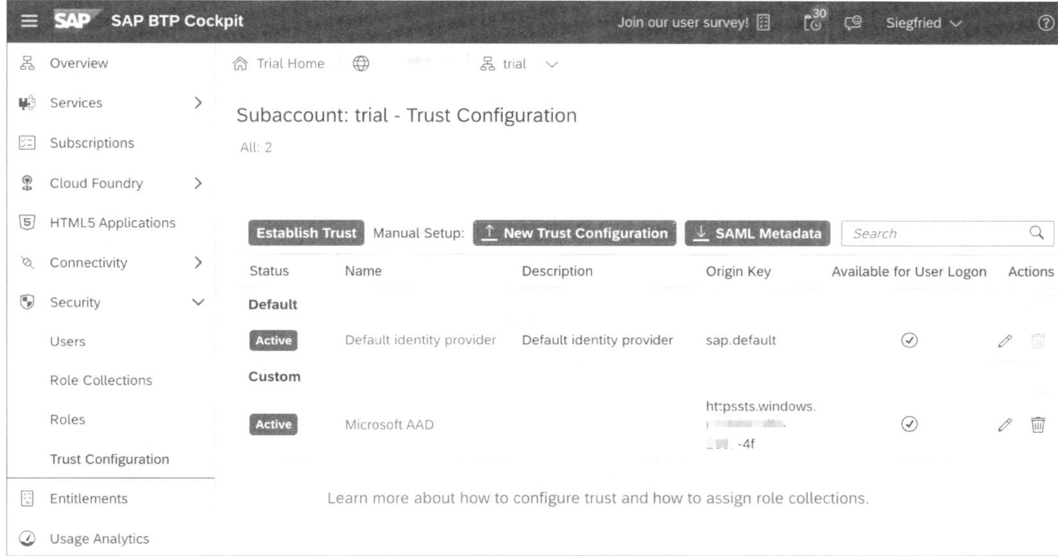

Abbildung 4.10 Einstieg zur Anbindung des Identity Authentication Service an die Cloud-Foundry-Umgebung

4.3.3 Identity Provider von Drittanbietern einrichten

Als externe Identity Provider kommen vor allem zentrale SAML-2.0-fähige Dienste zum Einsatz. Diese externen Identity Provider benötigen Sie vor allem als Grundlage für die Sammelrollen-Mappings auf Basis der *eXtended Services for UAA* (XSUAA), ein Konzept, das wir in Abschnitt 4.4.3, »Sammelrollen-Mapping«, erläutern.

Vertrauensbeziehung einrichten

Die Einrichtung der Vertrauensbeziehung auf Basis von SAML beginnen Sie mit dem Download der Metadaten des Service Providers, also der SAP BTP. Klicken Sie dazu im Bereich **Security • Trust Configuration** auf den Button **SAML Metadata** (siehe Abbildung 4.11). Die dadurch generierte Metadatendatei im XML-Format laden Sie dann in der Zielapplikation, d. h. dem externen Identity Provider, hoch.

Metadaten austauschen

Nach erfolgter Einspielung der Metadaten in Ihrem Identity Provider können Sie die SAML-Antwort des Providers in der Trust-Konfiguration des SAP BTP Cockpits über den Button **New Trust Configuration** hochladen. Es öffnet sich das Pop-up-Fenster aus Abbildung 4.12.

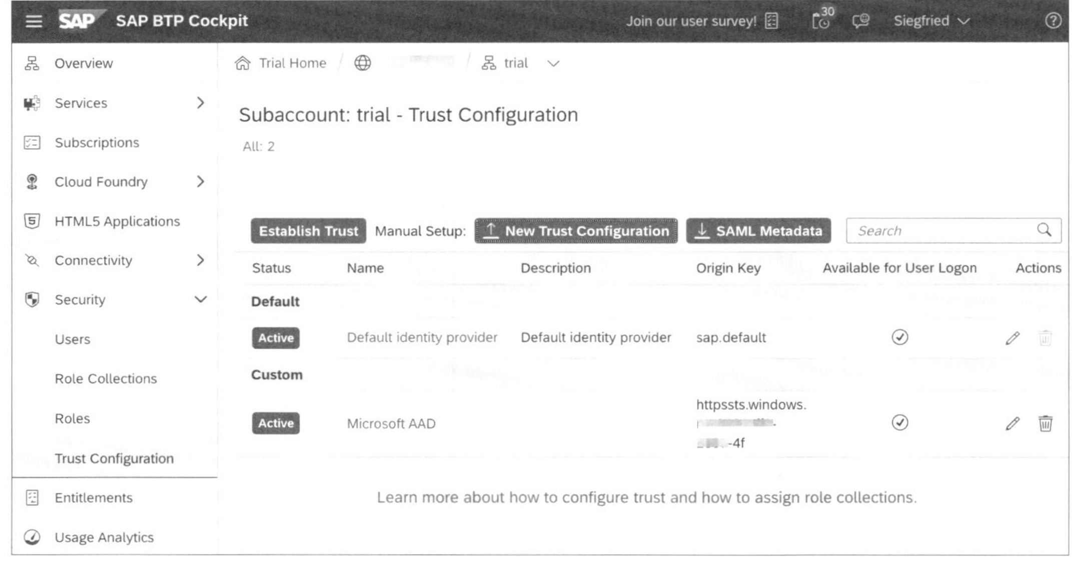

Abbildung 4.11 SAML-Metadaten aus der SAP BTP herunterladen

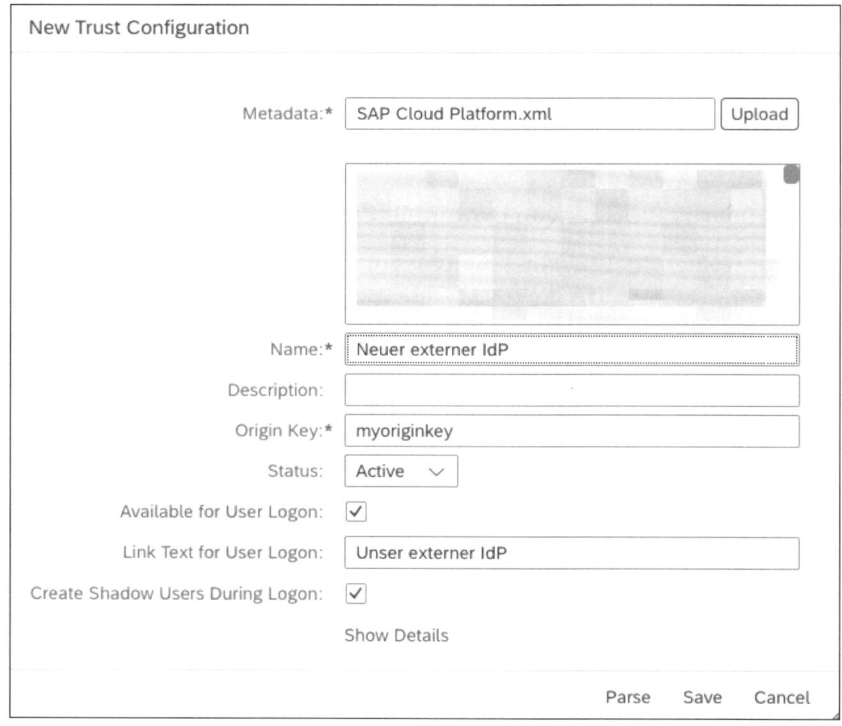

Abbildung 4.12 SAML-Trust-Konfiguration anlegen

Identity Provider einrichten

Nehmen Sie hier die folgenden Einstellungen vor:

1. Im Feld **Metadata** laden Sie über den Button **Upload** die XML-Datei mit der Rückantwort des Identity Providers hoch. Dabei wird das Feld **Origin Key** in der Regel direkt vorbelegt. Dieser Schlüssel identifiziert den Identity Provider eindeutig.
2. In das Feld **Name** tragen Sie eine interne Bezeichnung für den Identity Provider ein, die Sie frei wählen können.
3. Markieren Sie die Option **Available for User Logon**, um das Anmelden der extern verwalteten Benutzer zu ermöglichen.
4. Markieren Sie die Option **Create Shadow Users During Logon**, wird automatisch ein Benutzer in der Benutzerverwaltung der Cloud-Foundry-Umgebung erstellt, wenn sich ein extern verwalteter Benutzer zum ersten Mal anmeldet. Dadurch müssen Sie die Benutzer nicht mehr explizit im Subaccount anlegen. Beide Checkboxen sind standardmäßig aktiv.
5. Im Feld **Link Text for User Logon** geben Sie einen Anzeigetext für den Link ein, der den Anwender*innen auf der Login-Seite des Subaccounts angezeigt wird. Über den Klick auf diesen Link gelangen die Anwender*innen zu dem verknüpften Identity Provider.
6. Speichern Sie Ihre Einstellungen über den Button **Save**.

In Abschnitt 4.6.2, »Zwei-Faktor-Authentifizierung von Benutzern über das Microsoft Azure Active Directory«, spielen wir den kompletten Prozess der Einrichtung des externen Identity Providers am Beispiel von Microsoft Azure Active Directory durch.

4.4 Berechtigungsverwaltung

Die Cloud-Foundry-Umgebung verfügt über eine umfassende Berechtigungsverwaltung. Rollen können zu Sammelrollen gruppiert und an Benutzer oder Benutzergruppen vergeben werden. Auch eine Rollenvergabe an Benutzer mit gleichartigen sonstigen Attributen ist möglich. In den folgenden Abschnitt zeigen wir Ihnen den Umgang mit den Rollen und Sammelrollen.

4.4.1 Rollen anlegen und verwalten

Die verfügbaren Standardrollen werden im Bereich **Security • Roles** des SAP BTP Cockpits aufgelistet, den Sie in Abbildung 4.13 sehen.

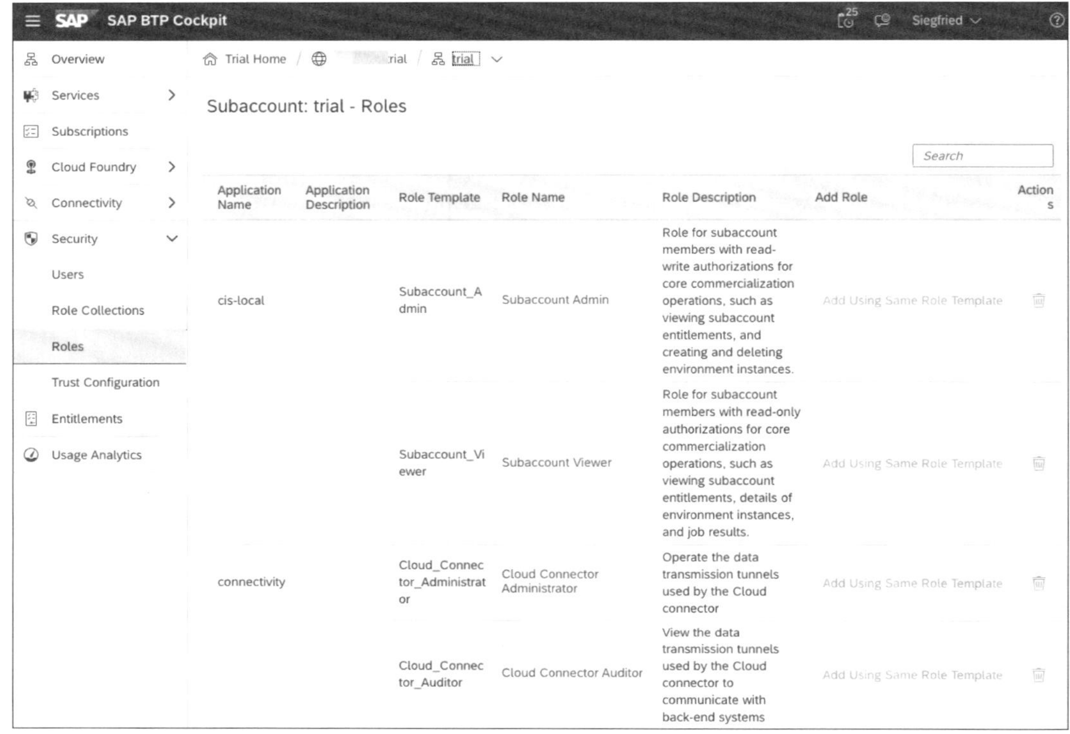

Abbildung 4.13 Rollen in der Cloud-Foundry Umgebung

Rollenübersicht

Die Übersicht enthält folgende Spalten:

- **Application Name**
  Diese Spalte enthält den technischen Namen der Applikation, die die Rollenvorlage, das sogenannte *Role Template*, enthält.
- **Application Description**
  Diese Spalte enthält die Beschreibung der Applikation, sofern von den Entwicklungsteams eine Beschreibung hinterlegt wurde.
- **Role Template**
  Unter Rollenvorlage oder Role Template sehen Sie die von den Entwicklerteams vergebene Identifikation der Rolle.
- **Role Name**
  Hier finden Sie den sprechenden Namen der Rollenvorlage in Form eines Links. Über einen Klick auf diesen Namen können Sie zu den Zuweisungen der Rollenvorlage abspringen und diese bearbeiten.
- **Role Description**
  In dieser Spalte finden Sie die von den Entwicklerteams hinterlegten zusätzlichen Erläuterungen zur betreffenden Rolle.

Über die Bedienfelder in den letzten beiden Spalten können Sie kundeneigene Rollen auf Basis der Standardrollen als Vorlagen erstellen (**Add Using Same Role Template**) bzw. Rollen löschen (🗑).

Entwicklung der Rollenvorlagen

Die Rollenvorlagen werden von den Entwicklerteams der SAP-BTP-Applikationen erstellt und sind in der Regel fest in die Applikationen integriert. Das heißt, wenn Sie zusätzliche Rollenvorlagen benötigen, müssten die Entwicklungsteams die jeweiligen Applikationen anpassen. Dazu können Sie die Funktion **Add Using Same Role Template** nutzen.

Es gibt auch Applikationen, die während des Betriebs neue Rollen erstellen. Ein prominentes Beispiel ist der SAP Launchpad Service, der bei Erstellung einer neuen Kachel im SAP Fiori Launchpad jeweils eine neue Rolle für den Zugriff auf die über diese Kachel aufzurufende Website erstellt. Eine Demonstration dieser Funktionalität finden Sie in Abschnitt 4.6.1, »Aktivierung und sichere Konfiguration des SAP Launchpad Service«.

Detailsicht einer Rolle

Klicken Sie nun bei einer beliebigen Rollenvorlage auf den Link in der Spalte **Role Name**, z. B. bei der Rolle **Subaccount Viewer**. Sie gelangen zu der Ansicht **Role: <Rollenname> – Overview** in Abbildung 4.14.

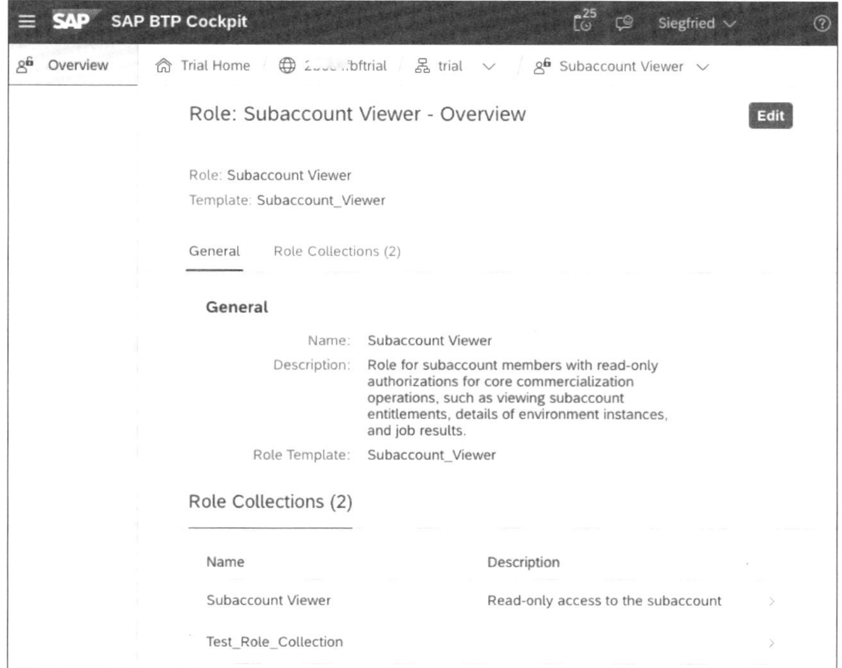

Abbildung 4.14 Übersicht einer Rollenvorlage

Alle Informationen auf dieser Seite bis auf die zugeordneten **Role Collections** (die Sammelrollen) stammen aus der Applikation, für die die Rolle entwickelt wurde.

Sammelrollenzuordnung

Über den Button **Edit** im rechten oberen Bereich können Sie die der Rollenvorlage zugeordneten Sammelrollen bearbeiten. Im Bearbeitungsmodus können Sie die Rolle über einen Klick auf das Pluszeichen (+) in weitere Sammelrollen aufnehmen. Mit einem Klick auf das Papierkorbsymbol (🗑) können Sie die Rolle wieder aus diesen Sammelrollen entfernen.

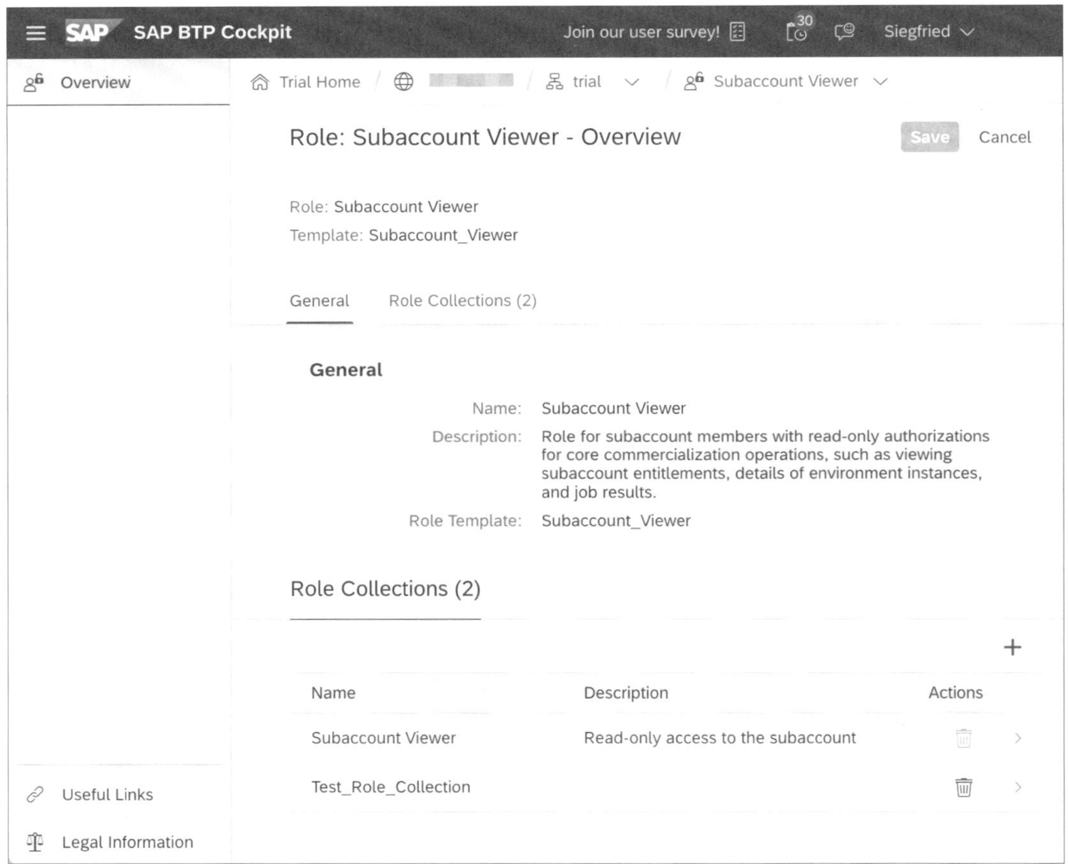

Abbildung 4.15 Hinzufügen und Löschen der Sammelrollenzuordnung

Besonders praktisch ist die Möglichkeit, über den Pfeil (>) am Ende einer Zeile direkt in die Bearbeitung der Sammelrolle abzuspringen. Dort können Sie auch prüfen, welche anderen Rollen der jeweiligen Sammelrolle bereits zugeordnet wurden.

Rollen über Applikationsinstanzen aufrufen

Ein anderer Weg, die Rollenvorlagen zu den Applikationen zu finden, ist die Navigation über den Eintrag **Instances and Subscriptions** im Menü des SAP BTP Cockpits. In der Übersicht der Instanzen und Subskriptionen finden Sie die zu einer Applikation gehörigen Rollen heraus, indem Sie auf die drei Punkte (°°°) am Ende einer Zeile klicken (siehe Abbildung 4.16). Im so aufgerufenen Aktionsmenü finden Sie die Funktion **Manage Roles**.

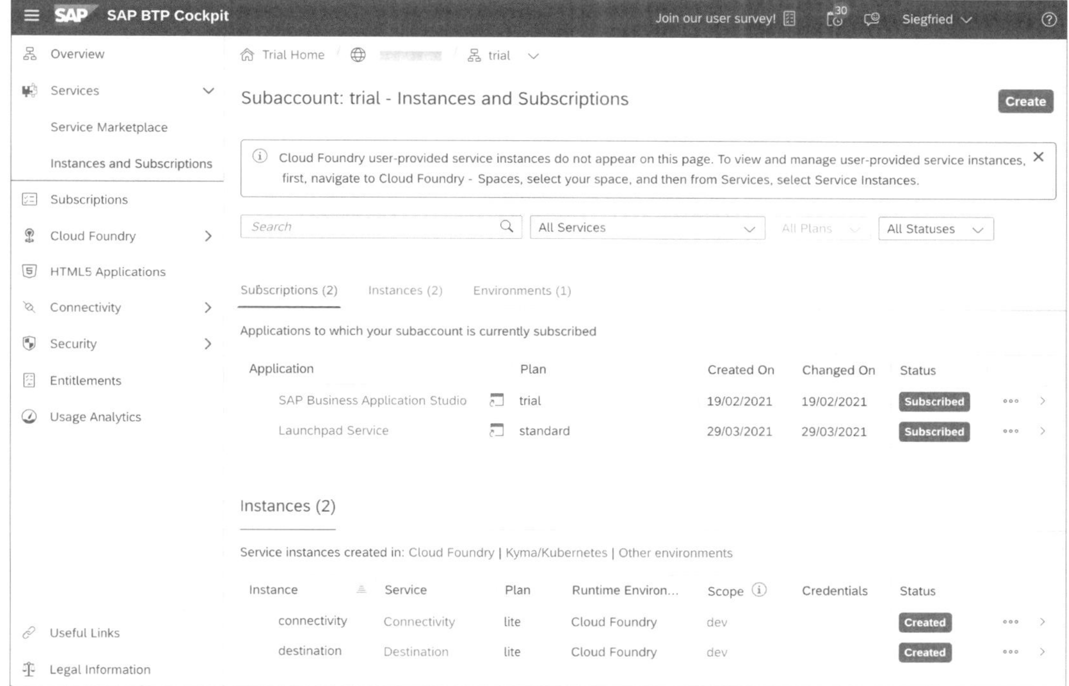

Abbildung 4.16 Übersicht der Instanzen und Applikationen

Wählen Sie diesen Eintrag, gelangen Sie zu der Detailseite der Applikationsinstanz (siehe Abbildung 4.17). Im rechten Bereich sehen Sie hier alle enthaltenen Rollenvorlagen. Ausgehend von dieser Übersicht können Sie wiederum über das Plussymbol (+) neue Sammelrollen hinzufügen oder die bestehenden Rollen über einen Klick auf das Stiftsymbol (✎) bearbeiten.

Diese Ansicht zu nutzen ist vor allem dann sinnvoll, wenn Sie herausfinden möchten, wer alles Zugriff auf eine bestimmte Applikation hat. Wird in den Spalten **Role Collections** und **Attributes** an dieser Stelle beispielsweise der Wert »0« angezeigt, können Sie davon ausgehen, dass niemand die betreffende Applikation nutzen kann (sofern korrekt programmiert wurde).

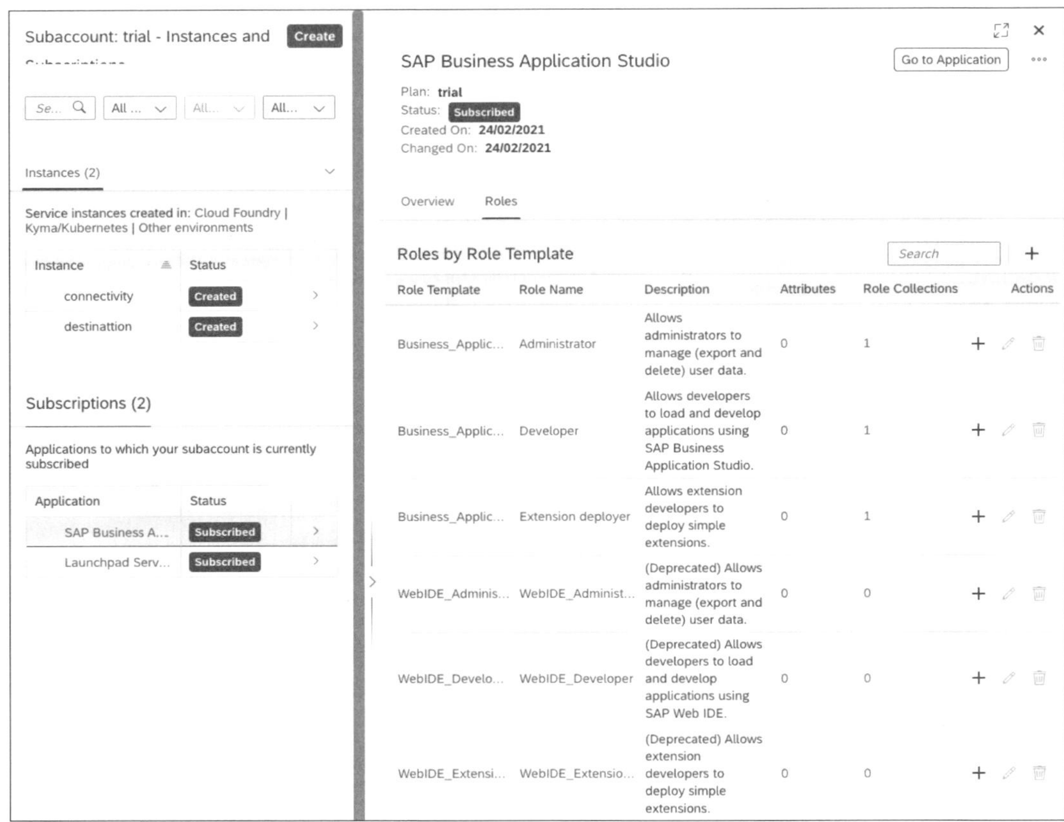

Abbildung 4.17 Rollen über die Applikationsübersicht finden und bearbeiten

4.4.2 Sammelrollen pflegen

Wie schon erwähnt, werden Sammelrollen in der Cloud-Foundry-Umgebung *Role Collections* genannt. Sammelrollen werden aus einzelnen Rollen gebildet und den Benutzern oder Gruppen von Benutzern zugeordnet.

In die Pflege der Sammelrollen steigen Sie über den Menüpfad **Security • Role Collections** ein (siehe Abbildung 4.18).

Bevor Sie die Sammelrollen Benutzern zuweisen, gilt generell, dass Sie am besten Ihre eigenen Sammelrollen als Kopien der Vorlagen erstellen. Die Rollen, die im Bereich des Subaccounts von SAP bereitgestellt werden, empfehlen wir nicht zu ändern. Bei Bedarf können Sie diese Standardrollen nachbauen.

Standard-Sammelrollen

SAP liefert in der Cloud-Foundry-Umgebung der SAP BTP die in Tabelle 4.1 aufgeführten Standardsammelrollen aus.

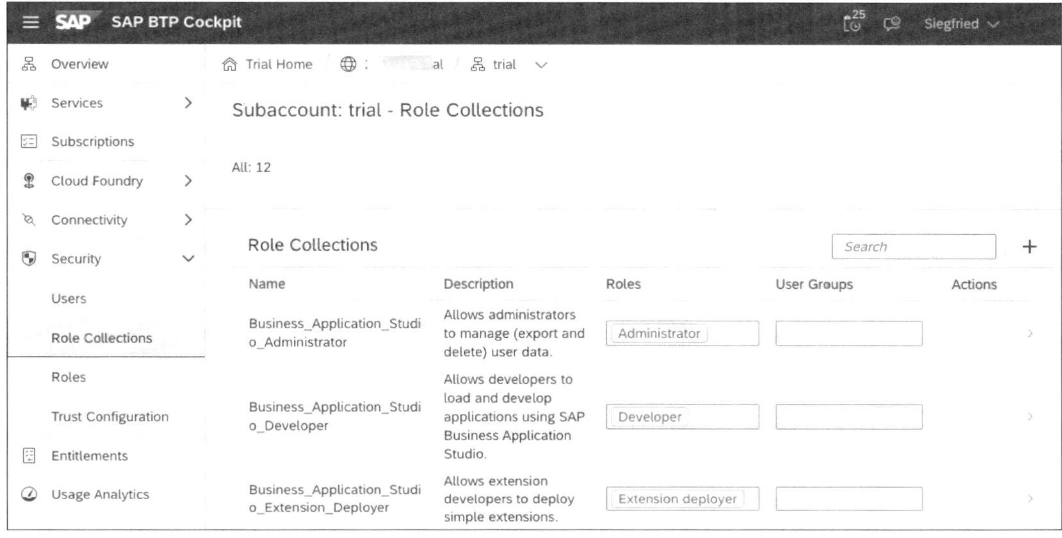

Abbildung 4.18 Einstieg in die Pflege von Role Collections

Rolle	Beschreibung
Business Application Studio Administrator	Diese Rolle ist zur Administration des SAP Business Application Studios gedacht. Man kann damit auch Benutzerdaten exportieren und löschen.
Business Application Studio Developer	Diese Rolle ist für Entwickler*innen gedacht, die im SAP Business Application Studio arbeiten.
Business Application Studio Extension Deployer	Diese Rolle erlaubt die Produktivsetzung (das Deployment) von Applikationen aus dem SAP Business Application Studio heraus.
Cloud Connector Administrator	Diese Rolle erlaubt die Verwaltung des Cloud Connectors.
Connectivity and Destination Administrator	Diese Rolle erlaubt die Pflege von Cloud-Connector-Verbindungen und den entsprechenden Zielen (*Destinationen*) im SAP BTP Cockpit.
Destination Administrator	Diese Rolle erlaubt lediglich die Pflege der Destinationen, aber nicht die Verwaltung des Cloud Connectors.
Subaccount Administrator	Diese Rolle ist die wichtigste Sammelrolle, die von SAP ausgeliefert wird, denn damit können Sie Ihren Subaccount umfassend verwalten. Idealerweise wird diese Rolle immer an mindestens zwei Personen vergeben.

Tabelle 4.1 Von SAP ausgelieferte Sammelrollen

Rolle	Beschreibung
Subaccount Service Administrator	Mit dieser Rolle können die Services eines Subaccounts verwaltet werden.
Subaccount Viewer	Diese Rolle erlaubt es, lesend auf einen Subaccount zuzugreifen, zum Beispiel um Rollenzuweisungen zu prüfen.

Tabelle 4.1 Von SAP ausgelieferte Sammelrollen (Forts.)

Sammelrolle anlegen

Um eine neue Sammelrolle anzulegen, gehen Sie wie folgt vor:

1. Klicken Sie im Bereich **Role Collections** auf das Plussymbol (+) rechts über der Liste der Sammelrollen.
2. Geben Sie im Pop-up-Fenster einen Namen und eine Beschreibung für die neue Sammelrolle ein (siehe Abbildung 4.19), und speichern Sie Ihre Angaben.

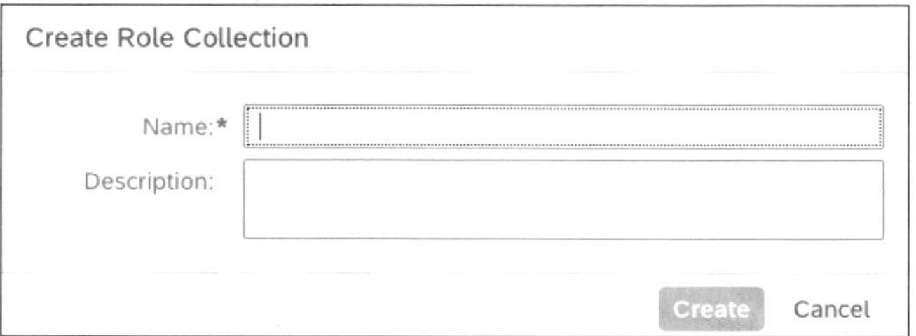

Abbildung 4.19 Sammelrolle anlegen

[»]

Namenskonventionen für Sammelrollen

SAP setzt die Namen der Sammelrollen in der Regel aus dem Namen der Applikation bzw. des Anwendungsbereichs und den möglichen Aktionen zusammen, wie z. B. »Viewer« für die Anzeigeberechtigung. In den technischen Namen werden diese Elemente mit einem Unterstrich voneinander getrennt. Sie können sich bei Ihren eigenen Sammelrollen an diesen Regeln orientieren, sie sind aber keine verbindliche Vorgabe.

3. Die angelegte Sammelrolle wird nun in der Liste der Sammelrollen angezeigt. Um Sie zu bearbeiten, klicken Sie den kleinen Pfeil rechts in der Zeile an (>, siehe Abbildung 4.20).
4. In der folgenden Ansicht können Sie Rollen in die Sammelrolle aufnehmen und Gruppen bzw. Attribute der Rolle hinzufügen. Über den Button **Edit** rechts oben wechseln Sie in den Bearbeitungsmodus.

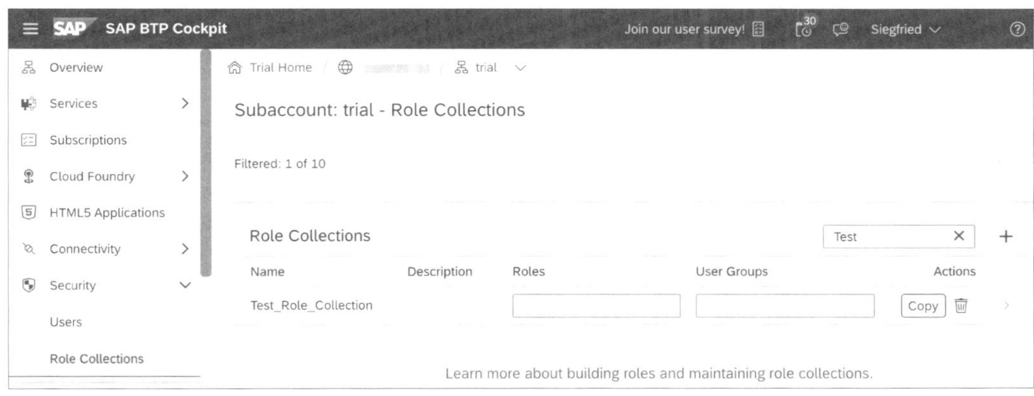

Abbildung 4.20 Sammelrolle bearbeiten

5. Abbildung 4.21 zeigt eine Sammelrolle im Bearbeitungsmodus.

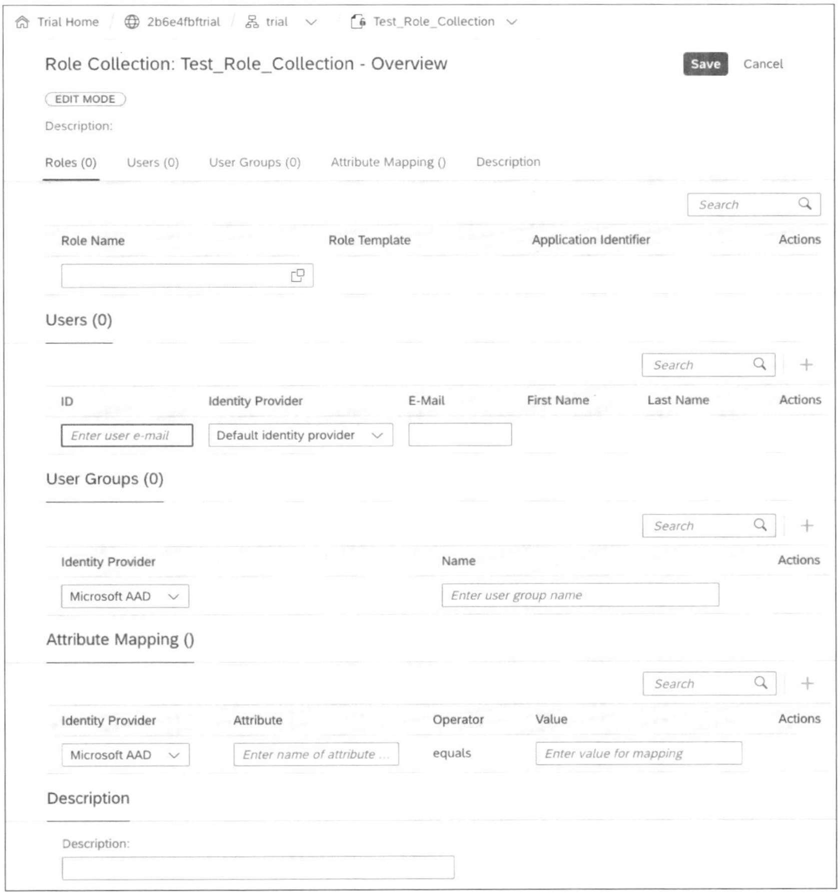

Abbildung 4.21 Eine Rollensammlung im Bearbeitungsmodus

Im Abschnitt **Roles** können Sie der Sammelrolle Rollen hinzufügen. Öffnen Sie dazu die Wertehilfe (⧉) in der Spalte **Role Name**.

6. Die Wertehilfe sehen Sie in Abbildung 4.22. Über die angebotenen Drop-down-Listen können Sie Rollen aus den verschiedensten Applikationen Ihres Subaccounts sowie aus dem Subaccount selbst kombinieren.

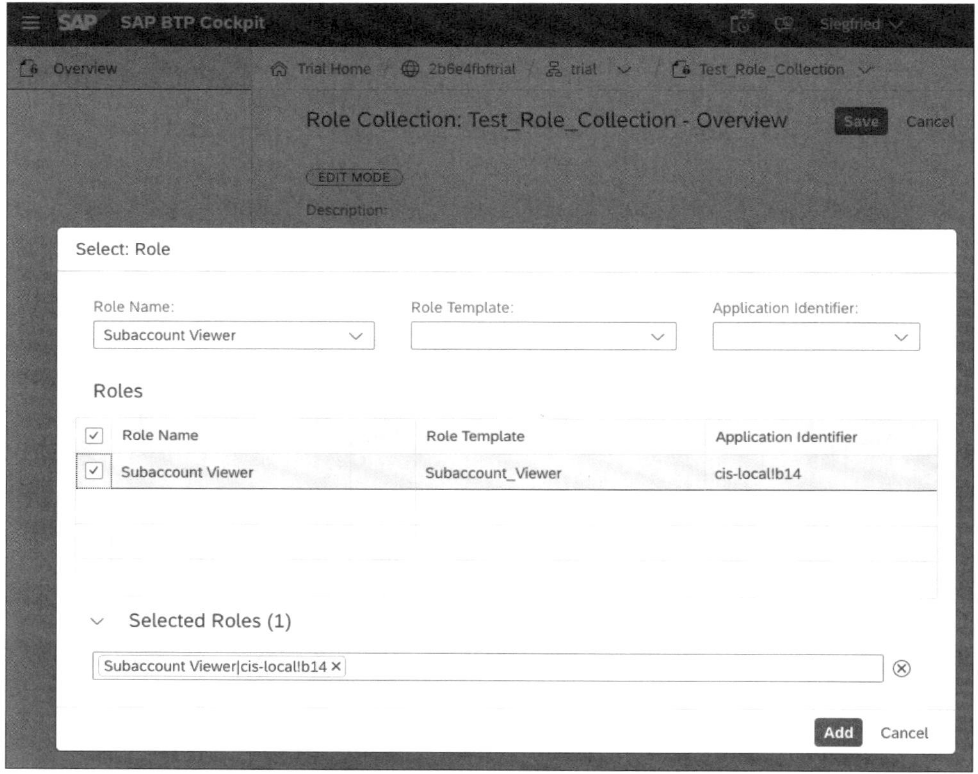

Abbildung 4.22 Wertehilfe für Rollenzuweisungen

7. Im Abschnitt **Users** können Sie Benutzern die Sammelrolle zuweisen (+) oder die Zuweisung wieder entfernen (🗑).
8. Die Abschnitte **User Groups** und **Attribute Mapping** sind bei Verwendung der Sammelrollen-Mappings von Bedeutung. Wir erläutern sie in Abschnitt 4.4.3, »Sammelrollen-Mapping«, näher.
9. Im Abschnitt **Description** können Sie die Beschreibung der Sammelrolle bearbeiten.
10. Abschließend sichern Sie Ihre Änderungen über den Button **Save**.

Sammelrolle kopieren

Haben Sie eine eigene Sammelrolle angelegt und möchten Sie auf deren Basis weitere Sammelrollen konfigurieren, können Sie die Rolle bequem über den Button **Copy** am Ende der Zeile kopieren (siehe Abbildung 4.23). Sie können dabei über den Anlegedialog in Abbildung 4.19 jeweils neue Namen für die kopierten Rollen festlegen.

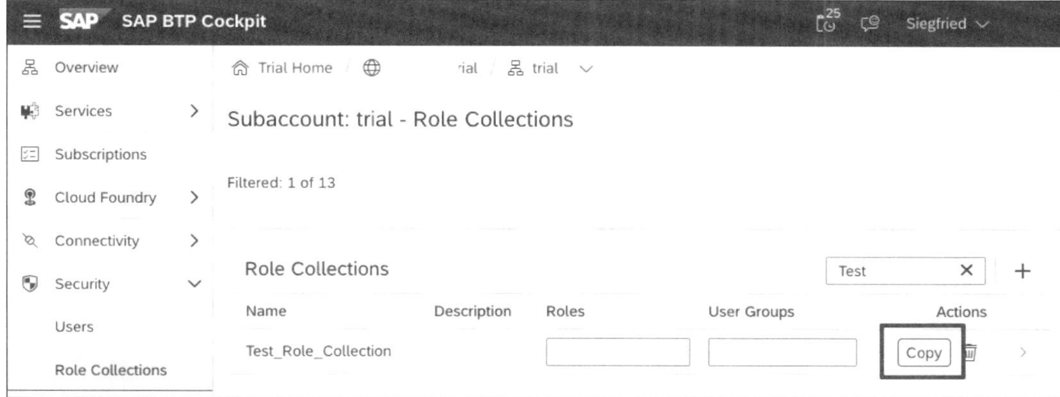

Abbildung 4.23 Sammelrolle kopieren

Wann setze ich Sammelrollen ein?

Ähnlich wie bei Rollen in ABAP-Systemen lautet eine generelle Empfehlung, die Sammelrollen nach den Positionen der Endanwender*innen innerhalb der Organisationsstruktur des Unternehmens oder nach Geschäftsprozessen zu organisieren und mit verschiedenen, granularen Einzelrollen zu füllen. Viele Unternehmen wenden hier ihre eigene Logik an. Eine Möglichkeit wäre es z. B., die Sammelrollen auf der SAP BTP genauso zu benennen wie die Sammelrollen im SAP-ERP- oder SAP-S/4HANA-System, wenn diese an dieselben Benutzergruppen vergeben werden.

4.4.3 Sammelrollen-Mapping

eXtended Services for UAA

Sammelrollen können automatisch mit Eigenschaften von Benutzern verknüpft werden, die von externen Identity Providern bereitgestellt werden. Dieses Vorgehen wird *Sammelrollen-Mapping* genannt. Das Mapping basiert auf dem Konzept der *eXtended Services for UAA* (XSUAA). Dabei werden nicht nur die Benutzer (**U**ser), Berechtigungen (**A**uthorizations) und die Authentifizierung (**A**uthentication) über den externen Identity Provider bezogen, sondern auch Entscheidungen zur Vergabe von Berechtigungen können aus dieser Quelle generiert werden. Beispielsweise können Berechtigungen aus den Benutzerattributen berechnet werden. Dazu ist es erforderlich, diese Attribute aus dem Identity Provider an die Cloud-Foundry-

Umgebung zu übertragen. In Abschnitt 4.6.2, »Zwei-Faktor-Authentifizierung von Benutzern über das Microsoft Azure Active Directory«, zeigen wir Ihnen diesen Vorgang exemplarisch am Beispiel von Microsoft Azure Active Directory.

Mapping vornehmen

Liegen die entsprechenden Informationen aus dem Identity Provider vor, nehmen Sie das Mapping wie folgt vor:

1. Wählen Sie in Ihrer Trust-Konfiguration den externen Identity Provider aus (siehe Abbildung 4.24).

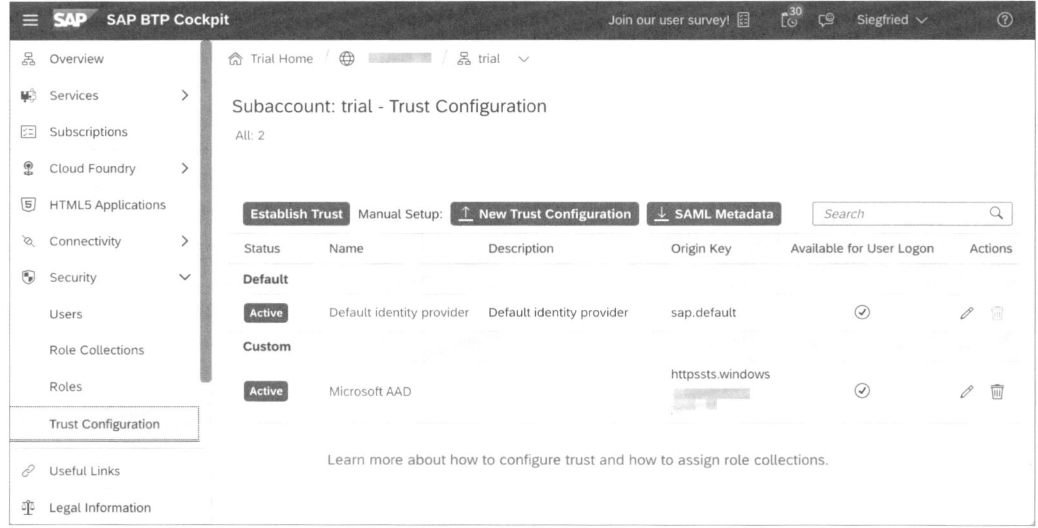

Abbildung 4.24 Auswahl des Identity Providers

2. Wechseln Sie über das Menü links in den Bereich **Role Collection Mappings** (siehe Abbildung 4.25).

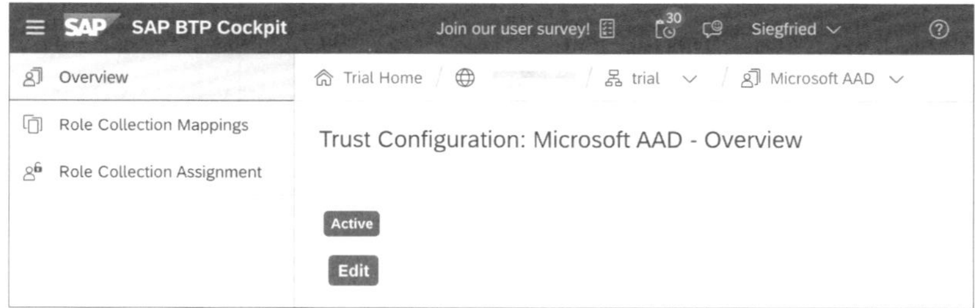

Abbildung 4.25 Auswahl der Role Collection Mappings

3. Dort können Sie das Mapping zwischen den Rollensammlungen und den bereitgestellten Benutzerattributen durchführen. Klicken Sie dazu auf den Button **New Role Collection Mapping** (siehe Abbildung 4.26).

4. Legen Sie einen Attributnamen und -wert fest, für den die Sammelrolle vergeben werden soll.
5. Sichern Sie die Werte.

Sie können sämtliche Werte aus dem Identity Provider verwenden. Die Schreibweise dieser Werte muss nicht exakt mit der im Identity Provider übereinstimmen. Ein exemplarisches Ergebnis sehen Sie in Abbildung 4.26. Hier wird automatisch die Rolle **Subaccount Administrator** an alle Benutzer vergeben, die Mitglied in der Gruppe (Attribut **Groups**) **Alle Benutzer** sind. Hierbei fällt auf, dass der Wert »Alle Benutzer« aus dem Azure AD auf Deutsch übertragen wird, das Attribut aber mit **Groups** die englische bzw. technische Bezeichnung behält.

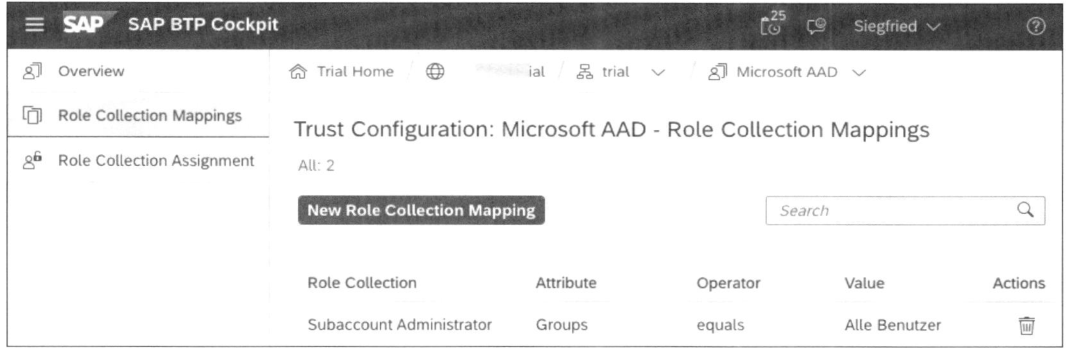

Abbildung 4.26 Übersicht der Mappings

Mapping-Werte werkzeuggestützt überprüfen

Wenn Sie Microsoft Active Directory oder Microsoft Azure Active Directory als Quelle für die Benutzerattribute verwenden, empfehlen wir Ihnen, diese Werte über ein Tool zu prüfen. Dazu können Sie z. B. das *Active Directory Snap-in* für die *Microsoft Management Console* (MMC) verwenden. Weitere Informationen dazu finden Sie auf den Seiten von Microsoft unter *http://s-prs.de/v809807*.

Verwendung der Sammelrollen-Mappings

Die Sammelrollen-Mappings sind praktisch, wenn Sie eine überschaubare Anzahl von Subaccounts verwalten und die Benutzerdaten für diese Subaccounts über einen einzigen Identity Provider bereitstellen. In komplexeren Landschaften empfehlen wir Ihnen, den Service Identity Provisioning zu nutzen, den wir in Abschnitt 2.4.2 vorgestellt haben. Dieser Service läuft auf nur einem Tenant und erlaubt über die Transformationen auch komplexere Operationen mit Attributen. Er kann auch mehrere Subaccounts zentral mit Daten versorgen – vergleichbar mit einer zentralen Benutzerverwaltung in ABAP-basierten SAP-Lösungen.

Lizenzierung mit SAP-Cloud-Produkten

Seit dem vierten Quartal 2020 werden die Services Identity Authentication und Identity Provisioning im Bündel mit vielen SAP-Cloud-Lösungen lizenziert. Dies macht die Nutzung beider Services aus Kostensicht noch attraktiver.

4.4.4 Reporting im Berechtigungsumfeld

Die Benutzerübersicht Ihres Subaccounts bietet Ihnen die Möglichkeit, Berichte zu Benutzern und Berechtigungen anzufertigen. Damit können Sie im laufenden Betrieb einen Überblick über berechtigte Benutzer und die ihnen zugewiesenen Rollen erhalten.

Benutzerberichte erstellen

Um einen Benutzerbericht zu erstellen, gehen Sie wie folgt vor:

1. Klicken Sie im Bereich **Security • Users** auf das Berichtsymbol () rechts über der Benutzerliste (siehe Abbildung 4.27).

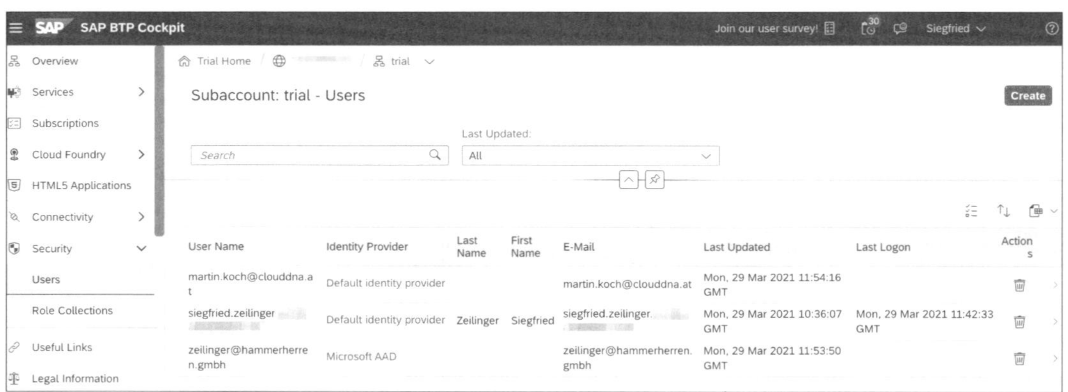

Abbildung 4.27 Einstieg zum Benutzerbericht

2. Im sich öffnenden Menü können Sie dort zwischen einem reinen Benutzerbericht (**Export all Users**) und einem Bericht inklusive der Rollenzuweisungen (**Export all Users with Role Collections**) wählen.
3. Der Bericht wird als CSV-Datei erzeugt und lässt sich in einem Tabellenkalkulationsprogramm wie Microsoft Excel öffnen.

In Abbildung 4.28 sehen Sie die Struktur eines Berichts inklusive der zugewiesenen Rollen. Sie finden hier den Benutzernamen, die Information, von welchem Identity Provider der Benutzer bereitgestellt wurde, den Nach- und Vornamen des Anwenders oder der Anwenderin, die E-Mail-Adresse sowie den Zeitpunkt der letzten Änderung der Benutzerdaten. Die zugewiesenen Sammelrollen werden in der Spalte **Assigned Role Collections** durch ein Komma voneinander getrennt aufgeführt.

	A	B	C	D	E	F	G
1	User Name	Identity Provider	Last Name	First Name	E-Mail	Last Updated	Assigned Role Collections
2	martin.koch@clouddna.at	sap.default	[illegible]	[illegible]	martin.koch@clouddna.at	2021-03-02T03:51:05.279Z	
3	[illegible]	httpssts.windov[illegible]	[illegible]	[illegible]	[illegible]	2021-03-01T01:59:19.102Z	
4	[illegible]	sap.default	[illegible]	[illegible]	[illegible]	2021-02-28T23:15:49.977Z	Launchpad_Admin,Subaccount Administrator
5							

Abbildung 4.28 Ergebnis des Benutzerberichts mit zugewiesenen Role Collections

Einschränkungen des Benutzerberichts

Das Datum der letzten Anmeldung der Benutzer wird aktuell noch nicht in den Bericht mit übernommen. Leider gibt es einen solchen Bericht zum Zeitpunkt der Drucklegung dieses Buches noch nicht für die Sammelrollen-Mappings, sondern nur für Benutzer mit expliziter Rollenzuweisung.

4.5 Checkliste zu Sicherheit und Berechtigungen in der Cloud-Foundry-Umgebung

In Tabelle 4.2 finden Sie die Checkliste für die Berechtigungs- und Benutzerverwaltung in der Cloud-Foundry-Umgebung.

Erledigt	Aufgabe
	Sie haben die unterschiedlichen Rechenzentren der Cloud-Foundry- und der Neo-Umgebung im Blick und haben sich am besten die genutzten Server an zentraler Stelle notiert.
	Sie haben geprüft, ob Sie das aktuelle Feature Set der SAP BTP abonnieren. Neue Projekte sollten Sie mit dem aktuellsten Versionsstand der SAP BTP beginnen.
	Den Namen für Ihre Organisation haben Sie so gewählt, das er sich nicht so schnell ändert, da die Namen von Organisationen nur durch Neuanlage des Subaccounts geändert werden können.

Tabelle 4.2 Checkliste zu Sicherheit und Berechtigungen in der Cloud-Foundry-Umgebung

Erledigt	Aufgabe
	Sie haben Ihre Subaccounts von anderen Subaccounts abgegrenzt. Das hat speziell bei der Anbindung von On-Premise-Systemen über den Cloud Connector (siehe Kapitel 5) hohe Bedeutung. Bei übergreifenden Szenarien haben Sie den Einsatz des Service Identity Provisionings in Betracht gezogen.
	Sie haben festgelegt, wo der Einsatz von Identity Providern dokumentiert wird und wie viele Identity Provider Sie einsetzen wollen.
	Es wurde sichergestellt, dass nur ein eingeschränkter Benutzerkreis Änderungen an der produktiven Konfiguration der Identity Provider vornehmen kann.
	Das Cloud-Sicherheitskonzept ist mit dem lokalen Sicherheitskonzept abgestimmt und stimmig. Beachten Sie insbesondere, welche (alle?) Benutzer Ihres Unternehmens sich an den Cloud-Anwendungen anmelden könnten.
	Die Sammelrollen der SAP BTP passen zu den Benutzerrollen in anderen Systemen Ihrer Landschaft. Die Zuordnung sollte sich anwendungsfallabhängig mit der von On-Premise-Rollen decken. Sammelrollen aus den verschiedenen Systemen sollten auf einer Ebene sein da die Vergleiche Einzelrollen bzw. SAP-BTP-Rollen enthalten.
	Bei der Entscheidung, ob Sie einen Identity Authentication Tenant verwenden, haben Sie folgende Kriterien berücksichtigt: ■ **Die Lizenzfrage** Wenn Sie im Zuge einer Bundle-Lizenz für eine SAP-Cloud-Anwendung ohnehin Zugriff auf den Identity Authentication Service haben, bietet es sich an, diesen auch zu verwenden. ■ **Die Frage der Übersichtlichkeit** Wenn Sie mehr und mehr Subaccounts verwenden, wird die Verwaltung der externen Identity Provider über den Identity Authentication Service als Plattform-Identity-Provider einfacher. Die Vertrauensbeziehung kann dann von den jeweiligen Subaccounts zum Identity Authentication Service und von dort weiter zum externen Identity-Provider eingerichtet werden.
	Wenn Sie einen externen Identity Provider verwenden, haben Sie ein Sammelrollen-Mapping eingerichtet. Sie haben die geeigneten Attribute für ein solches Mapping ausgemacht. Beachten Sie, dass ein Reporting für die gemappten Zuweisungen aktuell nur auf der Seite des externen Providers möglich ist.

Tabelle 4.2 Checkliste zu Sicherheit und Berechtigungen in der Cloud-Foundry-Umgebung (Forts.)

4.6 Beispiele für die Benutzer- und Berechtigungsverwaltung aus der Praxis

In diesem Abschnitt finden Sie Anwendungsbeispiele aus dem Bereich der Benutzer- und Berechtigungsverwaltung in der Cloud-Foundry-Umgebung. Wir haben Szenarien ausgewählt, die in der Praxis häufig vorkommen. So sind die Aktivierung des SAP Launchpad Service (siehe Abschnitt 4.6.1) und die Einbindung von Microsoft Azure Active Directory (siehe Abschnitt 4.6.2) sehr häufige Anforderungen.

4.6.1 Aktivierung und sichere Konfiguration des SAP Launchpad Service

Die Vorgaben zur Entwicklung von SAP-Benutzeroberflächen lauten seit einigen Jahren: Verwenden Sie die Designrichtlinien für SAP Fiori und die darunterliegende Technologie SAPUI5 auch für Ihre kundeneigenen Geschäftsapplikationen. Stellen Sie außerdem ein *SAP Fiori Launchpad* als zentralen Einstiegspunkt für diese Anwendungen zur Verfügung. Dieser neue zentrale Einstieg soll sukzessive das in die Jahre gekommene *SAP Enterprise Portal* ablösen. Ein einfaches Beispiel einer Kachel im SAP Fiori Launchpad sehen Sie in Abbildung 4.29.

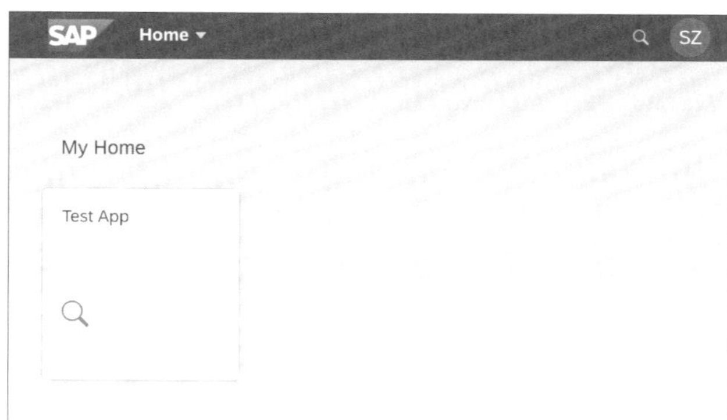

Abbildung 4.29 Beispiel einer Testkachel im SAP Fiori Launchpad

SAP Launchpad Service

Lokal bzw. on premise wird das SAP Fiori Launchpad über den SAP-Fiori-Frontend-Server bereitgestellt. Da man aber in einem lokal laufenden Launchpad nicht unbedingt die Kacheln zum Aufruf von Cloud-Services einbinden möchte, hat SAP den *SAP Launchpad Service* auf den Markt gebracht. Mit Feature Set B (siehe Informationskasten in der Einleitung dieses Kapitels) ist dieser Service im Service Marketplace der Cloud-Foundry-Umgebung verfügbar.

Im folgenden Beispiel zeigen wir Ihnen, wie Sie den SAP Launchpad Service einrichten und für den sicheren Zugriff auf Ihre Cloud-Anwendungen konfigurieren.

Voraussetzungen

Um die folgenden Schritte durchführen zu können, müssen folgende Voraussetzungen gegeben sein:

- Sie verfügen über einen Cloud-Foundry-Account und haben dort einen Subaccount im Rechenzentrum Ihrer Wahl fertig eingerichtet. Sie können für dieses Beispiel auch einen Trial Account verwenden.
- Sie wissen, wer das SAP Fiori Launchpad administrieren soll und welche Anwender*innen die Zielgruppe für die bereitgestellten Inhalte sind. Außerdem haben Sie sich überlegt, wer als Testnutzer*in zur Verfügung stehen könnte.

SAP Launchpad Service aktivieren

Sind alle Voraussetzungen erfüllt, aktivieren Sie zunächst den SAP Launchpad Service:

1. Wählen Sie im Menü des SAP BTP Cockpit den Pfad **Services • Service Marketplace**, und geben Sie im Suchfeld das Stichwort »Launchpad« ein.
2. Als Suchergebnis wird Ihnen die Kachel **Launchpad Service** angezeigt (siehe Abbildung 4.30).

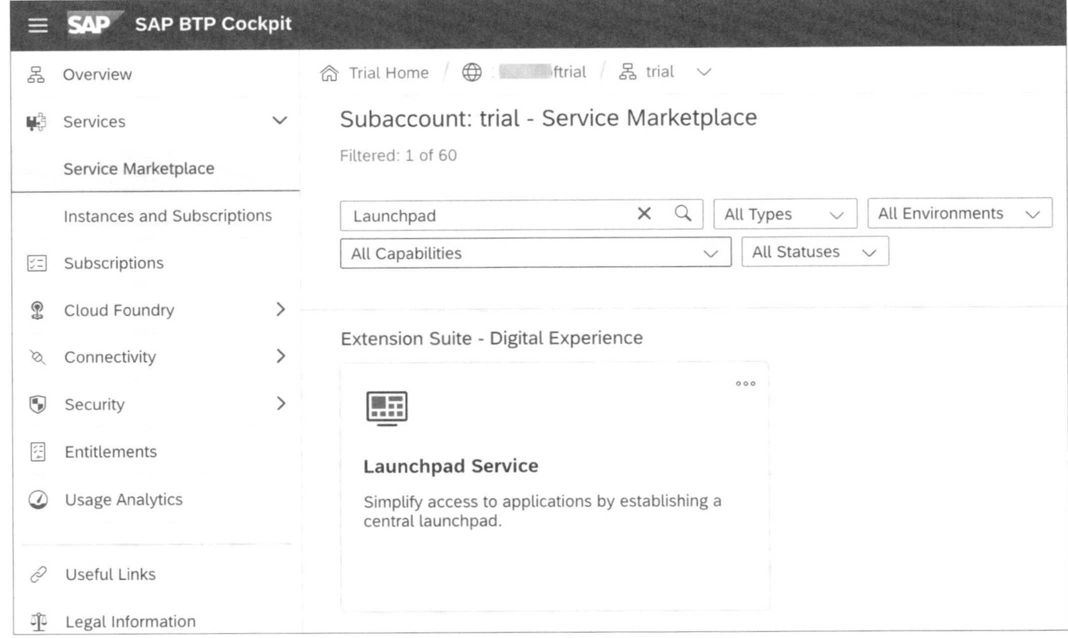

Abbildung 4.30 Kachel zur Aktivierung des SAP Launchpad Service im SAP BTP Cockpit

3. Klicken Sie auf die Kachel, um in die Detailsicht des Service zu gelangen.
4. Dort klicken Sie auf den Button **Create**, um eine Serviceinstanz anzulegen (siehe Abbildung 4.31).

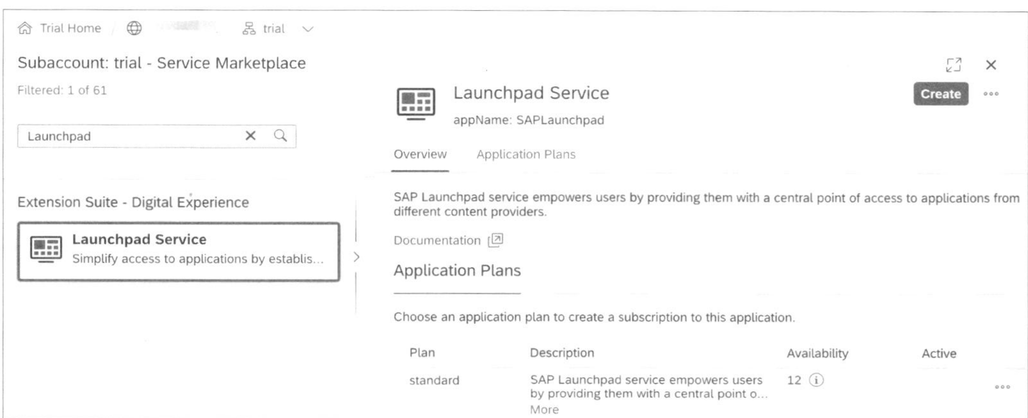

Abbildung 4.31 Instanz des SAP Launchpad Service anlegen

5. Im nächsten Dialog belassen Sie die Standardeinstellungen und klicken auf den Button **Create** (siehe Abbildung 4.32).

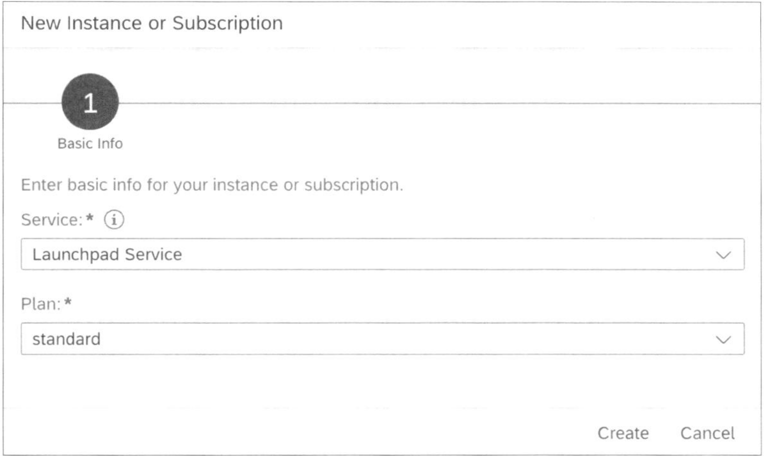

Abbildung 4.32 Standardeinstellungen zum Anlegen einer Serviceinstanz

6. Warten Sie einige Minuten, dann ist die Instanz Ihrer Servicesubskription einsatzbereit.

Berechtigungen für den Administrationsbenutzer

Bevor Sie den Service nutzen können, müssen Sie Ihrem Benutzer die erforderlichen Berechtigungen zuweisen.

[»]

Wahl der Administrationsrolle

Die meisten Services der SAP BTP stellen eine vordefinierte Administratorrolle bereit. Informationen dazu finden Sie in der Dokumentation des jeweiligen Service im SAP Help Portal oder in der Dokumentation des Entwicklerteams, das den Service bereitstellt. Die Dokumentation des SAP Launchpad Service (und der meisten anderen Services von SAP) erreichen Sie über einen Klick auf Ihre Subskription im Bereich **Instances and Subscriptons** des SAP BTP Cockpits. Klicken Sie in der Liste der Subskriptionen auf den Namen der Applikation, hier **Launchpad Service** (❶ in Abbildung 4.33), und navigieren Sie zur Registerkarte **Overview** ❷.

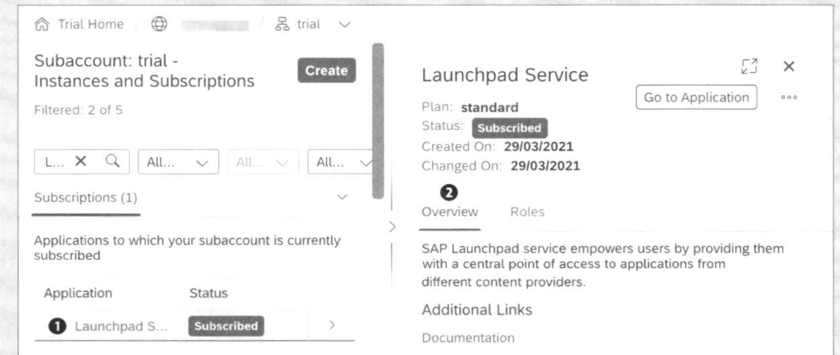

Abbildung 4.33 Navigation zur Dokumentation des SAP Launchpad Service

Weisen Sie die Sammelrolle `Launchpad_Admin` mit den folgenden Schritten Ihrem eigenen Benutzer zu:

1. Navigieren Sie im SAP BTP Cockpit in den Bereich **Security • Role Collections**.
2. Filtern Sie die Liste der Sammelrollen über den Begriff »Launchpad«. Tragen Sie diesen in der Filterbox rechts über der Liste **Role Collections** ein.
3. Sie sollten nun zwei Sammelrollen sehen, eine davon ist die Rolle `Launchpad_Admin` (siehe Abbildung 4.34).
4. Wechseln Sie per Doppelklick auf diese Sammelrolle in die Detailsicht. Klicken Sie hier auf den Button **Edit** (siehe Abbildung 4.35).
5. Wählen Sie nun im unteren Bereich der Bearbeitungssicht Ihre Benutzerkennung, d. h. Ihre E-Mail-Adresse, aus. Falls die E-Mail-Adresse in der Spalte **E-Mail** wie in Abbildung 4.36 zwar vom System vorausgefüllt, aber rot umrandet wird, löschen Sie ein Zeichen in der Adresse weg und fügen es direkt wieder hinzu. Es handelt sich dabei um einen aktuellen Fehler, der in Zukunft wohl ausgebessert werden wird.
6. Speichern Sie die Zuweisung über den Button **Save**.

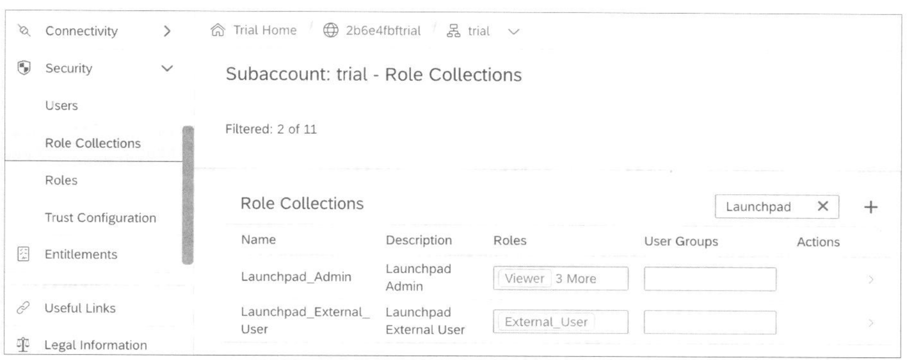

Abbildung 4.34 Sammelrolle zur Verwaltung des SAP Launchpad Service suchen

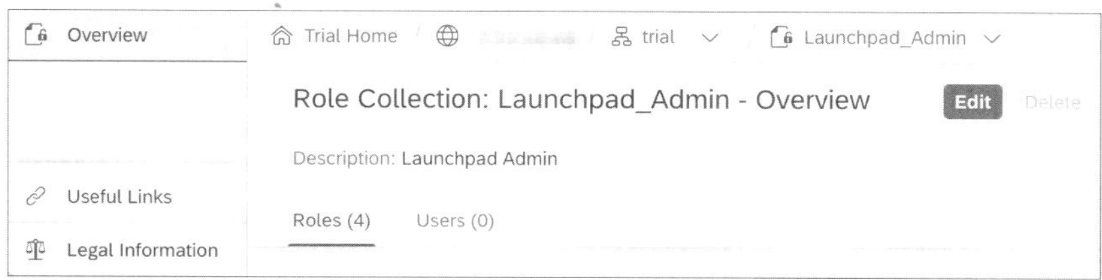

Abbildung 4.35 Sammelrolle »Launchpad Admin« bearbeiten

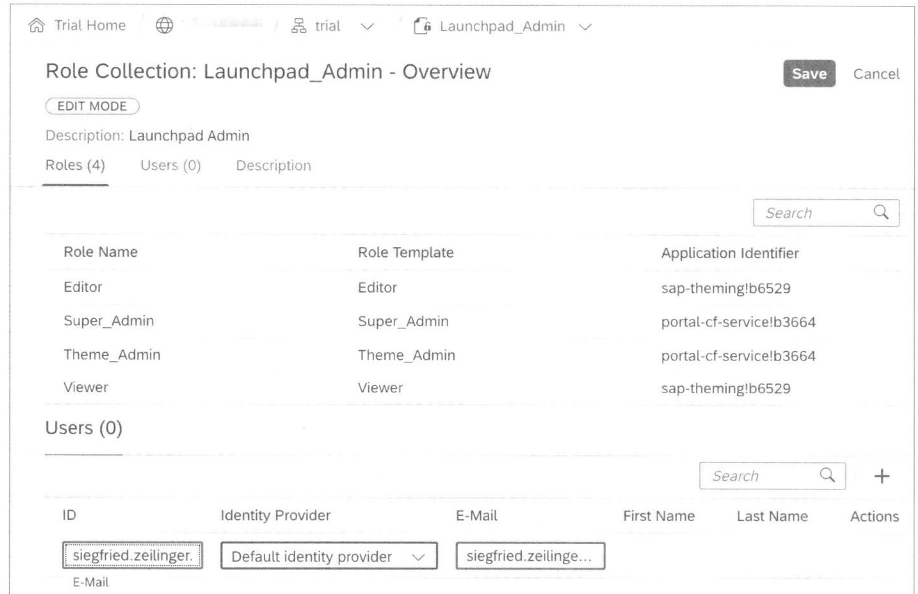

Abbildung 4.36 Dem eigenen Benutzer die Administrationsberechtigung zuweisen

Kritische Administrationsberechtigungen mit Bedacht vergeben

Vergeben Sie die Rollensammlung `Launchpad_Admin` nicht zu großzügig. Mit der darin enthaltenen Rolle `Theme_Admin` lässt sich unter anderem das Design Ihres Launchpads ändern. Erstellen Sie besser eine eigene Sammelrolle, aus der Sie die Rolle `Theme_Admin` ausnehmen.

Berechtigung testen

Prüfen Sie nun, ob Sie den Service aufrufen können, indem Sie im Menü des SAP BTP Cockpits den Pfad **Services • Instances and Subscriptions** wählen und dann in der Liste der Subskriptionen neben dem **Launchpad Service** auf das Symbol **Go to Application** (▭) klicken (siehe Abbildung 4.37). Es öffnet sich dann das **Webseite-Verzeichnis**, die Administrationsumgebung des SAP Launchpad Service. Dass der Aufruf klappt, zeigt, dass die Zuweisung der Berechtigung erfolgreich war.

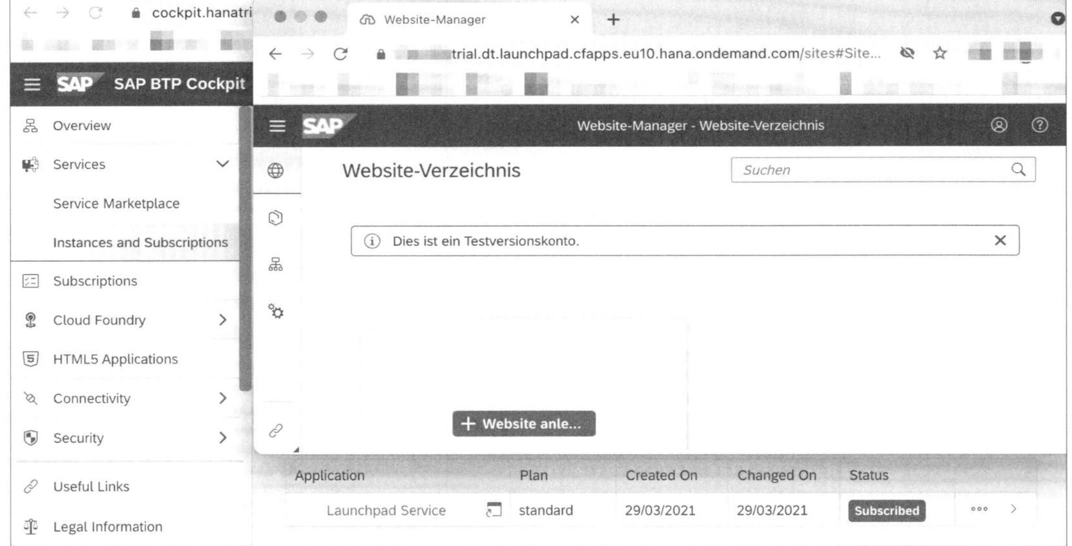

Abbildung 4.37 Absprung in die Administration des SAP Launchpad Service

Benutzersprache des SAP Launchpad Service

Die Startseite des Webseite-Verzeichnisses sollte Sie auf Deutsch begrüßen, wenn Sie Deutsch als Standardsprache in Ihrem Browser eingestellt haben. Die Oberfläche des SAP Launchpad Service wurde in mehrere Sprachen übersetzt.

Website erstellen

Erstellen Sie nun eine erste eigene Launchpad-Website, für deren Aufruf Sie anschließend eine Rolle einrichten können. Gehen Sie dazu wie folgt vor:

1. Wählen Sie im **Webseite-Verzeichnis** den Button **Website anlegen**.
2. Es wird automatisch eine Testseite mit den Standardeinstellungen vorgeschlagen. Übernehmen Sie diese Einstellungen.
3. Das Ergebnis sehen Sie in Abbildung 4.38.

Abbildung 4.38 Anlage einer Testseite im SAP Launchpad Service

Rolle zum Aufruf der Website

Nun können Sie eine neue Rolle anlegen, die Benutzer dazu berechtigt, auf die Testseite zuzugreifen:

1. Wechseln Sie über das Paketsymbol (⬡) in der Symbolleiste auf der linken Seite in den **Content-Manager**.
2. Klicken Sie dort auf den Button **+ Neu**. Im sich öffnenden Menü wählen Sie den Eintrag **Rolle**.
3. Nennen Sie die neue Rolle einfach »Launchpad Rolle«. In der Praxis würden Sie der Rolle nun Berechtigungen für die verschiedenen Inhalte (Apps, Katalog, Gruppen) hinzufügen. Benutzer, denen diese Rolle zugewiesen wird, sind dann automatisch zum Zugriff auf diese Inhalte berechtigt.
4. Die neue Rolle wird anschließend in der Rollenübersicht angezeigt (siehe Abbildung 4.39).

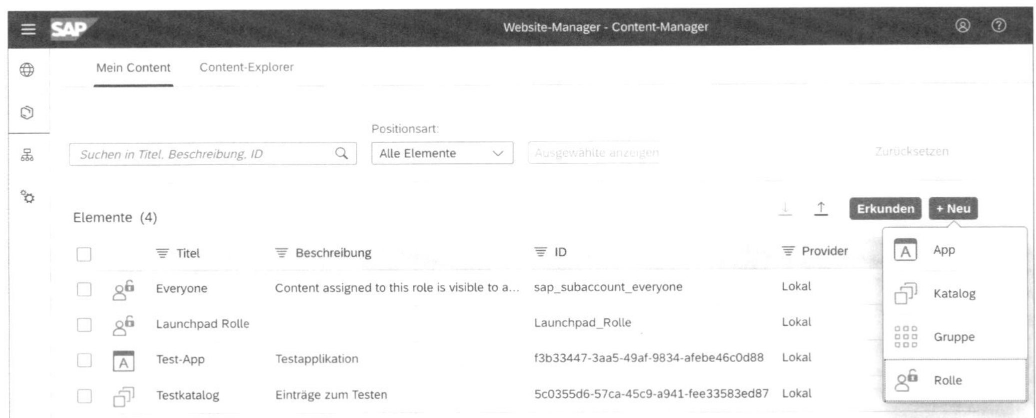

Abbildung 4.39 Rolle im SAP Launchpad Service anlegen

Anzeige der Rolle im SAP BTP Cockpit

Die im SAP Launchpad Service erstellte Rolle wird auch im SAP BTP Cockpit als Sammelrolle angezeigt. Wenn Sie dort im Bereich **Security • Role Collections** nach dem Stichwort »Launchpad« suchen, sehen Sie Rolle mit der Bezeichnung `Launchpad_Rolle` (siehe Abbildung 4.40).

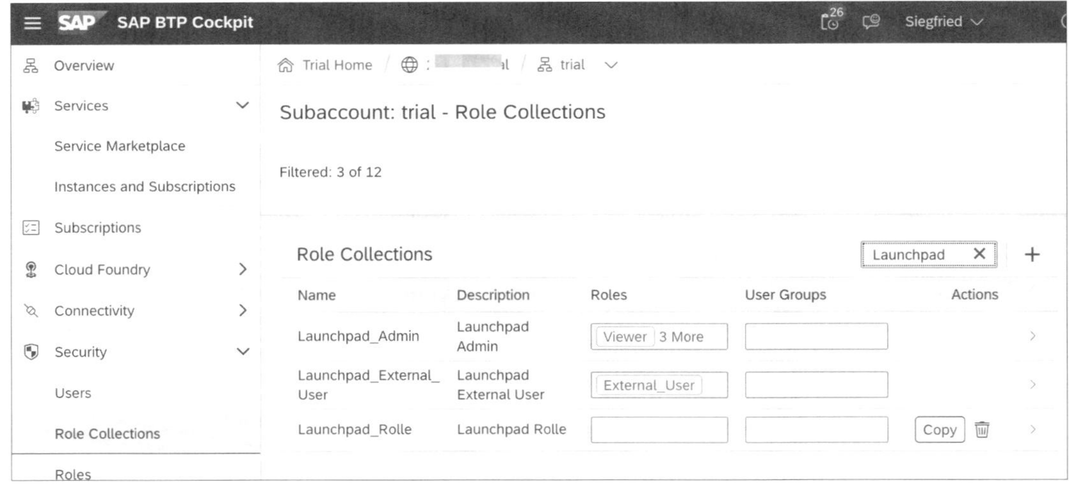

Abbildung 4.40 Ergebnis der Erstellung der Rolle

In der Praxis würden Sie nun in dieser Sammelrolle weitere Berechtigungen hinzufügen, die die Endanwender*innen benötigen, um die Kacheln im SAP Fiori Launchpad aufrufen zu können, z. B. die Berechtigungen für weitere Services der SAP BTP.

Weitere Sicherheitseinstellungen

Machen Sie sich abschließend mit den vorgesehenen Sicherheitseinstellungen und Einschränkungen vertraut, insbesondere für den Einsatz des

Cloud Connectors in Zusammenarbeit mit dem SAP Launchpad Service. Um beurteilen zu können, ob sich der SAP Launchpad Service für Ihre Anforderungen eignet, aber auch um zu sehen, ob die Anbindung der Backend-Systeme mit den korrekten Sicherheitseinstellungen im Backend und dem Cloud Connector konfiguriert wurde, greifen Sie am besten wieder auf die **Overview**-Seite im SAP BTP Cockpit unter **Services • Instances and Subscriptions** zu. Hier finden Sie den Link zur jeweils aktuellen Dokumentation des SAP Launchpad Service.

Wir möchten Sie auf zwei Themen in dieser Dokumentation hinweisen:

- Unter dem Menüpunkt **Initial Setup • Limitations – General** finden Sie Informationen dazu, was Sie hinsichtlich des Umfangs und der Funktion des SAP Fiori Launchpads beachten sollten.
- Unter dem Menüpunkt **Initial Setup • Set Up CloudConnector** finden Sie eine detaillierte Übersicht, welche Services an den Backend-Systemen bzw. im Cloud Connector freigeschaltet sein müssen, damit ein ordnungsgemäßer Zugriff möglich ist (siehe Abbildung 4.41).

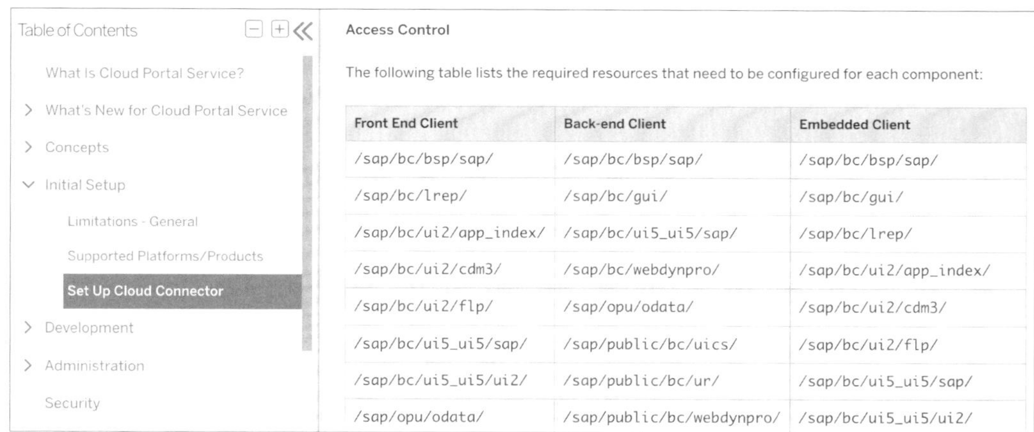

Access Control

The following table lists the required resources that need to be configured for each component:

Front End Client	Back-end Client	Embedded Client
/sap/bc/bsp/sap/	/sap/bc/bsp/sap/	/sap/bc/bsp/sap/
/sap/bc/lrep/	/sap/bc/gui/	/sap/bc/gui/
/sap/bc/ui2/app_index/	/sap/bc/ui5_ui5/sap/	/sap/bc/lrep/
/sap/bc/ui2/cdm3/	/sap/bc/webdynpro/	/sap/bc/ui2/app_index/
/sap/bc/ui2/flp/	/sap/opu/odata/	/sap/bc/ui2/cdm3/
/sap/bc/ui5_ui5/sap/	/sap/public/bc/uics/	/sap/bc/ui2/flp/
/sap/bc/ui5_ui5/ui2/	/sap/public/bc/ur/	/sap/bc/ui5_ui5/sap/
/sap/opu/odata/	/sap/public/bc/webdynpro/	/sap/bc/ui5_ui5/ui2/

Abbildung 4.41 Ausschnitt aus der Dokumentation zum SAP Launchpad Service

4.6.2 Zwei-Faktor-Authentifizierung von Benutzern über das Microsoft Azure Active Directory

In unserem zweiten Praxisbeispiel gehen wir davon aus, dass die Benutzer Ihrer Unternehmensanwendungen im Microsoft Azure Active Directory (Azure AD) verwaltet werden. Nun möchten Sie diesen Benutzerpool für die Authentifizierung von Anwender*innen in der Cloud-Foundry-Umgebung der SAP BTP nutzen. Dabei möchten Sie sicherstellen, dass eine Zwei-Faktor-Authentifizierung durchgeführt wird.

Voraussetzungen

Es müssen folgende Voraussetzungen erfüllt sein, damit Sie das Beispiel in diesem Abschnitt durchspielen können:

- Sie verfügen über Administrationszugriff auf die SAP BTP und das Azure AD.
- Sie verfügen über einen Benutzer, der im Azure AD bereits für die Zwei-Faktor Authentifizierung freigeschaltet wurde.
- Sie wissen, in welcher Region Ihr Cloud-Foundry-Subaccount bereitgestellt wird.

SAML-Metadaten herunterladen

Laden Sie zunächst die Metadaten für die Vertrauensbeziehung aus Ihrem Subaccount der SAP BTP herunter:

1. Navigieren Sie im SAP BTP Cockpit in den Bereich **Security • Trust Configuration**.
2. Klicken Sie auf den Button **SAML Metadata**, um die Metadaten herunterzuladen (siehe Abbildung 4.42).

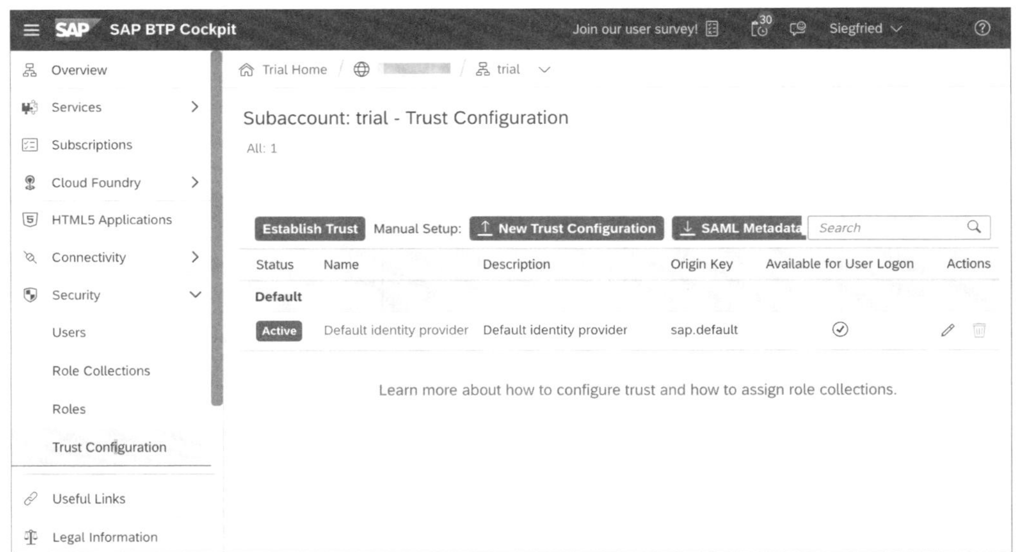

Abbildung 4.42 SAML-Metadaten aus dem SAP BTP Cockpit herunterladen

3. Sichern Sie die erhaltene Datei lokal.

Metadaten und Applikation im Azure AD

Mithilfe der Metadaten legen Sie anschließend eine Unternehmensanwendung (*Enterprise Application*) im Azure AD an. Außerdem laden Sie auch dort Metadaten herunter, die Sie anschließend in der SAP BTP bereitstellen:

1. Melden Sie sich am Azur AD unter *https://portal.azure.com* an.
2. Wählen Sie im Menü den Pfad **Unternehmensanwendungen • Neue Anwendung • SAP**, und rufen Sie die Kachel **SAP Cloud Platform** auf.

3. Klicken Sie auf den Button **Erstellen** (siehe Abbildung 4.43), um die SAP BTP als Unternehmensanwendung hinzuzufügen.

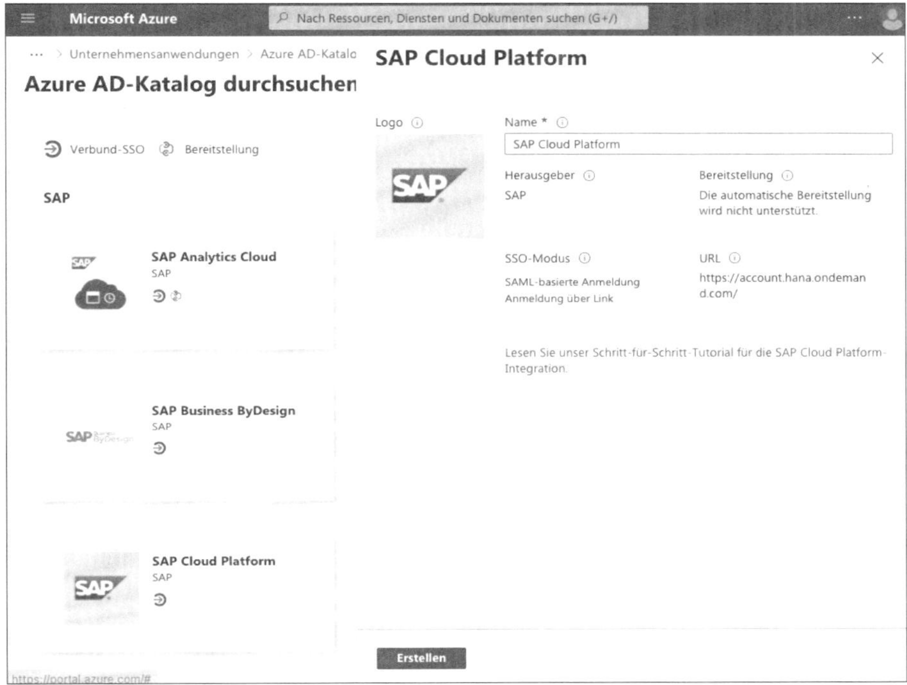

Abbildung 4.43 SAP Cloud Platform als Unternehmensanwendung im Azure AD hinzufügen

4. Nach der Erstellung der Anwendung wählen Sie diese in der Anwendungsliste unter dem Menüeintrag **Unternehmensanwendungen** aus.
5. Im ersten Schritt wählen Sie die Benutzer aus, denen Sie die Anmeldung an der Anmeldung erlauben möchten. Das können alle Benutzer sein oder eine Benutzergruppe des Azure ADs, die geeignet erscheint.
6. Wählen Sie nun in der Unternehmensanwendung unter **SSO einrichten • Erste Schritte** die **SAML-basierte-Anmeldung** aus.
7. Wählen Sie in der Funktionsleiste den Button **Metadatendatei hochladen** (siehe Abbildung 4.44). Damit laden Sie die im SAP BTP Cockpit heruntergeladene Metdatendatei hoch.
8. Spezifizieren Sie in der folgenden Bildschirmmaske die **Anmelde-URL**. Diese hat folgendes Format:

   https://<tenant>.authentication.<region>.hana.ondemand.com/

   Sie könnte also z. B. wie folgt lauten:

   https://abcdeftrial.authentication.eu10.hana.ondemand.com/

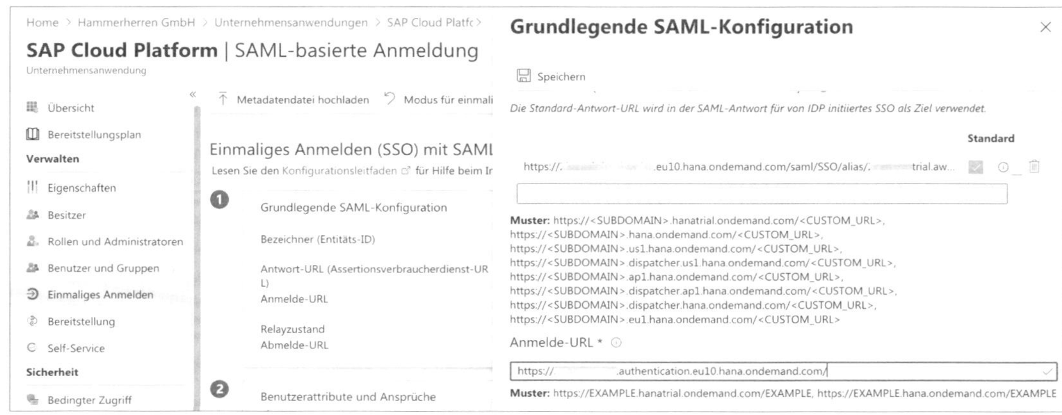

Abbildung 4.44 Metadaten in das Azure AD hochladen

9. Klicken Sie auf **Speichern**.

Gruppen des Azure ADs sichtbar machen

Nun wollen wir die Gruppen des Azure ADs im SAP BTP sichtbar machen:

1. Dazu wählen Sie in der Übersicht der Unternehmensanwendungen im Azure AD den Unterpunkt **App-Registrierungen** (siehe Abbildung 4.45). Klicken Sie dann auf **Alle Registrierungen anzeigen**.

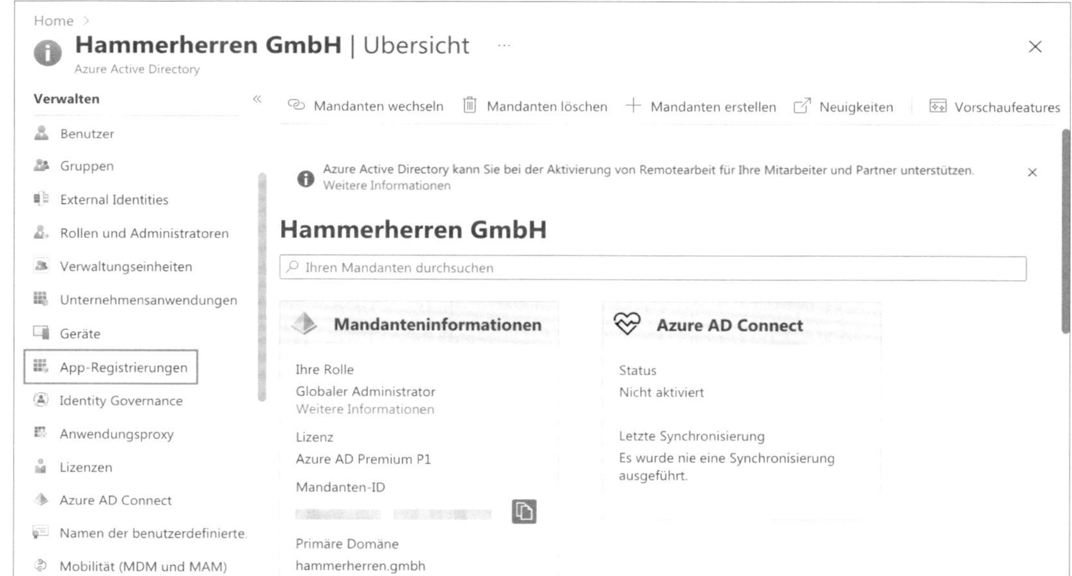

Abbildung 4.45 App-Registrierungen im Azure AD

2. Nun müssten Sie die zuvor angelegte Unternehmensanwendung **SAP Cloud Platform** sehen. Wählen Sie diese aus (siehe Abbildung 4.46).

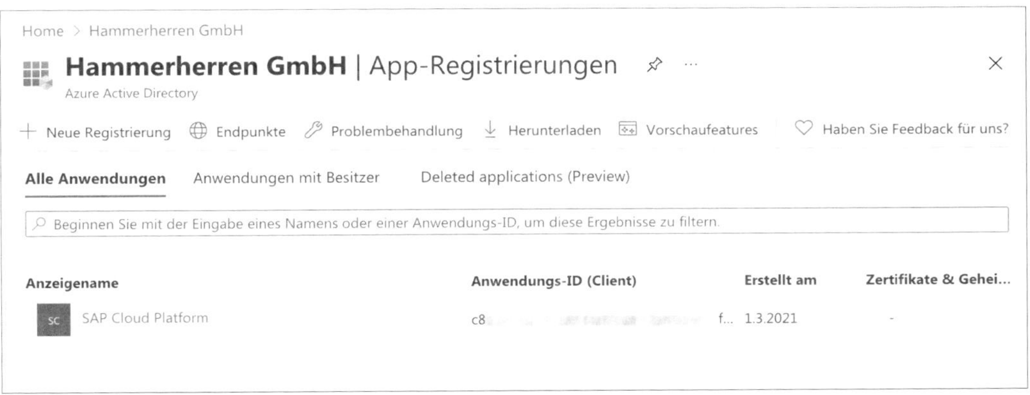

Abbildung 4.46 Auswahl der Unternehmensanwendung »SAP Cloud Platform« im Azure AD

3. Wählen Sie auf der folgenden Bildschirmmaske den Menüeintrag **Manifest** (siehe Abbildung 4.47). Das *Manifest* ist die technische Spezifikation der Eigenschaften, die von Azure AD an das SAML-Token übergeben werden müssen.

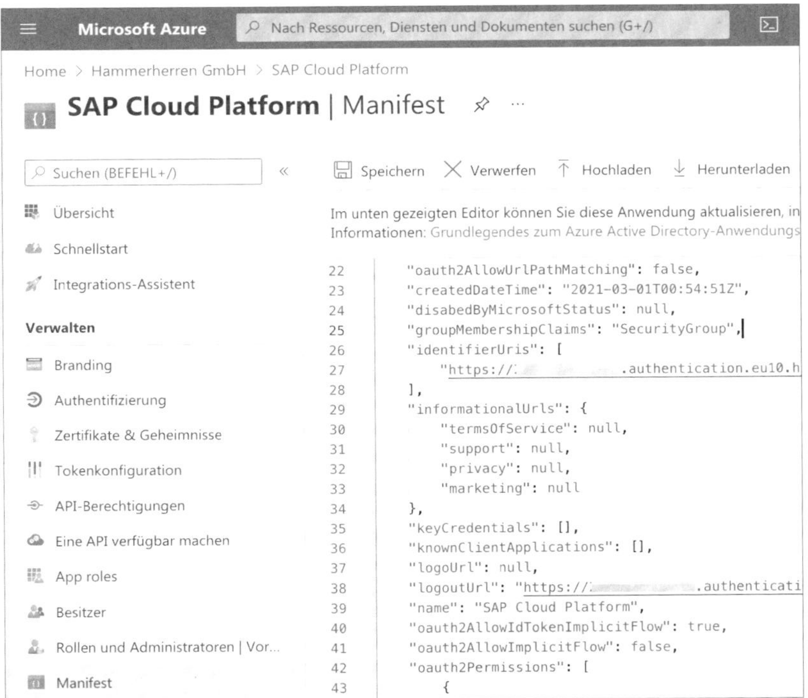

Abbildung 4.47 Sichtbarkeit einer Gruppe im Azure AD bearbeiten

4. Suchen Sie in dem JSON-Editor des Manifests auf der rechten Seite das Merkmal "`groupMembershipClaims`", und ersetzen Sie den Wert "`null`" durch den Wert "`SecurityGroup`". Dadurch werden die Gruppenmitgliedschaften eines Azure-AD-Benutzers berücksichtigt.
5. Speichern Sie Ihre Änderung anschließend über den Button **Speichern** in der Funktionsleiste.

Gruppe als Attribut liefern

Stellen Sie als Nächstes sicher, dass die Authentifizierung der Benutzer über deren E-Mail-Adressen erfolgt und nicht über den `samaccountname`, der dem Benutzernamen in Windows bzw. dem Azure AD entspricht. Gehen Sie dazu zurück in Ihre Unternehmensanwendung, und wählen Sie den Menüeintrag **Einmaliges Anmelden**. Wie in Abbildung 4.48 sollte Ihnen dort in der Liste der Benutzerattribute und Ansprüche das im vorangegangenen Schritt definierte Attribut **Groups** (technisch die `SecurityGroup`) als neues Attribut angezeigt werden.

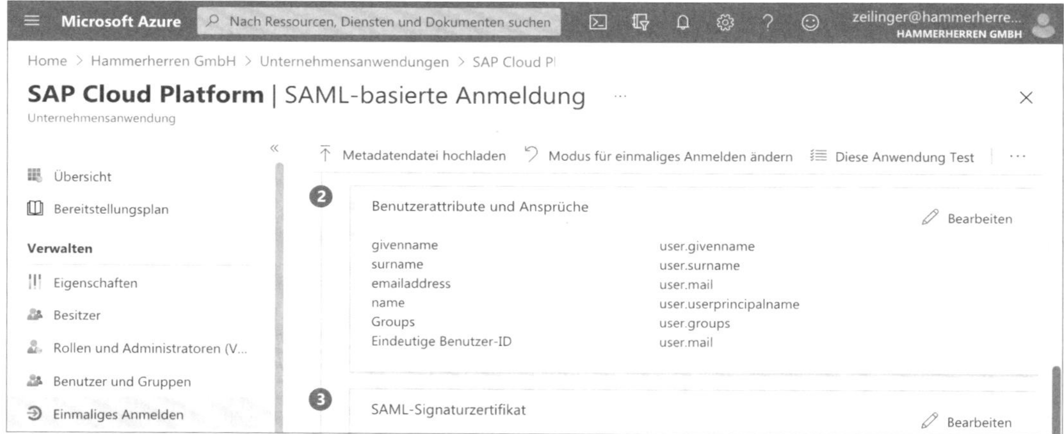

Abbildung 4.48 SSO-Konfiguration

Klicken Sie nun auf **Bearbeiten** rechts über der Liste der Benutzerattribute und Ansprüche, und ändern Sie den Wert des Attributs **Eindeutige Benutzer-ID** von `user.principalname` auf `user.mail`.

Zusätzlich ist es erforderlich, die Gruppeinformationen in das Attribut Gruppen (**Groups**) zu schreiben, damit diese Informationen auch in der SAP BTP für das Sammelrollen-Mapping zur Verfügung stehen. Klicken Sie dazu auf den Wert `user.groups`, und ändern Sie den Namen des Gruppenanspruchs auf »Groups«, wie in Abbildung 4.49 gezeigt. Der *Gruppenanspruch* regelt, ob Informationen eines Benutzers zu seiner Gruppenmitgliedschaft in das SAML-Token inkludiert werden. Diese Informationen bilden die Basis für das Sammelrollen-Mapping mit Azure-AD-Gruppen.

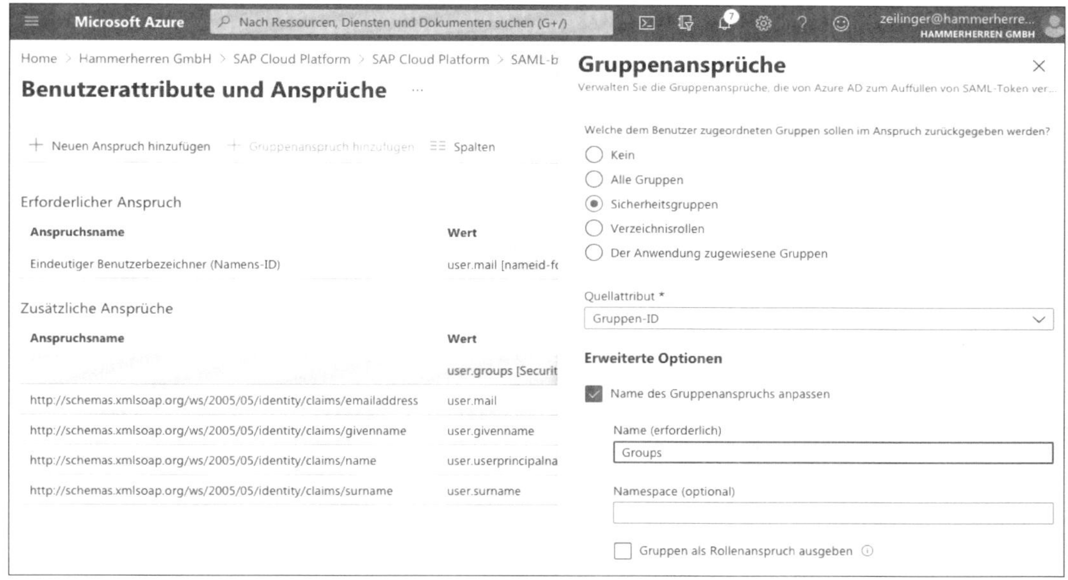

Abbildung 4.49 Anpassung des Gruppenattributs

Azure AD als Identity Provider

Abschließend fügen Sie das Azure AD als Identity Provider in der SAP BTP hinzu:

1. Laden Sie von der Übersichtsseite der SAML-basierten Anmeldung im Azure AD die Metaden für die Vertrauensbeziehung herunter, indem Sie auf den Link **Herunterladen** neben dem Eintrag **Verbundmetadaten-XML** klicken (siehe Abbildung 4.50).

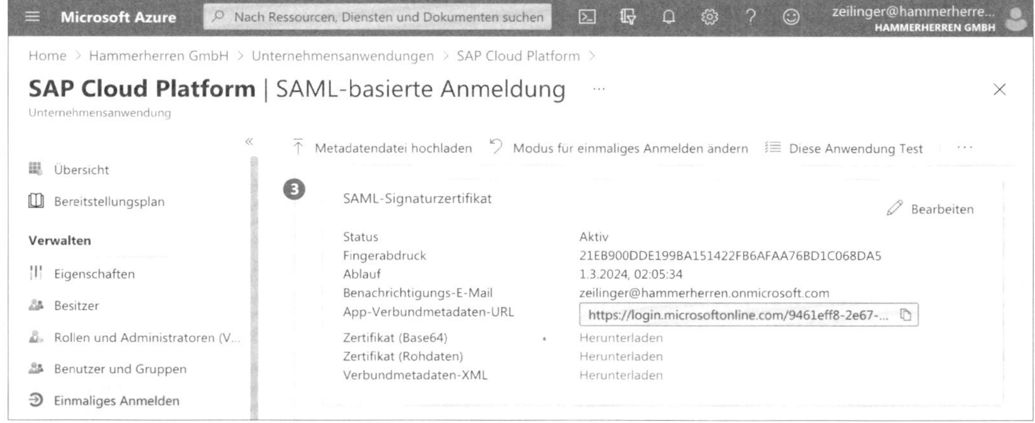

Abbildung 4.50 Metadaten-XML-Datei im Azure AD herunterladen

2. Navigieren Sie in Ihrem SAP BTP Cockpit in den Bereich **Security • Trust Configuration**, und wählen Sie den Button **New Trust Configuration** aus.
3. Laden Sie im Pop-up-Fenster die Datei Metadaten-XML-Datei über den Button **Upload** hoch, vergeben Sie einen Namen für die Trust-Konfiguration, und geben Sie im **Feld Link Text for User Logon** einen Text ein, der den Anwender*innen auf der Anmeldeseite angezeigt werden wird (siehe Abbildung 4.51).

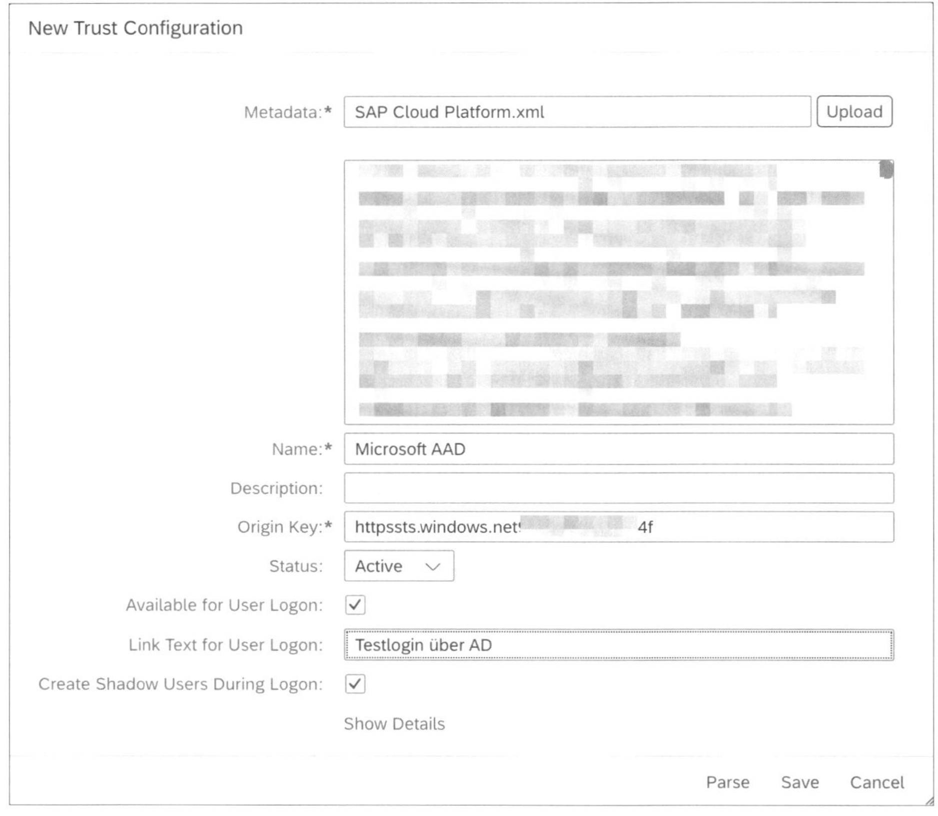

Abbildung 4.51 Neue Trust-Konfiguration für den externen Identity Provider anlegen

4. Speichern Sie Ihre Angaben über den Button **Save**.

Trust-Konfiguration testen

Um abschließend zu testen, ob die Anbindung von Azure AD als Identity Provider funktioniert, können Sie die Anmelde-URL *https://<tenant>.authentication.<region>.hana.ondemand.com/* aufrufen, die Sie für die Unternehmensanwendung **SAP Cloud Platform** im Azure AD definiert hatten. Auf der aufgerufenen Website sollte der von Ihnen gewählte Text für den Anmelde-Link angezeigt werden (siehe Abbildung 4.52).

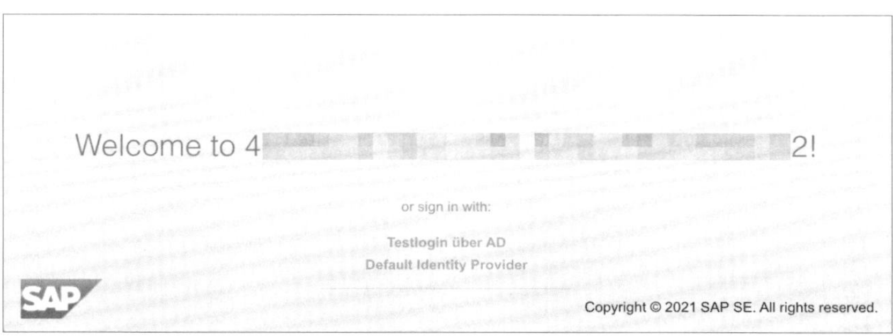

Abbildung 4.52 Neue Anmeldeseite für die SAP BTP nach der Konfiguration des Identity Providers

[!]

Benutzerkennung und Sammelrollen-Mapping als Voraussetzung für die erfolgreiche Anmeldung

Der Test funktioniert nur, wenn Sie sich als Benutzer mit der gleichen E-Mail-Adresse anmelden, mit der Sie auch im Azure AD registriert sind. Außerdem muss ein Mapping der Gruppe aus dem Azure AD und der Sammelrolle der SAP BTP im Bereicht **Role Collection Mappings** der Konfiguration des Identity Providers vorgenommen worden sein. Ein Beispiel für so ein Mapping sehen Sie in Abbildung 4.53. Die aus dem Azure AD übertragene Gruppe **Alle Benutzer** wurde hier mit der Sammelrolle **Subaccount Administrator** gemappt.

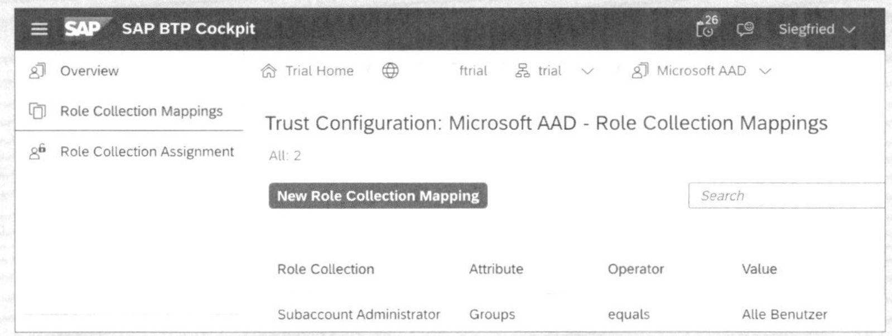

Abbildung 4.53 Sammelrollen-Mapping für das Azure AD als Identity Provider

Wenn Sie auf der Anmeldeseite in Abbildung 4.52 auf den Testlink klicken, sollten Sie zum Anmeldedialog des Azure ADs weitergeleitet werden. Als Erfolgsmeldung gilt die Anzeige Ihrer E-Mail-Adresse am rechten oberen Bildschirmrand (siehe Abbildung 4.54).

Abbildung 4.54 Erfolgreiche Anmeldung über den externen Identity Provider

Zwei-Faktor-Authentifizierung einrichten

Als letzte Anforderung in diesem Praxisbeispiel hatten wir die Einrichtung der Zwei-Faktor-Authentifizierung definiert. Für deren Umsetzung ist ausschließlich das Azure AD zuständig, daher gehen wir in diesem Buch nicht im Detail darauf ein. Sie haben zwei Möglichkeiten, um diese Art der Authentifizierung zu konfigurieren:

- Sie setzen in den Eigenschaften des Azure ADs die Sicherheitsstandards für alle Zugriffe auf das Azure AD auf unbedingte **Zweistufen Authentifizierung**.
- Sie legen diese Authentifizierungsmethode lediglich als Richtlinie für den bedingten Zugriff in Ihrer Unternehmensanwendung fest.

Ein funktionierendes Beispiel für die Einstellungen zur Zwei-Faktor-Authentifizierung finden Sie in Abbildung 4.55. Beachten Sie bei dieser Variante, dass der Schalter **Richtlinie aktivieren** am unteren linken Bildschirmrand noch auf **Ein** gesetzt werden muss.

Konzept für die Bezeichnung von Sammelrollen

Da die Werte-Mappings zwischen dem externen Identity Provider und den Sammelrollen der SAP BTP nicht so einfach zu erkennen sind, könnten Sie die Sammelrollen nach den Benutzer- bzw. Sicherheitsgruppen benennen oder, wenn möglich, entsprechende Gruppen anlegen. Idealerweise bauen Sie in die Gruppenbezeichnungen dann noch mit ein, um welchen Subaccount der SAP BTP oder zumindest um welche Kategorie (Entwicklung, Qualitätssicherung, Produktion) es sich handelt.

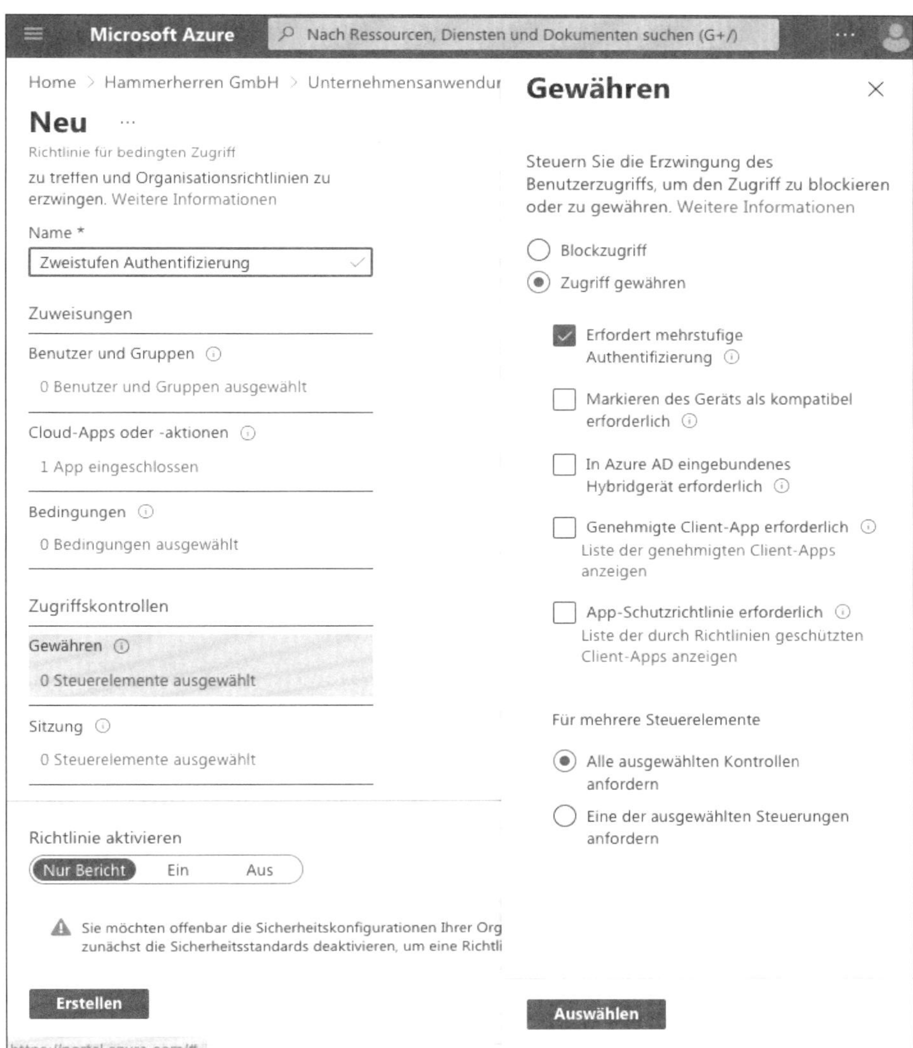

Abbildung 4.55 Einfordern der Zwei-Faktor-Authentifizierung im Azure AD

Kapitel 5
Cloud Connector

Der Cloud Connector ist die zentrale Komponente, um Ihre On-Premise-Systemlandschaft an die SAP-Cloud-Systeme anzubinden. Grundidee des Cloud Connectors ist es, die Zugriffe zentral administrieren zu können und auch ein entsprechendes Monitoring zu ermöglichen.

Komplexität hybrider Architekturen

In einer hybriden Systemlandschaft erhöht sich zwingend die Komplexität Ihrer Systemarchitektur. Vor einigen Jahren gab es bereits den Trend, Systeme zu reintegrieren, z. B. mit den Methoden und Werkzeugen der *System Landscape Optimization*. Auch die Integration des Geschäftspartnermodells in die Welt von SAP ERP war ein Beispiel für diesen Trend. Heute werden diese integrierten Systeme mit den Cloud-Lösungen um eine weitere, externe Schicht ergänzt. Damit ändern sich die Anforderungen an die Systemadministration. Bei den Systemen vor Ort spielen vordergründig Fragestellungen wie die folgenden eine Rolle:

- Wo steht ein Server?
- Wie ist dieser Server virtualisiert?
- In welchem Netzwerk bzw. in welcher Zone befindet sich dieser Server?

In der Cloud-Welt sind diese Informationen nicht unbedingt transparent.

Zusätzlich zu den hardwaregestützten Failover- und Recovery-Szenarien ist das Netzwerk in hybriden Landschaften gefordert, Recovery-Prozesse selbst anzustoßen und auch einen Plan B anzubieten. Für die Governance einer hybriden Lösungsarchitektur ist es außerdem wichtig zu wissen, was die Systeme tun.

In diesem Kapitel beschreiben wir die Architektur hybrider SAP-Landschaften und die verschiedenen Möglichkeiten der Integration mit dem Cloud Connector. Abschnitt 5.1 geht dabei auf die Systemarchitektur des Cloud Connectors ein und spricht Themen im Netzwerkbereich an, beispielsweise die benötigten Freischaltungen und das Mapping zwischen lokalen und entfernten Ressourcen. In Abschnitt 5.2 führen wir Schritt für Schritt durch die Konfiguration und die Einrichtung des Cloud Connectors und die verschiedenen Optionen des Betriebs. Abschnitt 5.3 beschäftigt sich mit der Authentifizierung von Benutzern am Cloud Connector und der Benutzerverwaltung.

Abschnitt 5.4 und Abschnitt 5.5 behandeln Systemverbindungen zwischen Cloud- und On-Premise-Systemen. Wir erläutern, wie Sie On-Premise-Systeme aus der Cloud heraus ansprechen können und definierte Verbindungen in den Cloud-Services nutzen.

In Abschnitt 5.6 finden Sie wieder eine Checkliste für den sicheren Einsatz des Cloud Connectors. Den Abschluss dieses Kapitels in Abschnitt 5.7 bilden drei Beispiele zu Anbindungsszenarien, die in der Praxis häufig umgesetzt werden. Wie zeigen Ihnen, wie Sie ein Git-Repository oder ein SAP-S/4HANA-System anbinden und wie Sie die LDAP-Anbindung des Cloud Connectors richtig konfigurieren.

5.1 Architektur

Zentrale Schnittstelle zur Cloud

Der Cloud Connector bildet innerhalb Ihrer eigenen Systemlandschaft die zentrale Schnittstelle zu den Services der SAP Business Technology Platform (BTP). Er fungiert als Bindeglied zwischen Cloud- und On-Premise-Systemen und kommuniziert über gesicherte Verbindungen mit der SAP BTP (siehe Abbildung 5.1).

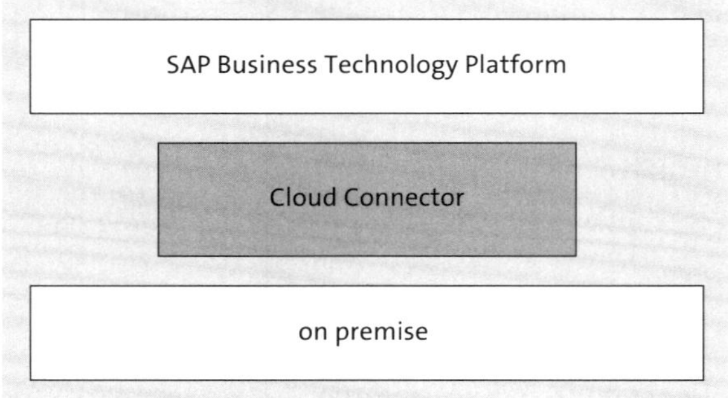

Abbildung 5.1 Cloud Connector als Vermittler zwischen Cloud- und On-Premise-Systemen

Auf Ebene der Architektur ist es das Ziel, dass Systemverbindungen, die Daten an die SAP-Cloud-Lösungen senden oder von diesen Lösungen erhalten, über den Cloud Connector abgewickelt werden. Es können auch mehrere Instanzen des Cloud Connectors eingesetzt werden. Von diesen Integrationsszenarien werden Verbindungen von Endgeräten abgegrenzt, die typischerweise direkt auf die Cloud-Anwendungen bzw. -Services zugreifen.

Die Gründe für den Einsatz des Cloud Connectors als Bindeglied lassen sich wie folgt zusammenfassen:

- zentrale Verwaltung der Systemverbindungen
- Unterstützung der notwendigen Protokolle, wie z. B. RFC (Remote Function Call) für SAP-proprietäre Verbindungen und HTTPS als globalen Standard
- Wegfall der Konfiguration verschiedenster Port-Mappings und Firewall-Regeln auf beiden Seiten des Cloud Connectors
- leichte und übersichtliche Adminitration im Vergleich zu früheren Konzepten, wie z. B. SAP Gateway und SAProuter
- vollständiger Support seitens SAP

Einsatzszenarien

Anhand der folgenden Beispiele sollen verschiedene Varianten der Integration unter Einsatz des Cloud Connectors beleuchtet werden:

- **Zugriff auf eine SAP-Applikation in der Cloud-Umgebung**
  Eine Applikation in der Cloud-Umgebung benötigt Daten aus Ihren lokalen SAP-Systemen, beispielsweise die SAP Web IDE oder das SAP Business Application Studio. Da die Anwender*innen aus dem Internet auf die Cloud zugreifen, möchten Sie, dass die Zugriffe ins lokale System nicht direkt über das Internet stattfinden, sondern über ein zentrales Tool. Dazu verwenden Sie den Cloud Connector. Abbildung 5.2 veranschaulicht die Architektur dieses Szenarios.

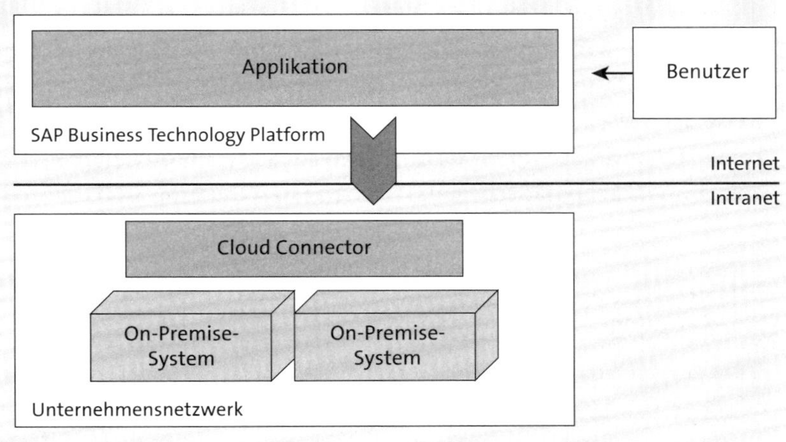

Abbildung 5.2 Zugriff auf SAP-Applikation in der Cloud-Umgebung

- **Nutzung eines SAP-Cloud-Service durch eine lokale Applikation**
  Ihr Unternehmen bietet eine lokale Anwendung an, die Daten über einen Service erhält, der auf der SAP BTP läuft. Vor allem aus Sicherheitsgründen soll der Zugriff auf diese Daten nicht direkt über das Internet erfolgen. Sie verwenden den Cloud Connector, um dem lokalen System

den Zugriff auf den Cloud-Service zu ermöglichen. Die Architektur dieses Szenarios veranschaulicht Abbildung 5.3.

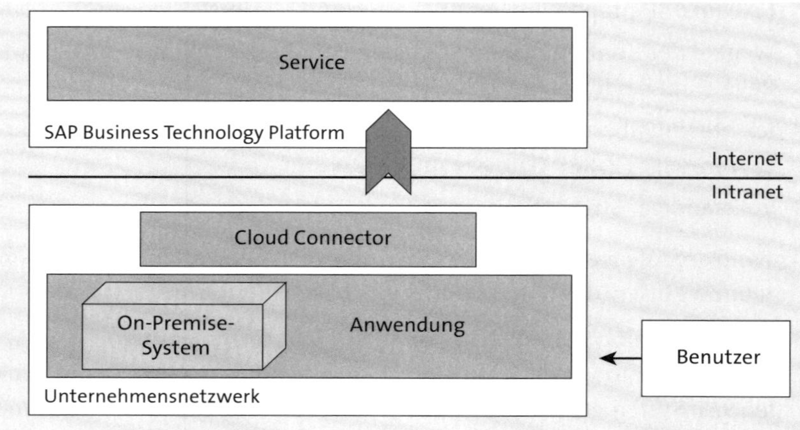

Abbildung 5.3 Zugriff auf einen Cloud-Service durch eine Anwendung im lokalem On-Premise-Netzwerk

- **Nutzung einer Datenbank auf der SAP BTP durch eine lokale Datenbank**
Eine lokale Datenbankinstanz, beispielsweise die Datenbank eines SAP-Business-Warehouse-Systems (SAP-BW-Systems), nutzt Daten, die in einer Datenbank in der SAP BTP abgelegt sind, um die SAP-BW-InfoCubes um weitere Daten anzureichern. Die Cloud-Datenbank kann beispielsweise der *SAP HANA Service* der SAP BTP sein. In diesem Szenario gibt es keine Endanwender*innen, da die Daten auch asynchron verarbeitet werden können. Schematisch ist das Szenario in Abbildung 5.4 dargestellt.

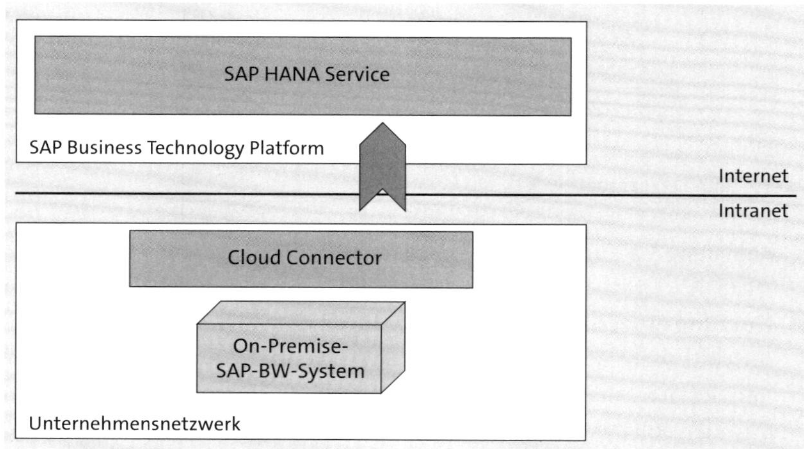

Abbildung 5.4 Kommunikation der lokalen Datenbank des SAP-BW-Systems mit der SAP-HANA-Datenbank in der Cloud

Für alle diese drei Szenarien wird der Cloud Connector unterschiedlich eingesetzt. Abhängig von der Anzahl Ihrer Subaccounts auf der SAP BTP haben die On-Premise-Systeme immer nur Zugriff auf einen Subaccount bzw. hat nur ein Subaccount Zugriff auf Ihre On-Premise-Systeme.

Einschränkungen des Cloud Connectors

Zum Zeitpunkt der Drucklegung dieses Buches kann der Cloud Connector noch nicht für direkte Verbindungen von SAP-SaaS-Lösungen (Software as a Service) wie SAP S/4HANA Cloud und SAP Customer Experience zu SAP-on-Premise-Systemen verwendet werden. Dafür gibt es andere Integrationsszenarien, die teilweise sehr spezifisch für das jeweilige Produkt sind.

Server für den Cloud Connector

Wählen Sie bei der produktiven Installation des Cloud Connectors einen geeigneten Server bzw. einen geeigneten Platz in Ihrem lokalen Netzwerk aus. Da es sich beim Cloud Connector um ein System handelt, das nach außen kommuniziert, sollte diese Komponente nicht direkt auf einem Server laufen, auf dem auch andere SAP-Komponenten installiert wurden.

Folgende Varianten haben sich in den meisten Fällen bewährt:

- Platzierung des Cloud Connectors im SAP-Servernetz und Erteilung der Genehmigung für den Server, mit der SAP BTP zu kommunizieren (gegebenenfalls über einen HTTPS-Proxy)
- Platzierung des Cloud Connectors in der *demilitarisierten Zone* (DMZ) und Freischaltung individueller Verbindungen zu den SAP-Systemen. Schränken Sie in diesem Fall den Zugriff auf die Weboberfläche zur Administration des Cloud Connectors netzwerktechnisch ein, da sonst Zugriffe von außerhalb erfolgen könnten.

In jedem Fall empfehlen wir für produktive Installationen, zwischen der SAP BTP und den On-Premise-Systemen zumindest ein Sicherheitsprodukt eines Drittanbieters einzusetzen. Dies dient der Streuung des Risikos und wird generell für Zugriffe über externe Kanäle empfohlen.

Positionierung des Cloud Connectors innerhalb des Netzwerkes

In einem SAP-Servernetzwerk ist die Freischaltung einzelner Systeme für den Zugriff durch den Cloud Connector in der Regel kein Problem, allerdings müssen die Routen zu den SAP-Servern durch entsprechende Firewalls gut abgesichert werden. In einer DMZ sind die Server gut abgesichert, aber der Durchgriff auf die SAP-Systeme muss speziell berechtigt werden. Für die Positionierung des Cloud Connectors ist hier maßgeblich, welche Zugriffe realisiert werden: Ein Zugriff über HTTPS erfordert etwas anderes als ein Zugriff zwischen SAP-HANA-Datenbanken, der wesentlich näher an das »Innerste« der SAP-Systeme kommt.

5.2 Installation und Konfiguration des Cloud Connectors

Der Cloud Connector wird für die Betriebssysteme Linux und Windows angeboten. Darüber hinaus existiert eine Version für MacOS, die aber nicht für den produktiven Einsatz vorgesehen ist.

5.2.1 Download und Installation

Download

Der Download erfolgt für alle Varianten von der Website *https://tools.hana.ondemand.com* aus. Dort können vorkonfigurierte Testversionen (**portable**), die sich an Entwickler*innen richten, oder für die Produktion geeignete Versionen (**installer**) heruntergeladen werden. Entwicklerversionen ermöglichen z. B. das Testen von Systemverbindungen in die Cloud, ohne dass dafür die SAP-Basisabteilung bemüht werden muss. Es ist aber beispielsweise zu beachten, dass diese Version nicht im Hintergrund ausgeführt werden kann.

Für produktive Installationen wird ein Installationsprogramm bereitgestellt, über das Sie die Installation ausführen.

Voraussetzungen für die Installation

Um den Cloud Connector zu installieren, muss eine Version des *Java Development Kits* (JDK) auf dem lokalen Rechner installiert sein. Zum Zeitpunkt der Drucklegung dieses Buches ist die von SAP geforderte Version Java 8 bzw. die Versionsnummer 1.8.x.

In Testumgebungen bzw. für die portable Version des Cloud Connectors kann jegliche mit JDK 8 kompatible Version von Java verwendet werden. Für den Einsatz in produktiven Umgebungen empfehlen wir dringend die Nutzung der JDK in der *SAM Java Virtual Machine* (SAP JVM), einer von SAP lizenzierten Version von JDK 8. Der Download dieser Komponente erfolgt über das SAP Support Portal unter der URL *http://s-prs.de/v809808*. Dort können Sie unter **Installations & Upgrades** nach dem Schlagwort »SAPJVM8« suchen.

Nachdem Sie die Installation des JDK durchgeführt haben, zeigt die Systemvariable `JAVA_HOME` auf die entsprechende Java-Version. Ist diese Voraussetzung geschaffen, können Sie den Cloud Connector installieren.

Varianten der Installation

Zur Installation der portablen Version müssen Sie lediglich die Datei **go** im heruntergeladenen und extrahierten Archiv ausführen. Als Ergebnis sehen

Sie in der Kommandozeile ein Bild, das je nach Betriebssystem etwas abweichen kann (siehe Abbildung 5.5). Beachten Sie die letzte Zeile; diese beinhaltet den Link zum Aufruf des Cloud Connectors im lokalen Internetbrowser.

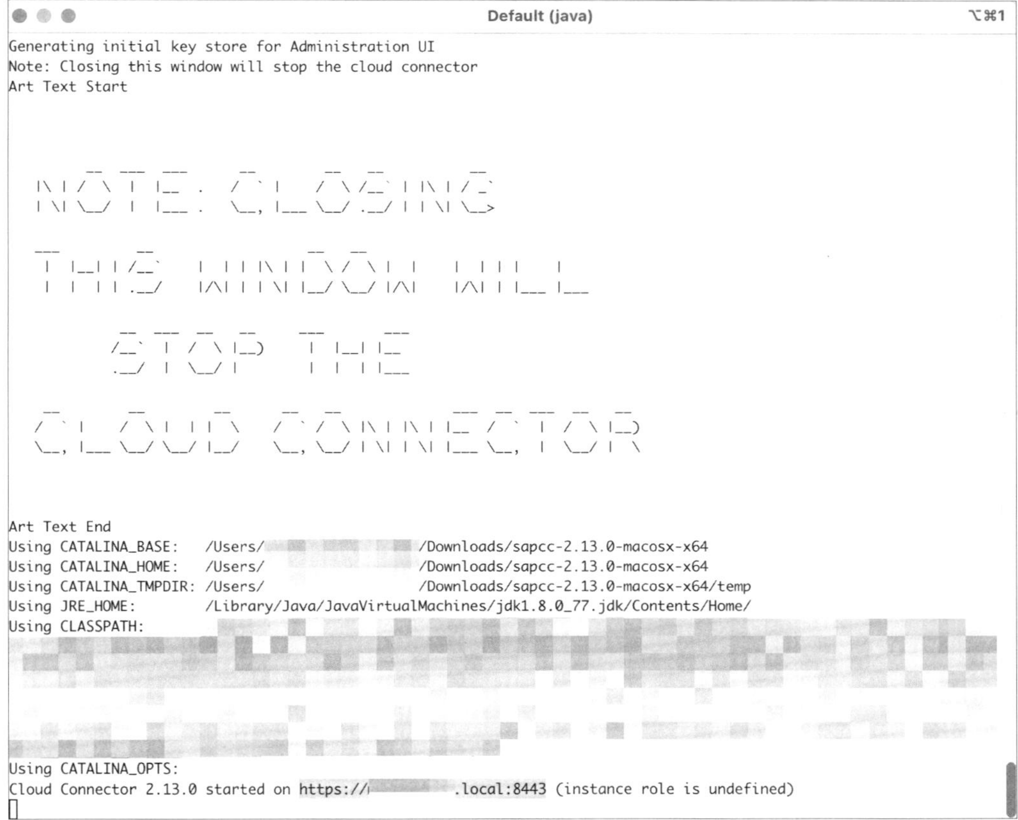

Abbildung 5.5 Ergebnis des Aufrufes des portablen Cloud Connectors

Zugriff auf Cloud-Services durch Entwickerteams

Wenn Entwicklerteams neue Cloud-Services testen sollen und der Zugriff auf diese Services direkt von einem Entwicklungsrechner aus erfolgen soll, ist zu klären, ob eine Verwendung der portablen Version des Cloud Connectors auf den Rechnern der Entwickler*innen vonseiten des Unternehmens erlaubt wird oder ob es Einschränkungen für die Installation von Software gibt.

Für die Installation der Vollversionen wird ein auf das jeweilige Betriebssystem abgestimmtes Installationsprogramm durchlaufen, in dem Sie den Installationspfad, die zu verwendende Java-Version und den heranzuziehenden Secure-Sockets-Layer-(SSL-)Port auswählen können. Standard ist hier der Port 8443.

5.2.2 Initiale Konfiguration

Initialer Aufruf

Der Zugriff auf den Cloud Connector erfolgt über einen Internetbrowser. Wählen Sie hier den ausgegebenen Pfad bzw. die URL *https://localhost:8443*. Sollten Sie einen anderen Port gewählt haben, passen Sie diesen im letzten Teil des URI entsprechend an.

Da die Auslieferung des Cloud Connectors mit einem selbst signierten Zertifikat erfolgt, ist je nach Internetbrowser eine Fehlermeldung zu bestätigen. Wenn Sie die Seite im Browser Google Chrome nicht laden können, so empfiehlt sich ein Aufruf der folgenden Konfigurationsseite:

chrome://flags/#allow-insecure-localhost

Dort können Sie die Zertifikatseinstellung bei Bedarf aktualisieren.

Anmeldung

Auf dem Anmeldebildschirm können Sie sich initial mit dem Benutzernamen »Administrator« und dem Passwort »manage« einloggen (siehe Abbildung 5.6).

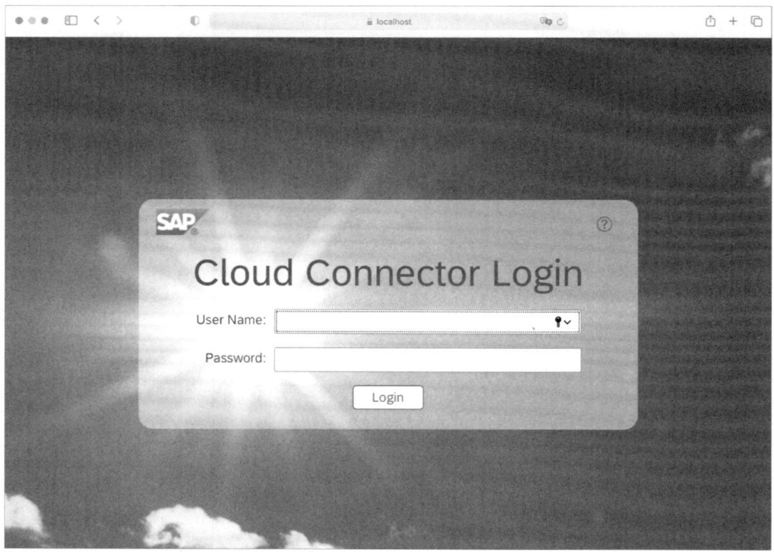

Abbildung 5.6 Anmeldebild des Cloud Connectors

Verbindung konfigurieren

Nach der Aufforderung, das Initialpasswort auf ein selbst gewähltes Kennwort zu ändern, gelangen Sie zum Übersichtsbild **Define Subaccount** der Administrationsoberfläche (siehe Abbildung 5.7). Als Pflichtfelder sind die Felder **Region**, **Subaccount**, **Subaccount User** und **Password** zu füllen. Geben

Sie hier die Zugangsdaten des anzubindenden Subaccounts der SAP BTP ein. Optional können Sie noch einen Anzeigenamen (**Display Name**) und eine Beschreibung (**Description**) erfassen.

Über die Angabe einer **Location ID** könnten Sie die mit der SAP BTP verbundenen Cloud-Connector-Instanzen geografisch abgrenzen, das heißt z. B. ein Rechenzentrum in Frankfurt von einem in Berlin trennen. Lassen Sie dieses Feld zunächst leer. Wenn Sie es füllen, sollten Sie die gleiche **Location ID** verwenden, die Sie bei der Anlage der Destination in der SAP BTP verwendet haben.

Zur Konfiguration der Anbindung des Rechners, auf dem der Cloud Connector installiert ist, an das Internet über einen HTTPS-Proxy geben Sie den **Host**, den **Port** und den **User** sowie das **Password** im rechten Bereich ein.

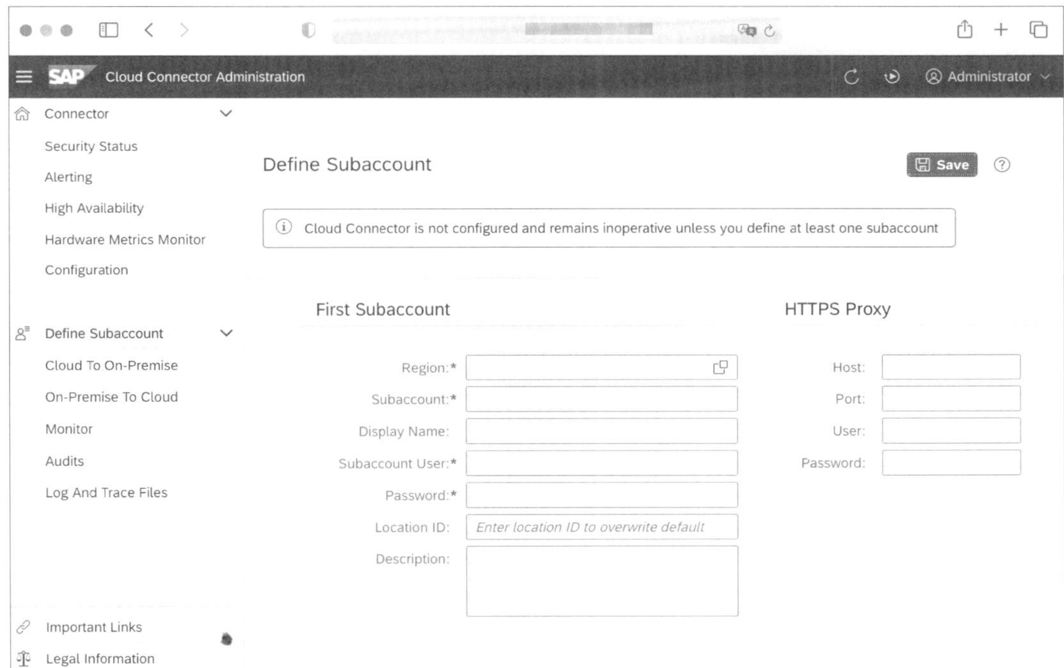

Abbildung 5.7 Die Übersichtsseite »Define Subaccount« in der Administration des Cloud Connectors

SSL-Zertifikat einspielen

Wir empfehlen, an dieser Stelle – zumindest vor dem produktiven Einsatz des Cloud Connectors – ein von einer *Certificate Authority* (CA) signiertes SSL-Zertifikat einzuspielen. Anderenfalls können Sie sich im Umgang mit dem Cloud Connector nicht hundertprozentig sicher sein, dass Sie eine vollständig geschützte Verbindung für den Zugriff verwenden. Dazu gehen Sie wie folgt vor:

1. Navigieren Sie im Menü links zum Eintrag **Connector • Configuration**.
2. Navigieren Sie auf der Registerkarte **USER INTERFACE** zum Block **UI Certificate**.
3. Hier können Sie über den Button (**Generate Certificate Signing Request**) einen eigenen Zertifikats-Request stellen oder über den Button (**Import a Certificate**) eine Zertifikatsdatei mit einem privaten Schlüssel sowie den Zwischenzertifikaten hochladen (siehe Abbildung 5.8).

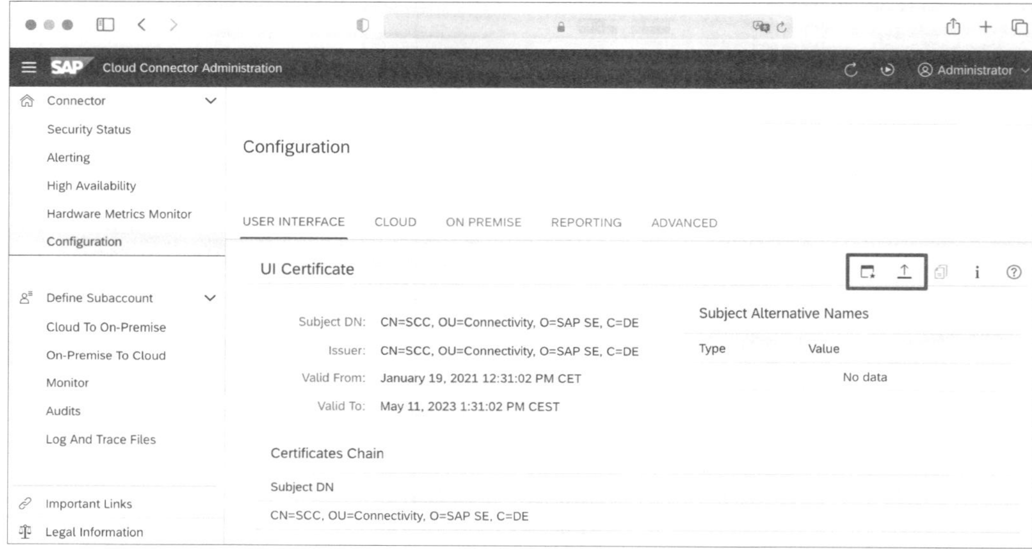

Abbildung 5.8 Generieren oder Hochladen eines SSL-Zertifikats

Wir empfehlen Ihnen, über die CA Ihres Vertrauens ein Zertifikat anzufordern und dann einen privaten Schlüssel und das bzw. die Zwischenzertifikate in einer PEM-Datei zu verpacken. Eine solche Textdatei enthält alle Zertifikate einer Kette, von der Wurzel bis zum eigentlichen Zertifikat. Diese Datei können Sie anschließend hochladen. Auf diese Weise ersparen Sie sich den Signaturprozess, d. h. das Herunterladen des Certificate Signing Requests, die Signatur und das Wiederhochladen, und die Authentifizierung über das Zertifikat ist genauso sicher.

Weiterführende Informationen zur sicheren Netzwerkverbindung

Um den Umgang mit der Firewall zwischen Ihrem Unternehmensnetzwerk und der SAP BTP gut zu meistern, empfehlen wir Ihnen SAP-Hinweis 2377425.

Starten und Stoppen

Die portable Version des Cloud Connectors wird über die Befehlszeile mit dem Befehl go gestartet. Wenn Sie das Fenster schließen oder den Vorgang über die Tastenkombination [Strg] + [C] abbrechen, stoppen Sie den Cloud Connector.

Produktive Installationen werden unter Windows als Service gestartet und gestoppt. Rufen sie hierfür die App **Dienste** im Startmenü auf. Unter Linux verwenden Sie den Service `scc_daemon`. Führen Sie hier z. B. unter der Bash-Shell folgende Befehle aus:


```
service scc_daemon start
service scc_daemon stop
service scc_daemon status
```

Eigene Servicekonten verwenden

Um die Ausführung der Serviceprozesse abzusichern, empfiehlt SAP, eigene Servicekonten zu verwenden. Um die Administration zu erleichtern, bietet der Cloud Connector die Möglichkeit, diese Servicekonten direkt über die Administrationsoberfläche anzulegen. Navigieren Sie hierzu in der Vollversion über den Menüpfad **Connector • Security Status** zu der Funktion **Set up service user specifically for this connector**.

Vieraugenprinzip einrichten

Um sicherzustellen, dass Netzwerkinhalte nur dann in einem Netzwerk-Trace protokolliert werden können, wenn zwei Benutzer den Prozess begleiten, sollten Sie folgende Vorkehrungen treffen:

- Unter Windows erstellen Sie mit einem Benutzer, der nicht dem Servicebenutzer entspricht, eine Datei namens **writeHexDump** im Unterverzeichnis **scc_config** des Verzeichnisses des Cloud Connectors. Inhalt dieser Datei ist zunächst `allowed=false`.
- Unter Linux erstellen Sie diese Datei im Verzeichnis **/usr/local/vl/base/cfg** oder **/opt/sap/scc/scc_config** (ab Cloud Connector Version 2.x) und richten dem Benutzer `scctunnel` keine Berechtigungen für diese Datei ein. Inhalt der Datei ist auch hier zunächst `allowed=false`.

Mit diesen Einstellungen können Traces immer nur mit zwei Benutzern erstellt werden, was ein höheres Datenschutzlevel bedeutet.

5.2.3 Verbindung zur SAP Business Technology Platform

Verbindungen zu den Subaccounts

Damit haben Sie die teils optionalen Schritte zur Konfiguration des Cloud Connectors abgeschlossen. Als Nächstes können Sie den Cloud Connector an die SAP BTP anbinden. Dies geschieht auf Ebene der Subaccounts. Für jeden einzelnen Subaccount, der angebunden werden soll, muss eine eigene Verbindung angelegt werden. Die eindeutige Identifikation der Subaccounts erfolgt über dessen ID:

1. Navigieren Sie auf der Administrationsoberfläche des Cloud Connectors in den Bereich **Connector**.

2. Klicken Sie auf den Button **+ Add Subaccount**.
3. Es öffnet sich ein Fenster, in das Sie die Verbindungsdaten Ihres Subaccounts der SAP BTP eingeben (siehe Abbildung 5.9).

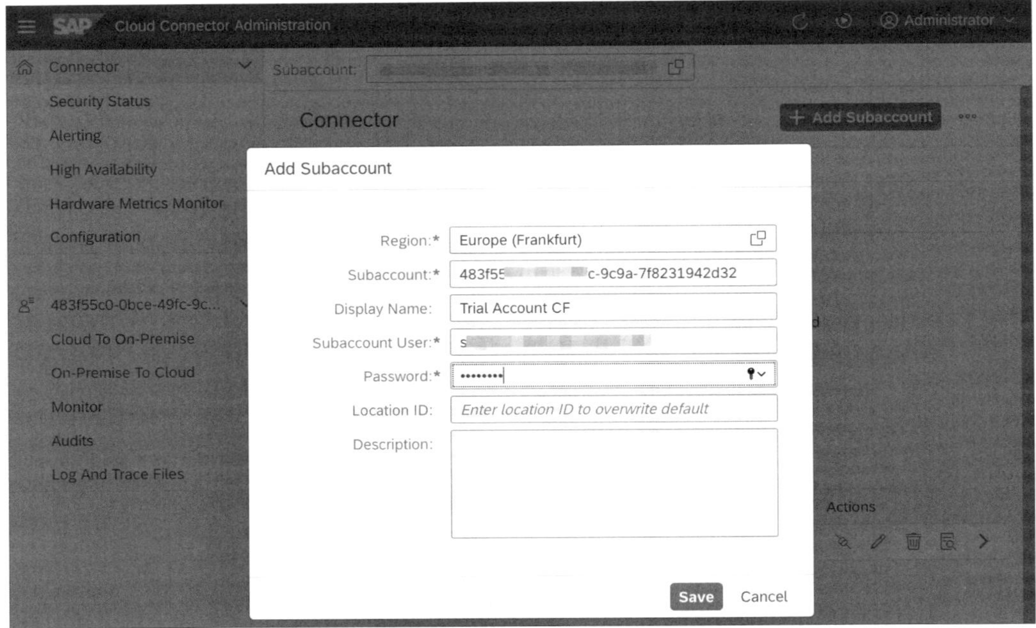

Abbildung 5.9 Anbinden eines neuen Subaccounts im Cloud Connector

4. Wählen Sie im Feld **Region** das Rechenzentrum aus, das Sie für Ihren Subaccount gewählt haben. Daraus leitet sich auch die Umgebung (Neo oder Cloud Foundry) des Subaccounts ab.
5. Geben Sie optional einen Anzeigenamen für die Verbindung im Feld **Display Name** an.
6. Achten Sie im Feld **Subaccount User** darauf, dass in der Neo-Umgebung Ihr S- oder P-User einzutragen ist.
7. Tragen Sie die ID Ihres Subaccounts in das Feld **Subaccount** ein.
8. Klicken Sie auf den Button **Save**, um die Einrichtung der Verbindung abzuschließen.

ID des Subaccounts herausfinden

Die ID Ihres Subaccounts finden Sie im SAP BTP Cockpit der Cloud-Foundry-Umgebung über den Info-Button (i) zum Subaccount heraus (siehe Abbildung 5.10). In der Neo-Umgebung finden Sie die ID auf ähnlichem Weg (siehe Abbildung 5.11).

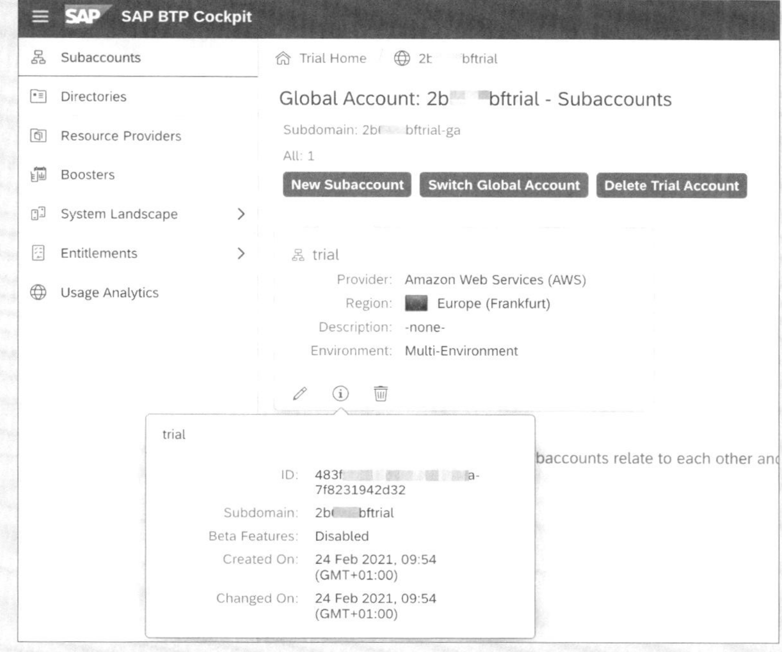

Abbildung 5.10 Subaccount-ID in der Cloud-Foundry-Umgebung

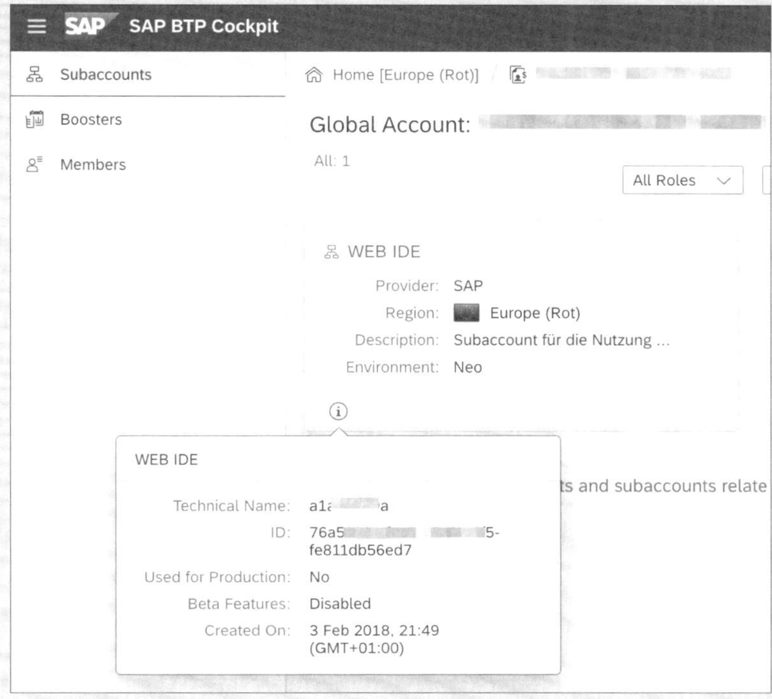

Abbildung 5.11 Subaccount-ID in der Neo-Umgebung

Übersicht der Verbindung

Nun können Sie eine Übersichtsdarstellung der neuen Verbindung sehen. Klicken Sie hier auf den Button **Connect**, um den Cloud Connector mit Ihrem Subaccount der SAP BTP zu verbinden (siehe Abbildung 5.12).

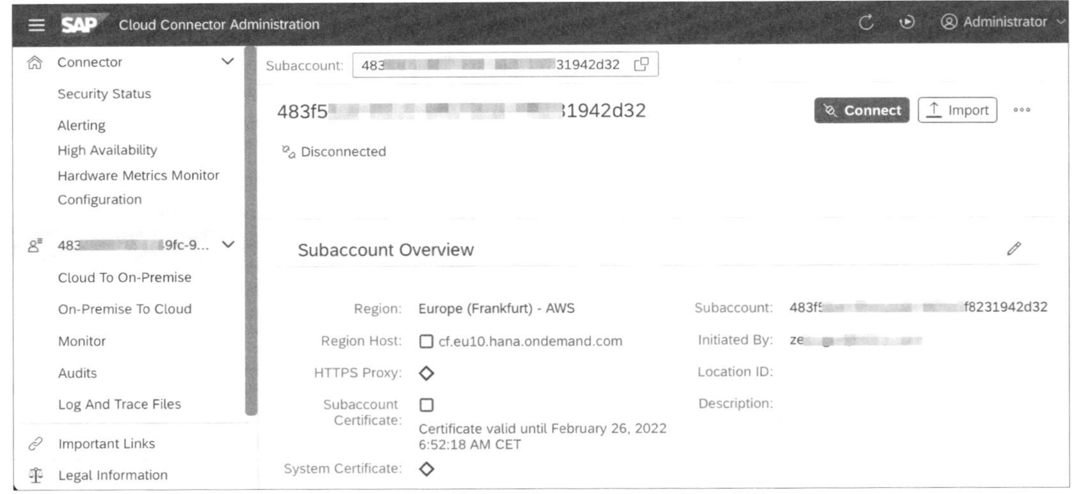

Abbildung 5.12 Herstellen der Verbindung

Über diese Verbindung können nun auf beiden Seiten weitere Verbindungen zwischen Ihrem Netzwerk und der SAP BTP eingerichtet werden. Das Umschalten zwischen den Subaccounts geschieht dabei im Cloud Connector über die Dropdown-Liste **Subaccount**, die Sie in Abbildung 5.12 ganz oben sehen können.

5.2.4 Weitere Empfehlungen zur sicheren Konfiguration

Failover

SAP empfiehlt, für Situationen, in denen z. B. ein Rechenzentrum nicht verfügbar ist, ein *Failover* in Ihren Cloud-Applikationen vorzusehen. In den durch den Failover definierten Fällen wird die Applikation dann auf der Infrastruktur eines definierten anderen Rechenzentrums ausgeführt (das nennt man dann aktiv/passiv). Alternativ können Sie in zwei Rechenzentren und Applikationen gleichzeitig die gleichen Services anbieten (dies wird als aktiv/aktiv bezeichnet).

Schatteninstanz einrichten

Ein solches Failover kann helfen, wenn die SAP BTP einmal nicht erreichbar ist, hat aber keinen Einfluss auf die Cloud-Connector-Verbindungen. Wenn diese unterbrochen sind, kann das die Cloud-Anwendung nicht so einfach kompensieren. Um diesem Fall zuvorzukommen, empfiehlt SAP, den Cloud Connector zweimal mit identischen Einstellungen zu installieren. Die beiden Installationen schalten Sie dann über eine Master-Shadow-Logik zusammen. Der abhängige Server wird in diesem Szenario *Schatteninstanz* genannt.

Beachten Sie Folgendes bei der Einrichtung einer solchen Schatteninstanz:

- Soll für die Authentifizierung des Cloud Connectors das LDAP-Protokoll verwendet werden, muss dies vor dem Set-up der Hochverfügbarkeit eingerichtet werden. Auf die Einrichtung der LDAP-Authentifizierung kommen wir in Abschnitt 5.3, »Authentifizierungsmethoden«, zurück.
- Die beiden Instanzen des Cloud Connectors müssen ohne Proxy miteinander kommunizieren können.
- Idealerweise verbinden sich die beiden Cloud-Connector-Instanzen über verschiedene Uplinks bzw. Proxies mit dem Internet. Diese Einstellung ist abhängig von Ihren unternehmenseigenen Vorgaben.
- Es sind nur eine Leitinstanz und eine Schatteninstanz möglich.

Sie werden bereits beim ersten Aufruf des Cloud Connectors gefragt, ob ein Cloud Connector als Leit- oder Schatteninstanz betrieben werden soll. Diese Einstellung können Sie aber später noch ändern.

Hochverfügbarkeit konfigurieren

Zur Konfiguration dieses Szenarios gehen Sie wie folgt vor:

1. Navigieren Sie auf der Administrationsoberfläche des Cloud Connectors in den Bereich **High Availability**.
2. Über den Schalter **Enable** bzw. **Disable** oben rechts können Sie die Hochverfügbarkeit für die Verbindung eines Subaccounts generell ein- bzw. ausschalten (siehe Abbildung 5.13).

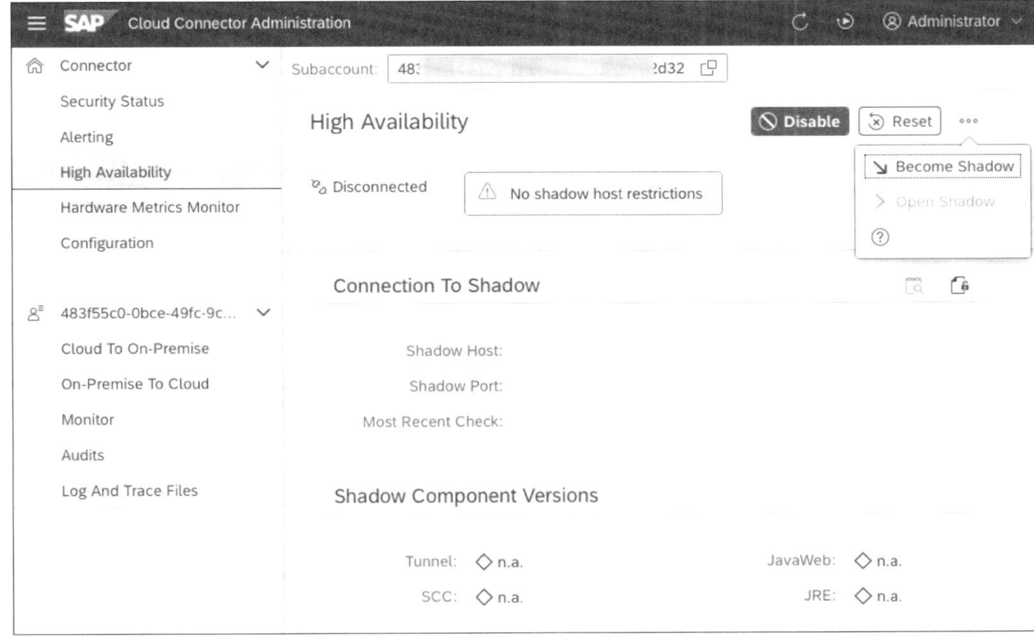

Abbildung 5.13 Hochverfügbarkeit im Cloud Connector konfigurieren

3. Öffnen Sie über den Button mit den drei Punkten (◦◦◦) das Aktionsmenü. Hier können Sie für die aktuelle Cloud-Connector-Instanz zwischen der Rolle der Leit- und der der Schatteninstanz umschalten.

Sind die beiden Instanzen verbunden, so versorgt die Leitinstanz die Schatteninstanz mit der vollständigen Konfiguration sowie mit Informationen über sich selbst. Sollte es zu einem Ausfall der Leitinstanz kommen, übernimmt nach dem Erreichen der definierten Time-out-Werte die Schatteninstanz und versucht, sich mit der SAP BTP zu verbinden. Die SAP BTP öffnet dann einen Tunnel zur Schatteninstanz, und diese übernimmt die Aufgaben der Leitinstanz.

[+]

Anzahl der Cloud-Connector-Instanzen

Wenn viele Systeme angebunden werden oder die Verfügbarkeitsanforderungen an das produktive System hoch sind, sollten Sie erwägen, einen Entwicklungs- und einen produktiven Cloud Connector einzusetzen. Sollten darüber hinaus die Anforderungen an die Verfügbarkeit hoch sein, sollten Sie eine hochverfügbare Installation prüfen.

Datensicherung und Verschlüsselung

Da der Cloud Connector nicht mit einer Datenbank im Hintergrund arbeitet, lautet die Empfehlung hinsichtlich der Datensicherheit und Verschlüsselung der Verbindungen, das komplette Dateisystem des Cloud Connectors in die täglichen Sicherungspläne in Ihrem Unternehmen mit aufzunehmen. Eine Verschlüsselung des Dateisystems ist auch eine gute Idee, um den Missbrauch von Log-in-Daten, z. B. für die Anmeldung am Subaccount der SAP BTP, zu verhindern.

5.2.5 Monitoring

Für das Monitoring stellt der Cloud Connector Application Programming Interfaces (APIs) bereit. Diese APIs werden unter anderem auch vom SAP Solution Manager verwendet. Auf folgende Daten kann über die APIs zugegriffen werden:

- Verbindungsprüfung
- Subaccounts
- offene Verbindungen
- Performance-Monitor
- Verbraucher mit größtem Zeitverbrauch

Die einzelnen APIs stellen wir im Folgenden vor.

Authentifizierung der Monitoring-APIS

Die Authentifizierung der Monitoring-APIs muss entweder über eine HTTP-Authentifizierung (*Basic Authentication*) oder über ein Eingabeformular für Benutzername und Passwort (*Form-Field-Authentifizierung*) erfolgen. Dem Benutzer, der über die APIs auf die Monitoring-Daten zugreift, muss die Rolle `sccmonitoring` und/oder `sccadmin` zugewiesen sein.

Aufruf der APIs

Die Basis-URL für den Zugriff mittels API lautet */api/v1/configuration/*. Fügen Sie den gewünschten API-Endpunkt an diese URL an:

- **Health Check**
  Mithilfe der Health-Check-API können Sie erkennen, ob der Cloud Connector erreichbar ist. Der Zweck dieser Zustandsprüfung besteht nur darin, zu überprüfen, dass der Cloud Connector nicht ausgefallen ist. Es werden weder interne Zustände noch Tunnelverbindungen geprüft. Der Aufruf erfolgt über den URL-Endpunkt */exposed?action=ping*.
- **Subaccounts**
  Mit der Subaccounts-API können Sie eine Liste aller Subaccounts der SAP BTP auslesen, die mit dem Cloud Connector verbunden sind. Zusätzlich erhalten Sie Detailinformationen über jeden Subaccount. Der Aufruf erfolgt über den URL-Endpunkt */api/monitoring/subaccounts*.
- **Backend Connections**
  Mit der Backend-Connections-API können Sie eine Liste aller mit dem Cloud Connector aktuell verbundenen Backend-Systeme erhalten und Informationen zu jeder Verbindung abrufen. Der Aufruf erfolgt über den URL-Endpunkt */api/monitoring/connections/backends*.
- **Performance Monitor**
  Mit der Performance-Monitor-API können Sie die vom Performance Monitor des Cloud Connectors ermittelten Daten auslesen. Der Aufruf erfolgt über den URL-Endpunkt */api/monitoring/performance/backends*.
- **Top Time Consumers**
  Mit der Top-Time-Consumers-API können Sie die vom Performance Monitor des Cloud Connectors bereitgestellten Daten zu den Verbrauchern mit dem größten Zeitverbrauch auslesen. Der Aufruf erfolgt über den URL-Endpunkt */api/monitoring/performance/toptimeconsumers*.

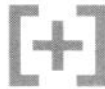

Cloud Connector an den SAP Solution Manager anbinden

Der Cloud Connector kann über den Betriebssystemprozess `saphostcontrol` und die Cloud-Connector-APIs an den SAP Solution Manager angebunden werden. Ob es in Ihrem Unternehmen sinnvoll ist, einen solchen Zugriff zu realisieren, hängt von Ihrer Netzwerktopologie und den eingesetzten Monitoring-Komponenten ab.

5.3 Authentifizierungsmethoden

In diesem Abschnitt erläutern wir, wie Sie sich am Cloud Connector selbst anmelden können. Abhängig von der Rolle, die Sie innehaben, können Sie dann auf unterschiedliche Funktionen im Cloud Connector zugreifen.

Dateibasierte Authentifizierung

Nach der Installation des Cloud Connectors nutzt dieser eine dateibasierte Benutzerablage. Die Benutzer werden in der Datei **users.xml** im Unterverzeichnis **config** des Cloud Connectors gespeichert. Die Passwörter sind mit einem Keystore-Zertifikat verschlüsselt, das sich im gleichen Verzeichnis befindet.

LDAP-Authentifizierung

Diese dateibasierte Authentifizierung ist für kleinere Cloud-Connector-Installationen ausreichend. Für größere Installationen empfehlen wir Ihnen jedoch eine Einbindung in das LDAP-Verzeichnis Ihres Unternehmens. Bei der LDAP-Authentifizierung werden Benutzer gegen den LDAP-Verzeichnisdienst Ihres Unternehmens authentifiziert.

Rollen für den Cloud Connector

Den so authentifizierten Benutzern können dann folgende Rollen zugewiesen werden:

- `sccadmin`: Diese Rolle besitzt volle administrative Rechte im Cloud Connector.
- `sccdisplay`: Diese Rolle ermöglicht die Anzeige aller Daten im Cloud Connector.
- `sccsupport`: Diese Rolle dient der Anzeige von Daten und Support-Aktivitäten, z. B. zur Aktivierung von Traces.
- `sccmonitoring`: Diese Rolle wird zum Zugriff auf die Monitoring-APIs des Cloud Connectors benötigt.

Über diese Rollen lässt sich zwischen Benutzern differenzieren, die die Konfiguration lediglich ansehen dürfen, und solchen, die für die Administrationsfunktionen verantwortlich sind.

LDAP-Authentifizierung konfigurieren

Um von der dateibasierten Authentifizierung auf die LDAP-basierte Authentifizierung umzusteigen, gehen Sie wie folgt vor:

1. Navigieren Sie auf der Administrationsoberfläche des Cloud Connectors in den Bereich **Connector • Configuration**.
2. Wechseln Sie auf der Registerkarte **USER INTERFACE** in den Abschnitt **Authentification**.
3. Klicken Sie auf den Button zum Aktualisieren der Authentifizierungsmethode (⟳, siehe Abbildung 5.14).
4. Es öffnet sich ein Konfigurationsdialog, in dem Sie die Parameter für die LDAP-Authentifizierung einstellen. Geben Sie Ihren **Host** sowie die Anmeldedaten für Ihre Verbindung ein. Markieren Sie die Option **Secure**

Host für die Verwendung des LDAPS-Protokolls (*Lightweight Directory Access Protocol over SSL*).

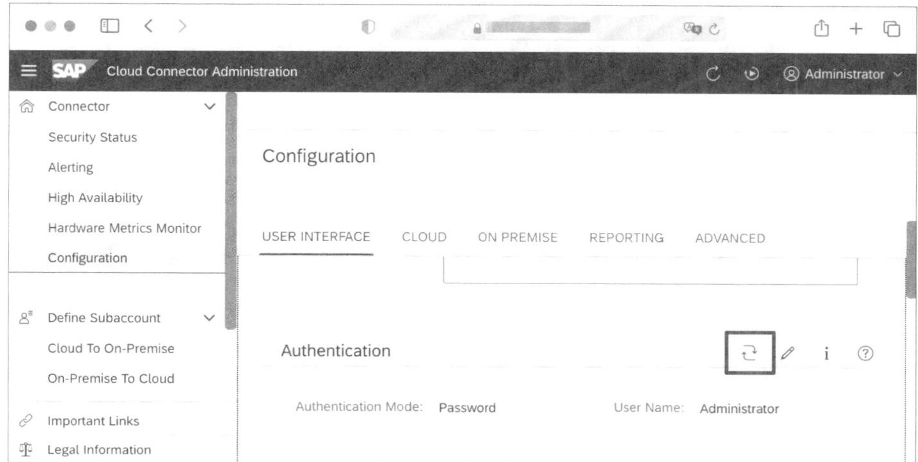

Abbildung 5.14 Authentifizierungsmethode wechseln

5. In das Feld **Configuration** tragen Sie die weitere LDAP-Konfiguration ein, das heißt den Standardbenutzerpfad und das Suchmuster (`userBase` und `userSearch`) sowie den Gruppenpfad samt Suchmuster (`roleBase` und `roleSearch`; siehe Abbildung 5.15).

Edit Authentication

General LDAP Configuration

Host:* ldapserver.unternehmen.eu:636

Secure Host: ☑

Alternate Host:

Secure Alternate Host: ☐

Connection User Name: ldapuser

Connection Password: ••••••••••••

Configuration:*

```
userBase="ou=users,ou=regular,dc=unternehmen,dc=
eu"
userSearch="(cn={0})"
roleBase="ou=groups,dc=unternehmen,dc=eu"
roleName="cn"
roleSearch="(uniqueMember={0})"
```

> Custom Roles

Activate Save Draft Cancel

Abbildung 5.15 Einstellungen zur LDAP-Authentifizierung für den Cloud Connector

6. Über den Button (**Test LDAP Configuration**) rechts oben testen Sie Ihre Einstellungen. Verwenden Sie diese Schaltfläche, bevor Sie die Konfiguration sichern.
7. Aktivieren Sie die LDAP-Authentifizierung über den Button **Activate**.

[!]

Keine sprechenden Benutzerkonten verwenden

Wenn die Benutzerdaten Ihres LDAP-Verzeichnisses über den Cloud Connector zur Authentifizierung an der SAP BTP verwendet werden, gilt es, einige Sicherheitsaspekte zu beachten. Sie sollten Benutzer, die administrativen Zugang zu Systemen im Bereich der Cloud haben, nicht durch Präfixe oder Suffixe als Administrationsbenutzer kennzeichnen. Verwenden Sie für die Konfiguration Ihrer lokalen Windows Server beispielsweise einen Benutzernamen nach dem Schema `<Benutzer>ADM`, sollten Sie diesen in der Cloud nicht verwenden. Hintergrund ist, dass Attacken aus dem Internet sonst ganz gezielt auf diese Accounts abzielen können. Könnte ein Benutzer namens MA00019 sowohl ein Mitarbeiter mit der Personalnummer 19 als auch ein Mitarbeiter mit dem Namenskürzel MA sein, ist es im Rahmen einer Brute-Force-Attacke schon wesentlich schwieriger, diese Accounts als Administrationsbenutzer auszumachen. Verwenden Sie entsprechende Benutzernamen, können Sie das Problem unter Umständen so lösen, dass Sie nur den **Users**-Pfad des LDAP-Verzeichnisses für die LDAP-Authentifizierung bereitstellen und den **Administrators**-Zweig nicht für die Cloud anbieten.

Dateibasierte Authentifizierung einstellen

Um die LDAP-Authentifizierung wieder auszuschalten, steht im Verzeichnis des Cloud Connectors die Datei **useFileUserStore** zur Verfügung. Diese Datei sorgt dafür, dass das System bei Auffinden der Datei die Authentifizierung zurück auf eine dateibasierte Authentifizierung setzt, obwohl Sie eventuell vorher auf die LDAP-Authentifizierung umgestellt haben. In Produktivsystemen empfehlen wir deshalb, diese Datei nach der Aktivierung der LDAP-Authentifizierung zu löschen oder als nicht ausführbar einzustellen.

5.4 Cloud-zu-on-Premise-Verbindungen

Sämtliche Verbindungen von der SAP BTP zu Ihren On-Premise-Systemen werden im Cloud Connector freigeschaltet. Zusätzlich zum Typ der Verbindung (z. B. ABAP-System) geben Sie die Verbindungsdaten des Systems an und auch, wie die Authentifizierung erfolgen soll.

5.4.1 Sicherheitsvorkehrungen für Cloud-zu-on-Premise-Verbindungen

Zugriffsberechtigungen

Die Berechtigungen für Cloud-zu-on-Premise-Verbindungen sind sehr granular einstellbar. Bei Verbindungen auf Basis des HTTP-Protokolls können Sie z. B. den Zugriff auf einen genauen Unique Resource Identifier (URI) einschränken. Bei RFC-Verbindungen können Sie den genauen Namen des bzw. der aufrufbaren Funktionsbausteine im On-Premise-System angeben. Eine Ausnahme bilden hier Verbindungen zu SAP-HANA-Datenbanken über das TCP-Protokoll (Transmision Control Protocol), bei denen Zugriffe nicht weiter eingeschränkt werden können.

Erfahrungsgemäß stellt sich bei der Berechtigung bestimmter Ressourcen und Funktionen sehr schnell die Frage, wie granular man arbeiten sollte, zumal ja auch im jeweils angebundenen System noch Berechtigungsprüfungen vorgenommen werden. Diese Frage ist abhängig vom Anwendungsfall zu beantworten. Wenn Sie ein produktives SAP-ERP-System an die SAP BTP anbinden und von dort z. B. lediglich auf drei Funktionsbausteine des SAP-ERP-Systems zugreifen möchten, bietet es sich tatsächlich an, diese im Ressourcenfilter der Verbindung explizit zu erwähnen. Der Grund hierfür ist ganz einfach: Es könnte sich ja auch ein anderer Benutzer über die Cloud am SAP-ERP-System anmelden, der mehr Berechtigungen hat. Dieser hätte dann mitunter Zugriff auf Funktionsbausteine, die gar nicht aus der Ferne aufgerufen werden sollten.

Wildcards verwenden

Wenn die Ressourcen, auf die zugegriffen werden darf, nicht so genau eingeschränkt werden können, bietet sich die Verwendung von Wildcards an. Über den Ressourcenfilter `BAPI*` ließe sich z. B. ein Zugriff auf den kritischen Funktionsbaustein `RFC_READ_TABLE` abfangen. Wie Sie diese Filter definieren, erklären wir in Abschnitt 5.4.3, »Zugriffskontrolle konfigurieren«.

Auch für HTTP-Verbindungen kann mit einem Filter auf explizite Pfade sowie mit Wildcards und Unterverzeichnissen gearbeitet werden. Soll ein ABAP-basiertes SAP-System an die Cloud angebunden werden, aber nur einzelne Webanwendungen freigegeben werden, empfiehlt sich z. B. die Freigabe der */sap/public/**-Pfade in Zusammenhang mit dem entsprechenden, konkreten Service (dieser wäre dann unter */sap/bc/...* und nicht im */sap/public/...* anzusprechen).

Virtuelle Hosts

Durch die Verwendung virtueller Host-Namen wird der *Fully Qualified Domain Name* (FQDN) bzw. Servername des Hosts im lokalen Netz für den

Konsumenten aus der SAP BTP nicht transparent. Dahinter steht vor allem die Sicherheitsüberlegung, dass keine Rückschlüsse auf die Funktion innerhalb des internen Unternehmensnetzes gezogen werden können, wenn die Namen nicht bekannt sind. Aber auch die Möglichkeit der Lastverteilung spielt hier eine Rolle.

Der virtuelle Host-Name kann nicht mehr geändert werden. Dazu müsste der Zugriff komplett neu angelegt werden. Man kann aber jederzeit die Verbindungsdaten bzw. die URIs hinter den virtuellen Namen ändern, was eine gewisse Flexibilität bringt, wenn man z. B. einen neuen Servernamen im lokalen Netz vergibt oder einen bestehenden virtuellen Namen gegen eine andere Instanz testen möchte.

Eindeutige virtuelle Host-Namen

Achten Sie beim Einsatz mehrerer Cloud Connectors in Ihrem Unternehmen darauf, dass die verwendeten virtuellen Host-Namen eindeutig sind, wenn nachvollziehbar sein muss, welche Verbindung benutzt wird.

Mapping der Host-Namen

Für die angelegten virtuellen Host-Namen muss ein Mapping mit den Host-Namen Ihrer On-Premise-Systeme vorgenommen werden. Dies gilt für Verbindungen (auf ABAP- und SAP-HANA-Systemen, auf URIs etc.). In der Praxis hat es sich bewährt, anstatt *sapDEV01s.unternehmen.eu* als lokalem Servernamen virtuelle Host-Namen zu verwenden, die diesem URI ähnlich sind, z. B. *cloudERPdev.unternehmen.eu*. Damit lässt sich das SAP-ERP- oder SAP-S/4HANA-Entwicklungssystem abstrakt ansprechen. Ist dieses System nicht mehr über den Server *sapDEV01s* zugreifbar, sondern über eine neue System-ID (SID) oder einen anderen Server, wäre Ihr URI immer noch aussagekräftig.

Sie sollten sich ebenfalls über die SSL-Zertifikate Gedanken machen, die Sie mit solchen virtuellen Verbindungen verwenden. Wählen Sie den virtuellen Host-Namen in einer anderen Domain, wie z. B. *server.cloud.local*, machen Sie nicht einmal den Namen oder die Domain Ihres Unternehmens gegenüber dem Cloud Connector transparent, müssen sich aber darum kümmern, dass ein SSL-Zertifikat für die Domain *server.unternehmen.eu* ausgestellt wurde, obwohl Sie es im virtuellen Umfeld für *server.cloud.local* angefragt haben. Diese Situation ist nicht unlösbar, muss aber bedacht werden. Die Lösung sollte jedenfalls nicht sein, die hier »intern« verwendeten Zertifikate nicht zu prüfen oder nur teilweise zu prüfen. Ein möglicher Weg wäre die Ausstellung von bewusst anderslautenden Zertifikaten auf den

Quellserver bzw. der Einsatz von virtuellen Host-Konfigurationen auf der Quellseite der Kommunikation. Für SAP-Systeme finden Sie im SAP Community Wiki eine sehr gute Aufbereitung dieser Vorgehensweise unter der URL *http://s-prs.de/v809809*.

Protokollierung bzw. Audit

Im *Audit Log* des Cloud Connectors werden Änderungen in der Konfiguration des Cloud Connectors mitprotokolliert. Der Zugriff auf das Audit Log erfolgt über den Menüpfad **Subaccount • Audits**. Über den Menüpfad **Subaccount • Monitoring** stehen Ihnen außerdem analytische Daten zu den Verbindungen zur Verfügung.

Ist eine genauere Analyse der übertragenen Daten erforderlich, können Sie unter dem Menüpunkt **Subaccount • Log and Trace Files** die Protokollierung konfigurieren und die Ergebnisse direkt herunterladen:

1. Wechseln Sie dazu über einen Klick auf das Stiftsymbol (✎) in den Bearbeitungsmodus (siehe Abbildung 5.16).

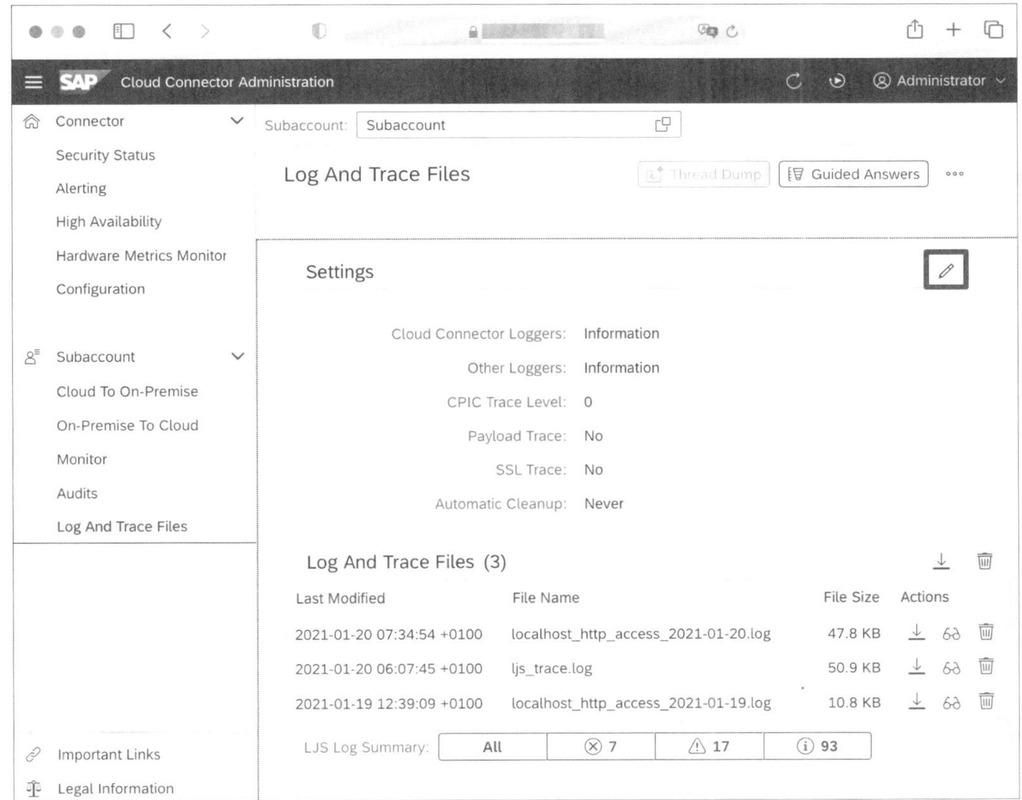

Abbildung 5.16 Protokollierungseinstellungen für den Cloud Connector

2. Nun können Sie im Feld **Cloud Connector Loggers** das Protokollierungslevel einstellen (siehe Abbildung 5.17). Beachten Sie, dass beim Level **Trace** sehr viele Daten generiert werden und dass die generierten Daten unter Umständen sensible Informationen enthalten. Für produktive Systeme sollte in der Regel das Level **Error** ausreichen, **Warning** eignet sich für die Fehlersuche. Auf Entwicklungssystemen kann man gegebenenfalls noch mehr protokollieren.

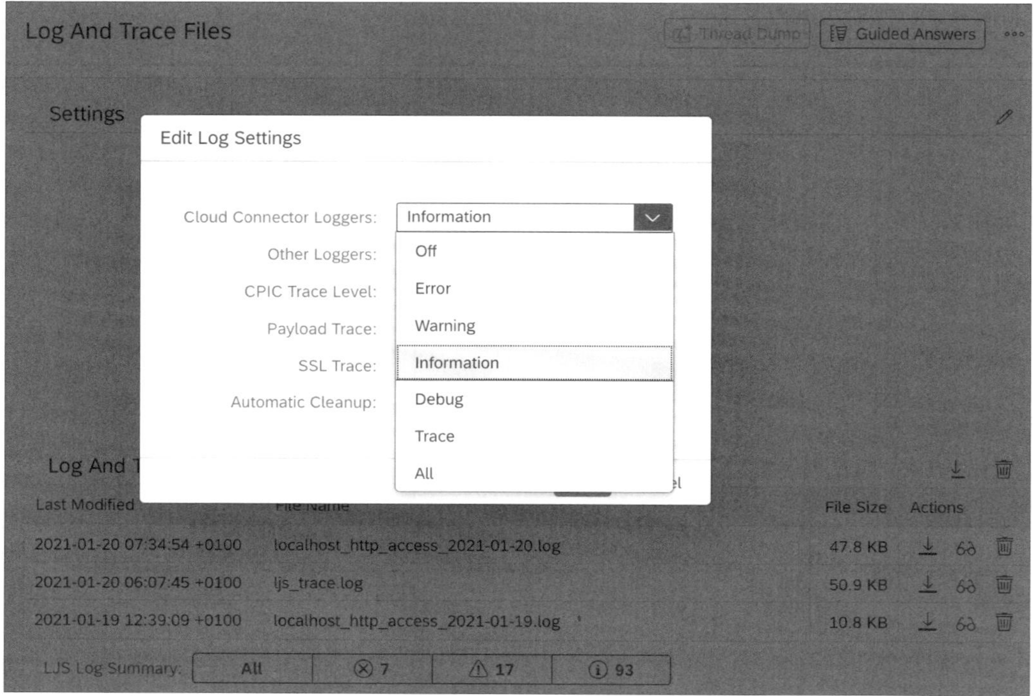

Abbildung 5.17 Auswahl des Protokollierungslevels

3. Die weiteren Felder bezeichnen andere Logging-Werkzeuge (**Other Loggers**), die in der Regel selbst entwickelt wurden, das **CPIC Trace Level** für Java-Connector-Verbindungen zu SAP-Systemen sowie den **Payload Trace** für die genaue Überprüfung des HTTP-Datenverkehrs. Der **SSL Trace** dient der Prüfung der gesicherten Übertragung, insbesondere der korrekten Verschlüsselung. Alle diese Traces aktiviert man nur bei Bedarf.
4. Im Feld **Automatic Cleanup** können Sie festlegen, dass die generierten Logs nach einer definierten Zeit gelöscht werden, insbesondere um deren Platzbedarf zu minimieren.

Beachten Sie in diesem Zusammenhang auch SAP-Hinweis 2452568, der konkret auf die Logs und Log-Dateien eingeht.

5.4.2 Verbindung einrichten

Unterstützte On-Premise-Systeme

Aktuell sind folgende On-Premise-Systeme für eine Anbindung über den Cloud Connector verfügbar:

- ABAP-Systeme, unter anderem SAP S/4HANA, SAP ERP und SAP Business Warehouse (SAP BW)
- SAP HANA (native SAP-HANA-Datenbanken)
- SAP NetWeaver Application Server (SAP NetWeaver AS) for Java (und Java-basierte SAP-Systeme, wie z. B. SAP Enterprise Portal)
- SAP Composition Environment (zur Anbindung zusammengesetzter Anwendungen, die auf dieser Plattform laufen)
- SAP Business Connector (zum Einbinden von Middleware-Systemen)
- SAP Process Integration (SAP PI; zur Anbindung von SAP Process Integration bzw. Process Orchestration und den hier erzeugten EAI-Nachrichten (Enterprise Application Integration))
- SAP Gateway (zur Verbindung von Systemen untereinander)
- weitere SAP-Systeme, die über unterstützte Protokolle angesprochen werden können
- Nicht-SAP-Systeme (Webadressen, die nicht auf ein SAP-System zeigen)

Unterstützte Protokolle

Für den Datenaustausch werden folgende Protokolle unterstützt:

- HTTP für die »klassische« Internetkommunikation (zwischen Webseiten, OData-Services etc.)
- LDAP für Kommunikation mit LDAP-fähigen Verzeichnisdiensten
- Remote Function Call (RFC) zur Kommunikation mit ABAP-Systemen
- TCP für Netzwerkkommunikation über das Internetprotokoll

Für jede dieser Verbindungsarten werden außerdem verschlüsselte Pendants unterstützt: HTTPS, LDAPS, RFC SNC und TCP SSL.

Um eine neue Verbindung zwischen der Cloud und einem On-Premise-System am Cloud Connector einzurichten, gehen Sie wie folgt vor:

1. Zunächst navigieren Sie zum Bereich **Subaccount • Cloud to On-Premise** (siehe Abbildung 5.18).

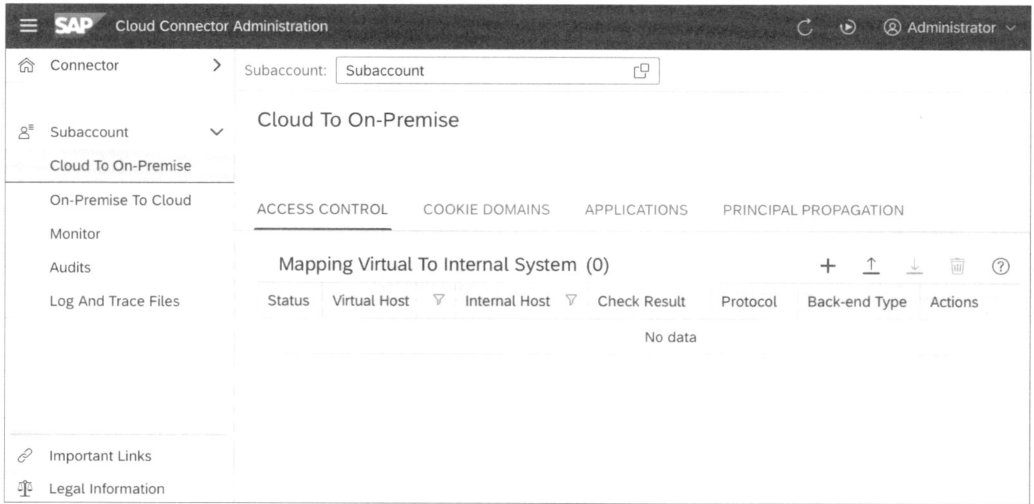

Abbildung 5.18 Einstieg in die Konfiguration einer Cloud-zu-on-Premise-Verbindung

2. Klicken Sie auf das Pluszeichen (+) oberhalb der Liste der Verbindungen, um eine neue Verbindung anzulegen.
3. In der folgenden Maske **Add System Mapping** wählen Sie aus, welche Art von System für den Zugriff aus der Cloud freigeschaltet werden soll (siehe Abbildung 5.19). Fahren Sie mit **Next** fort.

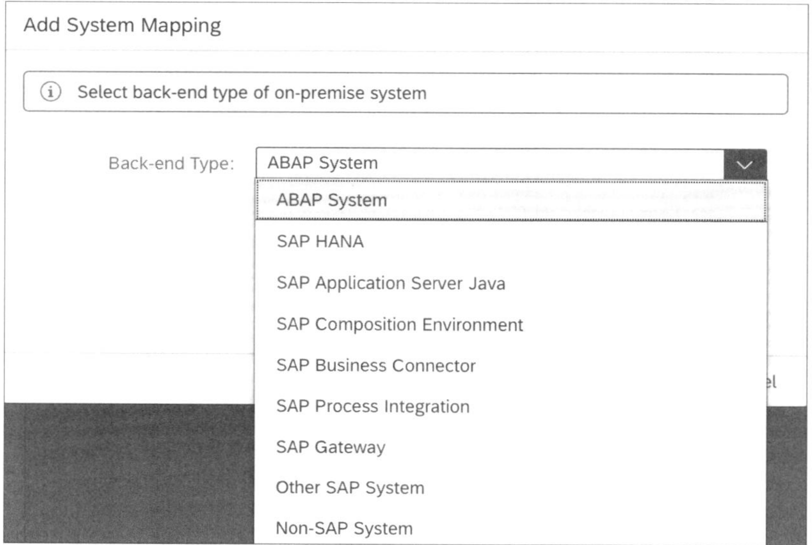

Abbildung 5.19 Auswahl der Art des On-Premise-Systems

4. Es folgt die Auswahl des für die Kommunikation zu verwendenden Protokolls (siehe Abbildung 5.20). Abhängig von der Auswahl des Systemtyps werden nicht passende Protokolle hier ausgegraut. Wir empfehlen Ihnen an dieser Stelle, eine verschlüsselte Verbindungsart zu wählen. Klicken Sie dann auf **Next**.

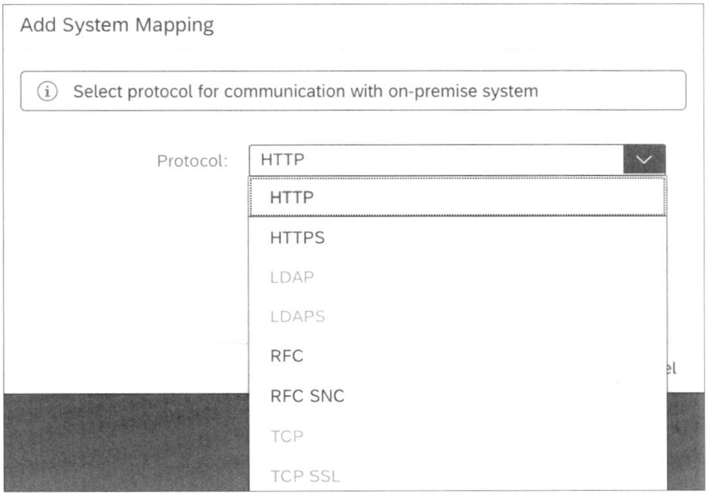

Abbildung 5.20 Protokollauswahl bei der Systemanlage

5. Im nächsten Schritt der Einrichtung wird abhängig von der Verbindungsart zunächst der jeweilige interne Host abgefragt (z. B. Host-Name und Port oder interne SAP-Verbindungsdaten). Spezifizieren Sie die Adressen so, dass sie direkt von dem Rechner, auf dem der Cloud Connector läuft, angesprochen werden können.

   Abbildung 5.21 zeigt als Beispiel die Anbindung des SAP-Systems über eine Webadresse – einer der häufigsten Anwendungsfälle. Fahren Sie mit **Next** fort.

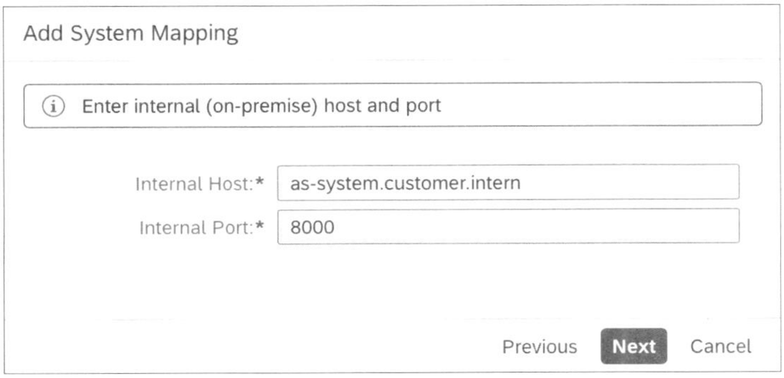

Abbildung 5.21 Anbindung eines SAP-Systems über HTTP

6. Geben Sie den virtuellen Host-Namen des Systems an (siehe Abbildung 5.22). Hier empfiehlt sich eine Art Alias, der auf semantischer Ebene angibt, mit welchem System Sie es zu tun haben, also z. B. `dev-erp` für das SAP-ERP-Entwicklungssystem oder `dev-erp-cc1` für »Verbindung zum SAP-ERP-Entwicklungssystem über Cloud Connector 1«. Klicken Sie auf **Next**.

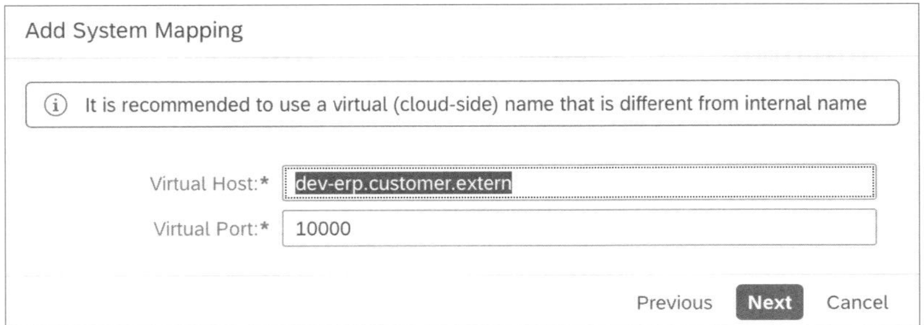

Abbildung 5.22 Mapping auf einen virtuellen Host-Namen

7. Als Nächstes sind die Authentifizierungseinstellungen vorzunehmen. Abbildung 5.23 zeigt die Einstellung **None** für HTTP-Verbindungen. Diese Einstellung hat nur dann Auswirkungen, wenn Sie die Principal Propagation als Authentifizierungsmethode einrichten. **Kerberos** ist hier der Anmeldestandard für Windows, während die X.509-Zertifikate Industriestandards sind. Fahren Sie mit **Next** fort.

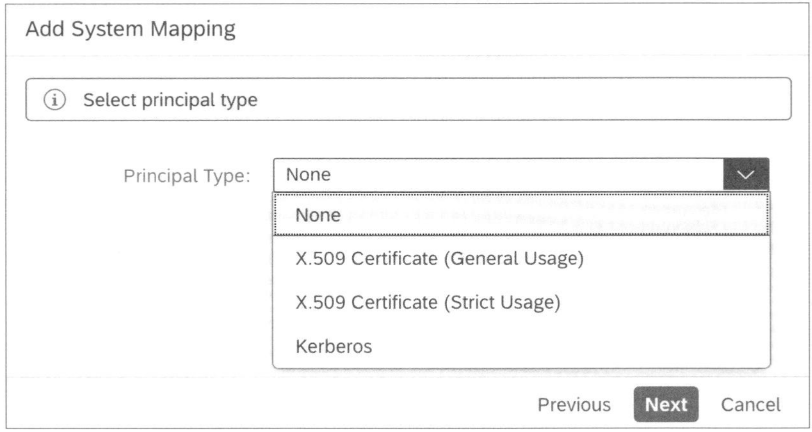

Abbildung 5.23 Authentifizierungsmethode für die Verbindung einstellen

8. Im nächsten Schritt konfigurieren Sie das HOST-Feld im HTTP-Header (siehe Abbildung 5.24). Je nachdem, ob Sie wollen, dass der virtuelle oder der interne Server transparent wird, können Sie das im Header definieren lassen. Klicken Sie ein weiteres Mal auf **Next**.

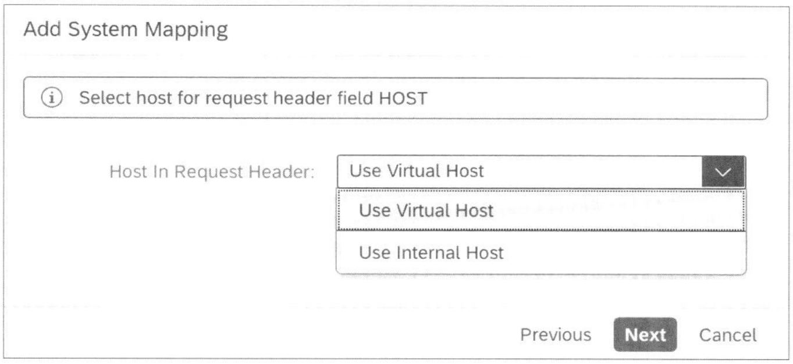

Add System Mapping

Select host for request header field HOST

Host In Request Header: Use Virtual Host

Use Virtual Host

Use Internal Host

Previous Next Cancel

Abbildung 5.24 HOST-Feld im HTTP-Header konfigurieren

Bedeutung des HOST-Feldes im HTTP-Header

Wenn Sie den virtuellen Host auswählen, wird der ursprünglich angeforderte Host im X-Forwarded-Host-HTTP-Header mitgeführt, wie bei einem Reverse Proxy. Das HOST-Feld im HTTP-Header dient dann der Unterscheidung, wo ein Request herkommt. Dies ist in ABAP-Systemen beispielsweise für die korrekte URI-Generierung wichtig. Weitere Details hierzu können Sie SAP-Hinweis 750292 entnehmen.

9. Im vorletzten Schritt können Sie noch eine Beschreibung für die Verbindung eingeben, beispielsweise die Nummer der Änderungsanforderung oder des Tickets, in dem die Anforderung gestellt wurde.
10. Um sicherzugehen, dass der interne Host vom Cloud Connector aus erreichbar ist, geben Sie im letzten Schritt mit Auswahl des Ankreuzfeldes **Check Internal Host** an, dass die Verbindung geprüft werden soll (siehe Abbildung 5.25).

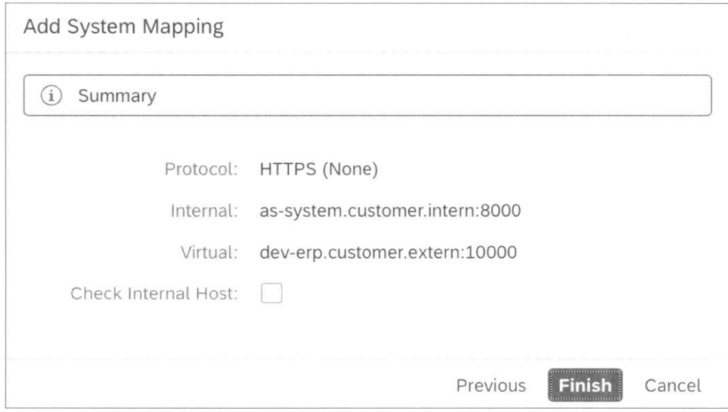

Abbildung 5.25 Den internen Server bei der Verbindungsanlage prüfen

11. Schließen Sie den Assistenten mit dem Button **Finish** ab.

Damit haben Sie ein System-Mapping erstellt. Beachten Sie, dass der interne Servername nun final ist und nicht mehr geändert werden kann (allenfalls durch die Anlage eines neuen Mappings). Mit der Bearbeitung des Eintrags kann aber jederzeit der interne Server geändert werden. Sie könnten in unserem Beispiel also den Server ändern, der durch einen Zugriff auf *https://dev-erp-customer.extern:10000/* von der Cloud aus erreicht werden kann. Dieses Verhalten ist vergleichbar mit einer in Transaktion SM59 erstellten Verbindung aus einem ABAP-System oder einer Destination aus dem SAP-NetWeaver-Java-Stack.

5.4.3 Zugriffskontrolle konfigurieren

Zugriff auf Ressourcen berechtigen

Das System-Mapping allein bedeutet aber noch nicht, dass damit auch gearbeitet werden kann. Dazu ist es notwendig, die einzelnen erlaubten Zugriffe über *Access Control Lists* (ACLs) zu steuern. Im Cloud Connector werden diese Listen erlaubter Zugriffe im Bereich **Resources** geführt.

Die Ressourcen können einzeln berechtigt werden oder auch über Präfixe. Ein URI */services/service1* kann also gleichermaßen berechtigt werden wie ein URI */services/**. Gleiches gilt, wenn man RFC-Zugriffe über den Cloud Connector ermöglicht. Hier kann man entweder Zugriff auf einen bestimmten RFC-Funktionsbaustein oder auf alle RFC-Funktionsbausteine erlauben, indem man den Filter mit einem Präfix erstellt (z. B. `BAPI_USER*`).

Auf Entwicklungssystemen kann man sich oftmals mit dem Muster */** behelfen, auf Produktionssystemen ist eine genauere Einschränkung wünschenswert. Beachten Sie bei der Einrichtung der Zugriffsfilter auch, dass die meisten SAP-Systeme einen Anteil öffentlicher Services anbieten. Im ABAP-Stack sind diese in Transaktion SICF unter dem Unterknoten */public/** zu finden. Bei RFC-Verbindungen sind dies einzelne Services der Gruppe `SYST`, wie z. B. der Funktionsbaustein `RFC_PING`.

ACL pflegen

Im Folgenden zeigen wir Ihnen, wie Sie die Zugriffskontrolle konfigurieren:

1. Navigieren Sie in den Bereich **Subaccount • Cloud to On-Premise**.
2. Auf der Registerkarte **ACCESS CONTROL** sehen Sie die Liste mit Ihren Verbindungen. Klicken Sie auf das Plussymbol (+) unter dieser Liste, um eine neue Ressource hinzuzufügen (siehe Abbildung 5.26).
3. Auf der folgenden Maske **Add Resource** geben Sie den Namen der Ressource an und ob die Ressource mit allen davon abgeleiteten URIs gültig ist (**Path And All Sub-Paths**, siehe Abbildung 5.27).

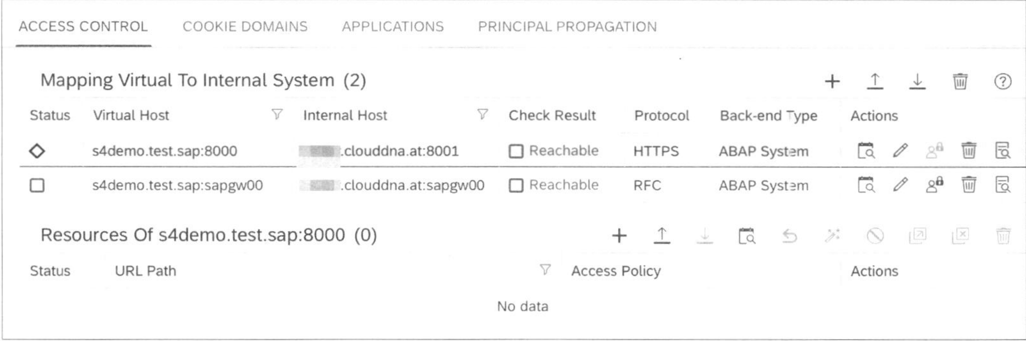

Abbildung 5.26 Einstiegspunkt zum Anlegen von Ressourcen

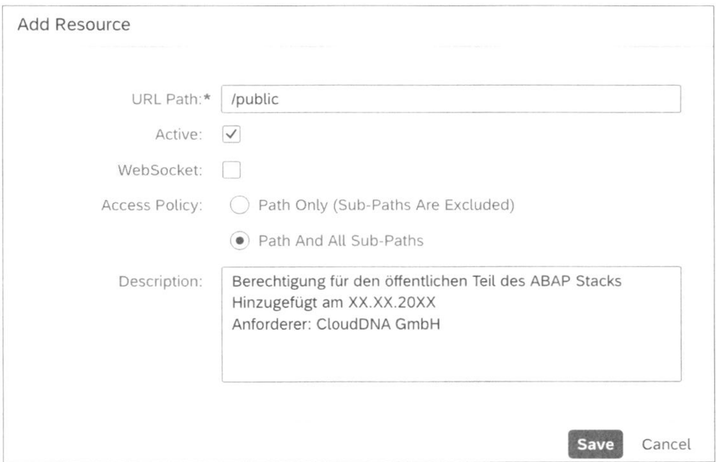

Abbildung 5.27 Einrichtung einer Ressource für HTTP/HTTPS

[«]

Keine Wildcard erforderlich

Im Feld **URL Path** müssen Sie kein Sternchen (*) eingeben, um eine Wildcard zu verwenden. Ob die Links mit oder ohne Unterpfade gültig sind, wird allein über die Auswahl **Path Only** oder **Path And All Sub-Paths** definiert.

4. Das Ankreuzfeld **WebSocket** ermöglicht, dass HTTP-Verbindungen zwischen Client und Server geöffnet bleiben. Der Server kann so Nachrichten ohne neuerlichen Verbindungsaufbau an den Client schicken. Diese Technik wird gerne verwendet, um Live-Aktualisierungen an Anwender*innen zu schicken, ohne dass diese die entsprechende Webseite neu laden müssen. Wenn Ihre Applikation diese Einstellung nicht unbedingt

benötigt, sollten Sie diesen Haken weglassen, da geöffnete Verbindungen immer auch Auswirkungen auf die Performance haben.

5. Im Feld **Description** können Sie einen Dokumentationstext anfügen.
6. Speichern Sie Ihre Ressource über den Button **Save**.

Ressourcen für RFC-Verbindungen

Ein Beispiel für die Konfiguration einer Ressource für eine RFC-Verbindung finden Sie in Abbildung 5.28. Auch hier können Sie den Namen des RFC-fähigen Funktionsbausteins ohne ein Sternchen (*) angeben.

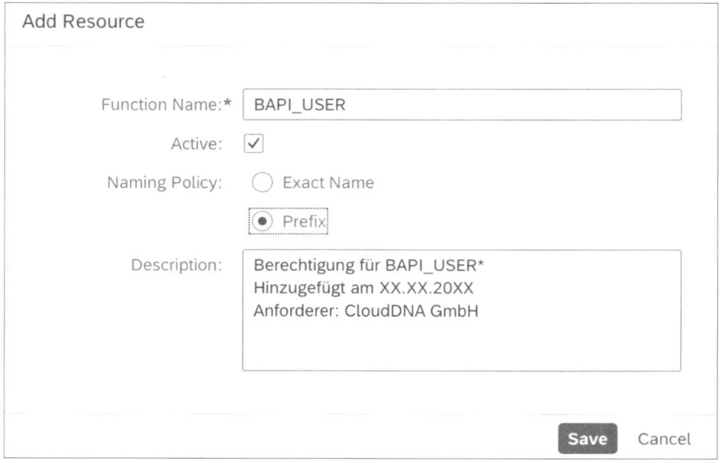

Abbildung 5.28 Anlage einer RFC-Ressource

Zur weiteren Absicherung können Sie RFC-Verbindungen auf gewisse Mandanten einschränken. Klicken Sie dazu auf das Berechtigungssymbol () in der Spalte **Actions** in der Liste der Verbindungen (siehe Abbildung 5.26). Es öffnet sich die Maske **Edit Authority for Client and User** (siehe Abbildung 5.29). Im unteren Bereich der Maske können Sie für bestimmte Mandanten und Benutzer den Zugriff blocken.

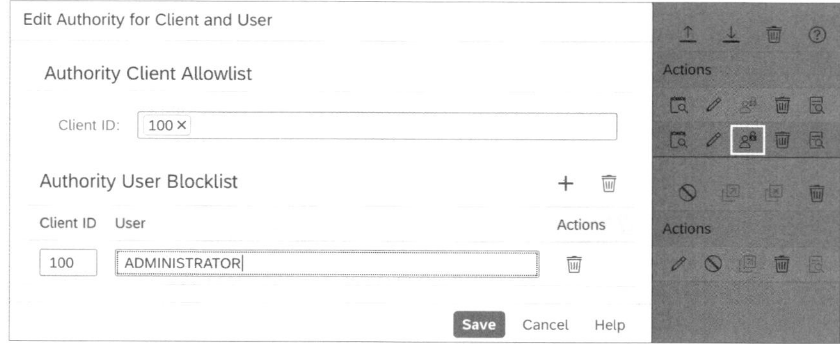

Abbildung 5.29 Zugriffe für RFC-Verbindungen einschränken

[!]

Berechtigungen für den Zugriff auf Services und URIs

Die Berechtigungen, die im Cloud Connector vergeben werden können, ersetzen nicht die Implementierung und Prüfung von Berechtigungen im Zielsystem.

Für den Zugriff auf einen URI eines ABAP-Systems ist Folgendes sicherzustellen:

- Bei Verwendung eines Web Dispatchers ist auch eine entsprechende ACL zu definieren. Dies gilt auch bei Verwendung der Profilparameter **icm/HTTP/auth** im ABAP-Stack.
- Bei OData-Services aus SAP Gateway ist die Berechtigung S_SERVICE zu prüfen.
- Der bzw. die Knoten müssen in der Transaktion SICF aktiviert sein.
- Die Berechtigungen im Service müssen für den aufrufenden Benutzer ebenfalls implementiert sein.

Für den Zugriff auf ein ABAP System über eine RFC-Verbindung ist Folgendes sicherzustellen:

- Der Benutzer benötigt eventuell die Berechtigungen S_RFC, S_RFCACL bzw. S_RFC_TT mit den entsprechenden Servicerechten.
- Für die Verwendung des Berechtigungsobjekts S_RFC empfehlen wir die Beachtung von SAP-Hinweis 2498923.
- Im jeweiligen RFC-Baustein werden meist weitere ABAP-Berechtigungen geprüft.

Cookie-Domänen

Die weiteren Einstellungen, die Sie für Cloud-zu-on-Premise-Verbindungen vornehmen sollten, betreffen die Cookies. *Web Cookies* werden von vielen Anwendungen eingesetzt, um die Benutzer in Webanwendungen zu identifizieren oder zu authentifizieren (z. B. Single-Sign-on-Cookies). Cookies können von einer Internetdomäne immer nur an die gleiche Domäne geschickt werden. Diese Einschränkung gilt für sämtliche Internetbrowser und dient der Absicherung. In vielen Fällen liegen aber die virtuellen und die internen Host-Namen in verschiedenen Domänen (in unserem Beispiel *customer.internal* und *customer.external*). Wenn also Anwendungen verwendet werden, die Cookies benötigen, müssen die Cookies im Cloud Connector umgesetzt werden.

1. Wechseln Sie dazu auf die Registerkarte **COOKIE DOMAINS** (siehe Abbildung 5.30).

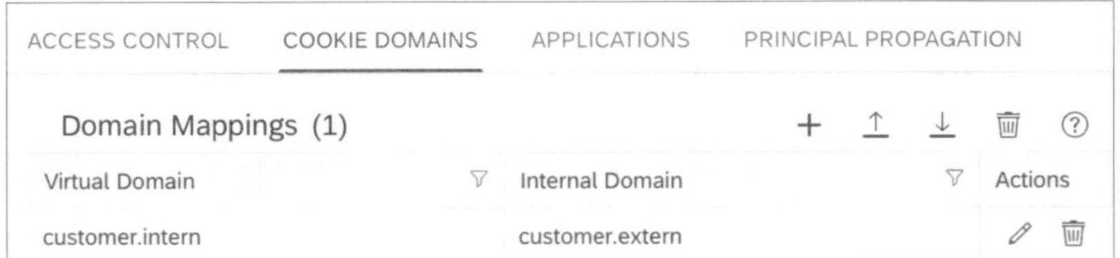

Abbildung 5.30 Cookie-Domänen bei HTTP(S)-Verbindungen mappen

2. Im linken Bereich sehen Sie, welche virtuellen Domänen welche im rechten Bereich angegebenen internen Domänen ersetzen. Die Ersetzung erfolgt dann durch den Cloud Connector.

Trusted Applications

Auch ausgehend von der SAP BTP können Sie für Nachrichten in Richtung Ihrer On-Premise-Systeme weitere Absicherungen auf Ebene der Applikationen vornehmen. Dabei handelt es sich um Cloud-Anwendungen, z. B. Java-, HTML5- oder SAP-HANA-XS-Anwendungen, die auf der SAP BTP entwickelt wurden. Sie können diese Anwendungen als *Trusted Applications* kategorisieren. Eine Übersicht der Anwendungen finden Sie im SAP BTP Cockpit unter **Applications**. In Abbildung 5.31 sehen Sie beispielhaft drei Cloud-Anwendungen aus dem Bereich des Personalwesens in der Neo-Umgebung.

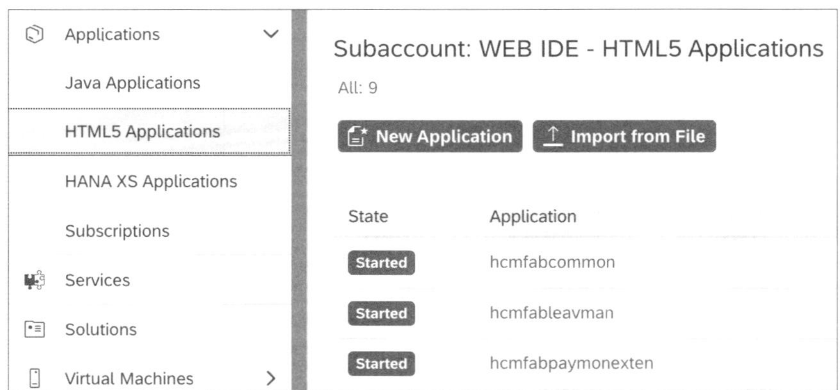

Abbildung 5.31 Applikationen im SAP BTP Cockpit

Die Namen von Berechtigungen für Anwendungen im Cloud Connector setzen sich nun aus dem Applikationsnamen und dem Subaccount zusammen. Die Berechtigung für die erste Applikation `hcmfabcommon` aus Abbildung 5.31 im Cloud Connector sehen Sie in Abbildung 5.32. Sie tragen diese

Anwendung auf der Registerkarte **APPLICATIONS** in die ACL ein, indem Sie diese über das Pluszeichen (+) hinzufügen. Ist eine Applikation vorhanden, kann darüber ein Zugriff erfolgen.

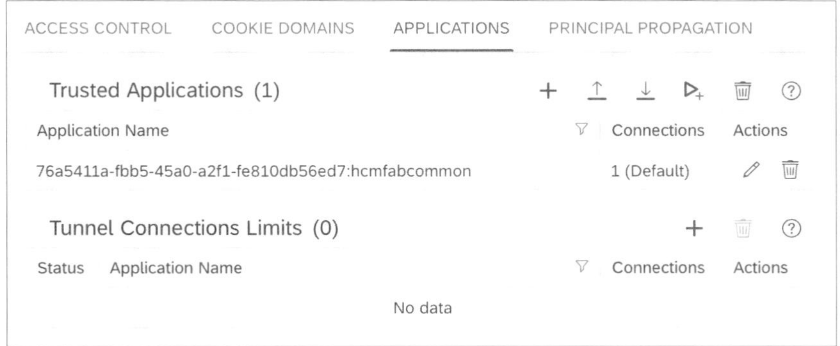

Abbildung 5.32 Trusted Applications im Cloud Connector

In der Liste **Tunnel Connection Limits** können Sie optional die maximal zulässige Anzahl von Verbindungen für die Trusted Applications definieren. Wir empfehlen Ihnen jedoch, an dieser Stelle vorerst nicht einzugreifen, da dies eine potenzielle Fehlerquelle ergeben kann. Es könnte zu unerwarteten Abbrüchen durch Erreichen des jeweiligen Limits kommen.

Principal Propagation

Auf der Registerkarte **PRINCIPAL PROPAGATION**können Sie einzelne Identity Provider als vertrauenswürdig für die Authentifizierung von Benutzern zwischen der Cloud- und den On-Premise-Systemen definieren.

5.4.4 SAP Connectivity Service aktivieren

Essenziell für die Nutzung der Verbindungen ist die Aktivierung des *SAP Connectivity Service* im Service Marketplace. Dieser Service ermöglicht Anwendungen die Kombination von Services und ist quasi der Unterbau von Verbindungen sowie die Voraussetzung, um überhaupt Verbindungen nutzen zu können.

Service Marketplace

Abbildung 5.33 zeigt den Service Marketplace. Die Übersicht der Services ist gefiltert auf Services der SAP Integration Suite. Die Kachel zum Aufruf des SAP Connectivity Service sehen Sie in der zweiten Zeile. Daneben sehen Sie den SAP Destination Service, den wir in Abschnitt 5.5, »Einrichtung des SAP Destination Service«, benötigen werden. Auch dieser Service muss zur Verwendung zunächst aktiviert werden.

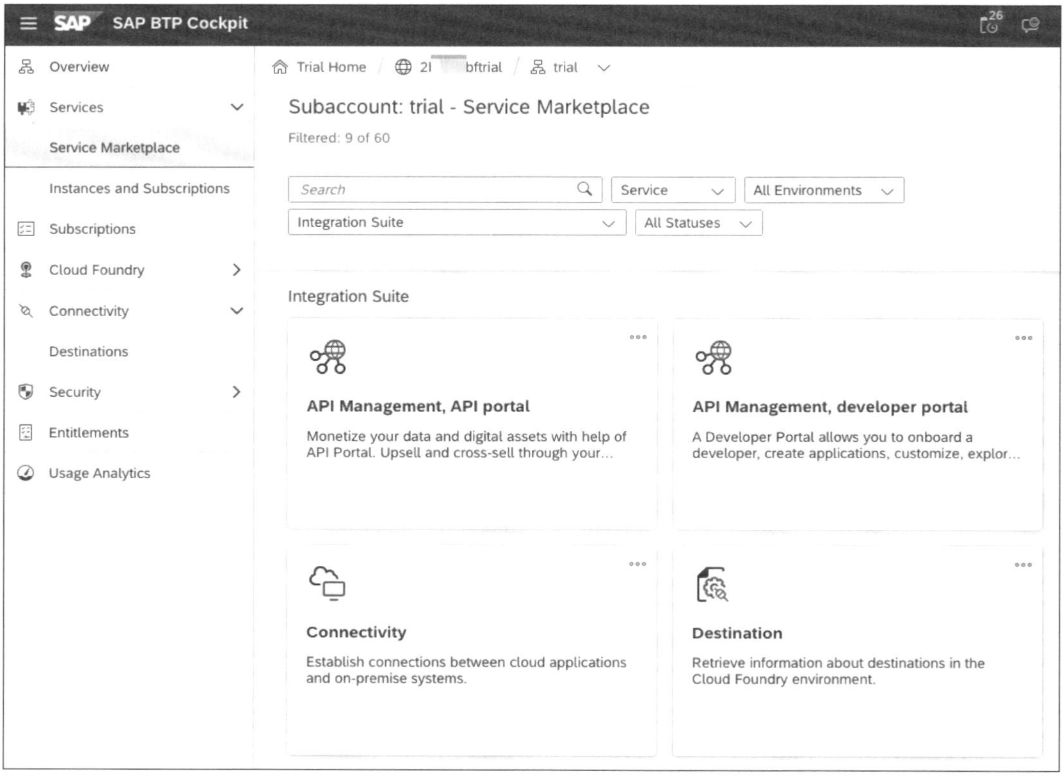

Abbildung 5.33 SAP Destination Service und SAP Connectivity Service im Service Marketplace

Rufen Sie zur Aktivierung der Services jeweils die entsprechende Kachel auf, und wählen Sie **New Instance**, um eine neue Serviceinstanz zu erzeugen.

[»]

Empfehlungen zur Nutzung der Verbindungen

Nach Abschluss der in diesem Abschnitt beschriebenen Schritte können Verbindungen zu den On-Premise-Systemen aufgebaut werden. SAP spricht dazu folgende Empfehlungen aus:

- Verwenden Sie Konstanten für Systembenutzer und Passwörter.
- Verwenden Sie Destinationen als Modellierungsebene (ähnlich den RFC-Destinationen aus Transaktion SM59 im ABAP-Umfeld).

Des Weiteren ist für den Verbindungsaufbau von der Cloud-Foundry-Umgebung mit entsprechender Authentifizierung über HTTPS die Verwendung der eXtended Services for UAA (XSUAA) empfehlenswert. Diese behandeln wir in Abschnitt 4.4.3, »Sammelrollen-Mapping«.

Registrierung abgeschlossen

Abbildung 5.34 zeigt den Verbindungsaufbau noch einmal schematisch. Die Registrierung des Cloud Connectors am Subaccount der SAP BTP haben wir abgeschlossen, es fehlt nun noch die Einrichtung einer Destination, die wir im folgenden Abschnitt beschreiben. Diese Destination ist optional, dient aber der sauberen Kapselung und, wenn man so will, dem Ersetzen von Verbindungsdaten durch eine textliche Konstante.

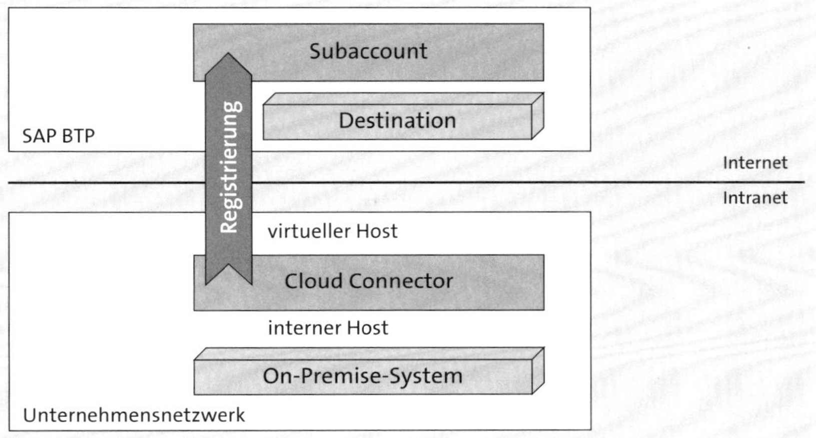

Abbildung 5.34 Schema der Anbindung von On-Premise-Systemen mit Berücksichtigung von Destinationen

Anbindung prüfen

Um zu überprüfen, ob der Cloud Connector korrekt an die SAP-BTP-Umgebung angebunden werden konnte, navigieren Sie in den Bereich **Connectivity**. Nach der Anbindung des Cloud Connectors können Sie hier unter dem Menüpunkt **Cloud Connectors** die verbundenen Cloud-Connector-Instanzen sehen. Für eine funktionierende Verbindung muss ein Cloud Connector den Status **Connected** aufweisen (siehe Abbildung 5.35).

Zum Zeitpunkt der Drucklegung dieses Buches stand die Liste der Cloud-Connector-Instanzen in der Cloud-Foundry-Umgebung nicht zur Verfügung. SAP arbeitet an der Vereinheitlichung mit der Neo-Umgebung. Details hierzu finden Sie tagesaktuell in SAP-Hinweis 3021934.

[«]

Transportieren von Verbindungen

Über Import- und Exportfunktionen sowohl auf der Ebene des Cloud Connectors als auch auf der Ebene der SAP BTP können Sie Ihre Verbindungen bequem transportieren bzw. sichern. Die Symbole für die Funktionen **Import System Mappings** (⇧) und **Export System Mappings** (⇩) befinden sich direkt in den Masken der SAP BTP (siehe z. B. Abbildung 5.26).

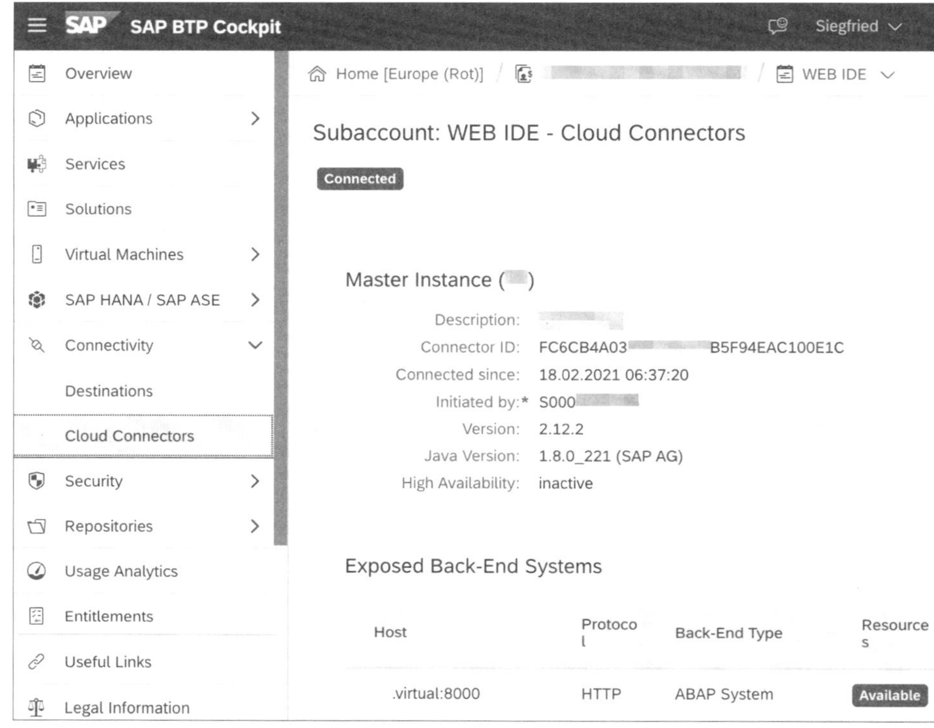

Abbildung 5.35 Verbundene Cloud-Connector-Instanzen in der Neo-Umgebung

5.5 Einrichtung des SAP Destination Service

Destinationen

Destinationen werden auf der SAP BTP angelegt. Ihr Hauptzweck ist eine saubere Modellierung ausgehender Verbindungen. Dabei kann es sich um Verbindungen zu On-Premise- oder zu anderen Cloud-Anwendungen handeln. Sämtliche Verbindungen funktionieren aber nach dem gleichen Schema. Eine Destination bietet über einen abstrakten Namen einen Zugriff auf eine Webadresse oder die Host-Adresse z. B. eines ABAP-Servers. Im Fall eines Zugriffs auf eine entfernte Ressource wird der Zugriff bei aktivem Cloud Connector und korrekter Adressierung mit dem Verbindungstyp **On Premise** über den Cloud Connector geroutet.

In diesem Abschnitt sehen wir uns die Rolle der Destinationen im Kontext des Cloud Connectors an.

SAP Destination Service

Voraussetzung für eine Nutzung der Destinationen ist eine Aktivierung des SAP Destination Service im SAP BTP Cockpit. Eine Modellierung von Destinationen ist zwar auch ohne die Aktivierung dieses Service möglich, aber spätestens, wenn Sie aus einer Cloud-Anwendung auf eine Destination zugreifen wollen, muss der Service in Ihrem Space der Cloud-Foundry-Umgebung aktiv sein. Die Aktivierung des Service erfolgt auf die gleiche Weise wie die des SAP Connectivity Service. Wir haben diese bereits in Abschnitt 5.4.4, »SAP Connectivity Service aktivieren«, beschrieben. In der Neo-Umgebung ist der Service standardmäßig aktiv.

[«]

Absicherung der Kommunikation bei Verwendung von Destinationen

Beachten Sie zur Sicherheit von Destinationen auch unsere Hinweise in Abschnitt 2.1.1, »Grundlagen der sicheren Kommunikation«. Dort ist vor allem für HTTPS-Verbindungen ausführlich beschrieben, wie vertrauenswürdige Zertifikate generiert werden. Das wird in diesem Abschnitt nicht mehr explizit erwähnt.

Im Folgenden beschreiben wir die Einrichtung von Destinationen in der Neo- und der Cloud-Foundry-Umgebung.

5.5.1 Destinationen in der Neo-Umgebung anlegen

Um Destinationen in der Neo-Umgebung anzulegen, navigieren Sie im Bereich **Connectivity** zum Menüeintrag **Destinations** und wählen dort den Button **New Destination**. In Abbildung 5.36 sehen Sie die Maske zur Einrichtung einer HTTPS-Verbindung.

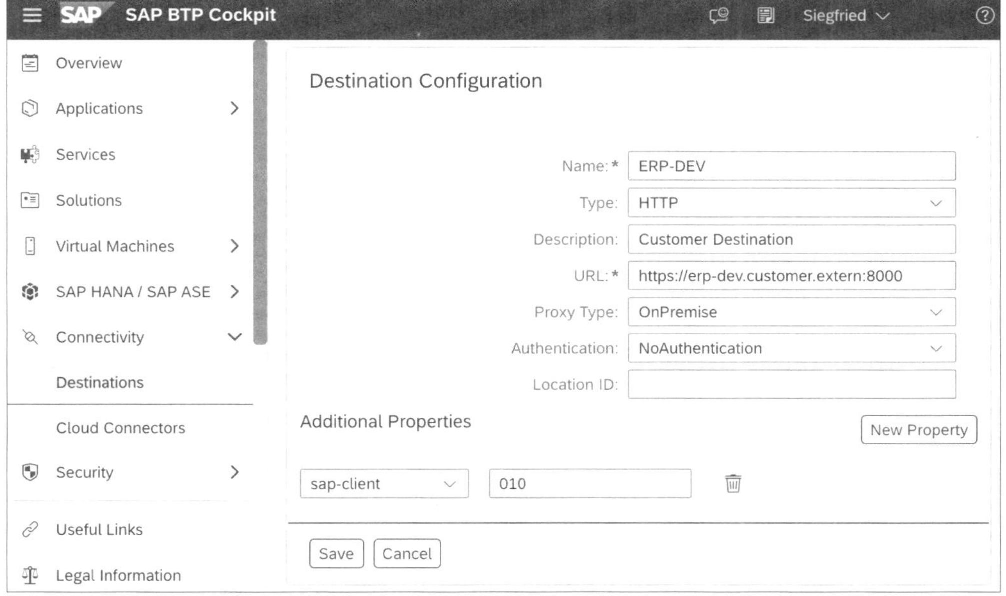

Abbildung 5.36 HTTP(S)-Destination anlegen

HTTP-Verbindung anlegen

Tragen Sie hier unter **URL** den URI des virtuellen Servers samt dem virtuellen Port ein, und geben Sie den **Type** an, also **HTTP** oder **HTTPS**. Über den **Proxy Type** wird geregelt, wo sich das Ziel der Verbindung befindet (**OnPremise** oder im **Internet**).

Im Feld **Name** geben Sie der Verbindung einen eindeutigen Namen. Optional kann noch eine längere Beschreibung unter **Description** ergänzt werden.

Über das Feld **Authentication** können Sie die Authentifizierung von Benutzern auf Ebene der Verbindung konfigurieren, falls z. B. zur Kommunikation mit der Verbindung ein SAML-Ticket oder eine andere Art der Authentifizierung verwendet werden soll.

Zu guter Letzt können Sie im Feld **Location ID** einen Ort hinterlegen. Falls verwendet, muss diese Angabe zu den bei der Konfiguration des Cloud Connectors (siehe Abbildung 5.7) verwendeten IDs passen. Standardmäßig bleibt dieses Feld also leer.

Ist das Ziel ein SAP-System, ist die Spezifikation der Property `sap-client` auf den gewünschten Mandanten sinnvoll. Dazu klicken Sie auf den Button **New Property**. Ihnen wird eine Liste mit Eigenschaften angeboten, die man optional setzen kann. In der Praxis ist lediglich die Einstellung `sap-client` relevant. Sollten weitere Einstellungen nötig sein, finden sich diese in der Dokumentation der Cloud-Anwendung, die angebunden werden soll.

RFC-Verbindung anlegen

Bei den RFC-Verbindungen verhält es sich ähnlich. Auch hier wird mit dem virtuellen Host-Namen gearbeitet. Sollen Metadaten und Applikationsdaten getrennt übermittelt werden (also beispielsweise die Metadaten über einen Funktionsbaustein mit einem dedizierten Benutzer abgefragt werden), kann man in der Anlagemaske zwischen **User** und **Repository User** unterscheiden (siehe Abbildung 5.37). Der optionale **Repository User** mit seinem entsprechenden **Repository Password** wird für die Abfrage der Metadaten verwendet, der **User** mit seinem **Password** für alle anderen Daten, also z. B. die konkreten Funktionsbausteinausführungen.

Bei den Verbindungsdaten können alle Eigenschaften des *Java Connectors* (JCo) in den Properties gepflegt werden. Dieser Connector ist die einzige Möglichkeit, direkt auf remote-fähige Funktionsbausteine eines ABAP-Systems zuzugreifen. Das funktioniert ähnlich wie bei der HTTP(s)-Verbindung. Bei Verbindung über den Messageserver wählen Sie beispielsweise die Property `jco.client.mshost` und bei Verbindungen über den Applikationsserverver `jco.client.ashost`.

Verbindung testen

Nach der Anlage und Sicherung einer Destination können Sie die Verbindung über den Button **Check Connection** testen. Wenn es bei HTTP(S)-Verbindungen Probleme mit den Zertifikaten gibt, finden Sie Lösungsansätze dazu in Abschnitt 2.1.1, »Grundlagen der sicheren Kommunikation«.

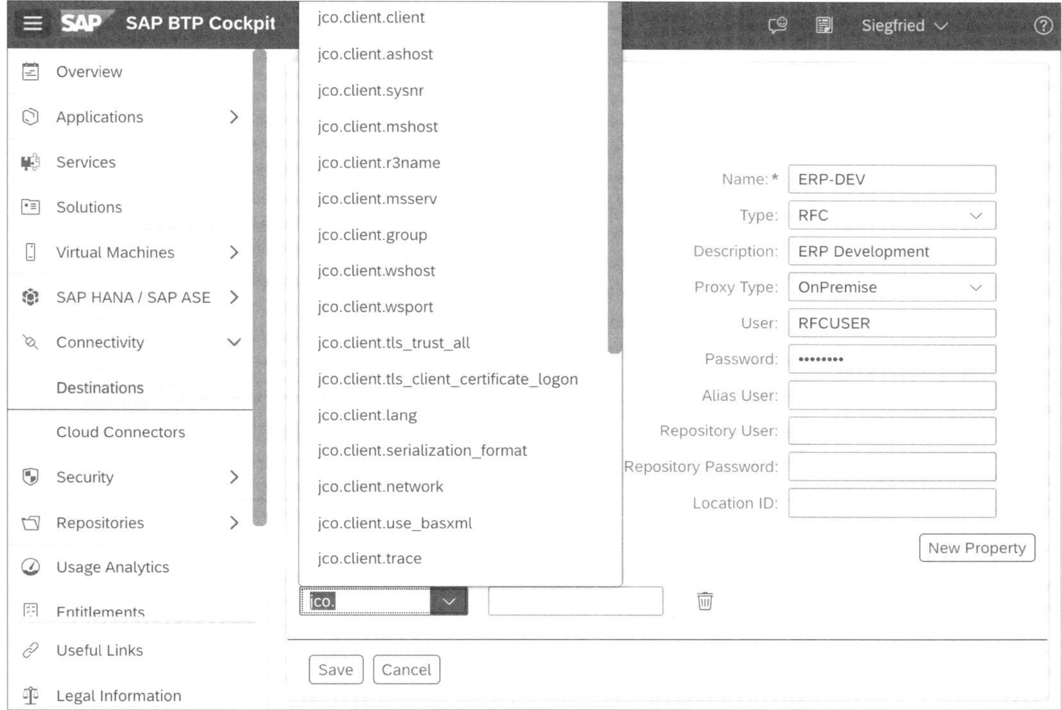

Abbildung 5.37 RFC-Destination anlegen

Konnte eine Verbindung erfolgreich hergestellt werden, ist es sinnvoll, die Berechtigungen auf Ebene der Subskription und auf Ebene der Anwendung zu konfigurieren. Das Vorgehen dazu haben wir in Abschnitt 2.1.2, »SAP Destination Service«, beschrieben.

Verbindungen zur SAP Web IDE

Einen Sonderfall bilden Verbindungen zur SAP Web IDE. Wenn Cloud-Connector-Verbindungen verwendet werden sollen, um eine in der SAP Web IDE entwickelte Anwendung anzubinden, müssen die erweiterten Einstellungen (**Additional Properties**) der Verbindung gepflegt werden. In Abbildung 5.38 sehen Sie ein Beispiel. Hier wurden folgende Eigenschaften der Verbindung konfiguriert:

- `WebIDEEnabled = true` schaltet die Verbindung für die SAP Web IDE frei.
- `WebIDESystem = gateway` regelt den Zugriff auf SAP Gateway.
- `WebIDEUsage = odata_gen, odata_abap, bsp_execute_abap` bezeichnet die ausführbaren Aktionen.

Additional Properties
sap-client
002
WebIDEEnabl...
true
WebIDESystem
gateway
WebIDEUsage
odata_gen, odata_aba...

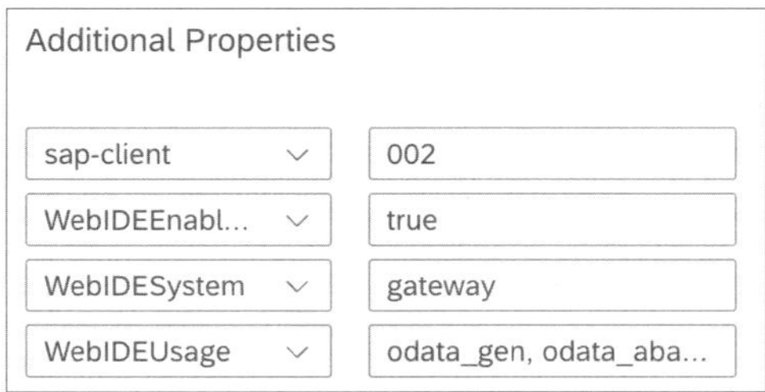

Abbildung 5.38 Zusätzliche Parameter bei Verbindungen zur SAP Web IDE

5.5.2 Destinationen in der Cloud-Foundry-Umgebung anlegen

Destination anlegen

Um eine Destination in der Cloud-Foundry-Umgebung der SAP BTP anzulegen, navigieren Sie in Ihrem Subaccount in den Bereich **Connectivity • Destinations**. Klicken Sie hier auf die Schaltfläche **New Destination**. In der Anlagemaste geben Sie wieder den virtuellen Host-Namen im Feld **URL** an, um eine Verbindung über den Cloud Connector einzurichten (siehe Abbildung 5.39). Über den Proxy-Typ **OnPremise** wird klar, dass die Verbindung über einen Cloud Connector geroutet werden soll.

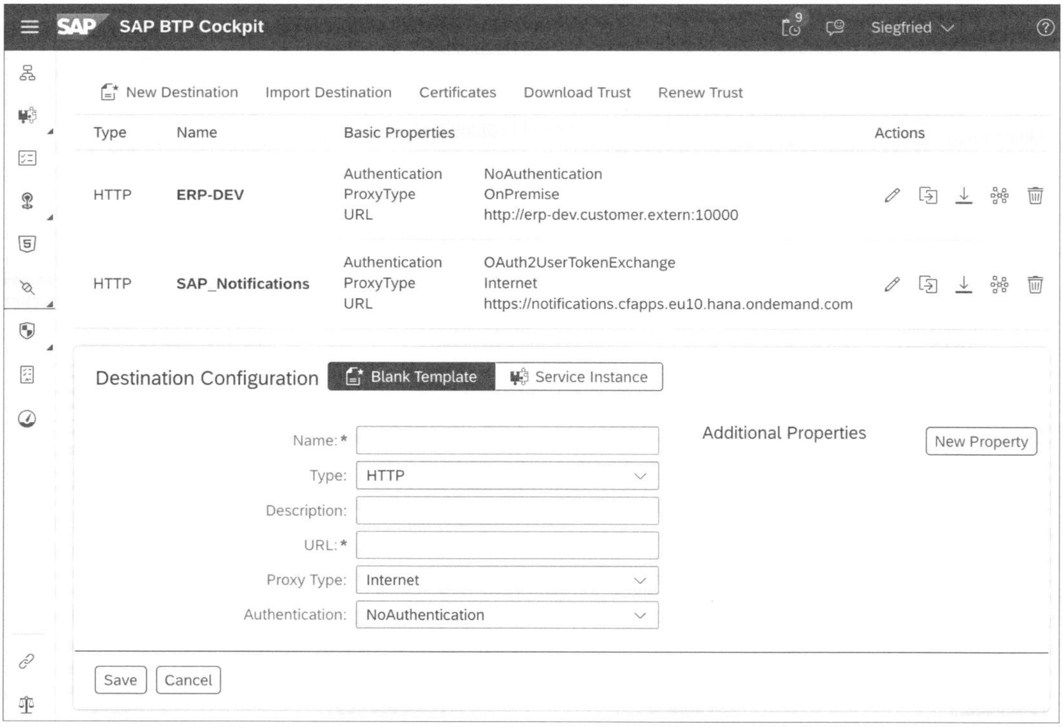

SAP BTP Cockpit
Siegfried
New Destination
Import Destination
Certificates
Download Trust
Renew Trust
Type
Name
Basic Properties
Actions
HTTP
ERP-DEV
Authentication
ProxyType
URL
NoAuthentication
OnPremise
http://erp-dev.customer.extern:10000
HTTP
SAP_Notifications
Authentication
ProxyType
URL
OAuth2UserTokenExchange
Internet
https://notifications.cfapps.eu10.hana.ondemand.com
Destination Configuration
Blank Template
Service Instance
Name: *
Type:
HTTP
Description:
URL: *
Proxy Type:
Internet
Authentication:
NoAuthentication
Additional Properties
New Property
Save
Cancel

Abbildung 5.39 Destination in der Cloud-Foundry-Umgebung anlegen

Entwickeln Sie eine Cloud-Anwendung in der Cloud-Foundry-Umgebung, kann nun in unserem Beispiel der abstrakte Name ERP-DEV für die Destination verwendet werden, um den entsprechenden URI aufzulösen.

Zur Absicherung der Verbindungen und für etwaige Zertifikatsprobleme sei wieder auf Abschnitt 2.1.1, »Grundlagen der sicheren Kommunikation«, verwiesen.

5.6 Checkliste für die Konfiguration des Cloud Connectors

In Tabelle 5.1 finden Sie die Checkliste zur sicheren Konfiguration von Verbindungen über den Cloud Connector.

Erledigt	Aufgabe
	Sie haben bei der Entwicklung einer Anwendung in der Cloud festgelegt, ob der Cloud Connector zu verwenden ist. Sinnvollerweise wurde dies auch in den Entwicklungsrichtlinien berücksichtigt.
	Sie haben festgelegt, wie viele Cloud-Connector-Instanzen installiert werden sollen. Verteilen Sie diese geografisch, um die Ausfallsicherheit zu erhöhen. Beachten Sie auch, ob Entwickler*innen einen eigenen Cloud Connector auf ihren lokalen Rechnern installiert haben.
	Sie haben ein Konzept zur Wartung Ihrer Cloud-Connector-Instanzen ausgearbeitet. Sie sollten festlegen, welche Cloud-Connector-Instanz bei einem Funktions-Upgrade zuerst aktualisiert wird, und sicherstellen, dass die Verbindungen korrekt getestet werden.
	Es wurde definiert, wer Zugriff auf den Cloud Connector erhalten soll. Möglich wären Administrator*innen, Entwickler*innen, aber auch andere Personenkreise, die z. B. Anzeigerechte bekommen könnten.
	Abhängig von der Frage, wer Zugriff bekommt, sollten Sie geklärt haben, ob Sie eine Anbindung an ein LDAP-Verzeichnis benötigen, um die Benutzer zu authentifizieren. Eine solche Anbindung ergibt in vielen Fällen Sinn, speziell wenn mehrere Benutzer Zugang erhalten sollen.

Tabelle 5.1 Checkliste für die Konfiguration des Cloud Connectors

Erledigt	Aufgabe
	Ein Monitoring-Konzept für den Cloud Connector wurde erarbeitet. Sie können sich dabei an den Konzepten für das Monitoring anderer Systemverbindungen in Ihrem Unternehmen orientieren und sollten auch festhalten, wer für das Monitoring zuständig ist.
	Sie haben einen Ort zur Dokumentation der Cloud-Connector-Verbindungen definiert. Prüfen Sie in diesem Zusammenhang anhand Ihrer Entwicklungsrichtlinien, ob eine Dokumentation im Cloud Connector ausreicht oder welche anderen Dokumentationen berührt werden. Wichtig wäre auch eine Erfassung der Subaccounts und der angeschlossenen Cloud-Connector-Instanzen.
	Falls für die Daten, die über den Cloud Connector übertragen werden, hohen Schutzanforderungen gelten, empfiehlt sich die Aktivierung des Vieraugenprinzips bei der Überwachung von Netzwerk-Traces.
	Sie haben eine Vereinbarung getroffen, wie hoch die Verfügbarkeit der Verbindung sein sollte. SAP empfiehlt generell eine redundante, hochverfügbare Anbindung. Berücksichtigen Sie dabei auch Ihren eigenen Internet-Uplink, und erarbeiten Sie ein Fallback-Szenario. Dazu sind in der Regel umfassende Klärungen mit den Netzwerkteams nötig.
	Sie haben ein Namenskonzept für virtuelle Host-Namen und Destinationen erarbeitet. Die Namensvergabe kann fachlich (z. B. mit dem Namensbestandteil FI bezogen auf das Finanzwesen) oder applikationsspezifisch (z. B. mit dem Namensbestandteil MRA für eine mobile Reisekostenapplikation) erfolgen, sollte aber durchgängig einheitlich sein.
	Sie haben Abläufe zur Freischaltung von Services definiert und hinterlegt, welche Personen dabei in welcher Form informiert werden müssen.

Tabelle 5.1 Checkliste für die Konfiguration des Cloud Connectors (Forts.)

5.7 Beispiele zur sicheren Konfiguration des Cloud Connectors in der Praxis

Die Szenarien zum Einsatz des Cloud Connectors sind vielfältig. In diesem Kapitel haben wir für Sie exemplarisch einige typische Anwendungsfälle zusammengestellt, die Anbindung eines lokalen Git-Servers und den Zugriff auf ein SAP-S/4HANA-System. Außerdem beschreiben wir die Konfiguration der LDAP-Authentifizierung.

5.7.1 Einen On-Premise-Git-Server an die Neo-Umgebung anbinden

Git ist eine freie Software zur Versionsverwaltung der Quelldateien Ihrer Entwicklungen. Die Open-Source-Software wurde durch Linus Torvalds initiiert. In diesem Abschnitt zeigen wir Ihnen, wie Sie einen Git-Server an die Neo-Umgebung der SAP BTP anbinden können. Wir haben dieses Szenario für unser erstes Praxisbeispiel gewählt, weil wir festgestellt haben, dass nur wenige Unternehmen sich bei Verwendung der SAP Web IDE Gedanken darüber machen, wie die Quelldateien verwaltet werden. Dies ist aber ein zentrales Thema, da man diese Dateien zwar in der SAP Web IDE speichern kann, jedoch händisch exportieren und wieder importieren muss, wenn ein anderer Entwickler oder eine zweite Entwicklerin mit der gleichen Applikation arbeiten möchte. Beim Deployment einer SAP-Fiori-Anwendung in ein ABAP-Repository werden nur die Dateien der fertigen Anwendung übertragen, nicht aber die Quelldateien. Wir empfehlen Ihnen daher, die folgenden Schritte zur Anbindung eines Git-Repositorys tatsächlich in Ihrem Unternehmen durchzuführen.

Ausgangslage

Wir gehen im Folgenden davon aus, dass Ihr Entwicklungsteam aus mehreren Personen besteht, die Cloud-Anwendungen in der SAP Web IDE entwickeln. In Ihrer On-Premise-Systemlandschaft verfügen Sie bereits über einen Git-Server, der die Quelldateien für diese Entwicklungen verwalten soll.

Voraussetzungen

Folgende Voraussetzungen müssen erfüllt sein, um das Beispiel durchzuspielen:

- Die Zugangsdaten zu Ihrem Git-Server müssen Ihnen bekannt sein.
- Der Cloud Connector muss, wie in diesem Kapitel beschrieben, installiert und konfiguriert worden sein.
- Sie sollten idealerweise bereits Zugang zur SAP Web IDE haben.

Verbindung im Cloud Connector konfigurieren

Im ersten Schritt konfigurieren Sie den Cloud Connector, sodass dieser eine Verbindung zu Ihrem Git-Repository zulässt. Bedenken Sie dabei, dass es sich bei Git nicht um ein SAP-System handelt.

1. Selektieren Sie in der Administrationsoberfläche des Cloud Connectors zunächst den **Subaccount** der SAP BTP, auf dem die SAP Web IDE läuft (siehe Abbildung 5.40).

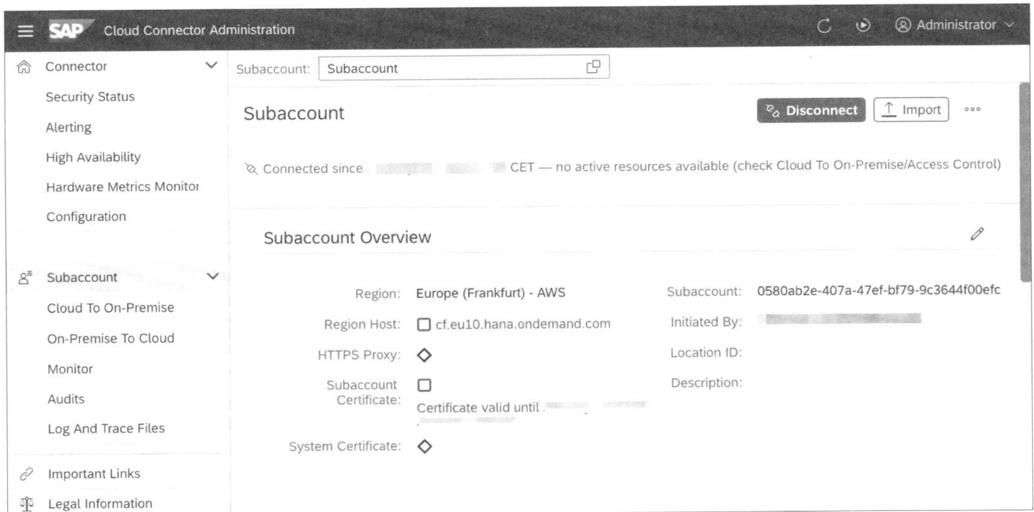

Abbildung 5.40 Subaccount im SAP Cloud Connector

2. Wählen Sie den Menüeintrag **Cloud to On-Premise**. Klicken Sie auf der Registerkarte **ACCESS CONTROL** auf das Plussymbol, um ein neues System-Mapping anzulegen.
3. Wählen Sie den Systemtyp **Non-SAP System** (siehe Abbildung 5.41).

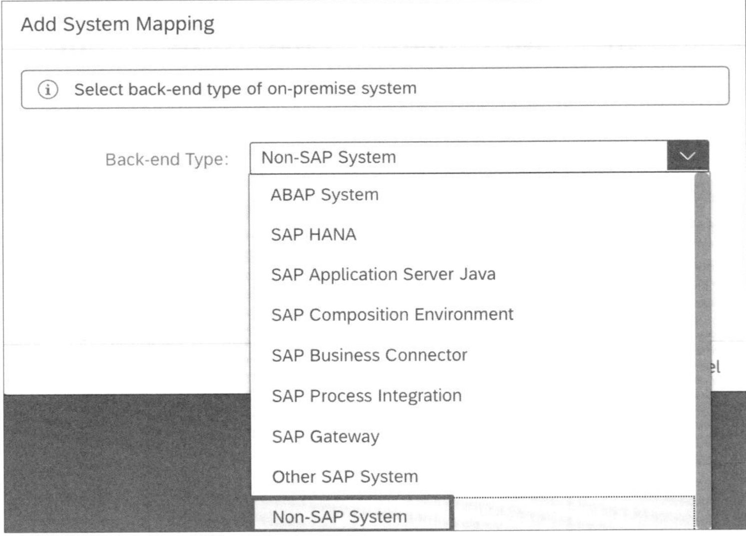

Abbildung 5.41 Systemtyp »Non-SAP System« auswählen

4. Wählen Sie je nach Server die Verbindungsart HTTP oder HTTPS aus. Wir empfehlen Ihnen, die sichere HTTPS-Verbindung zu wählen.

5. In der nächsten Maske wählen Sie den Git-Server anhand seines internen Host-Namens innerhalb Ihres Unternehmensnetzwerkes aus (siehe Abbildung 5.42).

Add System Mapping

Enter internal (on-premise) host and port

Internal Host:* gitserver

Internal Port:* 443

Previous Next Cancel

Abbildung 5.42 Auswahl des Git-Servers

6. Auf der nächsten Seite können Sie einen virtuellen Namen für den Server anlegen. Wir haben im Beispiel den Namen *virtualgitserver:8443* gewählt. In Produktivumgebungen ist so die Verwendung eines virtuellen Namens sinnvoll.
7. Im nächsten Schritt belassen Sie es im Feld **Principal Type** bei der Einstellung **None** (siehe Abbildung 5.43). In diesem Schritt könnte man die Verwendung zertifikatsbasierter Authentifizierung konfigurieren.

Abbildung 5.43 Auswahl des Principal Types

8. Bestätigen Sie Ihre Einstellungen im letzten Schritt mit **Finish**.

Eintrag in der Access Control List

Das Ergebnis ist ein Eintrag in der ACL auf der Registerkarte **ACCESS CONTROL**, der den Zugriff auf den Git-Server erlaubt. Sie können den Zugriff über den Button (**Check availability of the internal host**) testen (siehe Abbildung 5.44).

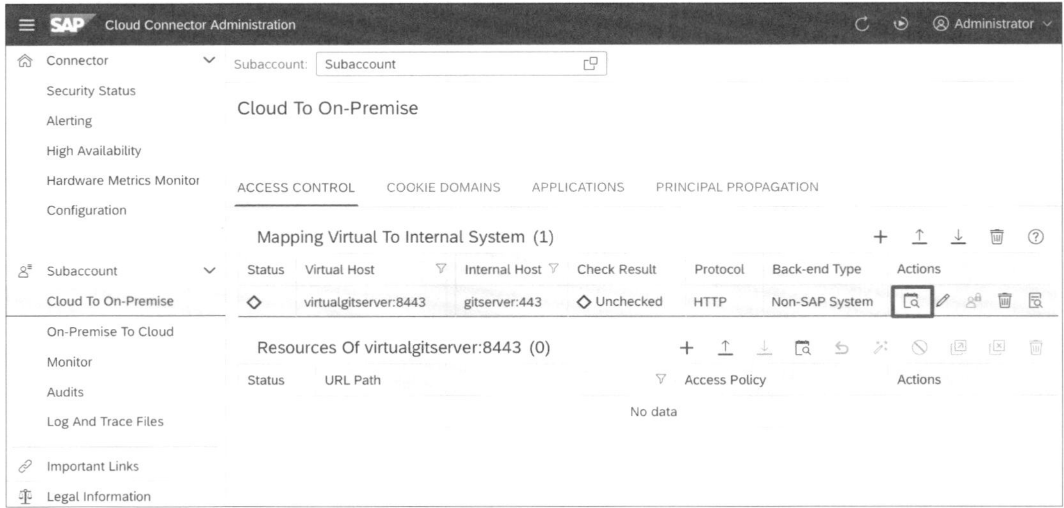

Abbildung 5.44 Testen der Systemverbindung

Schalten Sie nun noch alle Pfade frei. Dies geschieht in der unteren Tabelle **Resources Of <xxx>**. Schalten Sie durch einen Klick auf das Plussymbol (+) zunächst alle Subpfade über den Eintrag / frei. Das Ergebnis sehen Sie in Abbildung 5.45. Damit ist eine Verbindung zu allen Verzeichnispfaden auf dem Git-Server erlaubt.

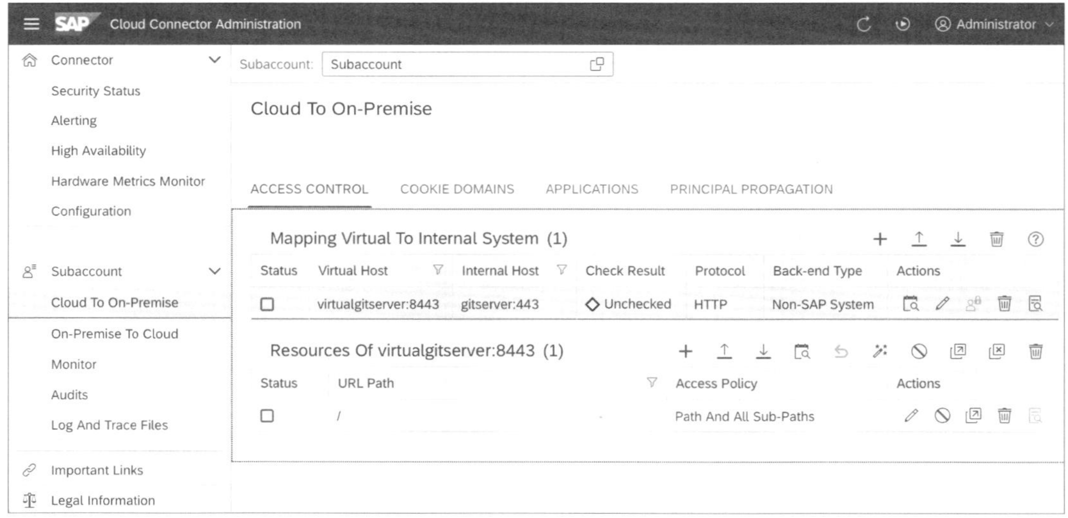

Abbildung 5.45 Ressourcenpfade freischalten

Destination anlegen

Wir benötigen als nächsten Schritt eine Destination zum GIT-Server.

1. Melden Sie sich dazu in Ihrem Subaccount in der Neo-Umgebung der SAP BTP an.
2. Navigieren Sie in den Bereich **Connectivity • Destinations**.
3. Klicken Sie auf **New Destination**.
4. Wählen Sie im Feld **Name** den virtuellen Namen, den Sie dem Git-Server im Cloud Connector zugewiesen haben (siehe Abbildung 5.46). Tragen Sie im Feld **URL** den URI des Git-Servers ein. In den anderen Feldern können Sie die Standardeinstellungen stehen lassen.

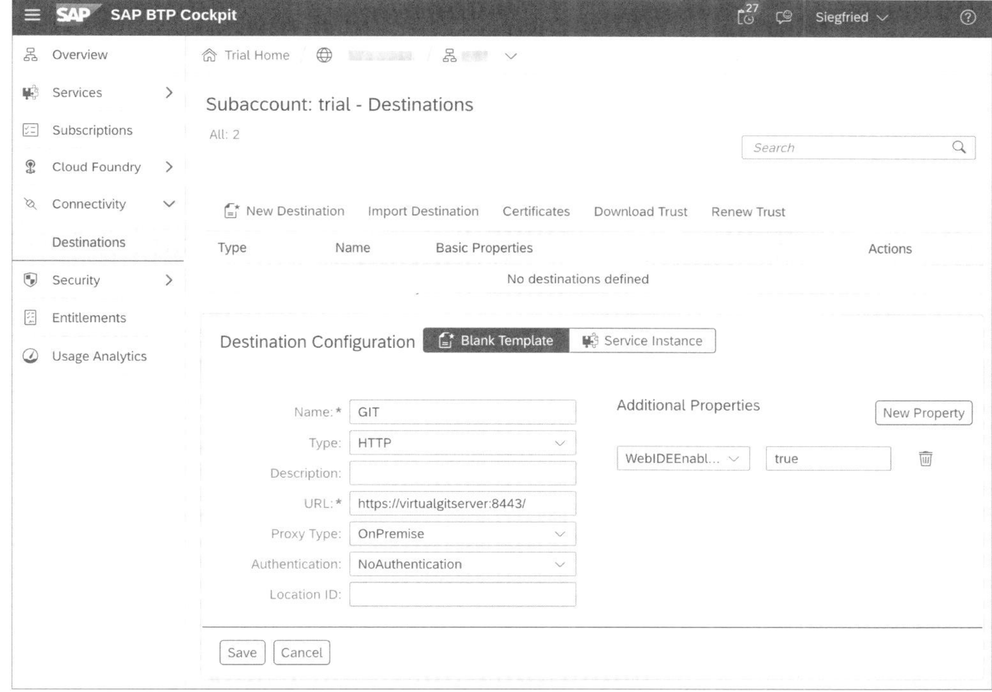

Abbildung 5.46 Destination im SAP BTP Cockpit anlegen

5. Klicken Sie auf **New Property**, und nehmen Sie die folgenden Zusatzeinstellungen vor:
   - `WebIDEEnabled = true`
   - `HTML5.DynamicDestination = true`
6. Speichern Sie die Destination anschließend über den Button **Save**.

Projekt aus dem Git-Repository anlegen

Als nächsten Schritt können Sie in der SAP Web IDE über die Git-Integration ein Projekt anlegen, das aus dem Git-Repository in die SAP Web IDE geklont wurde:

1. Rufen Sie die SAP Web IDE auf, und wählen Sie im Menü den Pfad **File** (</>) • **GIT** • **Clone Repository** (siehe Abbildung 5.47).

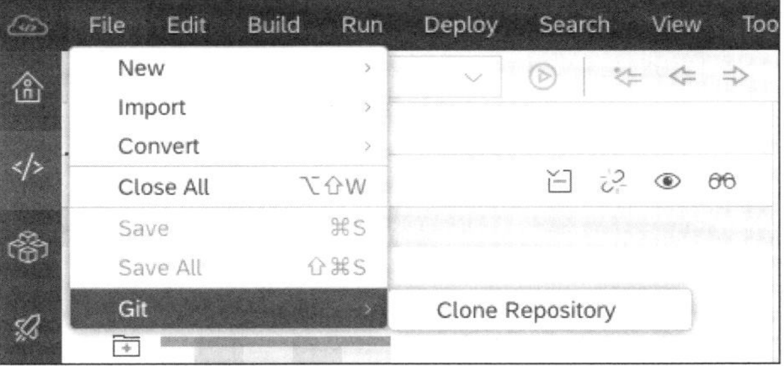

Abbildung 5.47 Git-Repository in die SAP Web IDE kopieren

2. Geben Sie im Feld **URL** den virtuellen Server an und als Abschluss des URI das korrekte Git-Repository, im Beispiel *http://virtualgitserver:8443/Repo.git*.

In dem geklonten Projekt stehen nun die Git-Operationen im Kontextmenü zur Verfügung, wie in Abbildung 5.48 zu sehen.

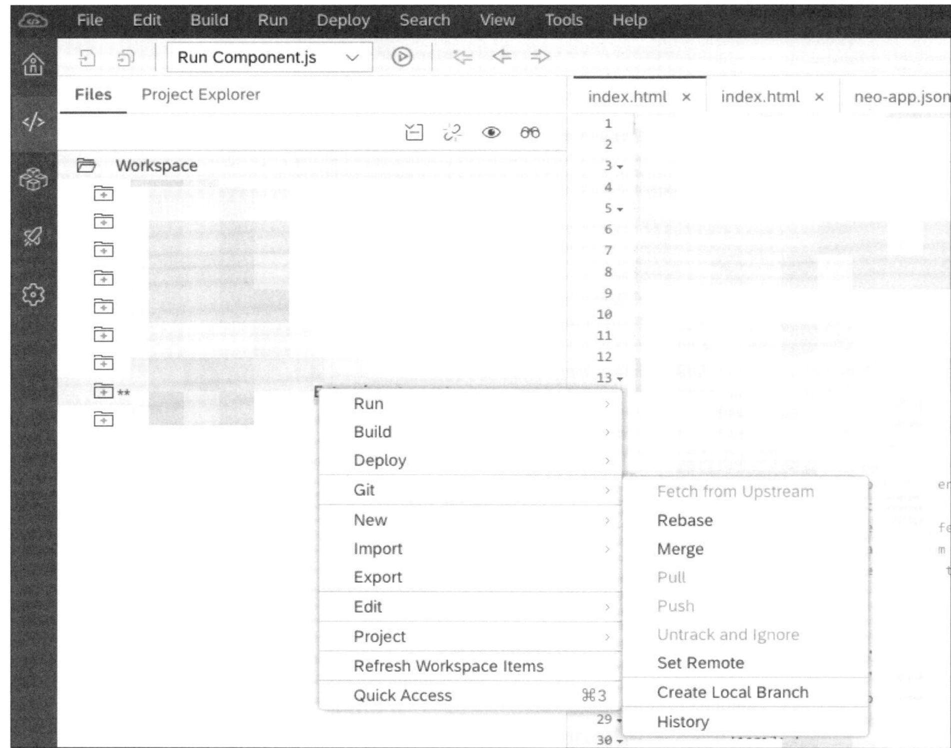

Abbildung 5.48 Git-Operationen im geklonten Projekt

5.7.2 Cloud-Foundry-Umgebung an ein SAP-S/4HANA-System anbinden

In vielen Unternehmen besteht die Anforderung, ein lokales SAP-S/4HANA-System an die Cloud-Foundry-Umgebung anzubinden, sodass aus der SAP BTP auf Daten aus dem On-Premise-System zugegriffen werden kann.

Voraussetzungen

Um die folgenden Schritte durchführen zu können, müssen zunächst folgende Voraussetzungen geschaffen werden:

- Sie verfügen über die Systemdaten zu Ihrem SAP-S/4HANA-System (Server, Ports etc.).
- Das SAP-S/4HANA-System ist für Ihren Cloud Connector erreichbar.
- Sie verfügen über die Zugangsdaten zu Ihrem Subaccount in der Cloud-Foundry-Umgebung. Ihr Subaccount sollte, wie in Abschnitt 5.2, »Installation und Konfiguration des Cloud Connectors«, beschrieben, im Cloud Connector eingerichtet worden sein.
- Im Subaccount der SAP BTP wurden Instanzen für den SAP Destination Service und den SAP Connectivity Service angelegt. Dieser Schritt muss in allen Spaces durchgeführt werden, in denen die Destination verwendet werden soll. Sie können die Aktivierung auch nachträglich noch durchführen.

Cloud-zu-on-Premise-Verbindung einrichten

Binden Sie im ersten Schritt den SAP-S/4HANA-Server in einer Cloud-zu-on-Premise-Verbindung über HTTP/S ein:

1. Wählen Sie in der Administrationsoberfläche des Cloud Connectors den Menüpunkt **Cloud To On-Premise** (siehe Abbildung 5.49).

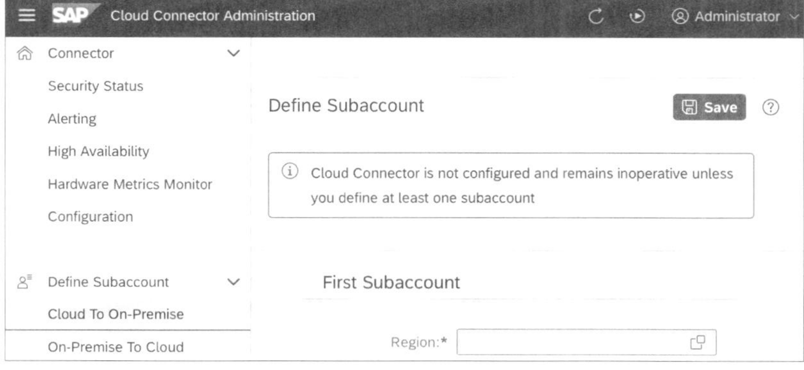

Abbildung 5.49 Die Sicht »Cloud To On-Premise«

2. Erstellen Sie ein neues System-Mapping. Wählen Sie den Systemtyp **ABAP System** (siehe Abbildung 5.50).
3. Im darauffolgenden Schritt wählen Sie die Verbindungsart **HTTP** oder **HTTPS**, abhängig von den Anforderungen Ihres Unternehmens.

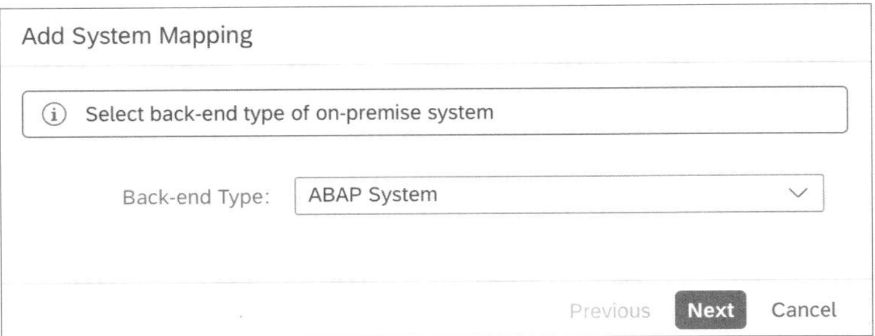

Abbildung 5.50 Auswahl der Systemart für eine SAP-S/4HANA-Verbindung

4. Geben Sie den internen Namen und Port des SAP-S/4HANA-Systems ein (siehe Abbildung 5.51).

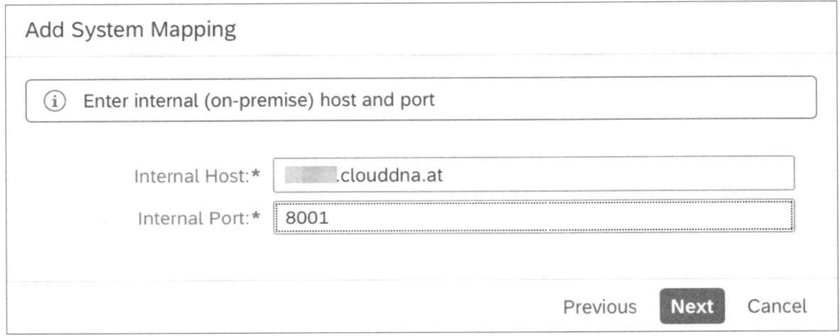

Abbildung 5.51 Eingabe des internen Namens und Ports

5. Nun können Sie im nächsten Schritt einen virtuellen Namen vergeben. Für unser Beispiel nehmen wir den Namen `s4demo.test.sap` mit dem Port 8000.
6. Den **Principal Type** belassen Sie im nächsten Schritt bei **None**.
7. Schicken Sie im HTTP-Header den internen Host-Namen mit. Wählen Sie dazu die Option **Use Internal Host** (siehe Abbildung 5.52).

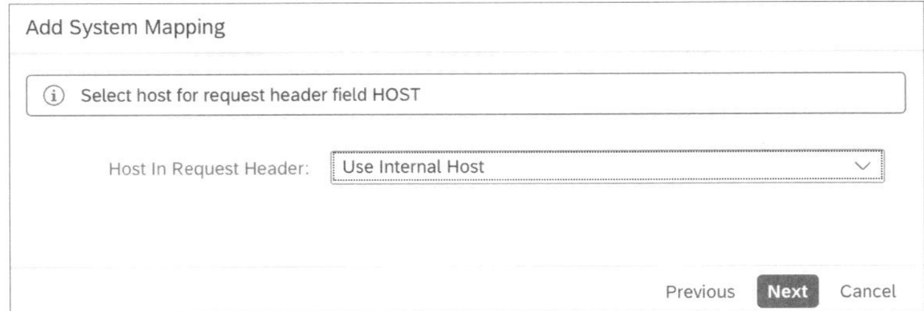

Abbildung 5.52 Internen Host-Namen im HTTP-Header übergeben

8. Bestätigen Sie Ihre Einstellungen abschließend mit **Finish**.

Stellen Sie sicher, dass die Verbindungsprüfung (![icon]) positiv verläuft. In der Liste der System-Mappings sollte in der Spalte **Check Result** der Eintrag **Reachable** eingeblendet werden (siehe Abbildung 5.53).

Test der Verbindung

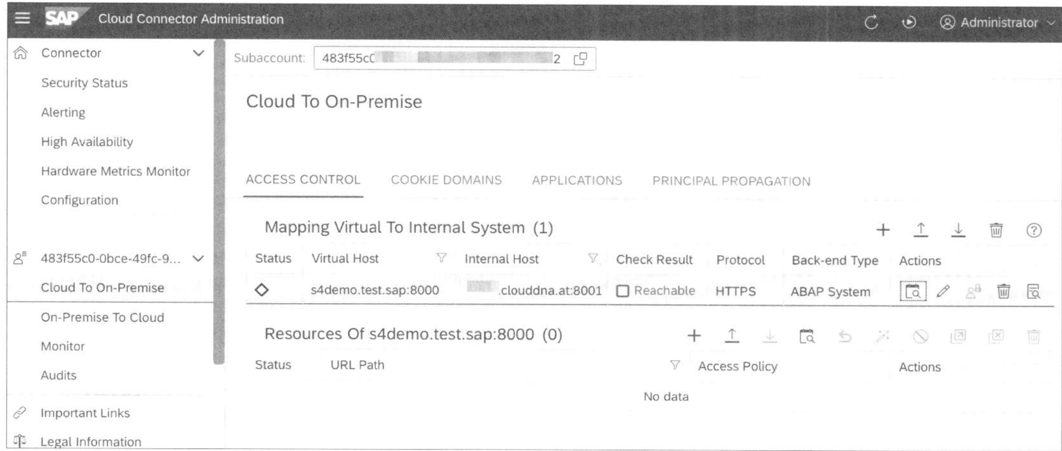

Abbildung 5.53 Beispielverbindung mit dem Prüfstatus »Reachable«

Um auch einen Aufruf des SAP-S/4HANA-Systems per RFC durchführen zu können, müssen Sie die Schritte wiederholen. Geben Sie dieses Mal als Verbindungsart **RFC** statt HTTP(S) an. Gegebenenfalls müssen Sie auch andere Verbindungsdaten bereitstellen, abhängig von Ihrem Backend-System (z. B. Message- oder Applikationsserver).

RFC-Verbindung anlegen

Als Endergebnis haben Sie nun zwei Verbindungen, eine RFC- und eine HTTP(S)-Verbindung. Für beide Verbindungen sollte der Status **Reachable** angezeigt werden (siehe Abbildung 5.54).

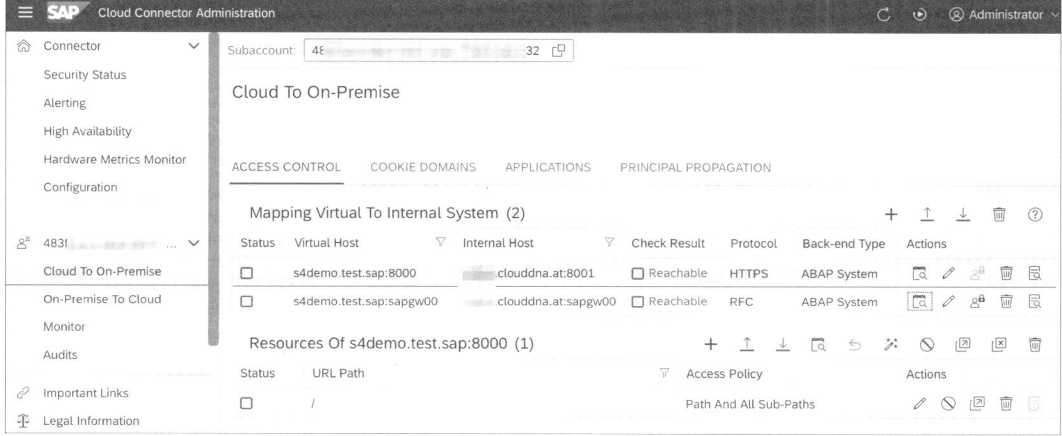

Abbildung 5.54 Übersicht der System-Mappings mit beiden Verbindungen

Ressourcen hinzufügen

Nun haben wir die Basis für die Konfiguration der Ressourcen geschaffen. Erlauben Sie in unserem Beispiel den Zugriff auf alle Ressourcen unter dem URL-Pfad */sap* sowie auf den Funktionsbaustein `BAPI_USER_GETDETAIL`. Klicken Sie dazu über der Liste der Ressourcen auf das Plussymbol (+). Fügen Sie für die angelegten Verbindungen die HTTP-Ressource / mit allen Subpfaden (siehe Abbildung 5.55) sowie die RFC-Ressource für den Funktionsbaustein `BAPI_USER_GET_DETAIL` hinzu (siehe Abbildung 5.56).

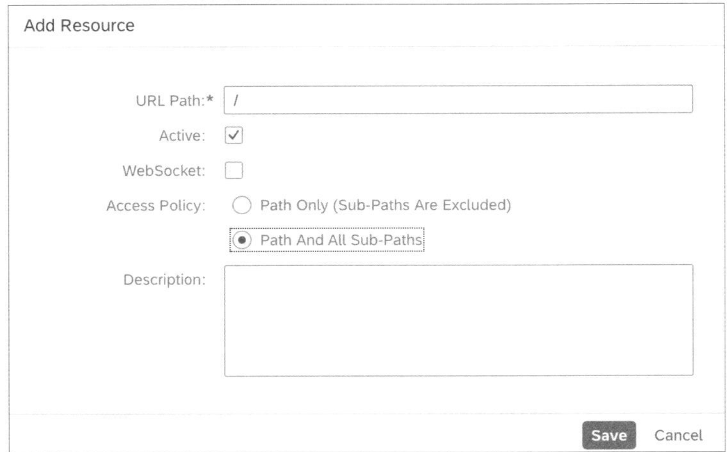

Abbildung 5.55 Ressource für den URL-Pfad »/« hinzufügen

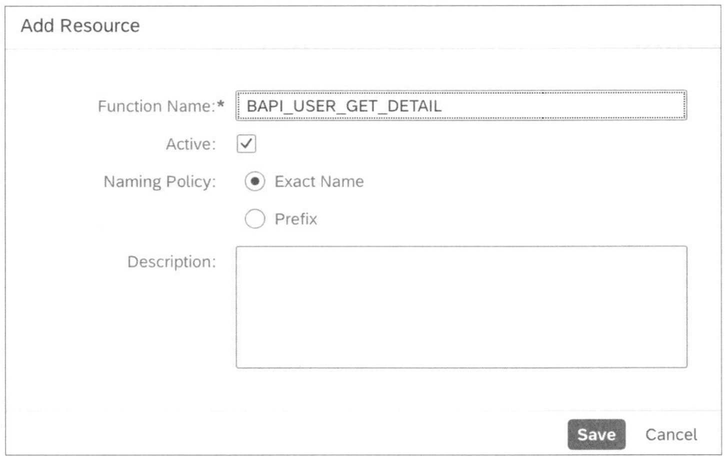

Abbildung 5.56 Ressource für einen ABAP-Funktionsbaustein hinzufügen

Destinationen anlegen

Speichern Sie Ihre Ressourcen. Im Ergebnis sind die entsprechenden Destinationen freigeschaltet. Um diese in der Cloud-Foundry-Umgebung verwenden zu können, müssen wir im nächsten Schritt noch Destinationen für beide

Cloud-zu-on-Premise-Verbindungen anlegen, mit der das SAP-S/4HANA-System angesprochen werden kann.

Destination für die RFC-Verbindung

Die Konfiguration der Destination für die RFC-Verbindung zeigen wir in Abbildung 5.57. Beachten Sie die **Additional Properties** im unteren Bildbereich. Hier definieren Sie die Verbindung zum Applikationsserver des SAP-S/4HANA-Systems. Im Feld **Name** referenzieren Sie das System über den virtuellen Host-Namen.

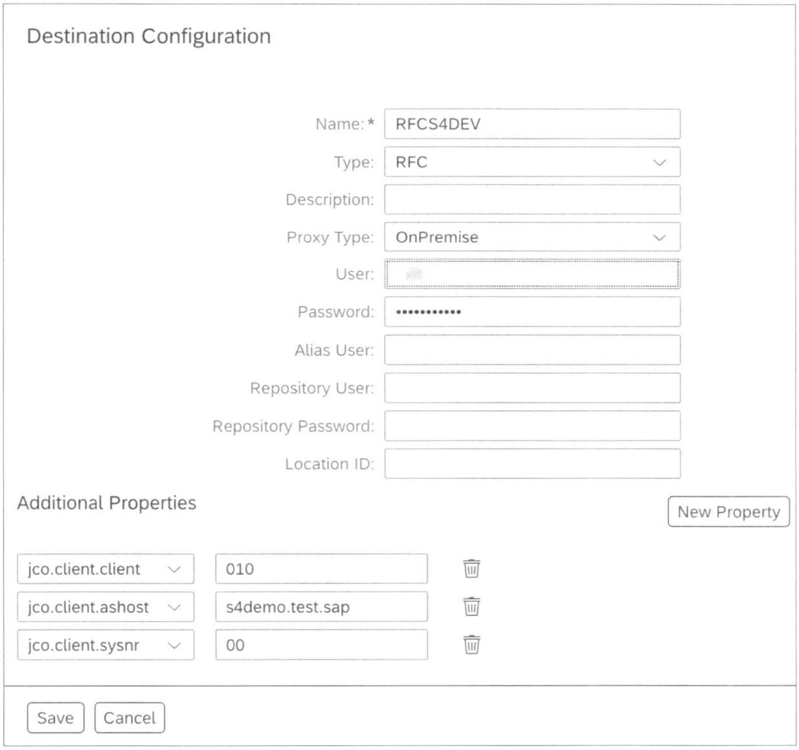

Abbildung 5.57 Destination für die RFC-Verbindung konfigurieren

Die Konfiguration der Destination für die HTTP-Verbindung bezieht sich ebenfalls auf den virtuellen Host-Namen (siehe Abbildung 5.58). Hier haben wir in den **Additional Properties** den Parameter `sap-client` mitgegeben, um gleich den korrekten Mandanten anzusprechen.

Übersicht der Destinationen

Das Ergebnis können Sie in Abbildung 5.59 sehen. Wir haben nun eine Destination `HTTPS4DEV` für HTTP-Verbindungen und eine Destination `RFCS4DEV` für RFC-Verbindungen zur Verfügung, die von Cloud-Anwendungen der SAP BTP genutzt werden kann, um sich über den Cloud Connector mit dem SAP-S/4HANA-System im lokalen Unternehmensnetzwerk zu verbinden.

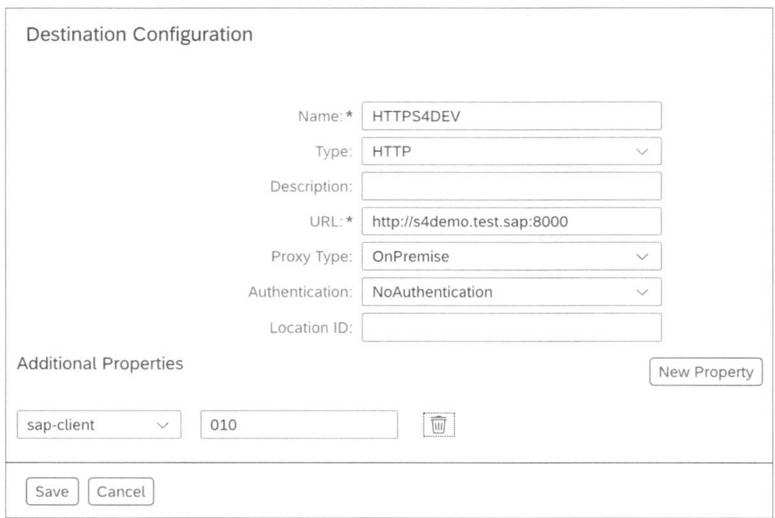

Abbildung 5.58 Destination für die HTTP-Verbindung konfigurieren

New Destination | Import Destination | Certificates | Download Trust | Renew Trust

Type	Name	Basic Properties		Actions
HTTP	**HTTPS4DEV**	Authentication ProxyType URL	NoAuthentication OnPremise http://s4demo.test.sap:8000	
RFC	**RFCS4DEV**	jco.client.ashost jco.client.client jco.client.sysnr jco.destination.proxy_t...	s4demo.test.sap 010 00 OnPremise	

Abbildung 5.59 Angelegte Destinationen

Sollte das SAP-S/4HANA-System noch nicht mit Ihrem Subaccount der SAP BTP bekannt gemacht worden sein, müssten Sie an dieser Stelle das SSL-Zertifikat importieren, wie in Abschnitt 2.1.3, »Zertifikatsbehandlung in Destinationen«, beschrieben. Für direkte HTTP-Zugriffe ist die Verwendung des XSUAA-Proxys notwendig.

5.7.3 Konfiguration der LDAP-Authentifizierung

Wenn viele Personen Zugriff auf über den Cloud Connector angebundene Anwendungen bekommen sollen, empfiehlt sich eine Anbindung an einen LDAP-fähigen Verzeichnisdienst. Die Konfiguration der Authentifizierung über LDAP ist einer der Hauptschritte in der Konfiguration des Cloud Connectors. Daher schauen wir uns diese Konfiguration an einem Beispiel an. Wir gehen in diesem Beispiel von der Anforderung aus, dass sich nicht nur der Administrationsbenutzer am Cloud Connector anmelden muss. Beispielsweise kann ein*e Entwickler*in ein Interesse daran haben, bei Fehlfunktionen die Verbindungen zu prüfen. Es wird in Ihrem Unternehmen bereits ein LDAP-Verzeichnisdienst genutzt, den Sie nun auch für die Anmeldung am Cloud Connector verwenden möchten.

Voraussetzungen

Folgende Voraussetzungen müssen geschaffen werden, um die in diesem Abschnitt beschriebenen Schritte durchzuführen:

- Es wurde geklärt, von welchen Pfaden des LDAP-Verzeichnisdienstes die Benutzer und Gruppen auszulesen sind, die auf den Cloud Connector zugreifen sollen.
- Es wurde geklärt, welche Attribute zu mappen sind.
- Es wurde geklärt, welcher Systembenutzer sich am LDAP anmelden darf.
- Die technische Verbindung zwischen dem Cloud Connector und dem LDAP-Connector ist freigeschaltet.

Authentifizierung des Cloud Connectors

Im ersten Schritt konfigurieren Sie den Cloud Connector so, dass dieser sich gegen Ihren LDAP-Verzeichnisdienst authentifiziert:

1. Melden Sie sich am Cloud Connector an, und wählen Sie den Menübereich **Configuration**.
2. Wechseln Sie auf der Registerkarte **USER INTERFACE** in den Block **Authentication** (siehe Abbildung 5.60).

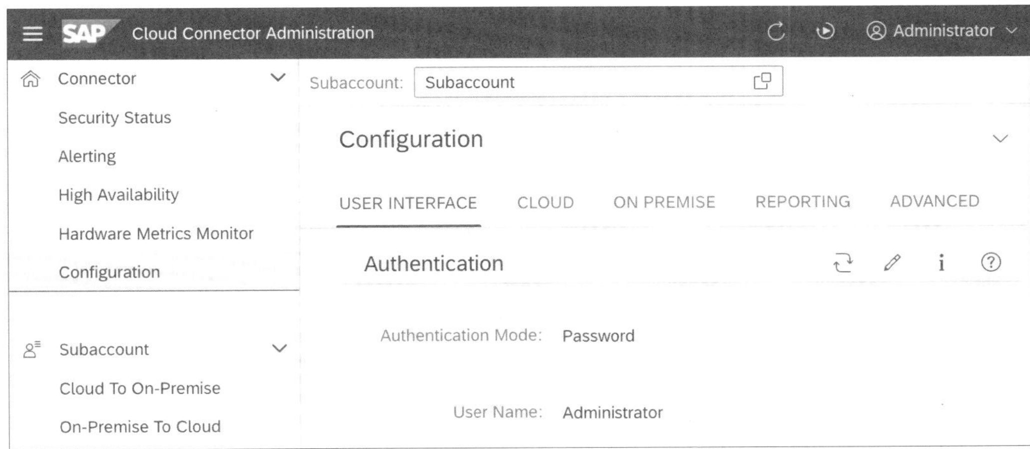

Abbildung 5.60 Einstieg zur Anbindung von LDAP

3. Klicken Sie auf das Doppelpfeil-Icon (⇄), um die Sicht **General LDAP Configuration** aufzurufen.

4. Passen Sie die Werte den Werten Ihres LDAP-Verzeichnisdienstes an, und klicken Sie auf **Activate** (siehe Abbildung 5.61).

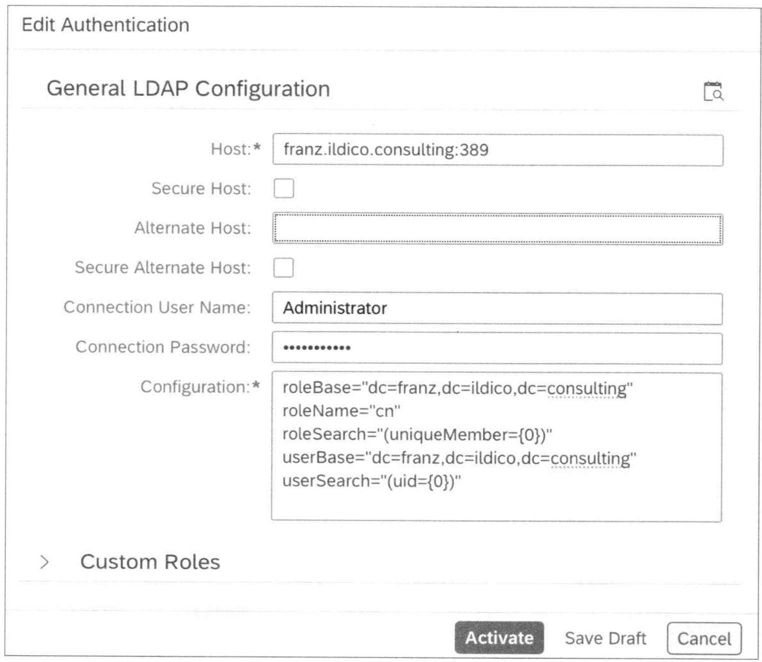

Abbildung 5.61 LDAP-Authentifizierung konfigurieren

5. Beachten Sie die Einstellungen unter **Custom Roles**. Dort können Sie den vier Standardrollen des Cloud Connectors, **Administrator Role**, **Support Role**, **Display Role** und **Monitoring Role**, eigene Rollen in Ihrem LDAP-Verzeichnis zuordnen (siehe auch Abbildung 5.62). Diese Standardrollen sind in Abschnitt 5.3, »Authentifizierungsmethoden«, beschrieben.

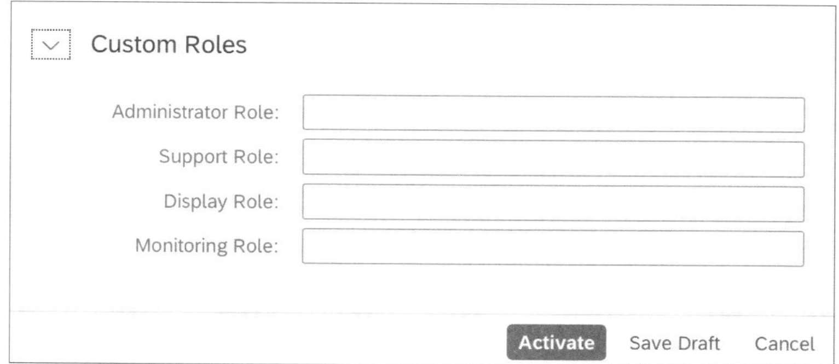

Abbildung 5.62 Zuordnung benutzerdefinierter Rollen zu den Standardrollen

Soll allen Benutzern die Anzeigerolle zugewiesen werden, können Sie im Feld **Display Role** beispielsweise »every_user« eintragen, sofern es eine Rolle namens `every_user` für alle Benutzern im LDAP-Verzeichnisdienst gibt.

Der Cloud Connector wird nun einen Neustart durchführen. Sie können sich anschließend mit Ihren LDAP-Anmeldeinformationen am Cloud Connector anmelden. Mit der Schaltfläche (**Test LDAP Configuration**) in der Sicht **General LDAP Configuration** können Sie die Konfiguration testen. Sollten Sie einen Fehler gemacht haben oder sollte der Log-in aus einem anderen Grund nicht möglich sein, finden Sie weitere Hinweise in Abschnitt 5.3, »Authentifizierungsmethoden«.

Kapitel 6

Administrationswerkzeuge der SAP Business Technology Platform

Die Administration der SAP BTP über die Kommandozeile oder APIs kann Ihnen dabei helfen, gängige Aufgaben noch effizienter durchzuführen. Sie können die SAP BTP auch in Ihre vorhandenen Administrationswerkzeuge integrieren.

Die SAP BTP wird größtenteils über das SAP BTP Cockpit administriert. Es gibt jedoch einige Aufgaben, die nur mithilfe der Kommandozeilenwerkzeuge (Command Line Interfaces, kurz CLI) realisiert werden können. Zusätzlich besteht häufig die Anforderung, bestimmte Tätigkeiten zu automatisieren bzw. bestehende Tools zu nutzen.

SAP bietet sowohl in der Neo-Umgebung als auch in der Cloud-Foundry-Umgebung der SAP BTP ein Kommandozeilenwerkzeug an. Den Umgang mit den Tools für die Neo-Umgebung zeigen wir in Abschnitt 6.1. Die Kommandozeile für die Cloud-Foundry-Umgebung haben wir bereits in Abschnitt 4.1 behandelt. Das hat vor allem den Grund, dass gewisse Funktionen in dieser Umgebung nur über die Kommandozeile administriert werden können. In Abschnitt 6.2 stellen wir Ihnen ein weiteres Kommandozeilenwerkzeug für die Verwaltung der Global Accounts in beiden Umgebungen der SAP BTP vor.

Darüber hinaus bietet SAP für bestimmte Funktionen auch Application Programming Interfaces (APIs) an. Diese sind typischerweise als OData-APIs ausgeprägt und im SAP API Business Hub dokumentiert. In Abschnitt 6.3 erklären wir Ihnen, wie Sie mit APIs auf Funktionen der SAP BTP zugreifen. In Abschnitt 6.4 finden Sie eine Checkliste zur Arbeit mit den Kommandozeilenwerkzeugen und den APIs. Abschließend zeigen wir Ihnen in Abschnitt 6.5 anhand von Beispielen, wie Sie die Kommandozeile für bestimme Administrationsaufgaben verwenden können.

APIs für den Cloud Connector

Informationen zu den APIs für den Cloud Connector finden Sie in Abschnitt 5.2, »Installation und Konfiguration des Cloud Connectors«.

6.1 Administration der Neo-Umgebung über die Kommandozeile

Die Kommandozeilenwerkzeuge werden von SAP auf der Website der SAP Development Tools unter *https://tools.hana.ondemand.com* im Bereich **Cloud** zum Download bereitgestellt. Die Arbeit mit der Kommandozeile unterscheidet sich signifikant zwischen der Neo- und der Cloud-Foundry-Umgebung. Das liegt daran, dass die Kommandozeile in der Neo-Umgebung ein proprietäres SAP-Instrument ist, während für die Cloud-Foundry-Umgebung eine standardisierte Implementierung genutzt wird.

SAP BTP SDK für die Neo-Umgebung

Die Installation des *SAP BTP Software Development Kits (SDK) für die Neo-Umgebung* und die Einrichtung der Kommandozeile haben wir bereits in Abschnitt 3.1, »Kommandozeile für die Neo-Umgebung einrichten«, beschrieben. In diesem Abschnitt stellen wir Ihnen einige Befehle für die Kommandozeile vor, die unserer Erfahrung nach häufig zur Administration der Neo-Umgebung verwendet werden.

Einen Beispielaufruf sehen Sie in Abbildung 6.1.

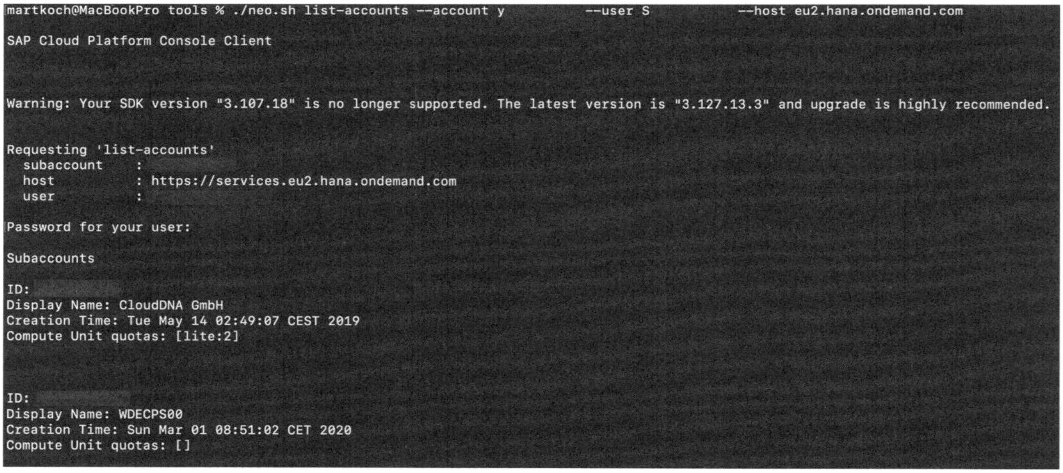

```
martkoch@MacBookPro tools % ./neo.sh list-accounts --account y          --user S           --host eu2.hana.ondemand.com

SAP Cloud Platform Console Client


Warning: Your SDK version "3.107.18" is no longer supported. The latest version is "3.127.13.3" and upgrade is highly recommended.


Requesting 'list-accounts'
  subaccount    :
  host          : https://services.eu2.hana.ondemand.com
  user          :

Password for your user:

Subaccounts

ID:
Display Name: CloudDNA GmbH
Creation Time: Tue May 14 02:49:07 CEST 2019
Compute Unit quotas: [lite:2]


ID:
Display Name: WDECPS00
Creation Time: Sun Mar 01 08:51:02 CET 2020
Compute Unit quotas: []
```

Abbildung 6.1 Aufruf des SAP BTP Software Development Kits für die Neo-Umgebung

Liste alle Subaccounts

Um eine Liste aller Subaccounts zu erhalten, wird der Befehl aus Listing 6.1 verwendet. Neben dem technischen Namen Ihres Subaccounts werden dabei der Benutzername des Subaccount-Administrators oder der -Administratorin und der Host übergeben.

```
./neo.sh list-accounts
      --account <TechnischerNameIhresSubaccounts>
```

```
--user <SubaccountUser>
--host <Host>
```

Listing 6.1 Liste aller Subaccounts auslesen

Beachten Sie hierbei, dass Sie sich mit einem Ihrer Subaccounts anmelden müssen, um eine Liste aller Subaccounts zu erhalten.

Parameter als Datei

Sie haben alternativ auch die Möglichkeit, die Parameter nicht wie in Listing 6.1 direkt an das Kommando angehängt mitzuliefern, sondern diese in eine Datei auszulagern. Erzeugen Sie dazu eine Datei mit allen Parametern über einen Texteditor oder über die Kommandozeile selbst (unter Linux beispielsweise mit dem Befehl `touch` und dem Editor *vi*, unter Windows mit dem mitgelieferten Editor). Nennen Sie die Datei **cloudna.properties**. Der Inhalt dieser Datei sähe für das Beispiel der Subaccount-Abfrage wie in Listing 6.2 aus.

```
##SubAccount
account=ihreSubAccountId
##Benutzer
user=ihreSubAccountBenutzerId
##Passwort
password=ihrSubAccountPassword
##Host
host=SubAccountHost
```

Listing 6.2 Inhalt einer Parameterdatei »clouddna.properties«

Der Aufruf dieser Datei erfolgt dann mit folgendem Befehl:

```
./neo.sh list-accounts clouddna.properties
```

Möchten Sie das Ergebnis in maschinenlesbarer Form erhalten, können Sie zusätzlich den Parameter `output` mit dem Wert `json` mitliefern. In diesem Fall ist es erforderlich, auch das Passwort des Subaccount-Benutzers mitzuliefern.

Datenbanktunnel

Ein weiterer interessanter Anwendungsfall der Neo-Konsole ist der Aufbau eines Datenbanktunnels zwischen der On-Premise-Landschaft und der SAP BTP. Der SAP HANA Service in der Neo-Umgebung der SAP BTP bringt keine Werkzeuge für den direkten Zugriff auf die Datenbankinhalte mit (indirekt wäre ein Zugriff über die SAP Web IDE möglich). Viele Entwickler*innen und Administrator*innen bevorzugen für solche Zugriffe die Verwendung von Werkzeugen, die auf ihren eigenen Rechnern bzw. in ihrer eigenen Systemlandschaft laufen, wie beispielsweise *DataGrip*. Solche Werkzeuge verwenden *Java Database Connectivity* (JDBC) als Protokoll für den Datenzugriff.

Der SAP HANA Service lässt aber netzwerktechnisch keine direkte Datenbankverbindung unter Verwendung von JDBC zu.

Datenbankverbindung herstellen

Alternativ kann daher die Neo-Konsole verwendet werden, um mithilfe des Kommandos aus Listing 6.3 eine Verbindung zu einer Datenbank herzustellen.

```
./neo.sh open-db-tunnel
        --account <IhreSubAccountId>
        --user <IhrSUser>
        --host eu1.hana.ondemand.com
        -i <dbInstanzName>
```

Listing 6.3 Datenbanktunnel aufbauen

Auch hierbei werden die Daten Ihres Subaccounts (ID, Benutzer, Host) übergeben. Die einzige Abweichung zu den bisher gezeigten Befehlen ist der Parameter `-i`. Dabei handelt es sich um die ID der Datenbank oder des Datenbankschemas. Nachdem die Verbindung erfolgreich aufgebaut wurde, werden Ihnen in der Neo-Konsole die JDBC-URL, die Instanznummer und der Benutzer angezeigt (siehe Abbildung 6.2). Diese Informationen können Sie anschließend in dem von Ihnen bevorzugten Werkzeug verwenden, um auf die Datenbank zuzugreifen.

```
SAP Cloud Platform Console Client


Password for your user:

Opening tunnel...

Tunnel opened.

Use these properties to connect to your schema:
  Host name        : localhost
  Database type    : HANAXS
  JDBC Url         : jdbc:sap://localhost:30015/
  Instance number  : 00
  User             : S00

This tunnel will close automatically in 24 hours on 07.01.2021 at 11:33 or when you close the shell.
Press ENTER to close the tunnel now.
```

Abbildung 6.2 Informationen zum Datenbanktunnel

Aufbau eines Service Channels in der Cloud-Foundry-Umgebung

Auch in der Cloud-Foundry-Umgebung können Sie eine entsprechende Verbindung aufbauen. Dort legen Sie aber einen *Service Channel* im Cloud Connector an. Weitere Informationen dazu finden Sie im SAP Help Portal unter *http://s-prs.de/v809810*.

[+]

Weitere Kommandos

Eine ausführliche Beschreibung weiterer Kommandos für die Neo-Umgebung finden Sie im SAP Help Portal unter *http://s-prs.de/v809811*.

6.2 Verwaltung des Global Accounts mit dem SAP BTP Command Line Interface

SAP BTP Command Line Interface (SAP BTP CLI) ist das Befehlszeilenwerkzeug für alle Administrationsaufgaben in Zusammenhang mit dem Global Account, den Subaccounts und den Directories. Die *Directories* dienen dem Gruppieren der Subaccounts in einer Verzeichnisstruktur (siehe auch Abschnitt 6.5.2, »Kommandozeile zur Verwaltung der SAP Business Technology Platform verwenden«). Sie können das SAP BTP CLI sowohl für die Neo-Umgebung als auch für die Cloud-Foundry-Umgebung nutzen. Beachten Sie jedoch, dass es ausschließlich für die Verwaltung der Global Accounts, also der obersten Strukturebene, Verwendung findet. In Ihren Subaccounts müssen Sie die spezifischen Kommandozeilenwerkzeuge für die Neo- oder die Cloud-Foundry-Umgebung verwenden. Mit dem SAP BTP CLI können Sie unter anderem Subaccounts erstellen und aktualisieren sowie Berechtigungen verwalten.

Download

Das SAP BTP CLI wird lokal auf Ihrem Rechner installiert. Der Download erfolgt über die URL *https://tools.hana.ondemand.com/#cloud*. Navigieren Sie hier zum Bereich **CLI for SAP BTP (sapcp CLI)**. Hier finden Sie verschiedene Versionen für unterschiedliche Betriebssysteme (siehe Abbildung 6.3). Klicken Sie auf den Link für das gewünschte Betriebssystem, um den Download zu starten.

CLI for SAP Cloud Platform (sapcp CLI)

Use the sapcp CLI for administration tasks, such as managing global accounts, subaccounts, entitlements, application subscriptions, and users and their authorizations. See Account Administration Using the CLI for SAP Cloud Platform.
Note that the sapcp CLI is currently only available for SAP Cloud Platform management tools feature set B (for example, if you are using the trial version of SAP Cloud Platform). To find out if you are using feature set B, see Cloud Management Tools - Feature Set Overview.

Available sapcp CLI versions

Operating System	Version	File Size	Download Show old versions
Linux (x64)	1.29.0	5.9 MB	sapcp-cli-linux-amd64-1.29.0.tar.gz (sha1)
Mac OS X (x64)	1.29.0	5.8 MB	sapcp-cli-darwin-amd64-1.29.0.tar.gz (sha1)
Windows (x64)	1.29.0	5.8 MB	sapcp-cli-windows-amd64-1.29.0.tar.gz (sha1)

Abbildung 6.3 Download des SAP BTP CLI

Voraussetzung für die Verwendung

Zur Verwendung des SAP BTP CLI wird vorausgesetzt, dass Ihr Global Account als Cloud-Management-Tool das Feature Set B unterstützt. Beachten Sie dazu unseren Hinweiskasten in der Einleitung von Kapitel 4, »Sicherheit und Berechtigungen in der Cloud-Foundry-Umgebung konfigurieren«.

Hilfe aufrufen

Um die Hilfe des SAP BTP CLI aufzurufen, verwenden Sie folgenden Befehl in der Konsole:

```
sapcp --help
```

An der SAP BTP anmelden

Um mit der Konsole zu arbeiten, müssen Sie sich an der SAP BTP anmelden. Dies geschieht mit dem in Listing 6.4 dargestellten Kommando.

```
sapcp login
      --url https://cpcli.cf.eu10.hana.ondemand.com
      --subdomain <ihreSubdomain>
      --user <ihreEmailAdresse>
```

Listing 6.4 Anmeldung an der SAP BTP über die Konsole

Erneute Anmeldung an der SAP BTP

Wenn Sie sich über die Konsole an der SAP BTP anmelden, wird ein Bearer-Token erstellt, das auf Ihrem Client gespeichert wird. Dadurch haben Sie die Möglichkeit, die Konsole zu schließen und erneut zu öffnen, ohne sich erneut anmelden zu müssen. Mit jedem Kommando, das Sie über die Konsole ausführen, wird dieses Token erneuert. Das Token ist 24 Stunden lang gültig.

Informationen zum Global Account

Um Informationen zum Global Account auszulesen, können Sie das folgende Kommando verwenden:

```
sapcp get accounts/global-account
```

Das Ergebnis des Aufrufes sehen Sie in Abbildung 6.4.

Andere Kommandos geben Sie auf die gleiche Weise ein. In Abschnitt 6.5.2, »Kommandozeile zur Verwaltung der SAP Business Technology Platform verwenden«, zeigen wir Ihnen einige häufig genutzte Befehle zur Verwaltung der SAP BTP anhand eines praktischen Beispiels.

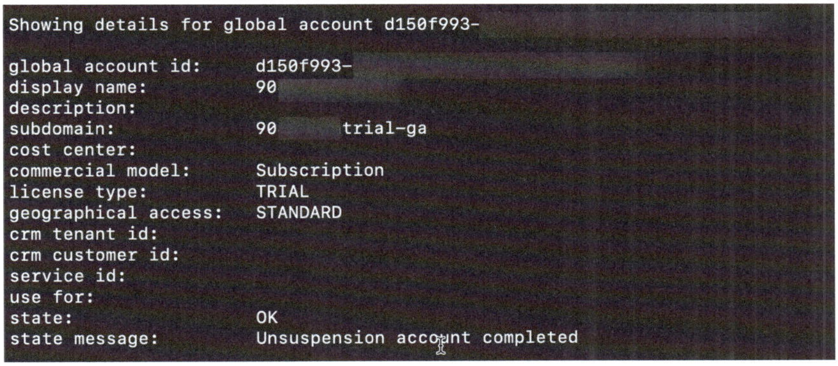

```
Showing details for global account d150f993-

global account id:      d150f993-
display name:           90
description:
subdomain:              90        trial-ga
cost center:
commercial model:       Subscription
license type:           TRIAL
geographical access:    STANDARD
crm tenant id:
crm customer id:
service id:
use for:
state:                  OK
state message:          Unsuspension account completed
```

Abbildung 6.4 Informationen zum Global Account im SAP BTP CLI

6.3 Administration über APIs

Neben dem Zugriff auf die SAP BTP über die Konsole bietet SAP für bestimmte Tätigkeiten auch APIs an. Es werden REST- und OData-APIs angeboten. Mithilfe der APIs werden HTTP-Methoden ausgeführt, die auf einen bestimmten URL-Endpunkt zugreifen. Für die Neo-Umgebung und die Cloud-Foundry-Umgebung der SAP BTP kommen dabei unterschiedliche APIs zur Anwendung. APIs

[«]

HTTP-Methoden

Für die REST- und OData-APIs der SAP BTP stehen die HTTP-Methoden `GET`, `POST`, `PUT` und `DELETE` bereit:

- Mithilfe der `GET`-Methode können Sie lesend auf einen Datensatz oder eine Liste von Datensätzen zugreifen.
- Mithilfe der `POST`-Methode können Sie einen neuen Datensatz anlegen.
- Möchten Sie einen bestehenden Datensatz ändern, kann dafür die `PUT`-Methode verwendet werden. Optional könnten Sie auch die Methoden `PATCH` oder `MERGE` verwenden. Welche Methoden angeboten werden, hängt von der jeweiligen API ab.
- Um eine Entität zu löschen, nutzen Sie die `DELETE`-Methode.

Für einige APIs werden nicht alle diese HTTP-Methoden angeboten.

In den folgenden Abschnitten zeigen wir Ihnen, wie Sie APIs lokalisieren und testen können. Aufgrund der Vielfalt der verschiedenen APIs ist es außerdem wichtig, sich im API-Katalog des SAP API Business Hub zurechtzufinden und die passenden APIs auffinden zu können.

6.3.1 SAP API Business Hub

Der SAP API Business Hub spielt eine wichtige Rolle in Umfeld der SAP BTP. An diesem zentralen Ort sind unter anderem alle APIs dokumentiert. Der Einstieg in den SAP API Business Hub erfolgt über die URL *https://api.sap.com*.

Katalog aller APIs

Navigieren Sie im SAP API Business Hub im Bereich **Content Types** zum Unterpunkt **Business Processes**. Dort finden Sie den Menüpunkt **APIs** und dort wiederum den Link **View More** zum Aufruf des gesamten API-Katalogs (siehe Abbildung 6.5).

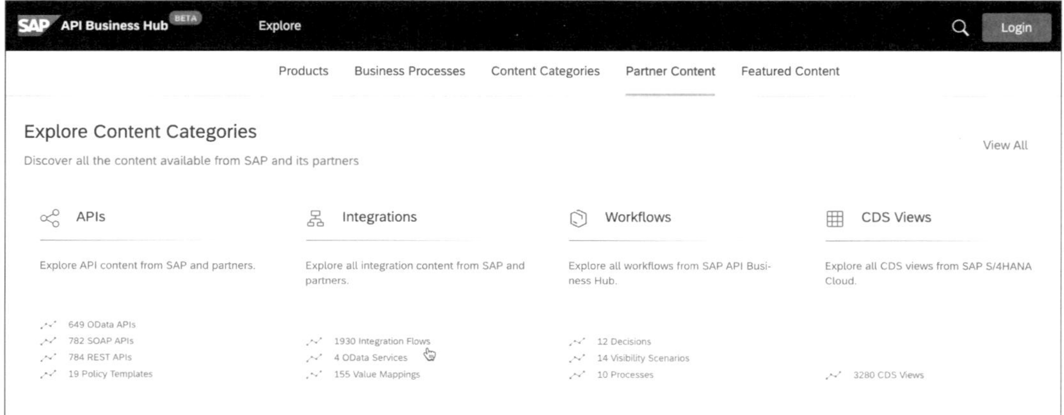

Abbildung 6.5 Inhaltskategorien im SAP API Business Hub

Im API-Katalog finden Sie die Kachel **SAP Cloud Integration** (siehe Abbildung 6.6). Wählen Sie diese aus, um zu den APIs für die SAP BTP zu gelangen.

Arten von APIs

SAP unterscheidet zwischen REST-, SOAP- und OData-APIs. Bei der API zum Auslesen der Audit Logs der SAP BTP handelt es sich beispielsweise um eine OData-API, und die API für den Zugriff auf den SAP Destination Service ist als REST-API implementiert. OData basiert auf der REST-Technologie, d. h. OData-APIs bieten erweiterte Möglichkeiten, der Umgang mit ihnen ist aber ähnlich dem mit REST-APIs.

API testen

Der SAP API Business Hub bietet Ihnen die Möglichkeit, bestimmte APIs direkt zu testen. Öffnen Sie die Kachel **SAP Cloud Integration**, und navigieren Sie weiter zur Kachel **Integration Content**. Sie gelangen zu der Ansicht in Abbildung 6.7. Nun können Sie die *Integration Content API* für SAP Cloud Integration testen: Durch einen Klick auf den Button **Try out** können Sie die erforderlichen und optionalen Parameter für den Aufruf pflegen und einen Aufruf entweder gegen einen von SAP bereitgestellten Sandbox-Account oder gegen Ihren eigenen Subaccount der SAP BTP direkt durchführen.

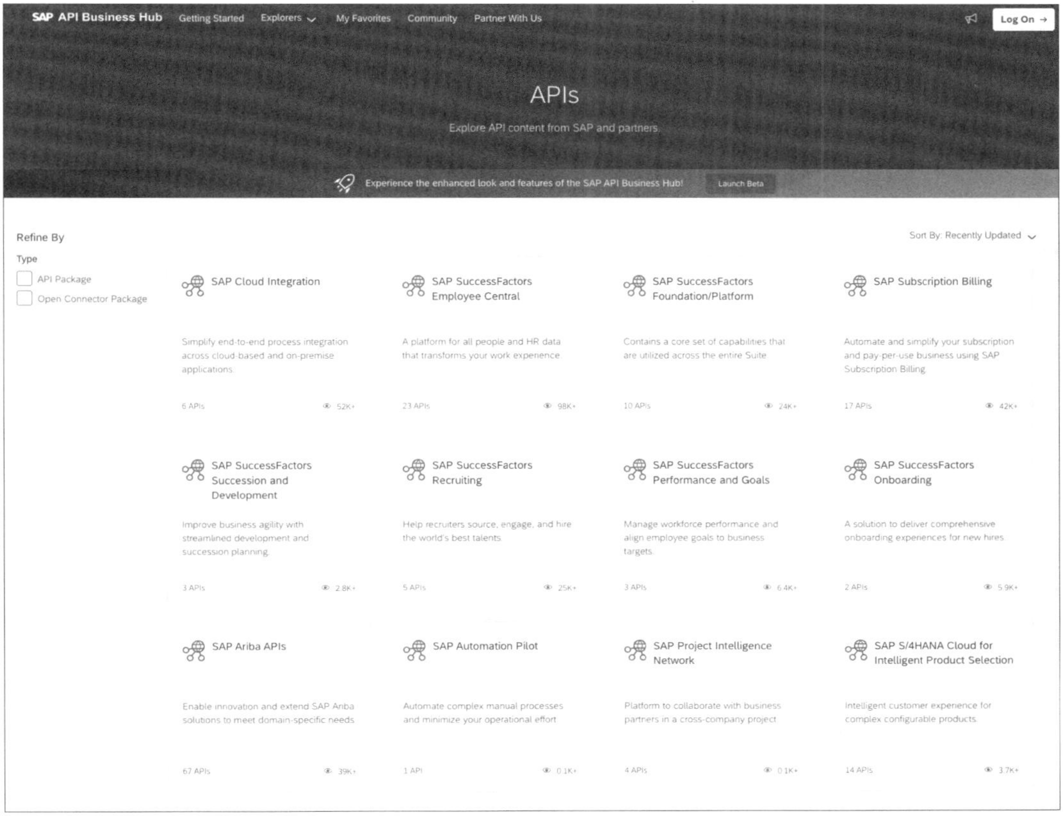

SAP API Business Hub | Getting Started | Explorers | My Favorites | Community | Partner With Us | Log On

APIs

Explore API content from SAP and partners

Experience the enhanced look and features of the SAP API Business Hub! Launch Beta

Refine By

Type

API Package

Open Connector Package

Sort By: Recently Updated

SAP Cloud Integration
Simplify end-to-end process integration across cloud-based and on-premise applications
6 APIs 52K+

SAP SuccessFactors Employee Central
A platform for all people and HR data that transforms your work experience
23 APIs 98K+

SAP SuccessFactors Foundation/Platform
Contains a core set of capabilities that are utilized across the entire Suite
10 APIs 24K+

SAP Subscription Billing
Automate and simplify your subscription and pay-per-use business using SAP Subscription Billing
17 APIs 42K+

SAP SuccessFactors Succession and Development
Improve business agility with streamlined development and succession planning
3 APIs 2.8K+

SAP SuccessFactors Recruiting
Help recruiters source, engage, and hire the world's best talents
5 APIs 25K+

SAP SuccessFactors Performance and Goals
Manage workforce performance and align employee goals to business targets
3 APIs 6.4K+

SAP SuccessFactors Onboarding
A solution to deliver comprehensive onboarding experiences for new hires
2 APIs 5.9K+

SAP Ariba APIs
Enable innovation and extend SAP Ariba solutions to meet domain-specific needs
67 APIs 39K+

SAP Automation Pilot
Automate complex manual processes and minimize your operational effort
1 API 0.1K+

SAP Project Intelligence Network
Platform to collaborate with business partners in a cross-company project
4 APIs 0.1K+

SAP S/4HANA Cloud for Intelligent Product Selection
Intelligent customer experience for complex configurable products
14 APIs 3.7K+

Abbildung 6.6 Übersicht der APIs im SAP API Business Hub

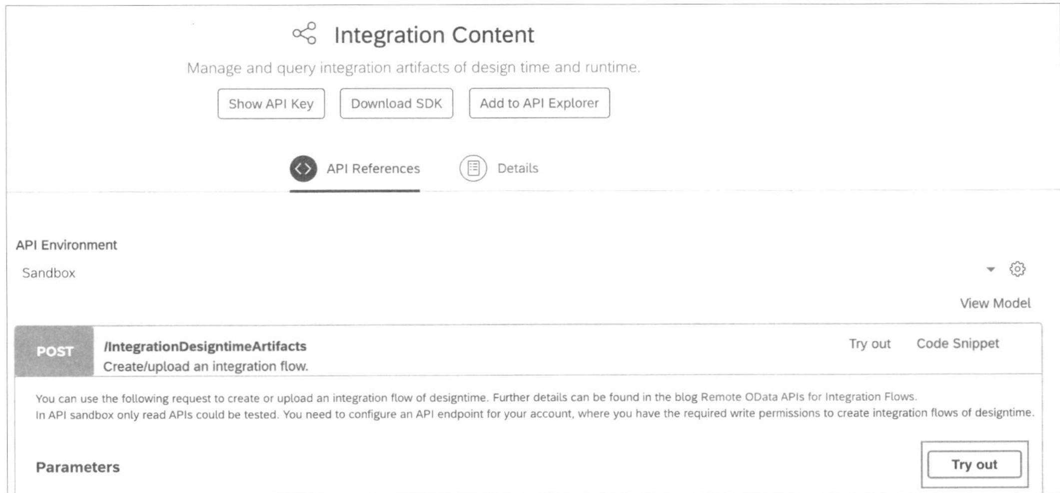

Abbildung 6.7 APIs testen

Code Snippets erstellen

Der SAP API Business Hub bietet auch die Möglichkeit, sich für bestimmte APIs Codebausteine (*Code Snippets*) zu erstellen. Klicken Sie auf den Link **Code Snippet** in der Detailsicht einer API, haben Sie die Möglichkeit, sich den Quellcode zum Aufruf der API in den gängigen Programmiersprachen erstellen zu lassen. Auch für den Aufruf in der Kommandozeile können Sie so generierte Code Snippets nutzen. In Abbildung 6.8 sehen Sie den generierten Code für einen Aufruf des API-Endpunktes */IntegrationDesigntime-Artifacts* über das Kommandozeilenwerkzeug **Curl**.

Code Snippet

Javascript
Java
Swift
Curl
SAPUI5
ABAP
SAP Cloud Platform ABAP

```
curl --request POST \
  --url https://sandbox.api.sap.com/cpi/api/v1/IntegrationDesigntimeArtifacts \
  --header 'APIKey:                                   ' \
  --header 'Accept: application/json' \
  --header 'Content-Type: application/json' \
  --header 'X-CSRF-Token: string' \

#API endpoint for API sandbox  \

#Available API Endpoints \
```

Copy and Close | Cancel

Abbildung 6.8 Code Snippet für den Aufruf eines API-Endpunktes in der Konsole

Curl

Curl ist ein Kommandozeilenwerkzeug, das kostenfrei für sämtliche Betriebssysteme angeboten wird und Webanfragen in diversen Protokollen simulieren kann. Dabei können wie im Beispiel in Abbildung 6.8 spezifische HTTP-Header mitgegeben und die Antworten eingesehen werden. Weiterführende Informationen finden Sie auf der Webseite von Curl unter *https://curl.se*.

6.3.2 Audit Log über APIs abrufen

Audit Log Retrieval API

Die *Audit Log Retrieval API* bietet Ihnen die Möglichkeit, die Audit Logs der SAP BTP abzurufen. Damit können Sie die Audit Logs in Ihre eigenen Systeme und Prozesse integrieren, unabhängig davon, ob Sie sonst On-Premise- oder Cloud-Werkzeuge einsetzen.

Audit Log der Neo-Umgebung abrufen

In der Neo-Umgebung der SAP BTP wird die Audit Log Retrieval API als OData-API angeboten. Allgemeine Informationen zu dieser API finden Sie im SAP API Business Hub unter der URL *https://api.sap.com/api/AuditLogRetrievalAPI/*.

OAuth-Client anlegen

Für den Zugriff auf die Daten des Audit Logs über die API ist eine Authentifizierung erforderlich. Die Authentifizierung in der Neo-Umgebung erfolgt mittels OAuth. Als Voraussetzung muss daher im Subaccount ein OAuth-Client angelegt werden:

1. Öffnen Sie dazu das SAP BTP Cockpit des Subaccounts, und wählen Sie den Menüpfad **Security • OAuth**.
2. In den OAuth-Einstellungen öffnen Sie die Registerkarte **Platform API**.
3. Klicken Sie auf den Button **Create API Client** (siehe Abbildung 6.9).

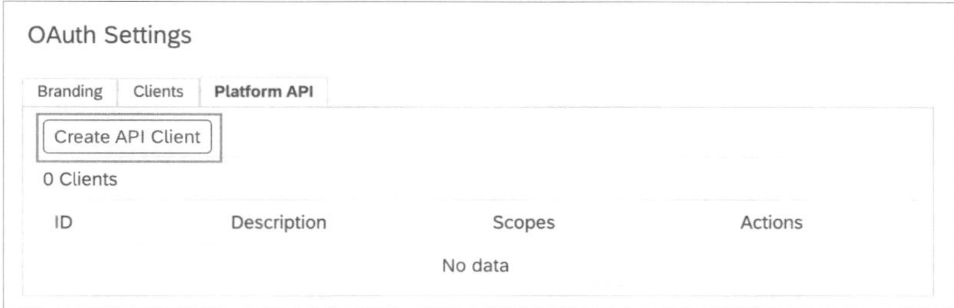

Abbildung 6.9 Plattform-API-Client für die OAuth-Authentifizierung anlegen

4. Im Dialog zur Erstellung des API-Clients müssen Sie die gewünschten *Scopes* definieren, also die Inhalte, auf die über die API zugegriffen werden darf, sowie die APIs, über die der Zugriff erfolgen soll. Für unser Beispiel wählen Sie in der Spalte den **API Name** den **Audit Log Service** und in der Spalte **Scopes** die Werte **Read Audit Logs** und **Manage Audit Logs** (siehe Abbildung 6.10).
5. Optional können Sie im Feld **Description** eine Beschreibung für den API-Client vergeben. Klicken Sie abschließend auf **Save**.
6. Im nächsten Schritt werden die Zugangsdaten für die OAuth-Authentifizierung angezeigt (siehe Abbildung 6.11). Die *Client ID* kann auch zu einem späteren Zeitpunkt noch eingesehen werden, das *Client Secret* hingegen ist nur an dieser Stelle sichtbar. Client ID und Client Secret werden für die Authentifizierung des API-Benutzers verwendet. Nachdem Sie die Angaben notiert haben, bestätigen Sie mit **OK**.

Create Platform API OAuth Client

Description:

API and Scopes:

API Name	Scopes
Lifecycle Management	
Virtual Machines	
Git Service	
Audit Log Service	Read Audit Logs ×, Manage Audit Logs ×
Password Storage	
Account Member Management	
Keystore	
Exception and Tracing API	
Monitoring Service	
Solutions Lifecycle Management	
Configuration Service	
Authorization Management	

Save Cancel

Abbildung 6.10 APIs und Scopes für den Zugriff definieren

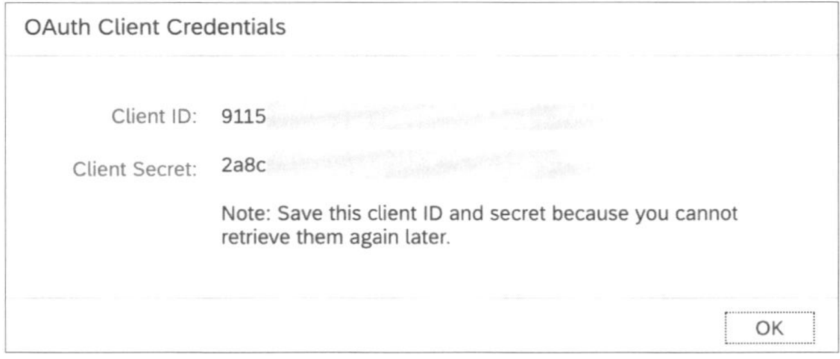

Abbildung 6.11 Zugangsdaten für die OAuth-Authentifizierung

OAuth-Authentifizierung

Die OAuth-Authentifizierung erfolgt über einen HTTP-POST-Aufruf des Endpunktes */oauth2/apitoken/v1?grant_type=client_credentials*. Die *SubAccountId* muss durch den technischen Namen des Subaccounts ersetzt werden und der *RegionHost* durch den Host-Namen des zugehörigen Rechenzentrums. Der Aufruf muss mit einer *Basic Authentication* erfolgen, d. h., es werden Benutzername und Passwort im HTTP-Header mitgesendet. Sie werden mit dem Codierungsverfahren *Base64* übertragen. Als Benutzername müssen die OAuth-Client-ID und als Passwort das OAuth-Client-Secret verwendet werden.

Ausgabe der API-Abfrage

Bei einer erfolgreichen Authentifizierung wird die Antwort wie in Listing 6.5 ausgegeben. Die Authentifizierung der API-Aufrufe erfolgt über die in der Antwort enthaltenen Attribute `token_type` und `access_token`.

```
{
    "access_token": "2d34fa92f748f7c16048f6ad6d60cc",
    "token_type": "Bearer",
    "expires_in": 1500,
    "scope": "hcp.manageAuditLogs hcp.readAuditLogs"
}
```

Listing 6.5 Antwort auf den API-Aufruf zur OAuth-Authentifizierung

[«]

Bearer-Token

Ein *Bearer-Token* ist ein spezieller Schlüssel, der einmalig ausgestellt wird. Er erhält über das Access-Token (siehe auch Listing 6.5) in verschlüsselter Form eine Zugriffsberechtigung, die vom jeweiligen Zielsystem ausgestellt wurde. Anstatt bei jeder Anfrage eine neue Kombination aus Benutzername und Kennwort mitschicken zu müssen, wird das Token mitgeschickt. Es dient somit als Ersatz für andere Authentifizierungsverfahren.

Auslesen der Audit Logs

Das Auslesen der Inhalte des Audit Logs erfolgt über einen HTTP-`GET`-Aufruf des Endpunktes *https://api.eu2.hana.ondemand.com/auditlog/v1/accounts/<SubAccountId>/AuditLogRecords*.

Der Pfadbestandteil *<SubAccountId>* muss auch hierbei durch den technischen Namen des Subaccounts ersetzt werden. Zur Authentifizierung des Aufrufers muss der HTTP-Header `Authorization` mitgeliefert werden. Als Wert muss der zuvor erhaltene `token_type` durch ein Leerzeichen getrennt mit dem `access_token` verkettet werden. Bei der Beispielantwort aus Listing 6.5 entspräche der Wert des Bearer-Tokens der Zeichenkette 2d34fa92f748f7c16048f6ad6d60cc.

Audit Log der Cloud-Foundry-Umgebung abrufen

In der Cloud-Foundry-Umgebung der SAP BTP ist der Aufruf des Audit Logs etwas aufwendiger als in der Neo-Umgebung. Informationen zur API finden Sie in der Audit Log Retrieval API für die Cloud-Foundry-Umgebung im SAP API Business Hub unter der URL *https://beta.api.sap.com/api/CFAuditLogRetrievalAPI*.

SAP Audit Log Management Service

Die API erfordert auch hier eine OAuth-Authentifizierung. Voraussetzung dafür ist die Aktivierung einer Instanz des *SAP Audit Log Management Service* in der SAP BTP:

1. Navigieren Sie dazu im SAP BTP Cockpit in Ihren Subaccount, und rufen Sie über **Service • Service Marketplace** den Service Marketplace auf.
2. Suchen Sie nach dem Stichwort »Auditlog Management«. Klicken Sie auf die Kachel **Auditlog Management**, um in die Detailsicht des Service zu gelangen (siehe Abbildung 6.12).

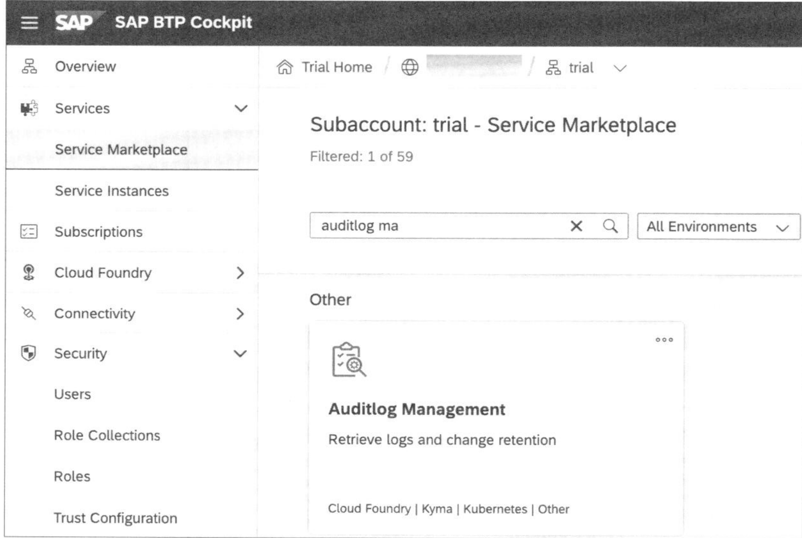

Abbildung 6.12 SAP Audit Log Management Service im Service Marketplace der Cloud-Foundry-Umgebung

3. Klicken Sie auf den Button **Create Instance**, um den Prozess zur Erstellung einer neuen Serviceinstanz zu starten (siehe Abbildung 6.13).

Abbildung 6.13 Serviceinstanz des SAP Audit Log Management Service erzeugen

4. Vergeben Sie im Dialog zur Konfiguration und Erstellung des Service im Feld **Instance Name** einen sprechenden Namen für Ihre Instanz, wie in Abbildung 6.14 dargestellt. In den anderen Feldern können Sie es bei den Standardwerten belassen.

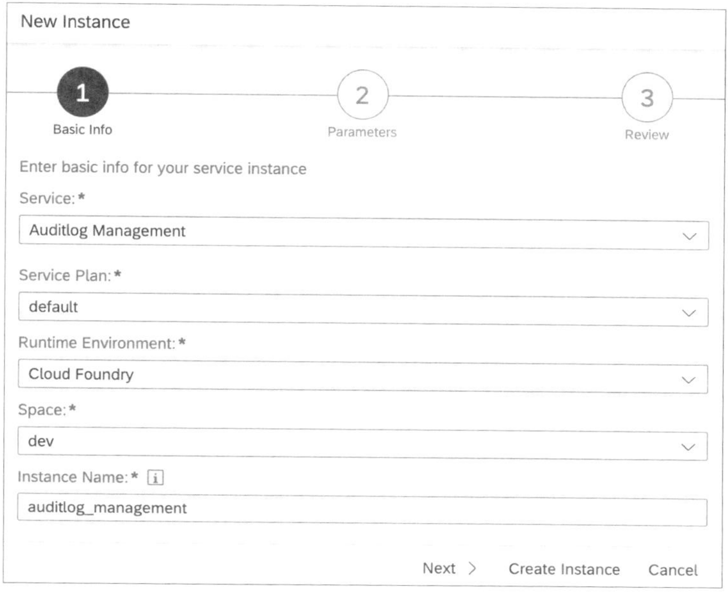

Abbildung 6.14 Serviceinformationen pflegen

5. Fahren Sie mit **Next** fort. Klicken Sie sich in weiterer Folge durch den Anlageassistenten. Es sollten keine weiteren Eingaben erforderlich sein. Nun schließen Sie die Erstellung der Instanz mit einem Klick auf **Create Instance** ab (siehe Abbildung 6.15).

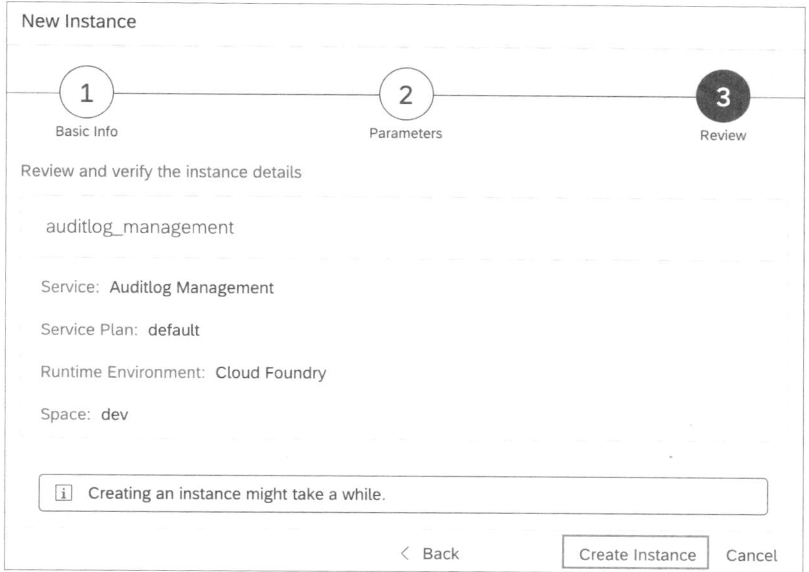

Abbildung 6.15 Erzeugung der Instanz abschließen

Serviceinstanz aufrufen

Sie sollten nun eine Erfolgsmeldung erhalten. Klicken Sie in dieser Meldung auf **View Instance**, um die Details der Serviceinstanz anzusehen (siehe Abbildung 6.16).

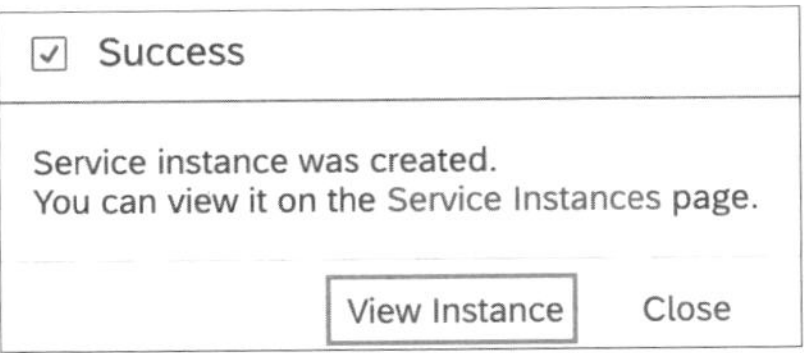

Abbildung 6.16 Serviceinstanz anzeigen

Service Key erzeugen

Im nächsten Schritt muss ein Service Key erzeugt werden. Navigieren Sie dazu in der Detailsicht der Serviceinstanz in den Bereich **Service Keys**, und klicken Sie auf den Button **Create**, wie in Abbildung 6.17 gezeigt.

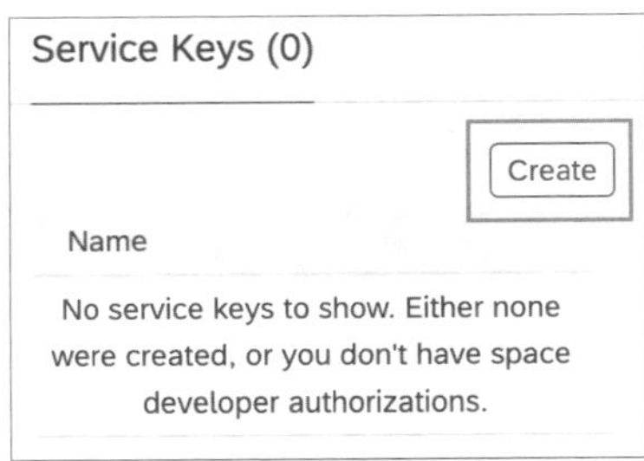

Abbildung 6.17 Service Key erzeugen

Vergeben Sie im Feld **Service key name** einen passenden technischen Namen für den Service Key, und schließen Sie die Erstellung mit einem Klick auf **Create** ab (siehe Abbildung 6.18).

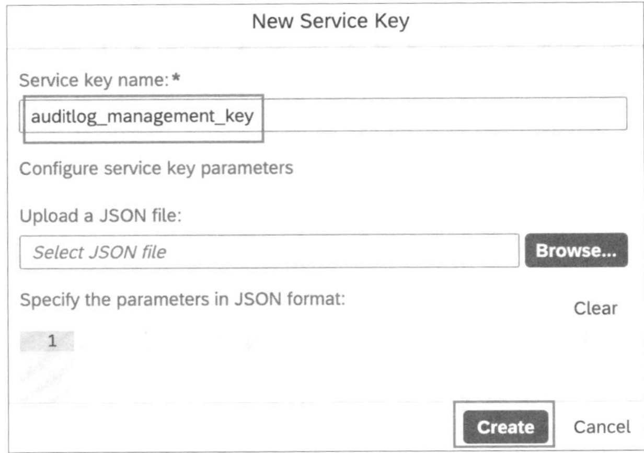

Abbildung 6.18 Dialog zur Erzeugung eines Service Keys

Service Key aufrufen

Öffnen Sie die Detailsicht des Service Keys, indem Sie auf seinen Namen in der Übersicht der Service Keys klicken (siehe Abbildung 6.19).

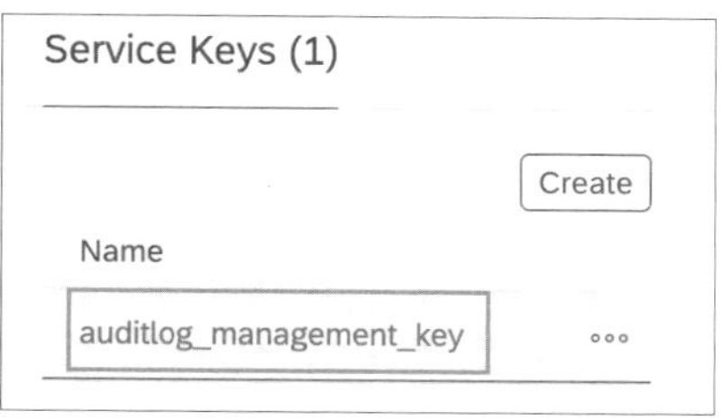

Abbildung 6.19 Absprung in den Service Key

Der Service Key beinhaltet alle Informationen, die für die Authentifizierung und für den Aufruf der API für das Audit Log erforderlich sind. Abbildung 6.20 zeigt beispielhaft einen Service Key mit den relevanten Eigenschaften. Der Service Key wird im JSON-Format bereitgestellt. Das Attribut `url` auf oberster Ebene enthält den Endpunkt für den API-Aufruf. Das Objekt `uaa` beinhaltet ebenfalls ein Attribut namens `url`. Dabei handelt es sich um den Endpunkt, der für die OAuth-Authentifizierung verwendet wird. Das Attribut `clientid` entspricht dem Benutzernamen für den API-Aufruf und das Attribut `clientsecret` dem zugehörigen Passwort.

```
{
  "vendor": "SAP",
  "url": "https://auditlog-management.cfapps.eu10.hana.ondemand.com",
  "uaa": {
    "clientid": "                                        ",
    "clientsecret": "                                        ",
    "url": "https://          .authentication.eu10.hana.ondemand.com",
    ...
  }
}
```

Abbildung 6.20 Aufbau eines Service Keys

OAuth-Authentifizierung

Die OAuth-Authentifizierung erfolgt gegen den im Service Key bereitgestellten Endpunkt. Der Pfad des Endpunktes muss noch um weitere Bestandteile ergänzt werden. Der finale Endpunkt folgt dem folgenden Schema:

<uaa.url>/oauth/token?grant_type=client_credentials

Der Aufruf muss als HTTP-`POST`-Anfrage mit einer Basic Authentication gesendet werden. Als Benutzername muss die `clientid` und als Passwort das `clientsecret` übergeben werden. Als Ergebnis wird, analog zum Aufruf in der Neo-Umgebung, eine OAuth-Antwort gesendet, in der die Attribute `token_type` und `access_token` geliefert werden. Diese beiden Attribute werden für die Authentifizierung der API-Aufrufe verwendet.

API-Aufruf

Für den API-Aufruf muss der Endpunkt um den Pfad */auditlog/v2/auditlog-records* ergänzt werden. Der Endpunkt sollte wie folgt aussehen:

https://auditlog-management.cfapps.eu10.hana.ondemand.com/auditlog/v2/auditlogrecords

Der Aufruf wird als HTTP-`GET`-Anfrage gesendet. Für die Authentifizierung des Clients muss der HTTP-Header `Authorization` mitgesendet werden. Er enthält als Wert das Ergebnis der Verkettung von `token_type` und `access_token`, wobei als Trennzeichen ein Leerzeichen verwendet wird. Ein beispielhaftes Ergebnis des API-Aufrufes ist in Abbildung 6.21 dargestellt.


```
[
  {
      "message_uuid": "8dbb6f9d-ea5b-4ada-8cf1-7896d1bc5335",
      "time": "2021-01-07T13:04:38.754Z",
      "tenant": "",
      "org_id": "",
      "space_id": "",
      "app_or_service_id": "",
      "als_service_id": "",
      "user": "sb-|auditlog-management!b6316",
      "category": "audit.data-access",
      "format_version": "",
      "message": "{\"uuid\":\"8dbb6f9d-ea5b-4ada-8cf1-7896d1bc5335\",\"user\":\"sb-752359c9-5e06-431a-9b7b-ea046b60dc9d!b55235|
          auditlog-management!b6316\",\"time\":\"2021-01-07T13:04:38.754Z\",\"object\":{\"type\":\"data read event\",\"id\":
          {\"tenant_id\":\"000417ad-bc49-41da-aa70-1e10f55aab43\"}},\"data_subject\":{\"type\":\"account\",\"role\":\"account\",
          \"id\":{\"id\":\"sb-752359c9-5e06-431a-9b7b-ea046b60dc9d!b55235|auditlog-management!b6316\"}},\"data_subjects\":[],
          \"attributes\":[{\"name\":\"data read event\",\"successful\":false}],\"attachments\":[],
          \"id\":\"4cc59e21-5085-4dd2-9786-1036e4bc9969\",\"category\":\"audit.data-access\",
          \"tenant\":\"000417ad-bc49-41da-aa70-1e10f55aab43\",\"customDetails\":{}}"
  },
```


Abbildung 6.21 Ergebnis des Aufrufes der Audit Log Retrieval API

6.3.3 Benutzerverwaltung über APIs

Wir haben bereits die Empfehlung ausgesprochen, einen Plattform-Identity-Provider zu verwenden und damit die Benutzer der Cloud-Services an einer zentralen Stelle zu verwalten. Möchten Sie die Benutzer dennoch direkt in den Subaccounts der SAP BTP anlegen, bietet Ihnen SAP dafür eine passende API. Auch das Auslesen des existierenden Benutzerstamms per API ist möglich.

Benutzerverwaltung in der Neo-Umgebung

Platform Authorizations Management API

In der Neo-Umgebung der SAP BTP kann die Benutzerverwaltung über die *Platform Authorizations Management API* erfolgen. Detailinformationen zu dieser API finden Sie im SAP API Business Hub unter der URL *https://api.sap.com/api/AccountMembersManagementAPI/*.

Die Authentifizierung erfolgt, wie bereits für die Audit Log Retrieval API gezeigt, per OAuth. Dazu muss ein OAuth-Client erstellt werden, wie in Abschnitt 6.3.2, »Audit Log über APIs abrufen«, beschrieben. Vergeben Sie dabei die Scopes **Manage Account Members** und **Read Account Members** für die API **Account Member Management**. Abbildung 6.22 zeigt diese Einstellungen.

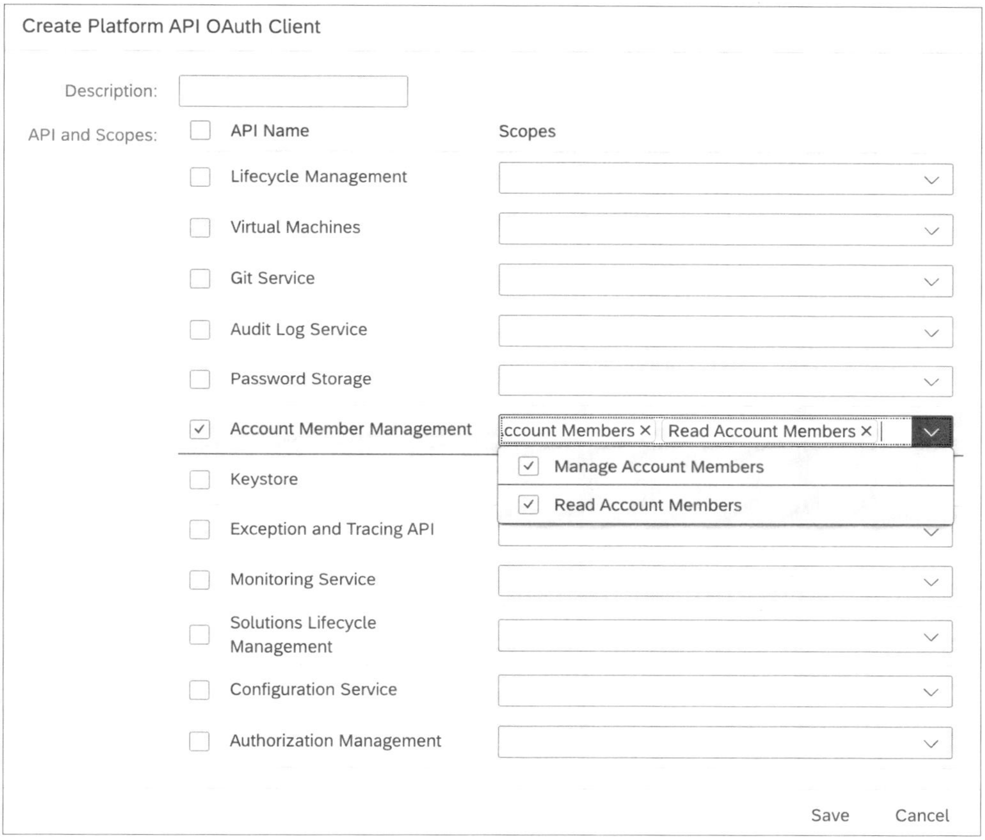

Abbildung 6.22 Scopes für den OAuth-Client einstellen

Änderung der Scopes

Die zugewiesenen Scopes für den OAuth-Client können nachträglich nicht mehr geändert werden. Möchten Sie die Scopes anpassen, erfordert das das Löschen des bestehenden OAuth-Clients und das Erstellen eines neuen Clients mit den gewünschten Scopes.

OAuth-Authentifizierung

Die OAuth-Authentifizierung erfolgt gegen den Endpunkt *https://api.eu2.hana.ondemand.com/oauth2/apitoken/v1?grant_type=client_credentials*.

Benutzerstamm auslesen

Der Aufruf der API zum Auslesen aller Benutzer erfolgt gegen den Endpunkt *https://api.eu2.hana.ondemand.com/authorization/v1/platform/accounts/<SubAccountId>/Users*.

Das Pfadelement *<SubAccountId>* muss auch an dieser Stelle durch den technischen Namen des Subaccounts ersetzt werden. Zur Authentifizierung muss der HTTP-Header `Authorization` mit dem Bearer-Token übergeben werden. Das Ergebnis einer exemplarischen gültigen Anfrage sehen Sie in Abbildung 6.23.


```
{
    "Resources": [
        {
            "id": "P000000_        ACCOUNTS.ONDEMAND.COM",
            "meta": {
                "created": "2021-01-07T14:27:03.852Z",
                "lastModified": "2021-01-07T14:27:03.852Z",
                "location": "https://apissecurity.eu2.hana.ondemand.com/authorization/v1/platform/accounts/      /Users/
                    P000000_        .ACCOUNTS.ONDEMAND.COM"
            },
            "schemas": [
                "urn:sap:cloud:scim:schemas:extension:custom:2.0:UserExt",
                "urn:ietf:params:scim:schemas:core:2.0:User"
            ],
            "userName": "P000000",
            "name": {
                "familyName": "Koch",
                "givenName": "Martin"
            },
            "emails": [
                {
                    "value": "                ",
                    "primary": true
                }
            ],
            "roles": [
```


Abbildung 6.23 Ergebnis einer Benutzerabfrage per API

Für die Anlage von Benutzern können Sie das SCIM-Protokoll (*System for Cross-Domain Itentity Management*) nutzen. Dieses Protokoll ist im SAP API Business Hub auf der Seite *https://api.sap.com/api/AccountMembersManagementAPI/resource* beschrieben und kann dort auch direkt gegen den eigenen Subaccount getestet werden.

Benutzerverwaltung in der Cloud-Foundry-Umgebung

SAP Authorization and Trust Management Service

Auch in der Cloud-Foundry-Umgebung bietet SAP eine API für das Benutzermanagement an, die *Authorization Management API*. Um diese verwenden zu können, muss der *SAP Authorization and Trust Management Service* aktiviert werden. Navigieren Sie dazu im SAP BTP Cockpit über den Menüeintrag **Services** zum **Service Marketplace**, und öffnen Sie in der Serviceübersicht die Kachel **Authorization & Trust Management** (siehe Abbildung 6.24).

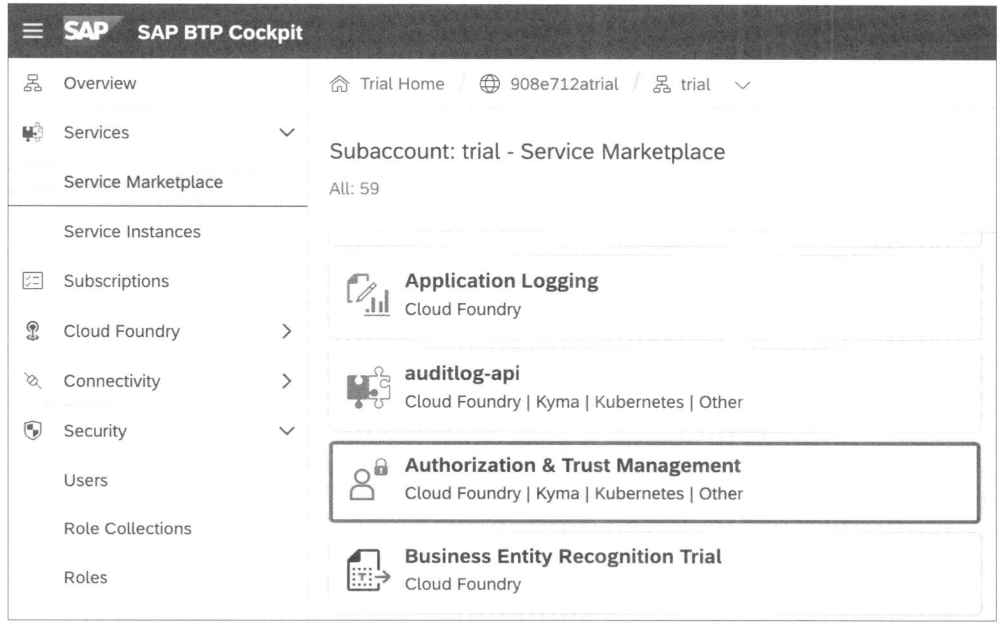

Abbildung 6.24 SAP Authorization and Trust Management Service im Service Marketplace der Cloud-Foundry-Umgebung

Serviceinstanz erzeugen

Erzeugen Sie ausgehend von der Detailsicht des Service anschließend eine neue Serviceinstanz, indem Sie auf den Button **Create Instance** klicken (siehe Abbildung 6.25).

Abbildung 6.25 Serviceinstanz erzeugen

Der Service wird in unterschiedlichen Ausprägungen, den sogenannten *Serviceplänen*, ausgeliefert. Für den Zugriff mittels API muss eine Instanz mit dem Serviceplan `apiaccess` erstellt werden. Wählen Sie diesen Serviceplan im Anlagedialog für die Serviceinstanz aus (siehe Abbildung 6.26).

Wählen Sie im Feld **Service Plan** den Plan `apiaccess`, und vergeben Sie einen sprechenden Namen für die Instanz im Feld **Instance Name**. Lassen Sie in den weiteren Pflichtfeldern die Vorschlagswerte stehen. Fahren Sie mit **Next** fort, und durchlaufen Sie die weiteren Schritte des Anlageprozesses. Klicken Sie abschließend auf **Create Instance**.

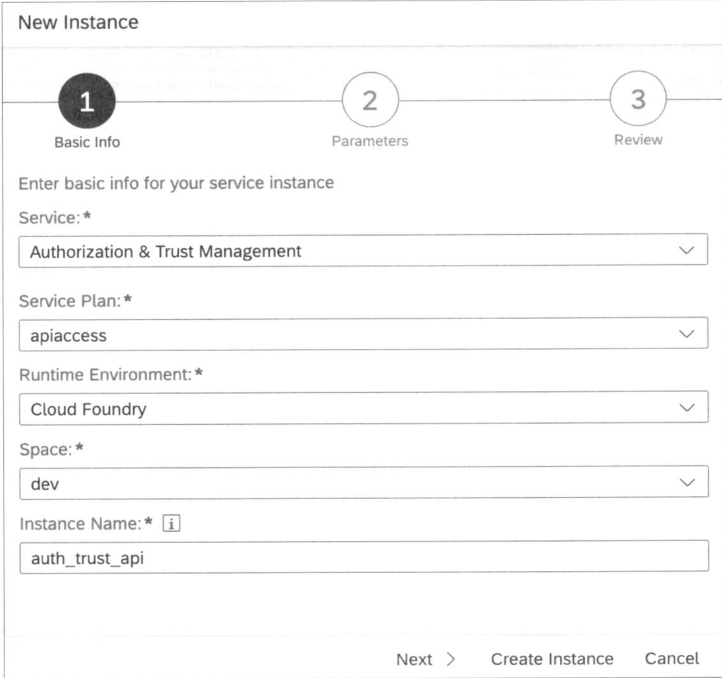

Abbildung 6.26 Die Eigenschaften der Serviceinstanz pflegen

Service Key

Legen Sie danach einen Service Key an, wie in Abschnitt 6.3.2, »Audit Log über APIs abrufen«, beschrieben. Die Struktur des Service Keys unterscheidet sich etwas von der des Service Keys für die Audit Log Retrieval API. Der Endpunkt für die Authentifizierung ist hier im Attribut `url` enthalten (siehe Abbildung 6.27). Die `clientid` entspricht wie gewohnt dem Benutzernamen und das `clientsecret` dem Passwort.


```
{
  "tenantmode": "dedicated",
  "sburl": "https://internal-xsuaa.authentication.eu10.hana.ondemand.com",
  "subaccountid": "",
  "clientid": "sb-",
  "xsappname": "na-",
  "clientsecret": "",
  "url": "https://.authentication.eu10.hana.ondemand.com"
  "uaadomain": "authentication.eu10.hana.ondemand.com",
  "verificationkey": "-----BEGIN PUBLIC KEY-----MIIBIjANBgkqhkiG9w0BAQEFAAOCAQ8AMIIBCgKCAQEAgfCAkMsoOV
  "apiurl": "https://api.authentication.eu10.hana.ondemand.com",
  "identityzone": "",
  "identityzoneid": "",
  "tenantid": "",
  "zoneid": ""
}
```


Abbildung 6.27 Service Key für die API zur Benutzerverwaltung

Die Authentifizierung des Benutzers erfolgt per OAuth mit dem Authentifizierungstyp (`grant_type`) `client_credentials`. War die Authentifizierung erfolgreich, können Sie die Aufrufe der SAP BTP gegen die API durchführen. Wir zeigen beispielhaft das Auslesen aller Benutzer Ihres Subaccounts. Der Aufruf wird gegen den Endpunkt *https://api.authentication.eu10.hana.ondemand.com/Users* durchgeführt. Dieser Aufruf kann ohne weitere Parameter erfolgen. Abbildung 6.28 zeigt eine exemplarische Antwort auf die Anfrage.

API-Aufruf


```
{
    "resources": [
        {
            "id": "                                    ",
            "externalId": "            ",
            "meta": {
                "version": 2,
                "created": "2020-09-07T12:34:00.787Z",
                "lastModified": "2020-09-07T12:44:52.757Z"
            },
            "userName": "martin.koch@          ",
            "name": {
                "familyName": "Koch",
                "givenName": "Martin"
            },
            "emails": [
                {
                    "value": "martin.koch@          ",
                    "primary": false
                }
            ],
            "groups": [
```

Abbildung 6.28 Ergebnis des Aufrufes der API für das Benutzermanagement

Unter *https://docs.cloudfoundry.org/api/uaa/version/75.1.0/index.html#users* in der Cloud-Foundry-Dokumentation finden Sie sämtliche Parameter, die dem */Users*-Endpunkt mitgegeben werden können.

6.3.4 Berechtigungsverwaltung über APIs

Für die Rollen- und Berechtigungsverwaltung wird die *Authorization Management API* angeboten, die unserer Erfahrung nach ebenfalls häufig verwendet wird. Auch bei dieser API wird zwischen der Neo-Umgebung und Cloud-Foundry- Umgebung unterschieden.

Berechtigungsverwaltung in der Neo-Umgebung

Die Dokumentation der Authorization Management API für die Neo-Umgebung findet sich anders als bei den bisher vorgestellten APIs nicht im SAP

Authorization Management API

API Business Hub, sondern unter der URL *https://api.hana.ondemand.com/authorization/v1/documentation*. Es handelt sich um eine REST-API. Mit der können lediglich Anwendungsrollen verwaltet werden. Zur Verwaltung von Plattformrollen kann sie nicht eingesetzt werden. Die API bietet Funktionen zur Verwaltung der Rollen und zur Zuweisung der Rollen an Benutzer. Sie deckt neben den Rollen auch Benutzergruppen ab. Die Anwendungsrollen werden von der jeweiligen Cloud-Applikation im Applikationsdeskriptor bereitgestellt. Mit dem Applikationsdeskriptor geben die Entwickler*innen der Cloud-Instanz mit, was zu installieren bzw. zu deployen ist, unter anderem auch, welche Rollen in der Cloud-Umgebung für einen korrekten Betrieb der Anwendung anzulegen sind.

Authentifizierung

Die Authentifizierung erfolgt über OAuth mittels Client Credentials. Das vom OAuth-Server ausgestellte Token hat eine Gültigkeit von 25 Minuten. Es ist daher nicht erforderlich, vor jedem API-Aufruf eine erneute Authentifizierung durchzuführen.

Die API wird auf die gleiche Weise aufgerufen, wie für die Platform Authorizations Management API in Abschnitt 6.3.3, »Benutzerverwaltung über APIs«, beschrieben. Wir gehen daher an dieser Stellen nicht näher darauf ein. Weiterführende Informationen finden Sie im SAP Help Portal unter *http://s-prs.de/v809813*.

Berechtigungsverwaltung in der Cloud-Foundry-Umgebung

SAP Authorization and Trust Management Service

Die Vergabe von Rollen und Berechtigungen wird in der Cloud-Foundry-Umgebung durch den SAP Authorization and Trust Management Service realisiert. Dieser Service umfasst insgesamt vier APIs. Abbildung 6.29 ist zu entnehmen, dass die APIs als REST-APIs bereitgestellt werden. Die Dokumentation der APIs finden Sie im SAP API Business Hub unter der URL *https://api.sap.com/package/authtrustmgmnt*.

Authorization API

Für die Verwaltung der Rollen und Berechtigungen wird die *Authorization API* verwendet. Eine API kann verschiedene Entitäten bereitstellen. Im Fall der Authorization API sind dies Applikationen, Rollen, Rollenvorlagen und Sammelrollen (siehe Abbildung 6.30).

Ein Beispielaufruf der Authorization API könnte wie folgt lauten:

/sap/rest/authorization/v2/apps/<AppId>/roles

Dieser Aufruf würde sämtliche Rollen, die zu einer SAP-BTP-Anwendung *<AppId>* existieren, zurückgeben.

Die Aufrufe der API funktionieren auf dieselbe Art und Weise, wie die in Abschnitt 4.4, »Berechtigungsverwaltung«, vorgestellten APIs. Daher gehen wir an dieser Stelle nicht näher darauf ein.

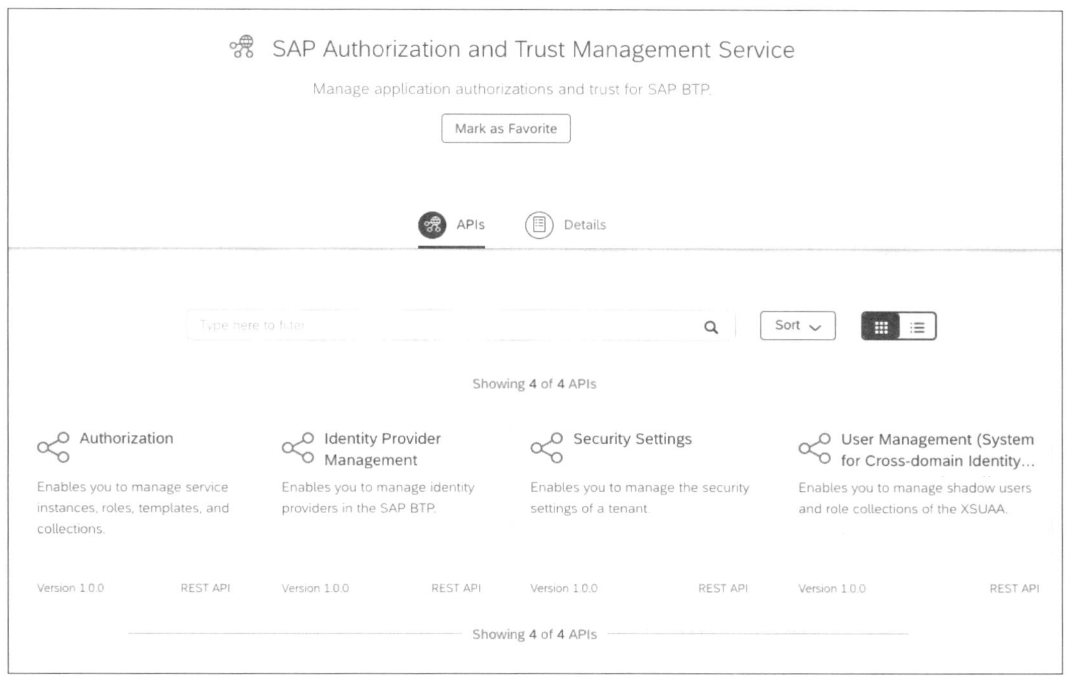

Abbildung 6.29 APIs des SAP Authorization and Trust Management Service

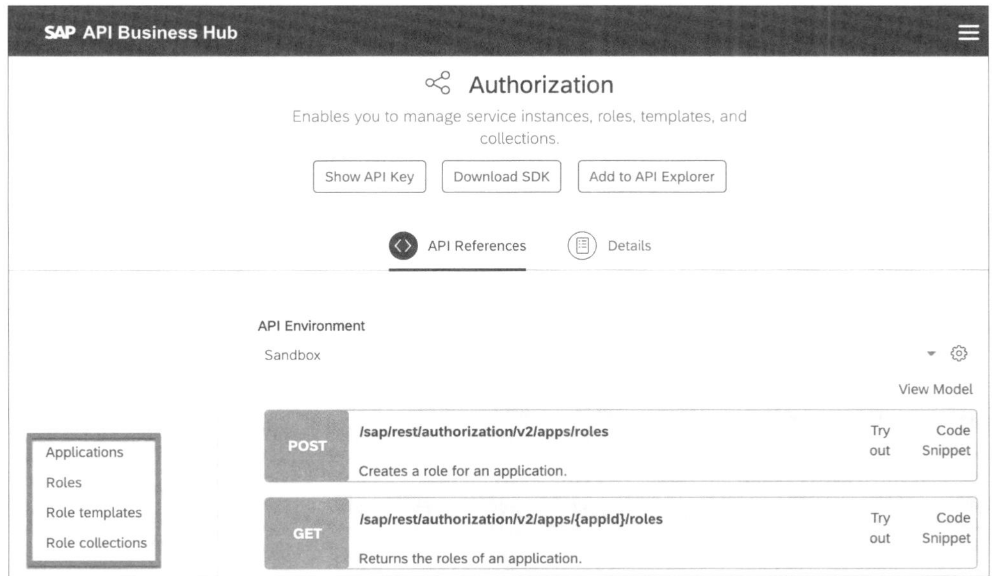

Abbildung 6.30 Entitäten der Authorization API

6.3.5 APIs des SAP Cloud Management Service

Administrative Tätigkeiten auf der SAP BTP können auch über die APIs des *SAP Cloud Management Service for SAP BTP* durchgeführt werden. Ähnlich wie bei der Nutzung der SAP BTP CLI ist es dazu erforderlich, dass in Ihrem Global Account das Feature Set B zur Verfügung steht.

Bereitgestellte APIs

Über den Service werden APIs für folgende Verwaltungsfunktionen bereitgestellt (siehe Abbildung 6.31):

- Verwaltung der Global Accounts und Subaccounts der SAP BTP (*Accounts API*)
- Zuweisung von Ressourcen (*Entitlements API*)
- Bereitstellung von Umgebungen, Quotas und Jobstatistiken (*Provisioning API*)
- Verwaltung von Ereignissen (*Events API*)

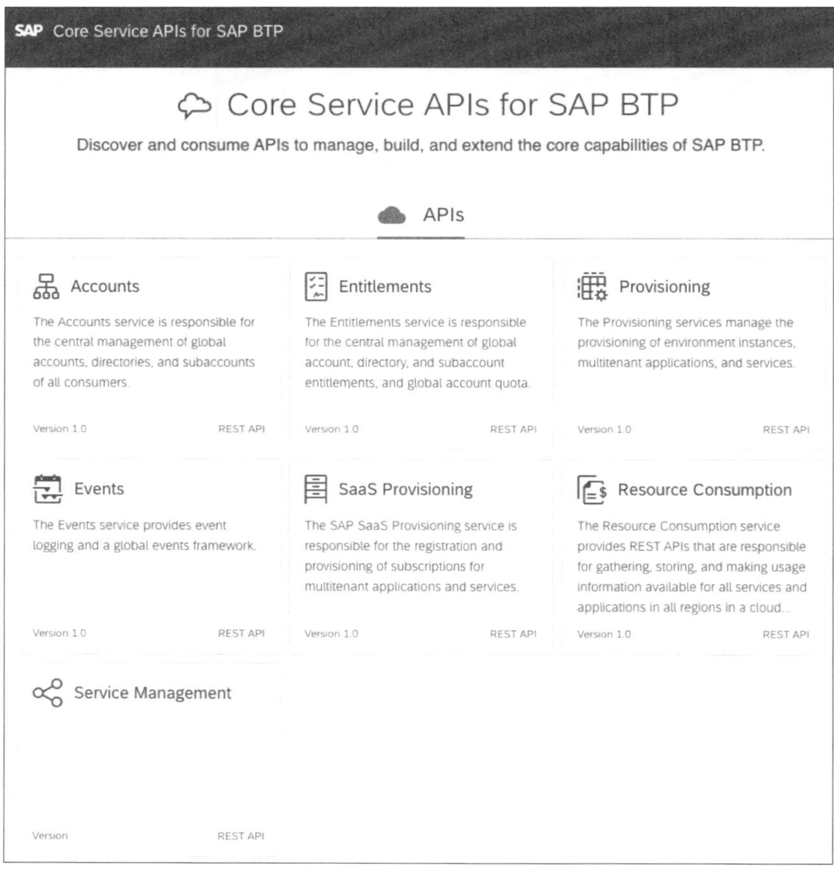

Abbildung 6.31 Core Service APIs

Die APIs für den SAP Cloud Management Service werden auch *Core Service APIs for SAP BTP* genannt. Die aktuelle Dokumentation dieser APIs finden Sie unter der URL *http://s-prs.de/v909814*.

Authentifizierung

Die APIs des SAP Cloud Management Service sind mit OAuth 2.0 und über Benutzername und Passwort geschützt. Bei bestimmten APIs wird auch die Authentifizierungsmethode Client verwendet.

SAP Cloud Management Service aktivieren

Damit die APIs konsumiert werden können, müssen Sie vorab den SAP Cloud Management Service aktivieren. Navigieren Sie dazu in einem Subaccount der Cloud-Foundry-Umgebung über den Menüeintrag **Services** in den **Service Marketplace**, und rufen Sie die Kachel **Cloud Management** auf (siehe Abbildung 6.32).

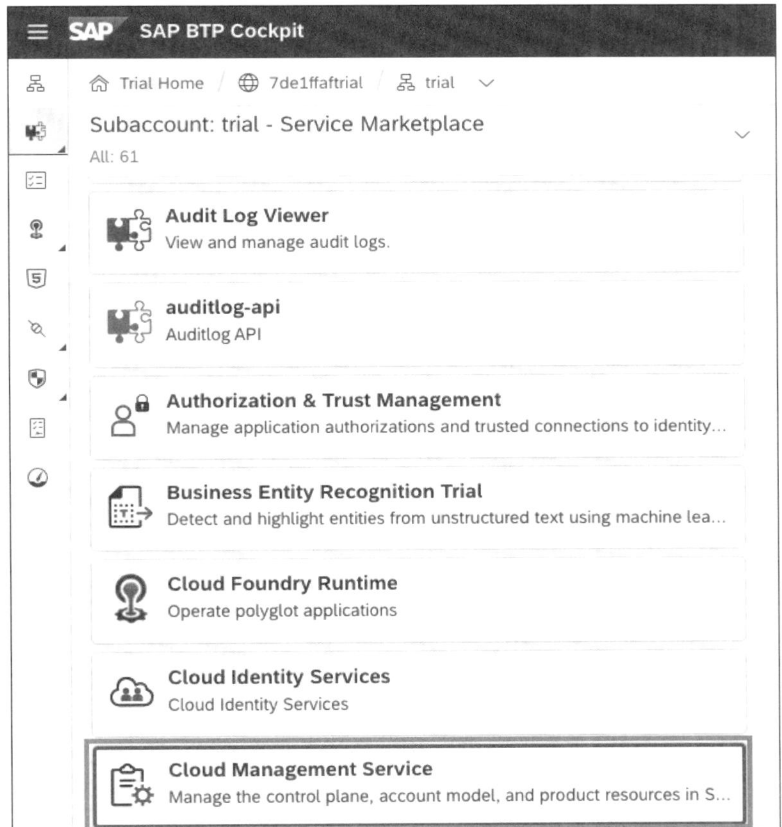

Abbildung 6.32 SAP Cloud Management Service im Service Marketplace der Cloud-Foundry-Umgebung

Serviceinstanz erzeugen

Als Nächstes erstellen Sie eine Serviceinstanz. Die Bereitstellung des Service erfolgt ausschließlich in den Spaces der Cloud-Foundry-Umgebung.

Daher müssen Sie im Dialog zur Anlage der Serviceinstanz einen **Space** auswählen (siehe Abbildung 6.33). Wir empfehlen Ihnen, alle Services, die für die Administration der SAP BTP verwendet werden, in einem eigenen, dafür vorgesehenen Space zusammenzufassen. Wählen Sie außerdem einen passenden technischen Namen für die Serviceinstanz im Feld **Instance Name**. Wählen Sie im Feld **Service Plan** den Wert **central**, und belassen Sie es in allen weiteren Pflichtfeldern bei den Vorschlagswerten. Dann fahren Sie mit **Next** fort. Nachdem Sie alle Schritte des Anlageassistenten durchlaufen haben, bestätigen Sie die Anlage mit **Create Instance**.

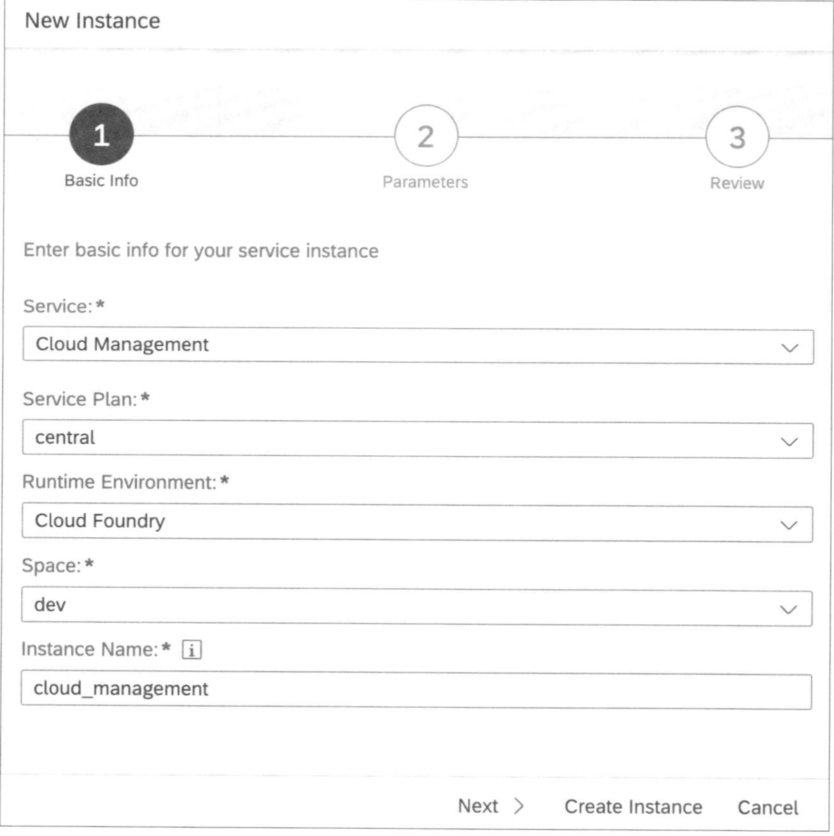

Abbildung 6.33 Instanz des SAP Cloud Management Service erzeugen

Service Key erzeugen

Nachdem der Service erfolgreich bereitgestellt wurde und die Instanz des Service im ausgewählten Space läuft, muss für diese Instanz ein Service Key erzeugt werden. Navigieren Sie dazu in die Übersicht der Serviceinstanzen, und wählen Sie die eben angelegte Serviceinstanz aus (siehe Abbildung 6.34).

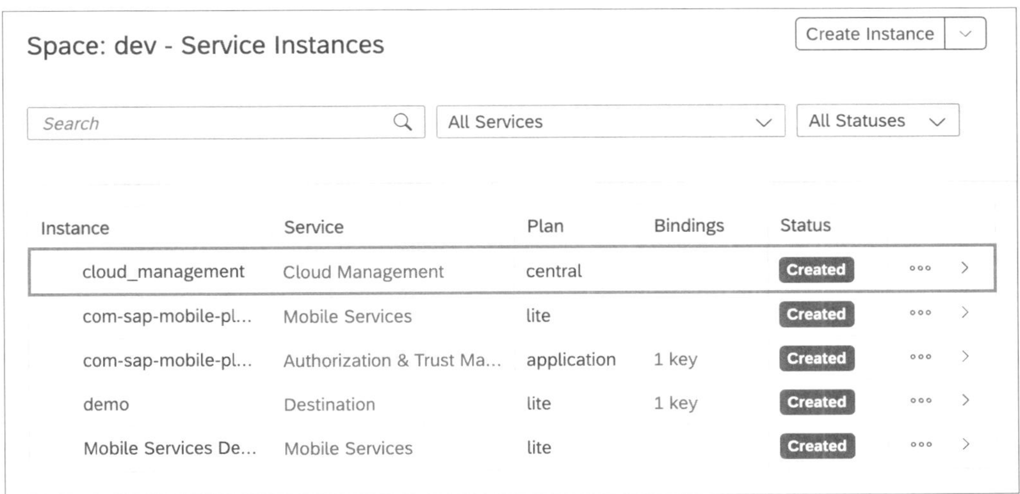

Abbildung 6.34 Übersicht der Serviceinstanzen im Space der Cloud-Foundry-Umgebung

Springen Sie nun entweder über den Link in der Spalte **Service** in die Details der Serviceinstanz ab, oder öffnen Sie das Aktionsmenü (°°°) in der rechten Spalte der Übersicht, um den Service Key generieren zu lassen. Im Aktionsmenü wählen Sie den Eintrag **Create Service Key** (siehe Abbildung 6.35). Legen Sie den Service Key anschließend, wie in Abschnitt 6.3.2, »Audit Log über APIs abrufen«, für die Cloud-Foundry-Umgebung beschrieben, an.

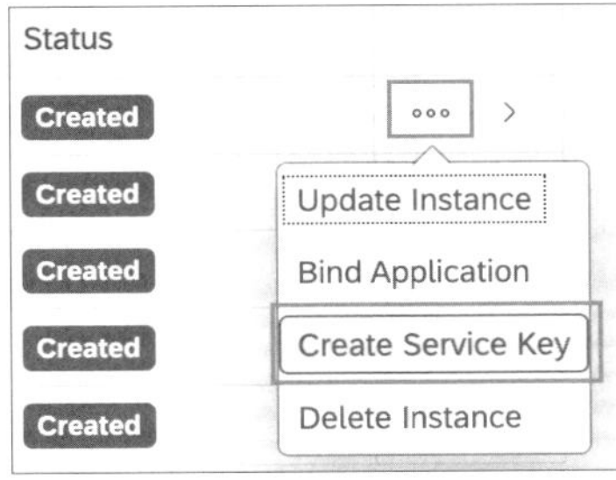

Abbildung 6.35 Service Key über das Aktionsmenü erzeugen

Der Service Key beinhaltet alle relevanten Informationen, die Sie zum Aufruf der APIs benötigen. Klicken Sie auf den Namen des Service Keys, um darauf zuzugreifen (siehe Abbildung 6.36).

Service Keys (1)

Create

Name

cloud_management_key

Abbildung 6.36 Service Key aufrufen

Der Service Key beinhaltet, wie in Abbildung 6.37 an einem Beispiel gezeigt, die Attribute `clientid` und `clientsecret`. Die `clientid` entspricht in der OAuth-Authentifizierung dem Benutzernamen, das `clientsecret` entspricht dem Passwort.

```
"uaa": {
  "tenantmode": "shared",
  "sburl": "https://internal-xsuaa.authentication.eu10.hana.ondemand.com",
  "subaccountid": "ac0919bc-                              ",
  "clientid": "sb-                                                     ",
  "xsappname": "                                                       ",
  "clientsecret": "                                                          ",
```

Abbildung 6.37 Service Key anzeigen

OAuth mit Benutzername und Passwort

Bei der OAuth-Authentifizierung mittels Benutzername und Passwort (*Password Credentials*) erfolgt eine Basic Authentication per HTTP. Für die Basic Authentication muss die `clientid` als Benutzername und das `clientsecret` als Passwort verwendet werden. Zusätzlich müssen Sie Sie einen HTTP-Body des Typs `x-www-form-urlencoded` mit den Schlüssel-Wert-Paaren für die Attribute `grant_type`, `username` und `password` übermitteln. Dem Schlüssel `grant_type` muss der Wert `password` zugewiesen werden, dem Schlüssel `username` die E-Mail des Benutzers der SAP BTP und dem Schlüssel `password` das diesem Benutzer zugewiesene Passwort.

APIs testen

Sie haben die Möglichkeit, die APIs direkt auf der Seite *https://accounts-service.cfapps.eu10.hana.ondemand.com/home* über die webbasierende Benutzeroberfläche zu testen. Diese Oberfläche basiert auf dem beliebten Framework *Swagger* für Webumgebungen. Dieses Framework ist sehr gut geeignet, um Webanwendungen und Aufrufe von Services direkt im Browser auszuführen und zu testen.

Um eine API zu testen, wählen Sie die entsprechende Kachel in der Übersicht aus. In der Detailsicht der API klicken Sie auf den Button **Try it out** (siehe Abbildung 6.38).

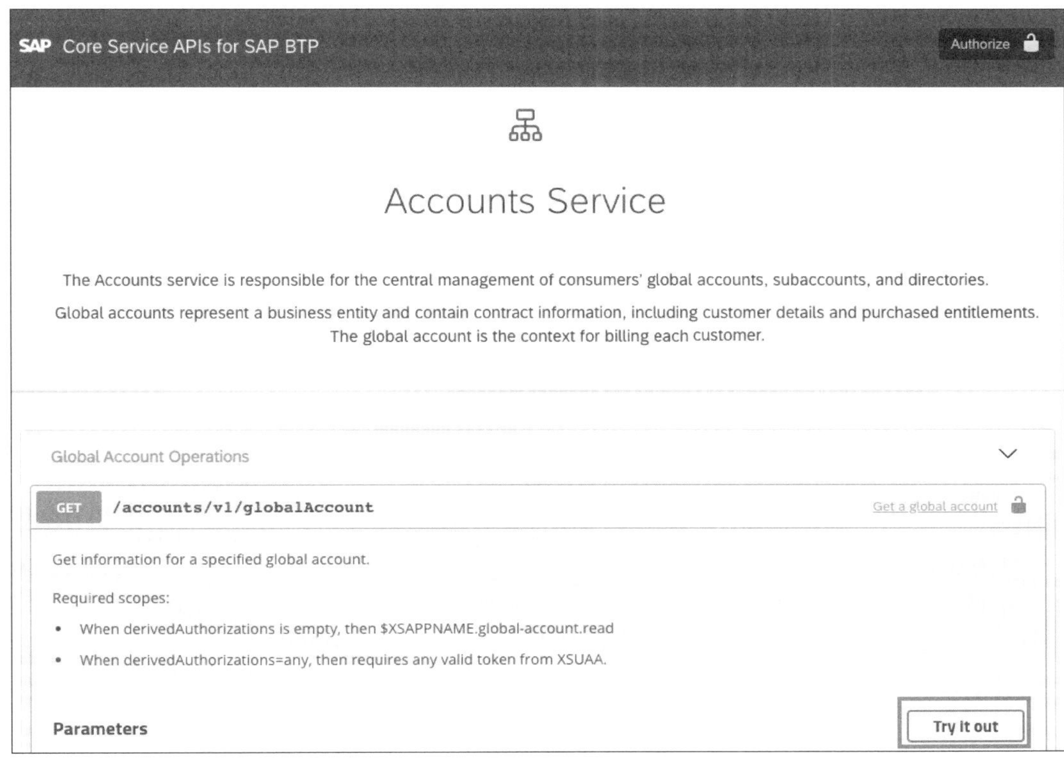

Abbildung 6.38 Eine API des SAP Cloud Management Service testen

Wir zeigen im Folgenden anhand von zwei Beispielen, wie Sie die APIs zum Auslesen der Informationen Ihres Global Accounts und Ihrer Subaccounts nutzen.

Informationen zum Global Account abrufen

Die Informationen zum Global Account können Sie über eine HTTP-GET-Anfrage an den Pfad */accounts/v1/globalAccount* auslesen. Ein exemplarisches Ergebnis der Anfrage sehen Sie in Abbildung 6.39. Hier wurde der Trial-Account der SAP BTP genutzt. Sie können neben dem globalen Schlüssel, der `guid`, auch den Namen (`displayName`), die Erstellungs- und Änderungsinformationen (`createdDate`, `modifiedDate`), den generellen Status samt Erläuterung (`entityState` und `stateMessage`) und die Internetsubdomäne (`subdomain`) abfragen. Außerdem können Sie auf den Vertragsstatus, das kommerzielle Modell, die Kontrolle über konsumbasierte Verrechnung und den Lizenztyp (`contractStatus`, `commercialMode`, `consumptionBased` und `licenseType`), die geografische Aktivierung in einer Region (`geoAccess`) und den Zeitpunkt der Vertragserneuerung (`renewalDate`) zugreifen.

```
{
    "guid": "                                        ",
    "displayName": "            ",
    "createdDate": 1599482005258,
    "modifiedDate": 1609855270135,
    "entityState": "OK",
    "stateMessage": "Unsuspension account completed",
    "subdomain": "            ",
    "contractStatus": "ACTIVE",
    "commercialModel": "Subscription",
    "consumptionBased": false,
    "licenseType": "TRIAL",
    "geoAccess": "STANDARD",
    "renewalDate": 1609855270107
}
```


Abbildung 6.39 Antwort auf die Abfrage von Informationen zum Global Account

Informationen der Subaccounts abrufen

Die Informationen zu den Subaccounts können Sie über eine HTTP-`GET`-Anfrage an den Pfad */accounts/v1/subaccounts* auslesen. Ein exemplarisches Ergebnis der Anfrage sehen Sie in Abbildung 6.40. Auch hier finden Sie einen globalen Schlüssel, die `guid`, sowie den Schlüssel des zugehörigen globalen Accounts (`globalAccoungGUID`) und des Elternknotens (`parentGUID`; bei Verschachtelung der Subaccounts in Verzeichnisse inklusive der Art des Elternknotens `parentType`).


```
{
    "value": [
        {
            "guid": "                                        ",
            "displayName": "trial",
            "globalAccountGUID": "                                        ",
            "parentGUID": "                                        ",
            "parentType": "ROOT",
            "region": "eu10",
            "subdomain": "            ",
            "betaEnabled": false,
            "usedForProduction": "UNSET",
            "description": null,
            "expiryDate": null,
            "state": "OK",
            "stateMessage": "Subaccount created.",
            "createdDate": 1599482029557,
            "createdBy": null,
            "modifiedDate": 1599482029557,
            "zoneId": null
        }
    ]
}
```


Abbildung 6.40 Exemplarische Antwortabfrage von Informationen zu den Subaccounts

Außerdem können Sie den Namen (`displayName`), die Erstellungs- und Änderungsinformationen (`createdDate`, `modifiedDate`), die Region (`region`), den Status und die generelle Statusmeldung (`state` und `stateMessage`) abfragen. Daneben können Sie Informationen zur Internetsubdomäne (`subdomain`), den Freischaltungsstatus von Beta-Funktionen (`betaEnabled`), die Aktivierung des Produktivstatus (`usedForProduction`), die Langbeschreibung (`description`), das Ablaufdatum (`expiryDate`), den Ersteller oder die Erstellerin (`createdBy`) und die verwendete Zone (`zoneId`) aufrufen.

6.4 Checkliste zur Arbeit mit der Kommandozeile und APIs

In Tabelle 6.1 finden Sie die Checkliste für die Arbeit mit den in diesem Kapitel vorgestellten Administrationswerkzeugen.

Erledigt	Aufgabe
	Es wurde festgelegt, wer welche administrativen Berechtigungen für die SAP BTP erhält. Abgeleitet davon sollten nur diese Benutzer gleichartige Berechtigungen für die Kommandozeile bekommen.
	Es wurde definiert, wo API-Zugriffe und API-Schlüssel angefordert und verwaltet werden.
	Es wurde festgelegt, wo die Zugriffe auf oder über APIs der SAP-BTP-Anwendungen dokumentiert werden.
	Es wurde vereinbart, wer die Kommandozeilenwerkzeuge auf den jeweiligen Unternehmensrechnern installieren darf.
	Sie haben speziell bei den APIs der Cloud-Foundry-Umgebung im Blick, dass sich diese häufiger ändern (meist werden Funktionen hinzugefügt, selten geändert). Sie haben daher sichergestellt, dass regelmäßig im SAP API Business Hub geprüft wird, ob es neuere und bessere Ansätze gibt.

Tabelle 6.1 Checkliste zur Arbeit mit der Kommandozeile und APIs

6.5 Beispiele zur sicheren Verwendung der Kommandozeile

Die meisten Dinge können in der SAP BTP über die Weboberfläche eingerichtet werden. Im Folgenden finden Sie jedoch zwei Beispiele für alltägliche Aufgaben mit der Kommandozeile, einmal die Anlage einer Custom Domain, die über die Kommandozeile erfolgen muss, und das andere Beispiel ist zur Verwaltung der Platform, das kann z. B. in Richtung einer Automatisierung sehr hilfreich sein.

6.5.1 Kommandozeile zur Konfiguration einer Custom Domain in der Neo-Umgebung verwenden

Custom Domain

SAP bietet Ihnen auf Ebene der Subaccounts der SAP BTP die Möglichkeit, eine benutzerdefinierte Domäne (*Custom Domain*) zu verwenden. Die CloudDNA GmbH verwendet beispielsweise die Domäne *https://cloud.clouddna.at* für ihren Subaccount. Zur Einrichtung einer solchen Custom Domain kommen in der Neo-Umgebung und der Cloud-Foundry-Umgebung zwar unterschiedliche Kommandozeilenwerkzeuge zum Einsatz, die grundlegende Vorgehensweise ist aber identisch. Daher zeigen wir Ihnen die Konfiguration in diesem Abschnitt am Beispiel der Neo-Umgebung.

Voraussetzungen

Als Voraussetzungen sollten Sie ein grundlegendes Verständnis des Verschlüsselungsprotokolls Secure Sockets Layer (SSL) und des Nachfolgers Transport Layer Security (TLS) mitbringen, bevor Sie mit der Konfiguration einer Custom Domain beginnen (siehe auch Abschnitt 2.1.1, »Grundlagen der sicheren Kommunikation«). Sie bzw. Ihr Unternehmen müssen in Besitz der zu verwendenden Domäne sein, und der DNS-Server (Domain Name System) für diese Domäne muss in Ihrem Zugriffsbereich liegen. Die Einrichtung der Custom Domain für die Neo-Umgebung kann nur über die Kommandozeile der Neo-Umgebung erfolgen, deren Konfiguration wir in Abschnitt 3.1, »Kommandozeile für die Neo-Umgebung einrichten«, beschrieben haben.

Certificate Signing Request

Der Prozess startet mit der Erstellung eines *Certificate Signing Requests* (CSR), d. h. einer Signaturanforderung. Diese wird in der Kommandozeile der Neo-Umgebung mit dem Kommando aus Listing 6.6 erstellt.

```
neo generate-csr
       --account <SubAccountTechnischerName>
       --user <SubAccountBenutzer>
       --host <SubAccountHost>
       --name <NameDesZertifikats>
       --certificate-distinguished-name <ZertifikatDN>
```

Listing 6.6 CSR erstellen

Der Name der Domäne, für die das Zertifikat erstellt werden soll, muss als Common Name (CN) im Distinguished Name (DN) des Zertifikats enthalten sein.

Zertifikat erstellen

Der zuvor erstellte CSR muss im nächsten Schritt an eine Zertifizierungsstelle (eine Certificate Authority, kurz CA) übermittelt werden. Diese wird das Zertifikat signieren. Geben Sie beim Signieren des Zertifikats »F5BigIP« als Servertyp an.

Zertifikat importieren

Im nächsten Schritt muss das von der Zertifizierungsstelle ausgestellte SSL-Zertifikat in den Subaccount der SAP BTP importiert werden. Der Import wird in der Neo-Konsole mit dem Kommando aus Listing 6.7 durchgeführt. Das Zertifikat muss im Format *Privacy Enhanced Mail* (PEM) vorliegen.


```
neo upload-domain-certificate
        --account <SubAccountTechnischerName>
        --user <SubAccountBenutzer>
        --host <SubAccountHost>
        --name <NameDesZertifikats>
        --location <PfadZumZertifikat>
```

Listing 6.7 SSL-Zertifikat importieren

Zertifikat an SSL-Host binden

Nachdem das Zertifikat erfolgreich importiert wurde, muss es mit dem in CSR verwendeten Host verbunden werden. Diese Aktion wird in der Neo-Konsole mit dem Kommando aus Listing 6.8 durchgeführt.

```
neo bind-domain-certificate
        --account <SubAccountTechnischerName>
        --user <SubAccountBenutzer>
        --host <SubAccountHost>
        --ssl-host <SSLHostName>
        --certificate <NameDesZertifikats>
```

Listing 6.8 Zertifikat an SSL-Host binden

Applikation konfigurieren

Um eine Anwendung auf der SAP BTP über die Custom Domain zugänglich zu machen, müssen Sie die Custom Domain mit der Anwendungs-URL verknüpfen. Dazu geben Sie in der Neo-Konsole das Kommando aus Listing 6.9 ein.

```
neo add-custom-domain
        --account <SubAccountTechnischerName>
        --user <SubAccountBenutzer>
        --host <SubAccountHost>
        --custom-domain <CustomDomainHostName>
        --application-url <UrlDerApplikation>
        --ssl-host mysslhostname
```

Listing 6.9 Custom Domain mit Cloud-Applikation verknüpfen

DNS konfigurieren

Als letzter Schritt müssen die DNS-Einträge gepflegt werden. Um den Datenverkehr für Ihre Custom Domain zur gewünschten Anwendung auf der SAP BTP zu leiten, müssen Sie die Domäne auch in dem von Ihnen verwendeten DNS konfigurieren. Dazu müssen Sie im Verwaltungswerkzeug des DNS-Servers den CNAME (Canonical Name) Ihrer Custom Domain dem erstellten SSL-Host zuordnen, damit die Subdomain auch korrekt auf die IP-Adresse Ihres Servers aufgelöst kann. Diesen Schritt müssen Sie für jede eigene Domäne durchführen, die Sie verwenden möchten.

6.5.2 Kommandozeile zur Verwaltung der SAP Business Technology Platform verwenden

In Abschnitt 6.2, »Verwaltung des Global Accounts mit dem SAP BTP Command Line Interface«, haben Sie bereits eine erste Einführung in das SAP BTP CLI erhalten und erste hilfreiche Kommandos kennengelernt. Dort haben wir auch darauf hingewiesen, dass eine Anmeldung zwingend erforderlich ist.

Standardkontext ändern

Nach der Anmeldung werden alle Befehle standardmäßig im Global Account ausgeführt. Wenn Sie in einem bestimmten Subaccount oder einem Verzeichnis arbeiten möchten, können Sie mit dem Befehl `sapcp target` den Standardkontext ändern (das kann ein anderer Global Account `-ga <ID>`, ein anderer Subaccount `-sa <ID>` oder ein anderes Directory `-dir <ID>` sein). Wenn Sie dies getan haben, müssen Sie beim Ausführen der Kommandos nicht mehr die Parameter `Subaccount` oder `Directory` bei den Aufrufen mitliefern.

Global Account auslesen

Das Auslesen der Informationen zum Global Account gestaltet sich mit dem SAP BTP sehr einfach. Den Befehl haben Sie bereits in Abschnitt 6.2 kennengelernt.

Mit dem folgenden Kommando können Sie eine Liste aller Subaccounts Ihres Global Accounts abfragen:

```
sapcp list accounts/subaccount
```

So können Sie die ID eines Subaccounts ermitteln.

Directory anlegen

Sollten Sie über eine große Anzahl an Subaccounts verfügen, ist es mitunter nur schwer möglich, den Überblick zu behalten. Daher hat SAP im Feature Set B die Funktionalität der *Directories* eingeführt. Mit einem solchen Directory können Sie Ihre Subaccounts strukturieren bzw. hierarchisch aufbauen.

Mit dem Kommando aus Listing 6.10 können Sie ein Directory anlegen. Wir legen exemplarisch ein Directory mit dem Namen »SAP PRESS« an.

```
sapcp create accounts/directory
      --global-account <GlobalAccountSubDomain>
      --display-name "SAP PRESS"
```

Listing 6.10 Directory anlegen

Das Directory ist anschließend im SAP BTP Cockpit im Bereich **Directories** verfügbar. Es enthält noch keine Subaccounts oder Regionen (siehe Abbildung 6.41).

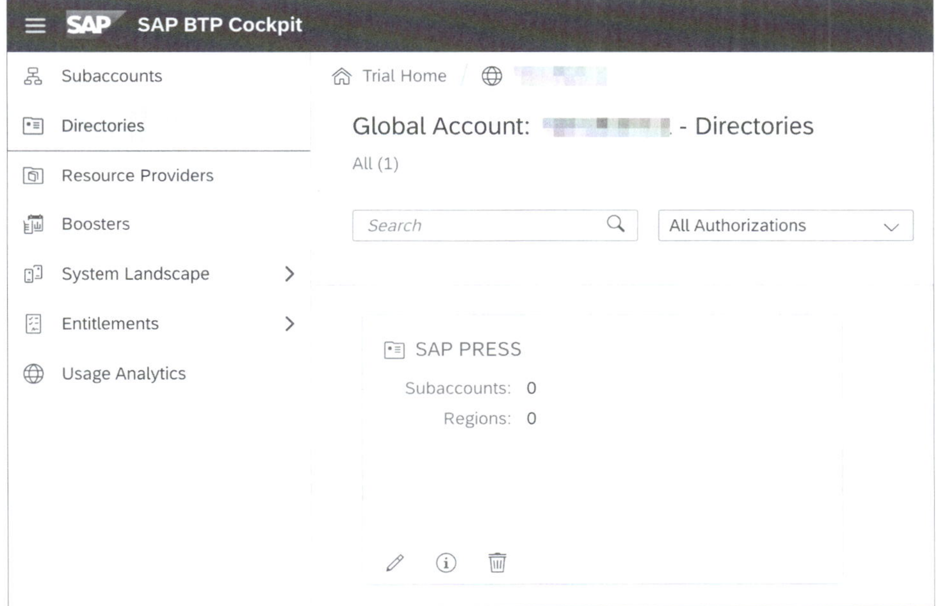

Abbildung 6.41 Übersicht der Directories im SAP BTP Cockpit

Directory über die Weboberfläche anlegen

Unter dem Menüpunkt **Directories** können Sie im rechten Bildschirmbereich Directories bzw. Verzeichnisse anlegen (über **Create Directory**, siehe Abbildung 6.41) und entsprechend verwalten. Sie können einstellen, welche Eigenschaften in den hinterlegten Subaccounts gelten sollen und dann entsprechend Subaccounts in die Directories legen. Dies ist als eine Möglichkeit gedacht, Subaccounts weiter zu strukturieren, insbesondere wenn die Systemlandschaft komplexer wird.

Subaccount zuordnen

Nachdem Sie nun ein leeres Directory vorliegen haben, können Sie einen Subaccount in das Directory verschieben. Dazu verwenden Sie das Kommando `move`, dessen Syntax wir in Listing 6.11 zeigen. Es muss sowohl die ID des Subaccounts als auch die des Directorys mitgeliefert werden.

```
sapcp [OPTIONS] move accounts/subaccount ID
       --global-account SUBDOMAIN
       --to-directory ID
```

Listing 6.11 Subaccount in ein Directory verschieben

Hilfe zu einem Kommando aufrufen

Es ist nicht erforderlich, die Syntax aller Kommandos mit allen zugehörigen Parametern auswendig zu kennen. Mit dem folgenden Kommando können Sie die Hilfe des SAP BTP CLI zum Kommando `move` abrufen:

```
sapcp --help move accounts/subaccount
```

Liegen Ihnen die IDs des Subaccounts und des Directorys nicht vor, können Sie mit dem folgenden Befehl zunächst den Global Account auslesen und dabei den Parameter `show hierarchy` übergeben:

```
sapcp get accounts/global-account
       --show-hierarchy
```

Damit werden Ihnen neben den Informationen zum Global Account auch alle IDs der Subaccounts und Directories geliefert.

Nachdem Sie den Subaccount über den Kommandozeilenbefehl in das Directory verschoben haben, sollte die Kachel Ihres Directorys im SAP BTP Cockpit wie in Abbildung 6.42 aussehen. Es werden nun ein Subaccount und eine Region als Inhalt angegeben. Beachten Sie, dass zwischen Subaccount und Region eine 1:1-Zuweisung existiert.

Abbildung 6.42 Directory mit zugeordnetem Subaccount

Hierarchie des Global Accounts

Sie können sich auch eine hierarchische Darstellung Ihres Global Accounts anzeigen lassen, das geschieht über die Schaltflächen neben dem Suchdialog (siehe Abbildung 6.43).

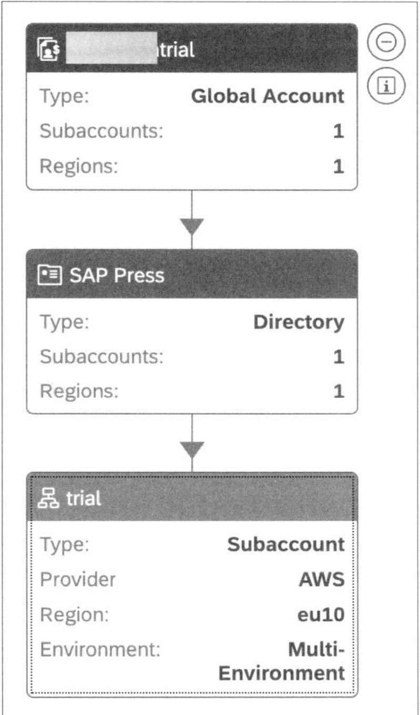

Abbildung 6.43 Hierarchiedarstellung eines Global Accounts

Sammelrollen abfragen

Zwei weitere nützliche Befehle zur Verwaltung der Subaccounts wollen wir Ihnen noch vorstellen. Mit dem folgenden Kommando können Sie alle Sammelrollen innerhalb eines Subaccounts abfragen:

```
sapcp list security/role-collection
       --subaccount <SubAccountID>
```

Servicepläne abfragen

Mit dem folgenden Kommando können Sie alle verfügbaren Servicepläne innerhalb eines Subaccounts auslesen:

```
sapcp list services/plan
       --subaccount <SubAccountID>
```

Damit haben Sie die wichtigsten Kommandos zur Administration der SAP-BTP-Accounts kennengelernt. Wie an mehreren Stellen erwähnt, gibt es natürlich sehr viel mehr Kommandos, deren Vorstellung jedoch den Rahmen dieses Buches sprengen würden.

Kapitel 7
Sicherheitsaspekte wichtiger Cloud-Services

Die SAP BTP stellt eine Vielzahl an Services und Subskriptionen bereit. Die einzelnen Services haben in vielen Fällen sehr unterschiedliche Anforderungen hinsichtlich ihrer Sicherheit. In diesem Kapitel gehen wir auf die Anforderungen einiger häufig eingesetzter Services ein.

Entwicklungsumgebungen

In diesem Kapitel zeigen wir Ihnen, wie einige häufig verwendete Szenarien sicher bereitgestellt und betrieben werden können. Die Entwicklung von Benutzeroberflächen, von Backend-Funktionalität, von Workflows und mobilen Applikationen ist der prominenteste Anwendungsfall der SAP BTP. SAP hat dazu in der Neo-Umgebung zunächst die SAP Web IDE als Entwicklungsumgebung eingeführt. Nach Einführung der Cloud-Foundry-Umgebung wurde diese Entwicklungsumgebung in *SAP Web IDE, Full Stack* umbenannt, da auf der Cloud-Foundry-Umgebung keine äquivalente Umgebung zur Verfügung stand.

Es hat sich jedoch bald abgezeichnet, dass SAP auch in der Cloud-Foundry-Umgebung eine Entwicklungsumgebung bereitstellen wird. In dieser Umgebung hat man sich gegen die Fortführung der SAP Web IDE entschieden und stattdessen das *SAP Business Application Studio* entwickelt. Das SAP Business Application Studio ist somit der logische Nachfolger der SAP Web IDE. Es bietet den Vorteil, dass alle Plug-ins, die für das SAP Business Application Studio bereitgestellt werden, auch lokal in der beliebten Entwicklungsumgebung *Visual Studio Code* verwendet werden können. Wir zeigen Ihnen in Abschnitt 7.1, was Sie zur Absicherung der SAP Web IDE und des SAP Business Application Studios beachten müssen.

Integration

Neben der Entwicklung von Applikationen spielt das Thema Integration im Kontext von SAP-Applikationen eine wichtige Rolle. SAP hat als Gegenstück zur On-Premise-Middleware *SAP Process Orchestration* (SAP PO) in der Cloud das Werkzeug *SAP Cloud Integration* bereitgestellt. Ursprünglich wurde dieser Service unter dem Namen *SAP HANA Cloud Integration* eingeführt und lange Zeit unter der Bezeichnung *SAP Cloud Platform Integration* weitergeführt. Mit der Umbenennung der SAP Cloud Platform in SAP Business Technology Platform erhielt das Werkzeug den aktuellen Namen SAP Cloud Integration.

Es handelt sich dabei um eine auf *Apache Camel* basierende Lösung, die als Service in der *SAP Integration Suite* aufgegangen ist. Apache Camel ist ein freies Coding-Projekt der Apache Stiftung. Das Framework kann für das Routing und die Konvertierung in Java-Applikationen verwendet werden. SAP hat dieses Projekt erweitert. In Abschnitt 7.2 zeigen wir Ihnen, worauf bei der Verwendung von SAP Cloud Integration innerhalb der SAP Integration Suite zu achten ist. Da ein Großteil der Bestandskunden SAP Cloud Integration noch in der Neo-Umgebung nutzen, gehen wir auch auf die Besonderheiten dieser Umgebung ein.

Schnittstellenmanagement

In den Kontext der Integrationen wird häufig auch das Bereitstellen von Programmierschnittstellen, sogenannten *Application Programming Interfaces* (APIs) eingeordnet. Damit können sich Applikationen über standardisierte Protokolle und Technologien in bestehende Lösungen integrieren und darauf zugreifen. APIs sollten nicht willkürlich bereitgestellt werden, sondern über einen zentralen Service. Hierzu bietet SAP den Service *SAP API Management* an, der ebenfalls Bestandteil der SAP Integration Suite ist und inzwischen nicht mehr als alleinstehende Lösung lizenziert werden kann. Wir gehen in Abschnitt 7.3 auf die Sicherheitsaspekte dieses Service ein.

SAP Fiori Launchpad

Die Bereitstellung von SAP-Fiori-Applikationen über das SAP Fiori Launchpad kann nicht nur in der On-Premise-Landschaft, sondern auch auf der SAP BTP erfolgen. Zu diesem Zweck stellt SAP in der Cloud-Foundry-Umgebung den SAP Launchpad Service bereit. In der Neo-Umgebung sind dessen Funktionen in den SAP Cloud Portal Service integriert. In Abschnitt 7.4 erläutern wir, worauf bei der Verwendung dieser Services aus Sicherheitsgesichtspunkten zu achten ist.

Internet der Dinge

Das Internet der Dinge (Internet of Things, kurz IoT, ist heute allgegenwärtig. SAP hat dessen Bedeutung sehr früh erkannt und entsprechende Services auf der SAP BTP dafür bereitgestellt. Der Service *SAP Internet of Things* (SAP IoT) wird ausschließlich in der Cloud-Foundry-Umgebung angeboten. Wir erläutern in Abschnitt 7.5, welche Sicherheitsaspekte bei der Verwendung dieses Service zu beachten sind.

ABAP-Entwicklung

Schließlich wollten wir uns mit dem *SAP BTP, ABAP Environment* beschäftigen. Mit dieser ABAP-Entwicklungs- und Laufzeitumgebung in der Cloud hat SAP bei den Bestandskunden ins Schwarze getroffen. Bis zu ihrer Einführung waren SAP-Kunden und -Partner bei der Entwicklung und Erweiterung von Cloud-Anwendungen auf Java, Node.js und Python angewiesen. Diese Einschränkung hatte zur Folge, dass in vielen Unternehmen entsprechende Fertigkeiten und Kenntnisse neu aufgebaut werden mussten. Mit der ABAP-Entwicklung von Cloud-Applikationen können SAP-Kunden und -Partner auf den bestehenden ABAP-Kenntnissen aufsetzen und sich gleichzeitig fit für SAP S/4HANA und die Welt der Cloud machen. Wir gehen in Abschnitt 7.6 daher auf die Sicherheitsaspekte des ABAP Environments ein.

In Abschnitt 7.7 zeigen wir Ihnen schließlich noch, wie Sie einen Corporate User Store als Quelle für Benutzer der SAP BTP einrichten können. Abschließend finden Sie in Abschnitt 7.8 die Checkliste zur Absicherung von Cloud-Services.

7.1 SAP Web IDE und SAP Business Application Studio

Die SAP Web IDE, Full Stack ist die Entwicklungsumgebung in der Neo-Umgebung der SAP BTP. Das SAP Business Application Studio ist der logische Nachfolger der SAP Web IDE und wird in der Cloud-Foundry-Umgebung bereitgestellt. Eine Migration von auf der SAP Web IDE entwickelten Anwendungen in das SAP Business Application Studio lässt sich am einfachsten unter Verwendung von Git-Repositories bewerkstelligen. Im Folgenden gehen wir auf Sicherheitsaspekte beider Entwicklungsumgebungen ein.

7.1.1 SAP Web IDE

Die SAP Web IDE wird in der SAP BTP sehr vielfältig eingesetzt. Sowohl bei der Entwicklung von SAPUI5- und SAP-Fiori-Applikationen als auch bei der Entwicklung von Workflows oder IoT-Anwendungen kommt sie zum Einsatz. Die SAP Web IDE kann durch verschiedene Plug-ins erweitert werden.

Softwarekomponenten

Für die Entwicklung mit der SAP Web IDE benötigen Sie Berechtigungen für die folgenden Softwarekomponenten:

- Git-Server zur Versionsverwaltung
- Development Infrastructure mit Tools zum Bauen der Applikationen
- SAP Web Dispatcher, um die Anfragen an Applikationen, die auf der SAP BTP laufen, zu verteilen

Git-Berechtigungen

Die Berechtigungen für den Git-Server bzw. die dahinterliegenden Repositories werden nicht in der SAP BTP verwaltet. Es gibt hier jedoch folgende Ausnahme: Sollten Sie den *SAP Git Service* der SAP BTP verwenden, werden auch dessen Berechtigungen auf Ebene des entsprechenden Subaccounts verwaltet.

Git auf der SAP BTP

SAP bietet den SAP Git Service in der Neo-Umgebung auf Ebene der Subaccounts an, in der Cloud-Foundry-Umgebung jedoch nicht. Spätestens bei der Verwendung von Funktionalitäten der Cloud-Foundry-Umgebung müssen Sie daher auf einen externen Git-Anbieter wie *GitHub*, *GitLab* oder *BitBucket* zurückgreifen oder selbst einen Git-Server in Ihrer Systemlandschaft hosten.

Workspaces

Unabhängig davon, ob Sie Git verwenden, bietet die SAP Web IDE die Möglichkeit, auf Basis von *Workspaces* zu arbeiten. Diese ermöglichen es den Entwicklerteams, zusammengehörige Entwicklungen zu kapseln.

Standardrollen

Die SAP Web IDE wird, wie in Abbildung 7.1 zu erkennen, mir drei Standardrollen ausgeliefert, **DiDeveloper**, **DiAdministrator** und **DiScpGitAdmistrator**. Diese finden Sie im SAP BTP Cockpit der Neo-Umgebung im Bereich **Roles**.

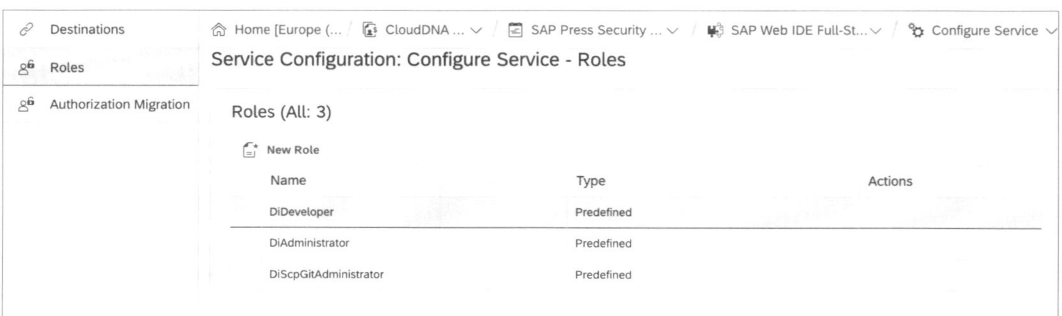

Abbildung 7.1 Rollenübersicht für die SAP Web IDE

Die mit diesen Rollen bereitgestellten Berechtigungen werden in Tabelle 7.1 ausgeführt.

Rolle	Berechtigungen
`DiDeveloper`	Durchführung von Entwicklungen mit der SAP Web IDE, Full-Stack
`DiAdministrator`	Verwaltung von Benutzerdaten, Export von Benutzerarbeitsbereichen und Löschen von Benutzerdaten
`DiScpGitAdministrator`	Verwalten von Git-Repositories und Push von Commits anderer Entwickler*innen

Tabelle 7.1 Standardrollen für die Entwicklung mit der SAP Web IDE

Rollen zuweisen

Grundsätzlich gibt es für die Zuweisung von Rollen zwei Optionen: Entweder wird einer Rolle direkt ein Benutzer oder eine Benutzergruppe zugewiesen. Abbildung 7.2 zeigt die beiden Varianten am Beispiel der Rolle `DIDeveloper`. Wir empfehlen Ihnen, mit Gruppen zu arbeiten. Sie können Gruppen unter anderem auch in den Mappings des Identity Providers verwenden.

Abbildung 7.2 Rollen Einzelbenutzern oder Gruppen zuweisen

Benutzergruppen

Sollten Sie sich für die Verwendung von Benutzergruppen entscheiden, können Sie die Gruppen im SAP BTP Cockpit im Bereich **Authorization Management** anlegen und diesen Gruppen dann sowohl die Rollen als auch die Benutzer zuordnen. Abbildung 7.3 zeigt die Zuweisungsmöglichkeiten am Beispiel der Gruppe `SAP_Security_Buch`.

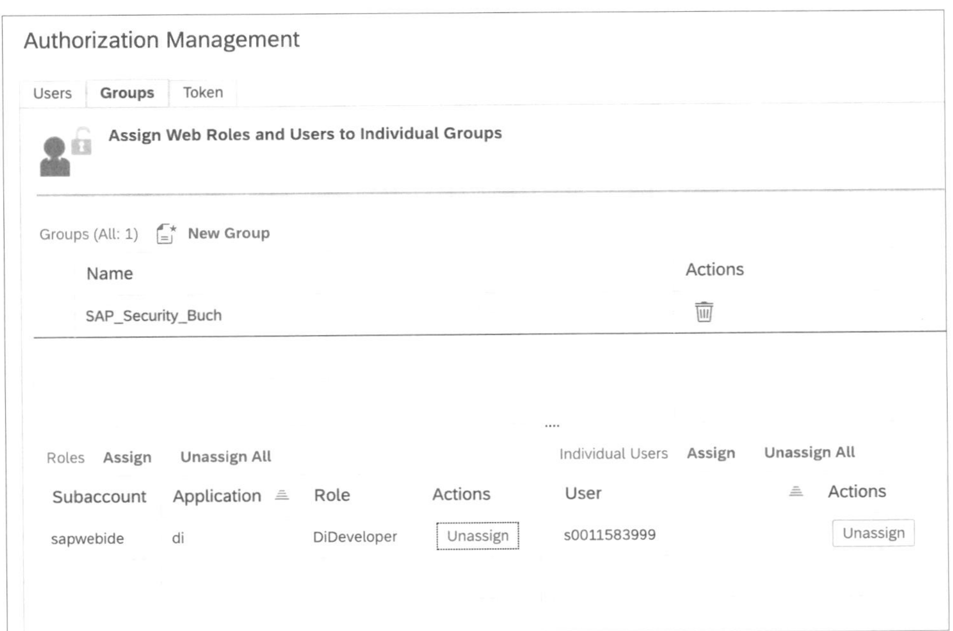

Abbildung 7.3 Benutzergruppen anlegen und verwalten

Zusätzlich haben Sie die Möglichkeit, Rollenzuweisungen zu Gruppen durch ein Mapping auf Basis der SAML-Assertion (Security Assertion Markup Language) eines Identity Providers durchzuführen, wie in Abbildung 7.4 gezeigt. Der Identity Provider muss in diesem Fall die erforderlichen Attribute in der SAML-Response übermitteln. Weitere Informationen zur Bereitstellung von Benutzern und Gruppen in der Neo-Umgebung über Identity Provider erhalten Sie in Abschnitt 3.3, »Trust-Konfiguration«.

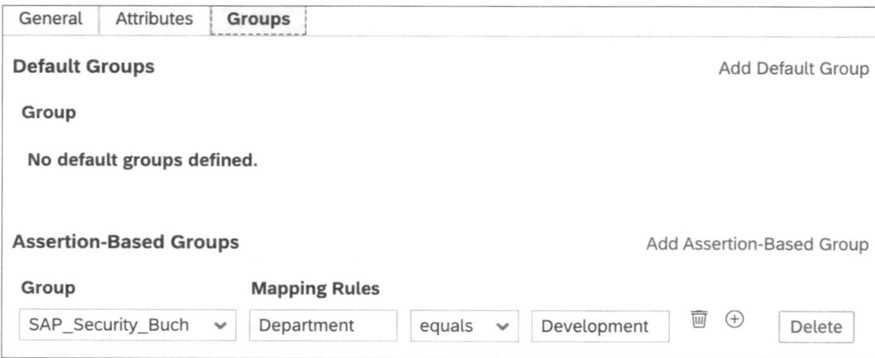

Abbildung 7.4 Gruppen-Mapping des Identity Providers

Die SAP Web IDE verwendet im Hintergrund auch den SAP Connectivity Service der SAP BTP, um beispielsweise über OData-Services auf die Daten eines On-Premise-Systems zuzugreifen. Die verwendeten Verbindungen müssen aber im Subaccount eingerichtet werden, um nutzbar zu sein.

7.1.2 SAP Business Application Studio

Das SAP Business Application Studio wird von SAP als Cloud-Service bei den Hyperscalern Amazon, Microsoft, Google und Alibaba in der Cloud-Foundry-Umgebung der SAP BTP angeboten. Ebenso wie bei der SAP Web IDE handelt es sich um ein webbasiertes Entwicklungswerkzeug.

Bereitstellung

Die Entwickler*innen können darin sogenannte *Dev-Spaces* anlegen, die personalisiert werden können und vollständig isoliert von den Dev-Spaces anderer Benutzer bereitgestellt werden. Das SAP Business Application Studio wird in Form einer mandantenfähigen Applikation bereitgestellt, d. h., der Service muss über eine Subskription abonniert werden. Lediglich die Subskriptionen des Service Identity Authorization und der SAP Destination Service laufen im Subaccount, die anderen, wie das SAP Business Application Studio, laufen als mandantenfähige Applikationen. Der SAP Destination Service ermöglicht den entwickelten bzw. genutzten Cloud-Anwendungen den Zugriff auf Cloud- und On-Premise-Systeme.

Die grundlegende Architektur der Bereitstellung von Cloud-Anwendungen über das SAP Business Application Studio wird in Abbildung 7.5 dargestellt.

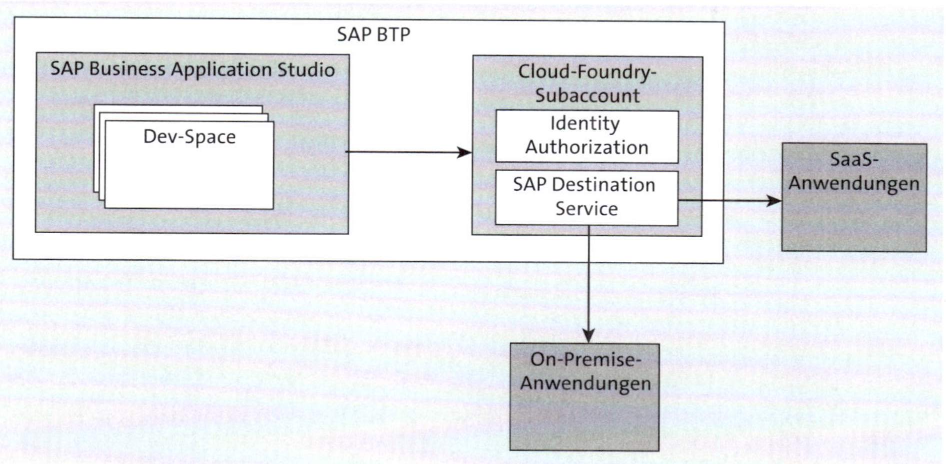

Abbildung 7.5 Architektur des SAP Business Application Studios

SAP Business Application Studio abonnieren

Das SAP Business Application Studio finden Sie, indem Sie im SAP BTP Cockpit der Cloud-Foundry-Umgebung zu den Subskriptionen in den Bereich **Instances and Subscriptions** navigieren (siehe Abbildung 7.6). Klicken Sie auf den Link **SAP Business Application Studio**, um zu den Details zu gelangen. Haben Sie den Service noch nicht abonniert, können Sie das hier über die Schaltfläche **Create** tun.

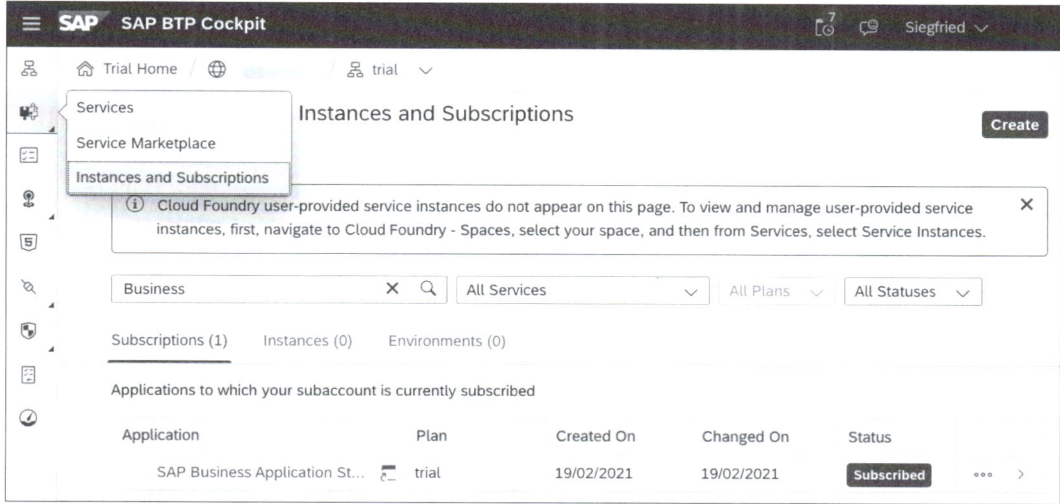

Abbildung 7.6 Subskription des SAP Business Application Studios

Rollenvorlagen

In den Details des Service ist zu erkennen, dass drei Rollenvorlagen (**Role Templates**) ausgeliefert werden: `Business_Application_Studio_Developer`, `Business_Application_Studio_Administrator` und `Business_Application_Studio_Extension_Deployer` (siehe Abbildung 7.7).

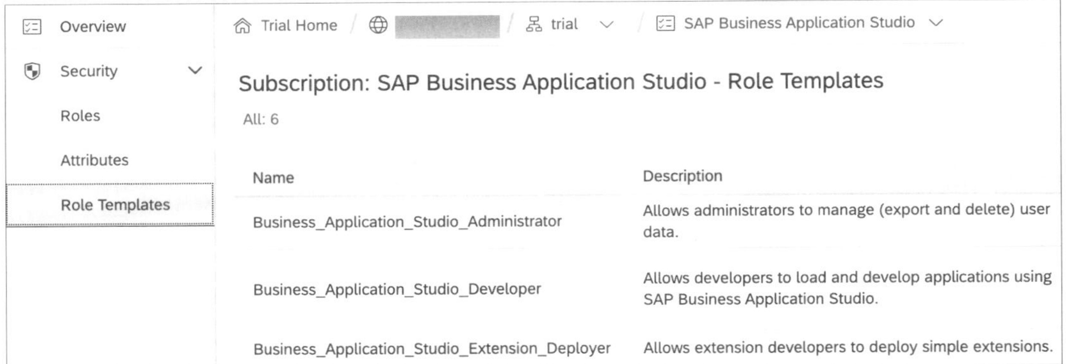

Abbildung 7.7 Rollenvorlagen für das SAP Business Application Studio

Die Rollenvorlage `Business_Application_Studio_Developer` ist das Pendant zur Rolle `DiDeveloper` in der SAP Web IDE und berechtigt zur Entwicklung im SAP Business Application Studio. Mit der Rolle `Business_Application_Studio_Administrator`, dem Pendant zur Rolle `DiAdministrator` in der SAP Web IDE, können Sie Dev-Spaces verwalten und exportieren. Lediglich zur Rollenvorlage `Business_Application_Studio_Extension_Deployer` gibt ist in dieser Form kein Gegenstück in der SAP Web IDE. Mit dieser Rolle können Erweiterungen entwickelt und installiert werden.

Sammelrollen

Die Sammelrollen (Role Collections) für das SAP Business Application Studio auf Basis dieser Rollenvorlagen müssen nicht manuell angelegt werden. Sie werden beim Aktivieren des Service automatisch angelegt. Die Zuordnung einer Sammelrolle zu einem Benutzer erfolgt, indem Sie in die Benutzerdetails abspringen und auf die Schaltfläche **Assign Role Collection** klicken (siehe Abbildung 7.8).

Sammelrollen zuweisen

Die Zuweisung der Sammelrollen zu den Benutzern oder Benutzergruppen muss einzeln erfolgen (siehe Abbildung 7.9). Wählen Sie eine Rolle aus der Liste aus, und bestätigen Sie mit **Assign Role Collection**. Die Rollen schließen sich nicht aus und überlagern sich auch nicht hinsichtlich der enthaltenen Berechtigungen. Daher ist es auch möglich, einem Benutzer alle verfügbaren Rollen zuzuordnen. Wir empfehlen auch an dieser Stelle, die Sammelrollen durch ein auf der SAML-Assertion basierendes Mapping über einen Identity Provider zuzuweisen.

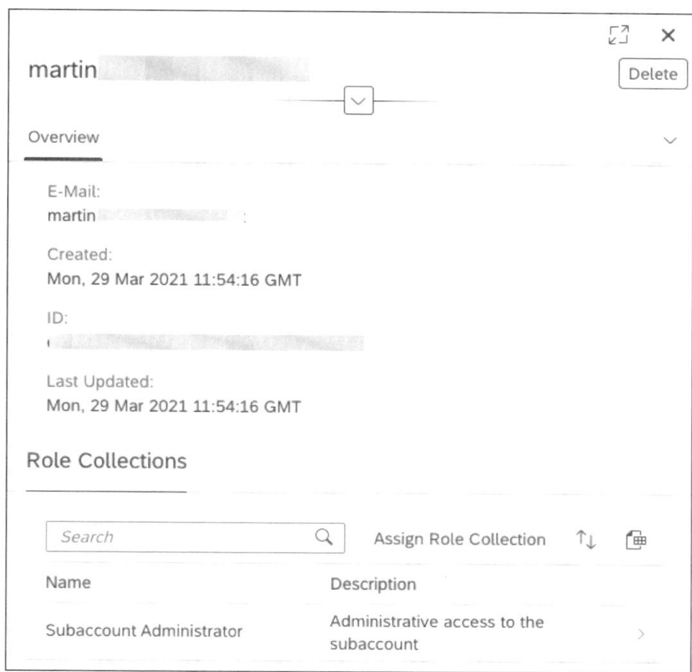

Abbildung 7.8 Aktionsmenü in der Übersicht der Sammelrollen öffnen

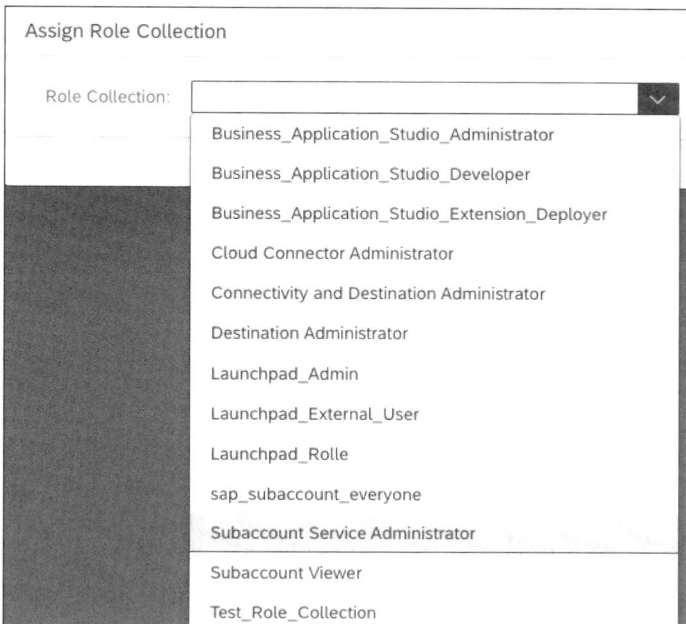

Abbildung 7.9 Zuordnung von Sammelrollen

7.2 SAP Cloud Integration

SAP Cloud Integration ist einer der am häufigsten verwendeten Services der SAP BTP. Er wird sowohl in der Neo- als auch in der Cloud-Foundry-Umgebung angeboten. In der Cloud-Foundry-Umgebung steht er sowohl als eigenständiger Service als auch im Rahmen der SAP Integration Suite im Bündel mit anderen Produkten bereit.

[»]

SAP Integration Suite

Die SAP Integration Suite kombiniert die Integrationsfunktionen *SAP Process Integration* (den Cloud Integration Service), *SAP API Management*, *Integration Advisor* und *Open Connectors* in einem zusammenhängenden und vereinfachten Toolkit. Damit werden umfassende Funktionen für die Integration von Unternehmensanwendungen angeboten. Ab 2021 werden diese Services nicht mehr separat angeboten, sondern nur noch als Teil eines Serviceplans für die SAP Integration Suite.

Hinsichtlich der Architektur gibt es grundlegende Unterschiede zwischen dem Cloud Integration Service in der Neo-Umgebung und dem in der Cloud-Foundry-Umgebung. Daher erläutern wir im Folgenden zunächst die Architektur und weitere Besonderheiten in den beiden Umgebungen, bevor wir auf die Verwaltung von Rollen und Berechtigungen eingehen.

7.2.1 SAP Cloud Integration in der Neo-Umgebung

SAP Cloud Integration wird innerhalb der Neo-Umgebung der SAP BTP in Form einer Subskription bereitgestellt. Es handelt sich um eine mandantenfähige Applikation, die von SAP in einem sogenannten *Provider Account* betrieben und von Kunden in deren eigenen Subaccounts konsumiert wird. Datenhaltung, Authentifizierung und Konnektivität sind auf Ebene der Konsumenten vollkommen von anderen Accounts isoliert.

Architektur

Der Service besteht aus einem *Tenant Management Node* (TMN) und einem oder mehreren *Worker Nodes* (abgekürzt mit IFLMAP, was für *Integration Flow Mapper* steht). Die Dialoganwender*innen arbeiten ausschließlich mit dem TMN, während die Schnittstellenaufrufe gegen den oder die IFLMAP-Knoten laufen. SAP schaltet dazu den *F5 Big IP Load Balancer* vor, der im klassischen Load Balancing die Requests unter den verschiedenen Knoten verteilt. Abbildung 7.10 veranschaulicht diese Architektur grafisch.

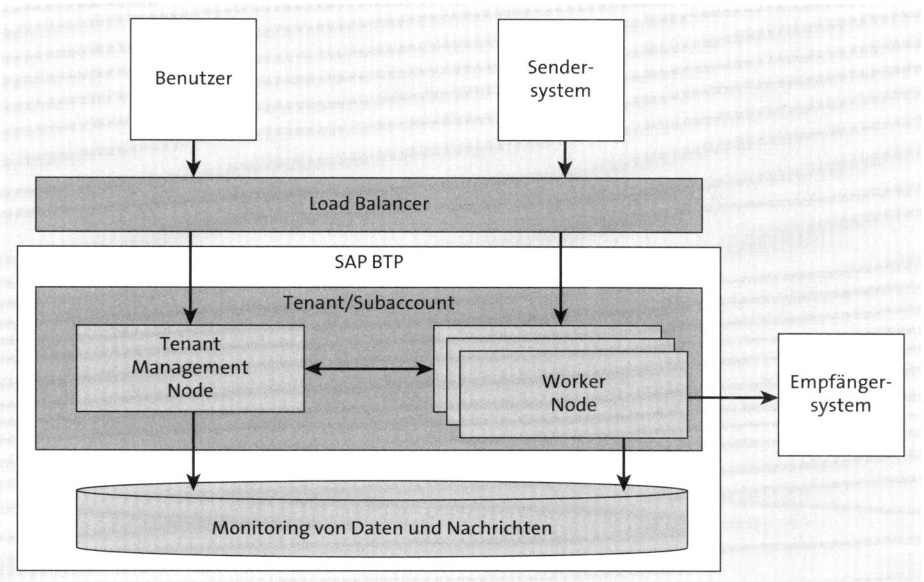

Abbildung 7.10 Architektur von SAP Cloud Integration in der Neo-Umgebung der SAP BTP

TMN und IFLMAP sind Java-Applikationen. Die beiden Subskriptionen dieser Applikationen sehen Sie im SAP BTP Cockpit der Neo-Umgebung unter **Applications • Subscriptions** (siehe Abbildung 7.11). Durch einen Klick auf die Namen der Applikationen (die Links **iflmap** bzw. **tmn**) in der Spalte **Application** können Sie in die Details abspringen, um Rollen zuzuweisen.

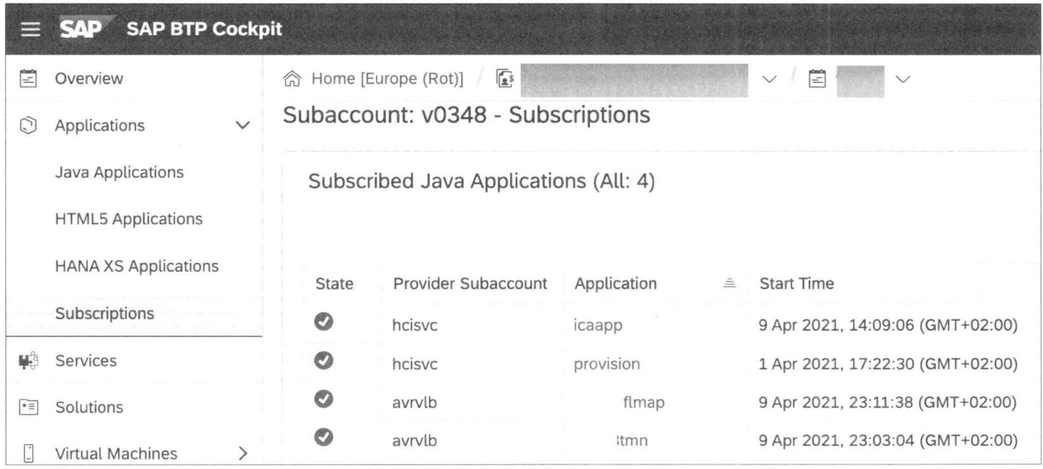

Abbildung 7.11 Java-Applikationen »iflmap« und »tmn« in der Subskriptionsübersicht der Neo-Umgebung

Rollen für das Tenant Management

Für den TMN gibt es eine umfassende Anzahl an Rollen, wie Sie in Abbildung 7.12 erkennen können. Die Rollen, deren Namen mit der Zeichenkette `AuthGroup` beginnen, sind als Sammelrollen zu verstehen, die auf bestimmte Personas und deren Aufgaben abgebildet werden. Wir gehen im Abschnitt 7.2.3, »Rollen und Berechtigungen«, im Detail auf diese Rollen ein.

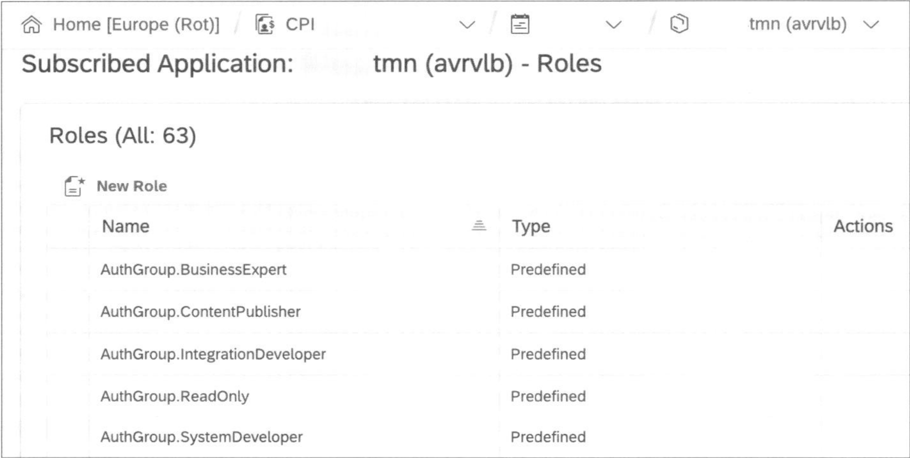

Abbildung 7.12 Rollenübersicht für den Tenant Management Node

Sollten diese Rollen nicht Ihren Anforderungen entsprechen, können Sie den Benutzern auch Einzelrollen zuordnen. Diese Zuordnung kann bei einer großen Anzahl an Benutzern jedoch einen hohen Aufwand verursachen. Wir empfehlen daher, dass Sie mit Gruppen arbeiten. In diesem Fall ordnen Sie den Rollen eine oder mehrere Benutzergruppen und danach den Gruppen die Benutzer zu. Die Verwendung von Gruppen bietet noch einen weiteren Vorteil: Sofern Sie einen Anwendungs-Identity-Provider verwenden, können Sie die Gruppen aus SAML-Assertions ableiten.

Rolle für die Worker Nodes

Für die Applikation IFLMAP gibt es im Gegensatz zum TMN nur eine vordefinierte Rolle (siehe Abbildung 7.13). Diese Rolle wird im Standard in allen HTTP-Sender-Kommunikationskanälen verwendet. Wir empfehlen Ihnen daher, für jeden Kommunikationspartner, also für jedes System bzw. alternativ pro Schnittstelle, eine dedizierte Rolle anzulegen. Anderenfalls könnten Unbefugte, sofern sie den API-Endpunkt kennen oder erahnen, mit einem entsprechend berechtigten Benutzer jede Schnittstelle aufrufen.

Zugriffsprotokolle

Über die Weboberfläche der SAP Cloud Integration können Sie im Bereich **Monitor** auf die Protokolle der Serviceaufrufe zugreifen. Navigieren Sie dazu auf der Startseite des Monitors in den Bereich **Access Logs** (siehe Abbildung 7.14).

Abbildung 7.13 Rollenübersicht für einen Worker Node

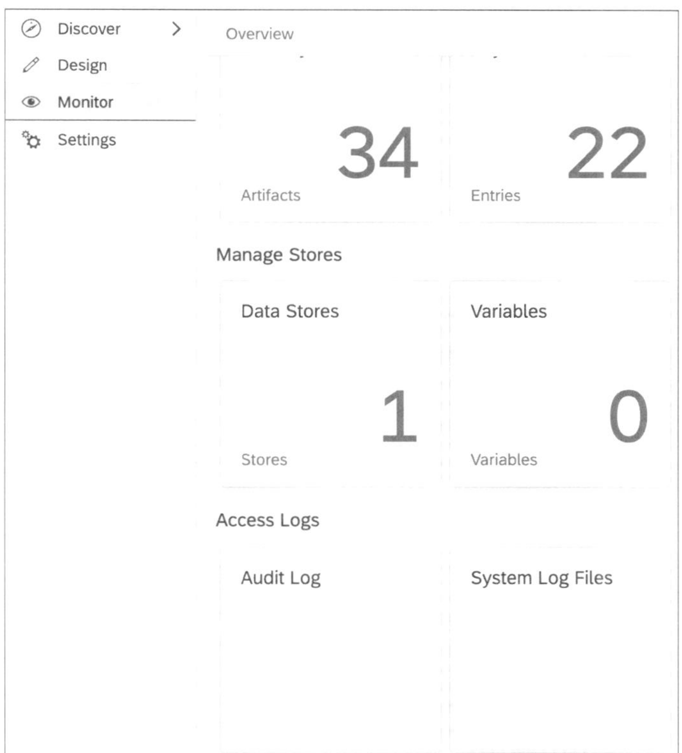

Abbildung 7.14 Zugriffsprotokolle im Monitor von SAP Cloud Integration aufrufen

Audit Log

Im Audit Log sehen Sie, welcher Benutzer zu welchem Zeitpunkt kritische Aktionen durchgeführt hat (siehe Abbildung 7.15). In der Spalte Action sehen Sie die ausgeführte Aktion, im Beispiel das Löschen eines Objekts im Nachrichtenspeicher. In den Spalten Object Type und Object Name sehen Sie die Art und den Namen des betroffenen Objekts. Sie können die angezeigten Aktionen über den Filter Time Range auf einen bestimmten Zeitraum einschränken, den Sie untersuchen möchten.

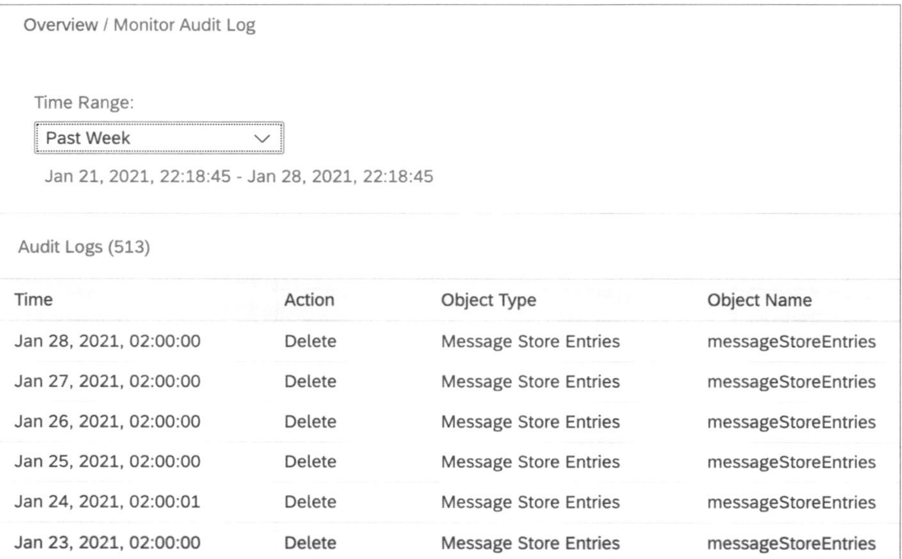

Abbildung 7.15 SAP Cloud Integration – Audit Log

Audit Log auf Anwendungs- und Subaccount-Ebene

Sie müssen grundsätzlich zwischen den allgemeinen Audit Logs auf Ebene Ihres Subaccounts und denen im Monitor von SAP Cloud Integration unterscheiden. Auf die Audit Logs des Subaccounts kann ausschließlich über APIs zugegriffen werden, wie in Abschnitt 6.3.2, »Audit Log über APIs abrufen«, beschrieben. Die Authentifizierung erfolgt in diesem Fall über OAuth. Dazu ist es erforderlich, im entsprechenden Subaccount der SAP BTP einen Plattform-API-Client anzulegen und mit den erforderlichen OAuth-Scopes auszustatten.

Das Audit Log von SAP Cloud Integration ist zwar nicht identisch mit dem Audit Log des Subaccounts, es kann aber ebenfalls über eine OData-API darauf zugegriffen werden.

System Logs

Über die Anwendung **System Logs** können Sie auf das **HTTP Access Log** und auf den **CP Default Trace** zugreifen. Die Art des Logs, aus dem ein Eintrag stammt, wird jeweils in der Spalte **Log Type** angezeigt (siehe Abbildung 7.16). Im HTTP Access Log können Sie unter anderem fehlgeschlagene Anmeldeversuche und Anfragen einsehen, denen Berechtigungen fehlen. Wir empfehlen Ihnen, das HTTP Access Log periodisch auf Unregelmäßigkeiten hin zu untersuchen.

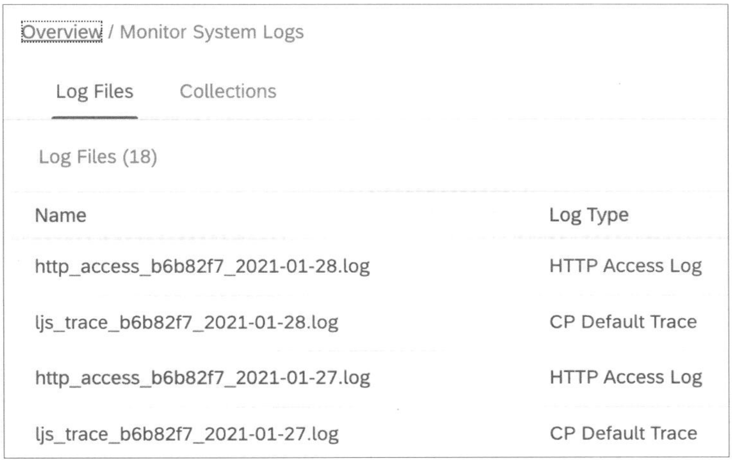

Overview / Monitor System Logs

Log Files   Collections

Log Files (18)

Name	Log Type
http_access_b6b82f7_2021-01-28.log	HTTP Access Log
ljs_trace_b6b82f7_2021-01-28.log	CP Default Trace
http_access_b6b82f7_2021-01-27.log	HTTP Access Log
ljs_trace_b6b82f7_2021-01-27.log	CP Default Trace

Abbildung 7.16 System Logs im Monitor von SAP Cloud Integration

7.2.2 SAP Cloud Integration in der Cloud-Foundry-Umgebung

Architektur

In der Cloud-Foundry-Umgebung wird SAP Cloud Integration als mandantenfähige Applikation bereitgestellt, die sich aus einer Reihe von Microservices zusammensetzt. Daneben gehören Worker Nodes zu den Komponenten, die im Subaccount des jeweiligen Kunden bereitgestellt werden. Die Microservices laufen in Anwendungen, die von verschiedenen Tenants unterschiedlicher Kunden gemeinsam genutzt werden. Die Worker Nodes, die für die Nachrichtenverarbeitung zuständig sind und somit gegebenenfalls auch vertrauliche Daten verarbeiten, laufen in den kundeneigenen Subaccounts. Abbildung 7.17 veranschaulicht diese Architektur.

Die beiden Speicherbereiche Laufzeitspeicher (*Runtime Store*) und operativer Speicher (*Operations Store*) trennen zwischen den Massendaten, die von den Worker Nodes verarbeitet werden, und den operativen Daten, auf die die Anwender*innen zugreifen können.

Sammelrollen

Die in der Cloud-Foundry-Umgebung verfügbaren Sammelrollen sind in Abbildung 7.18 dargestellt. Diese erläutern wir in Abschnitt 7.2.3, »Rollen und Berechtigungen«.

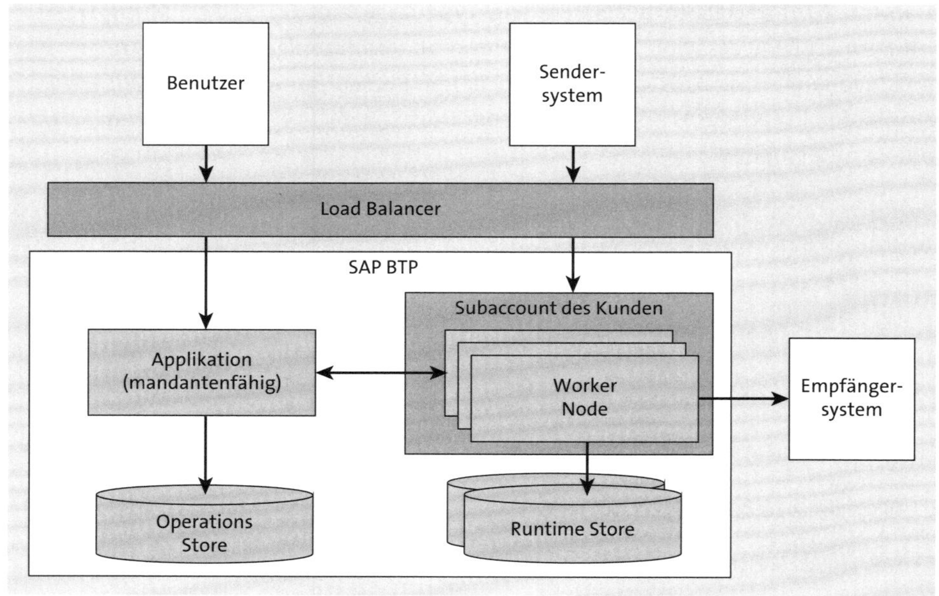

Abbildung 7.17 Architektur von SAP Cloud Integration in der Cloud-Foundry-Umgebung

Role Collections

Name	Description	Roles
Integration_Provisioner	For provisioning and basic configuration of the Integration capabilities	IntegrationProvisioningAdmin
PI_Administrator	SAP Process Integration - for the administrator	AuthGroup_Administrator
PI_Business_Expert	SAP Process Integration - for users with expertise who are allowed to access business sensitive data	AuthGroup_BusinessExpert
PI_Integration_Developer	SAP Process Integration - for users developing integration flows	AuthGroup_IntegrationDeveloper
PI_Read_Only	SAP Process Integration - read access for support users without access to sensitive business data	AuthGroup_ReadOnly

Abbildung 7.18 Sammelrollen für SAP Cloud Integration in der Cloud-Foundry-Umgebung

Rolle »IntegrationProvisioningAdmin«

Der Cloud Integration Service kann, wie bereits erwähnt, seit 2021 nicht mehr als eigener Service lizenziert werden, sondern nur noch als Teil der SAP Integration Suite. Sofern Sie diese Option gewählt haben, müssen Sie den Cloud Integration Service innerhalb der SAP Integration Suite selbst instanziieren. Um diese Aufgabe zu erledigen, muss Ihrem Benutzer die in Abbildung 7.19 dargestellte Rolle `IntegrationProvisioningAdmin` zugewiesen werden. Die Zuweisung erfolgt nicht direkt, sondern über die zugehörige Sammelrolle.

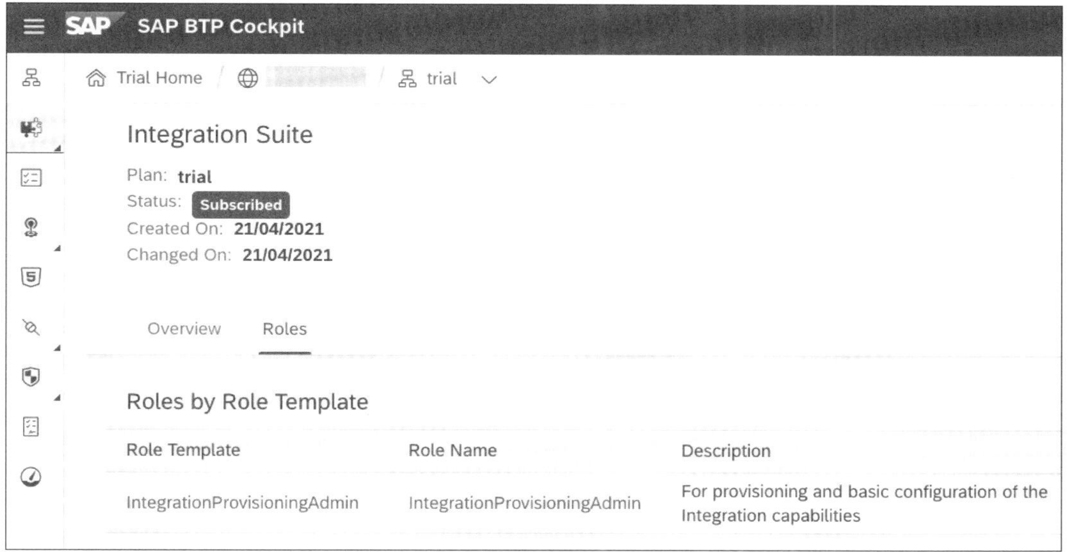

Abbildung 7.19 Administrationsrolle in der SAP Integration Suite

Nachdem Sie den Cloud Integration Service (und weitere Services) in der SAP Integration Suite aktiviert haben, erscheinen die zugehörigen Rollen, Rollenvorlagen und Sammelrollen in Ihrem Subaccount.

Benutzerauthentifizierung

Dialogbenutzer

Die Authentifizierung der Dialogbenutzer, wie beispielsweise Administrator*innen und Entwickler*innen, erfolgt über den im Subaccount der Cloud-Foundry-Umgebung konfigurierten Identity Provider. Dabei stehen folgende Optionen zur Verfügung:

- SAP ID Service
- Identity Authentication Service
- SAML-Identity-Provider eines Drittanbieters

Schnittstellenbenutzer

Die Authentifizierung der Schnittstellenbenutzer unterscheidet sich von jener der Dialogbenutzer.

Folgende Optionen sind dabei für die eingehende, HTTPS-basierte Kommunikation verfügbar:

- Basic Authentication mit einem Benutzer, der im Identity Provider angelegt wurde. Diese Authentifizierungsmethode entspricht der Authentifizierung der Dialogbenutzer.
- Basic Authentication mit einem Benutzer, dessen Zugangsdaten durch die Erstellung eines Service Keys bereitgestellt wurden
- Authentifizierung durch Verwendung eines Client-Zertifikats
- Authentifizierung durch Verwendung von OAuth mit dem *Client Credentials Flow*, das bedeutet über das System der Erteilung von Bearer-Tokens durch einen Authentifizierungsservice, wie in Abschnitt 6.3.2, »Audit Log über APIs abrufen«, behandelt

Verwendung von Client-Zertifikaten

SAP empfiehlt, auf die Verwendung von Client-Zertifikaten zur Authentifizierung zu verzichten. Dafür gibt es folgende Gründe: Wenn das Client-Zertifikat erneuert bzw. ausgetauscht wird, muss der in SAP Cloud Integration modellierte *Integration Flow* (iFlow), über den Daten zwischen verschiedenen Systemen übertragen werden, neu deployt werden. Es wird nur der Distinguished Name (DN) des Zertifikats geprüft und nicht das gesamte Zertifikat.

Process Integration Runtime bereitstellen

Serviceinstanz erstellen

Um die Service-Key-basierte Authentifizierung zu nutzen, müssen Sie die *Process Integration Runtime* instanziieren. Diese Serviceinstanz wird, wie jede andere Serviceinstanz auch, in einem Space der Cloud-Foundry-Umgebung bereitgestellt. Um eine neue Instanz zu erstellen, navigieren Sie in den Service Marketplace der Cloud-Foundry-Umgebung und öffnen den Service **Process Integration Runtime**. Klicken Sie anschließend in den Servicedetails auf den Button **Create Instance** (siehe Abbildung 7.20).

Wählen Sie im Anlagedialog den Serviceplan `integration-flow`, und vergeben Sie einen sprechenden Namen für Ihre Serviceinstanz (siehe Abbildung 7.21). Fahren Sie mit einem Klick auf **Next** fort.

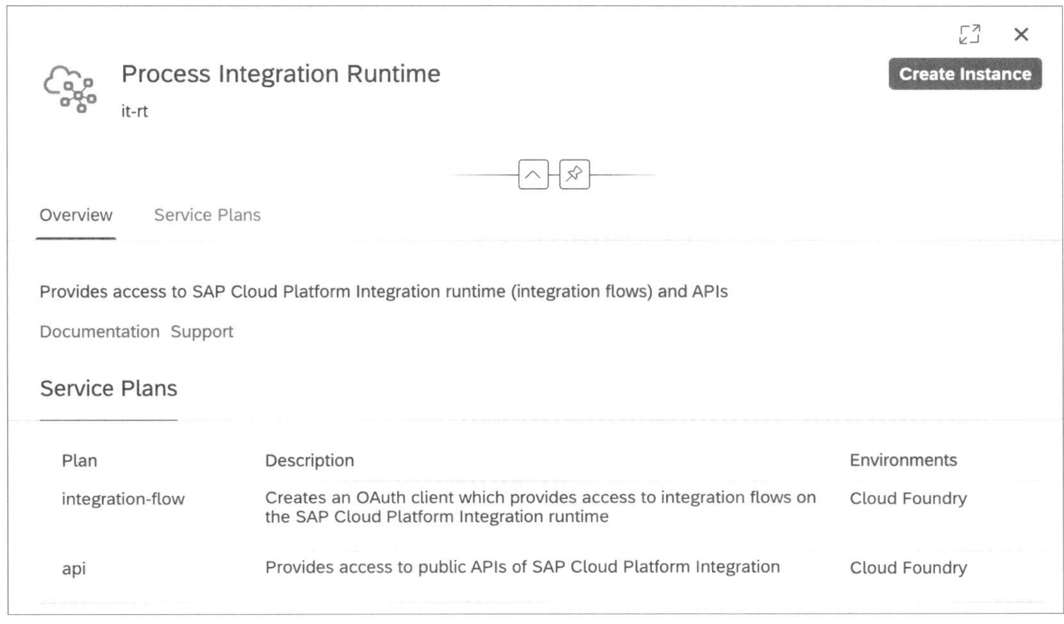

Abbildung 7.20 Process Integration Runtime

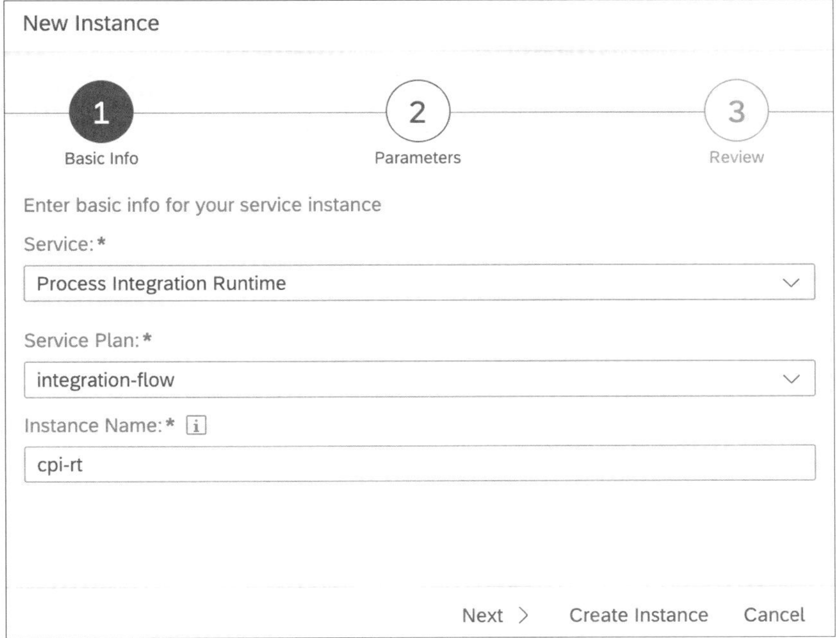

Abbildung 7.21 Neue Instanz der Service Process Integration Runtime erzeugen

Verwenden Sie im zweiten Schritt des Anlagedialogs zur Konfiguration ein JSON-Objekt, indem Sie die Rolle `ESBMessaging.send` mitgeben, wie in Abbildung 7.22 gezeigt. Sie können an dieser Stelle optional einen `Grant_Type` mitgeben und damit die Zugriffe auf eine bestimmte Authentifizierungsmethode einschränken. In unserem Beispiel verzichten wir darauf. Fahren Sie mit **Next** fort, und schließen Sie die Erstellung der Instanz im letzten Schritt mit einem Klick auf **Create Instance** ab.

Abbildung 7.22 Konfiguration der Process-Integration-Runtime-Instanz

Service Key anlegen

Sollten Sie sich für die Authentifizierung auf Basis des Service Keys entscheiden, müssen Sie diesen Service Key für die Process-Integration-Runtime-Instanz anlegen. Die Anlage eines Service Keys haben wir in den vorangegangenen Kapiteln bereits mehrmals gezeigt, beispielsweise in Abschnitt 6.3.2, »Audit Log über APIs abrufen«. Vergeben Sie im Anlagedialog einen sprechenden Namen für den Service Key, und klicken Sie auf **Create** (siehe Abbildung 7.23). Weitere Konfigurationen sind nicht erforderlich.

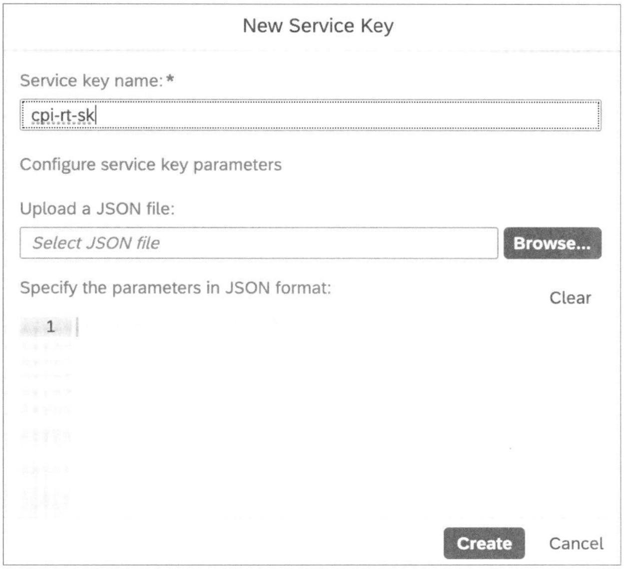

New Service Key

Service key name: *

cpi-rt-sk

Configure service key parameters

Upload a JSON file:

Select JSON file | Browse...

Specify the parameters in JSON format: | Clear

1

Create | Cancel

Abbildung 7.23 Service Key anlegen

Nachdem der Service Key angelegt wurde, wird dieser direkt im Dialog angezeigt. Sie können ihn lokal speichern und den Kommunikationspartnern zusenden. Ein Beispiel für einen Service Key für die Process Integration Runtime sehen Sie in Abbildung 7.24. Das Attribut `clientid` entspricht dem Benutzernamen, das Attribut `clientsecret` dem Passwort.

```
{
  "oauth": {
    "clientid":     "                                                    ",
    "clientsecret": "                                                          ",
    "tokenurl":     "https://908e712atrial.authentication.eu10.hana.ondemand.com/oauth/token",
    "url":          "https://908e712atrial.it-cpitrial02-rt.cfapps.eu10.hana.ondemand.com",
    "roles": [
      "ESBMessaging.send"
    ],
    "grant-types": [
      "refresh_token",
      "urn:ietf:params:oauth:grant-type:saml2-bearer",
      "client_credentials",
      "password",
      "authorization_code",
      "user_token",
      "urn:ietf:params:oauth:grant-type:jwt-bearer"
    ]
  }
}
```

Abbildung 7.24 Beispiel für einen Service Key

7.2.3 Rollen und Berechtigungen

SAP Cloud Integration unterscheidet zwischen Dialogbenutzern und Schnittstellenbenutzern.

Dialogbenutzer

Dialogbenutzer sind typischerweise Entwickler*innen, Administrator*innen und Mitglieder des Support-Teams. Sie arbeiten grundsätzlich mit dem Tenant Management Node. Dialogbenutzer werden wie gewohnt gegen den Anwendungs-Identity-Provider authentifiziert. Im Standard handelt es sich dabei um den SAP ID Service.

An dieser Stelle muss zwischen Benutzern der Anwendung SAP Cloud Integration und Plattformbenutzern unterschieden werden. Die Vergabe der Berechtigungen erfolgt außerhalb von SAP Cloud Integration im jeweiligen Subaccount der SAP BTP. Daher empfehlen wir Ihnen, einen dedizierten Benutzer anzulegen, der für die Vergabe der Berechtigungen verantwortlich ist.

Personas

Um Berechtigungen für SAP Cloud Integration sinnvoll zu bündeln, arbeitet SAP mit sogenannten *Personas*. Sie decken die verschiedenen Aufgaben ab, die typischerweise mit einem Integrationsprojekt verbunden sind. Personas können mit Jobtiteln verglichen werden. In der Neo-Umgebung werden Personas durch applikationsspezifische Rollen abgebildet, in der Cloud-Foundry-Umgebung durch Sammelrollen (Role Collections). Im Folgenden beschreiben wir die verfügbaren Personas:

- **Business-Experte**
  Die entsprechende Sammelrolle ermöglicht es Business-Expert*innen, fachliche Aufgaben durchzuführen, wie beispielsweise die Prüfung der Nachrichteninhalte.
  - Berechtigungsgruppe: `AuthGroup.BusinessExpert`
  - Sammelrolle: `PI_Business_Expert`
- **Administrator**
  Der Administrationsbenutzer des Tenants muss sich mit dem Tenant verbinden und administrative Aufgaben durchführen.
  - Berechtigungsgruppe: `AuthGroup.Administrator`
  - Sammelrolle: `PI_Administrator`
- **Integration Developer**
  Ein Integrationsentwickler oder eine -entwicklerin muss sich mithilfe der webbasierenden Werkzeuge mit einem Tenant verbinden und Artefakte anzeigen, herunterladen und deployen können.
  - Berechtigungsgruppe: `AuthGroup.IntegrationDeveloper`
  - Sammelrolle: `PI_Integration_Developer`

- **Read-only Persona**
  Diese Personengruppe muss sich mit einem Tenant verbinden, um die verarbeiteten Nachrichten überwachen und auf den Data Store Viewer zugreifen zu können.
  - Berechtigungsgruppe: `AuthGroup.ReadOnly`
  - Sammelrolle: `PI_Read_Only`
- **System Developer**
  Ein Systementwickler oder eine -entwicklerin führt Aufgaben durch, die für den System-Support erforderlich sind.
  - Berechtigungsgruppe: `AuthGroup.SystemDeveloper`
  - Sammelrolle: nicht verfügbar
- **Partner Directory Configurator**
  Der Partnerverzeichnisadministrator oder die -administratorin benötigt Berechtigungen zum Lesen und Schreiben von Inhalten im Partnerverzeichnis.
  - Berechtigungsgruppe: `AuthGroup. TenantPartnerDirectoryConfigurator`
  - Sammelrolle: nicht verfügbar

Sollten die Berechtigungsgruppen in der Neo-Umgebung bzw. die Sammelrollen in der Cloud-Foundry-Umgebung Ihren Anforderungen nicht entsprechen, haben Sie die Möglichkeit, die dahinterliegenden Rollen in der Neo-Umgebung bzw. die Rollenvorlagen in der Cloud-Foundry-Umgebung als Grundlage für eigene Rollen zu verwenden.

Schnittstellenbenutzer

Schnittstellenbenutzer werden für die Systeme vergeben, die Nachrichten über SAP Cloud Integration austauschen. Wenn ein Sendersystem HTTPS-basierte Anfragen an SAP Cloud Integration sendet, gibt es verschiedene Möglichkeiten für dieses System, sich zu authentifizieren:

- Client-Zertifikat-Authentifizierung
- Basic Authentication
- OAuth
- SAML

Die Authentifizierungsmethode hängt vom gewählten Authentifizierungsmodus ab. Wenn die Basic Authentication konfiguriert ist, wird der aufrufende Benutzer gegen den Identity Provider authentifiziert. Wenn sich der Client hingegen mit einem Client-Zertifikat authentifiziert, erfolgt die Authentifizierung durch den Load Balancer. Der Load Balancer terminiert die TLS-Verbindung (Transport Layer Security) und prüft das Client-Zertifikat der aufrufenden Komponente.

7.3 SAP API Management

Über APIs können Unternehmen Dienste und Informationen extern bereitstellen. APIs vereinfachen die Programmierung grafischer Benutzeroberflächen für unterschiedliche Arten von Apps auf mobilen Geräten oder in der Cloud.

Mithilfe von SAP API Management können Sie Ihre APIs Mitarbeitenden, Partnerunternehmen und Entwicklerteams sicher zur Verfügung stellen. Das Werkzeug bietet eine einheitliche Benutzeroberfläche für die Verwaltung und Überwachung von APIs über verschiedene Datenplattformen hinweg und stellt dazu Echtzeit-Analytik-Funktionen bereit. In einfachen Worten: SAP API Management kann in Ihrem Unternehmen als zentrale Drehscheibe für den Zugriff auf Daten jeglicher Art über APIs dienen. Sie erhalten mit dem Einsatz des Service eine zentrale Stelle, an der Sie alle API-Zugriffe entwickeln, bereitstellen, überwachen und monetarisieren können. Sie können außerdem jederzeit erkennen, ob bei Ihren APIs Probleme jeglicher Art auftreten.

Komponenten

SAP API Management besteht aus folgenden Komponenten:

- API Designer
- API Portal
- API Runtime
- Developer Portal
- API Analytics

Hinter diesen Komponenten liegen verschiedene Stakeholder, d. h. verschieden Benutzergruppen, die den Service auf unterschiedliche Art und Weise verwenden.

Unterstützte Protokolle

Der Service kann sich mit Datenquellen sowohl in der Cloud als auch in der On-Premise-Landschaft Ihres Unternehmens verbinden. Dabei kommen ausschließlich die Protokolle REST, SOAP und OData zur Anwendung. Sollten Ihre Datenquellen diese Protokolle nicht unterstützen, können Sie SAP Cloud Integration als Proxy verwenden (siehe auch Abschnitt 7.2, »SAP Cloud Integration«). Für den Zugriff auf die On-Premise-Landschaft wird auch in diesem Service der Cloud Connector verwendet.

Im Wesentlichen gibt es zwei sicherheitsrelevante Themen, die konzeptionell berücksichtigt werden müssen: der Zugriff von Benutzern jeglicher Art auf SAP API Management und der Zugriff von SAP API Management auf die bereitgestellten APIs der verschiedenen Datenquellen. Abbildung 7.25 stellt diese beiden Bereiche grafisch dar. Auf der linken Seite sehen Sie die verschiedenen Rollen, mit denen Benutzer auf SAP API Management zugreifen. Wir erläutern sie in Abschnitt 7.3.1. Rechts sind die Systeme angedeutet, auf deren Daten über APIs zugegriffen wird. Wie Sie diese Zugriffe absichern können, erläutern wir in Abschnitt 7.3.2.

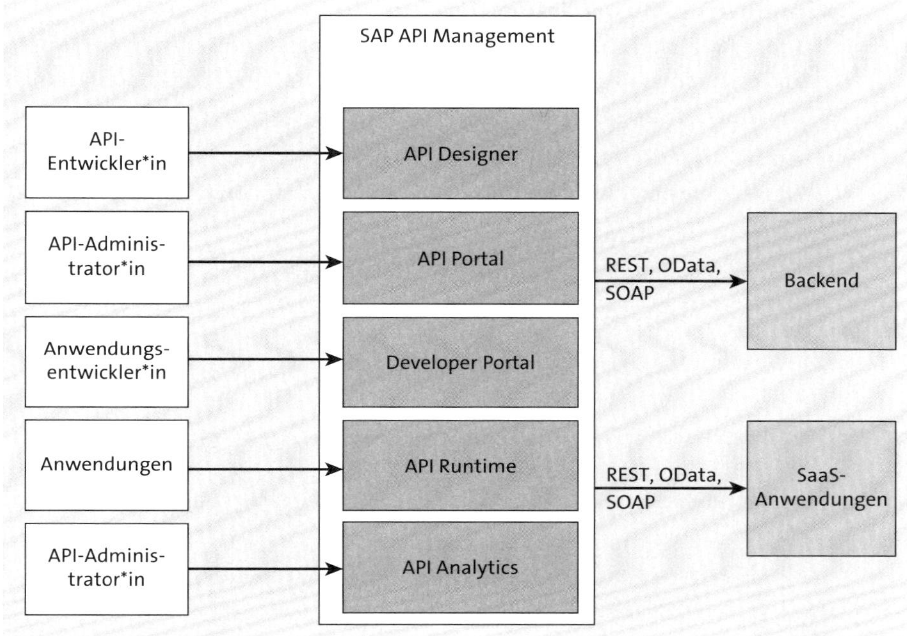

Abbildung 7.25 Architektur von SAP API Management

7.3.1 Rollen und Berechtigungen

Sammelrollen

Bei der Vergabe der Rollen und Berechtigungen müssen Sie die unterschiedlichen Stakekholder berücksichtigen. Rollen und Berechtigungsobjekte für SAP API Management werden in Form von Sammelrollen für die Cloud-Foundry-Umgebung ausgeliefert. Abbildung 7.26 zeigt die verfügbaren Sammelrollen.

Im Folgenden beschreiben wir einige ausgewählte Sammelrollen, die bei der Nutzung von SAP API Management häufig zum Einsatz kommen:

- **AuthGroup.SelfService.Admin**
  Diese Rolle wird im Onboarding-Prozess verwendet.
- **AuthGroup.API.Admin**
  Diese Rolle berechtigt zur Verwaltung der Zugriffe durch Anwendungsentwickler*innen auf das Developer Portal. Außerdem können die Inhaber*innen dieser Rolle die Rollen für weitere Benutzer verwalten. Zu-

sätzlich können sie stellvertretend Aufgaben für Entwickler*innen durchführen.

- **AuthGroup.ContentAuthor**
  Diese Rolle berechtigt zum Veröffentlichen von Content.
- **AuthGroup.API.ApplicationDeveloper**
  Diese Rolle berechtigt zum Anlegen, Bearbeiten und Löschen von Applikationen sowie zum Zugriff auf die Abrechnungen. Zusätzlich können die Inhaber*innen dieser Rolle auf Auswertungen zugreifen.
- **AuthGroup.Content.Admin**
  Diese Rolle berechtigt zum Anlegen und Ändern von Kategorien.
- **AuthGroup.Site.Admin**
  Diese Rolle berechtigt dazu, das Aussehens des Portals anzupassen.

Role Collections

Name	Description	Roles
APIBusinessHubEnterprise.ConnectionRequester	APIBusinessHubEnterprise.ConnectionRequester	GDPRequester
APIManagement.SelfService.Administrator	API Portal Onboarding	onboardingtemplate
APIPortal.Administrator	APIPortalAdmin	APIPortalAdmin
APIPortal.Guest	API Portal guest role	Guest
APIPortal.Service.CatalogIntegration	CatalogIntegration	CatalogIntegration
AuthGroup.API.Admin	Manages Users and applications in SAP API Management developer portal	APIAdmin
AuthGroup.API.ApplicationDeveloper	Application Developer in SAP API Management developer portal	ApplicationDeveloper
AuthGroup.Content.Admin	Manages Content in SAP API management developer portal	ContentAdmin
AuthGroup.ContentAuthor	Manages Content	ContentAuthor
AuthGroup.SelfService.Admin	Self Service Admin developer portal	SelfServiceAdmin
AuthGroup.Site.Admin	Manages Site updates in SAP API management developer portal	SiteAdmin

Abbildung 7.26 Sammelrollen für SAP API Management

Die folgenden vordefinierten Rollen werden mit der Komponente API Portal ausgeliefert:

API Portal

- **APIPortal.Administrator**
  Diese Rolle berechtigt zum Zugriff auf die Benutzeroberfläche und die Dienste des API Portals.
- **APIPortal.Service.CatalogIntegration**
  Diese Rolle berechtigt dazu, eine Verbindung zum API-Katalog im SAP API Business Hub herzustellen.
- **APIManagement.Selfservice.Administrator**
  Diese Rolle wird im Onboarding-Prozess sowie für den Zugriff auf die Einstellungen des API Portals verwendet.
- **APIPortal.Guest**
  Diese Rolle berechtigt zum lesenden Zugriff auf das API Portal.

Die Zuweisung der Sammelrollen erfolgt wie gewohnt über das SAP BTP Cockpit.

7.3.2 Absicherung der bereitgestellten APIs

Security Policies

SAP API Management ermöglicht es Ihnen, die bereitgestellten APIs durch verschiedene Sicherheitsrichtlinien (*Security Policies*) abzusichern. Diese Richtlinien sind unabhängig von der durch die API angesprochenen Datenquelle. Folgendes Security Policies werden bereitgestellt:

- **Basic Authentication**
- **OAuth v2.0**
- **OAuth v2.0 GET**
- **OAuth v2.0 SET**
- **Verify API Key**
- **SAML Assertion Policy**

Sie können diese Security Policies abhängig von Ihrem Anwendungsfall auswählen und anwenden. Neben den klassischen Authentifizierungsmethoden mittels Benutzername und Passwort (Basic Authentication), OAuth oder SAML haben Sie mit der Policy **Verify API Key** auch die Möglichkeit, einen API-Schlüssel (*API Key*) zur Authentifizierung der Benutzer zu verwenden. Dieser ist nützlich, weil die Lizenzabrechnung für die Nutzung von SAP API Management typischerweise auf API-Aufrufen basiert und diese auf Basis des API Keys vermessen werden. Der API Key muss von einem Anwendungsentwickler oder einer -entwicklerin im Developer Portal erstellt werden.

7.4 SAP Cloud Portal Service und SAP Launchpad Service

Der SAP Cloud Portal Service in der Neo-Umgebung ist ein webbasiertes Werkzeug, um Mitarbeitenden, Partnerunternehmen und Kunden digitale Inhalte bereitzustellen. Typische Anwendungsfälle des Portals sind die Vermarktung von Produkten und Dienstleistungen sowie die Bereitstellung von Informationen. Auch die Entwicklung eines SAP Fiori Launchpads ist in der Neo-Umgebung über den SAP Cloud Portal Service möglich.

Der SAP Launchpad Service in der Cloud-Foundry-Umgebung hingegen stellt mit dem SAP Fiori Launchpad einen zentralen Einstiegspunkt in alle Applikationen bereit, den Mitarbeitende zur Erfüllung ihrer Aufgaben benötigen. Dabei können Benutzeroberflächen von SAP-Produkten basierend auf verschiedenen Technologien (SAPUI5, SAP GUI für HTML und Web Dynpro ABAP) sowie Oberflächen anderer Content-Anbieter integriert werden. Das SAP Fiori Launchpad ermöglicht eine rollenbasierte Navigation und Darstellung der Inhalte sowie ein Single Sign-on.

7.4.1 SAP Cloud Portal Service in der Neo-Umgebung

In der Neo-Umgebung sind die Funktionen zur Bereitstellung eines SAP Fiori Launchpads Bestandteil des SAP Cloud Portal Service, d. h., es gibt keinen dedizierten SAP Launchpad Service. Um Zugriff auf den SAP Cloud Portal Service zu erhalten, müssen Sie über einen Administrationsbenutzer verfügen. Dieser Benutzer kann anschließend die Berechtigungen für weitere Rollen vergeben. Dieser Schritt wird in der Konfiguration des SAP Cloud Portal Service im Bereich **Roles** durchgeführt (siehe Abbildung 7.27).

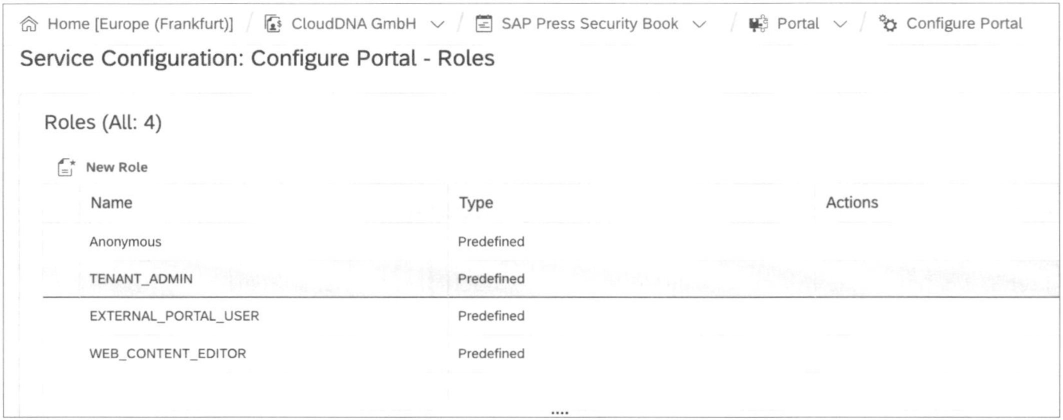

Abbildung 7.27 Rollen für den SAP Cloud Portal Service

Es werden folgende Rollen angeboten:

Verfügbare Rollen

- TENANT_ADMIN: Berechtigung für den Zugriff auf die Administrationsfunktionen inklusive der Anlage neuer Websites
- EXTERNAL_PORTAL_USER: Anwenderberechtigung für den Zugriff auf den SAP Cloud Portal Service
- WEB_CONTENT_EDITOR: Berechtigung zum Bearbeiten von Inhalten im SAP Cloud Portal Service

Websites

Innerhalb des SAP Cloud Portal Service wird mit *Websites* gearbeitet. Bei der Anlage einer neuen Website kann aus verschiedenen Vorlagen gewählt werden, wie in Abbildung 7.28 gezeigt. Wir wählen für die folgenden Ausführungen die Vorlage **SAP Fiori Launchpad**, mit der man ein entsprechendes Launchpad in der Neo-Umgebung aufbauen kann. Ein typisches Einsatzszenario ist ein sogenanntes *Customer Facing Portal*, also ein Portal, auf das Ihre Geschäftspartner und Kunden zugreifen können.

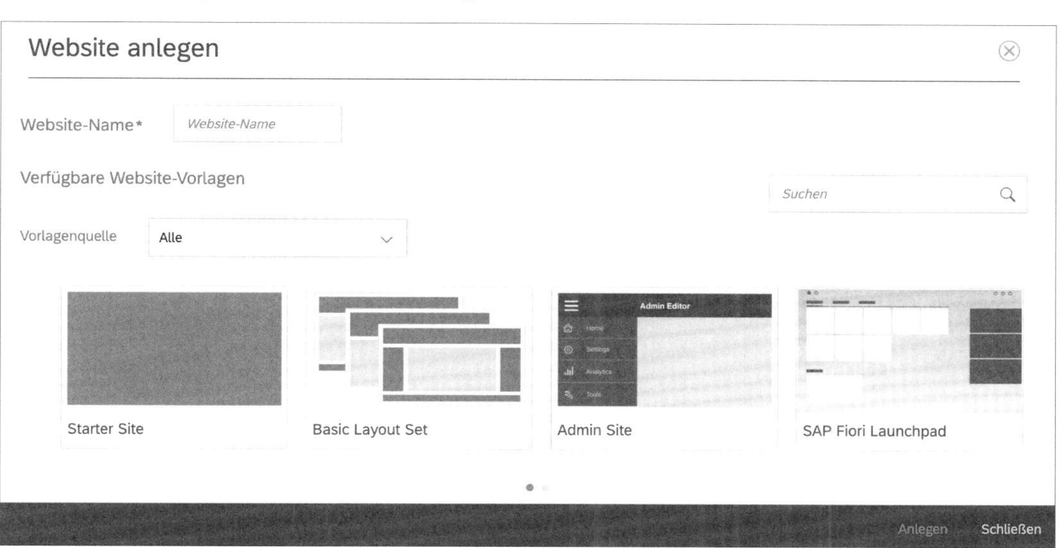

Abbildung 7.28 Website auf Basis einer Vorlage anlegen

Launchpad-Dashboard

Das in Abbildung 7.29 dargestellte Administrations-Dashboard der Launchpad-Website bietet einen Überblick über alle relevanten Artefakte. Damit können Sie die aufgeführten Inhalte verwalten und bearbeiten. Das mit dem SAP Cloud Portal Service erstellte SAP Fiori Launchpad weist viele Ähnlichkeiten mit dem SAP Fiori Launchpad in einem SAP-S/4HANA-on-Premise-System auf. Es gibt auch hier die Konzepte der Apps, Kataloge, Gruppen und Rollen.

Abbildung 7.29 Launchpad-Dashboard im SAP Cloud Portal Service

Komponenten des SAP Fiori Launchpads

Das Zusammenspiel zwischen Benutzer, Rollen, Gruppen, Katalogen und Apps wird in Abbildung 7.30 dargestellt. Ein Benutzer kann Rollen zugeordnet werden. Die Rollen können sich aus vorgefertigten App-Katalogen oder aus Gruppen von Apps zusammensetzen.

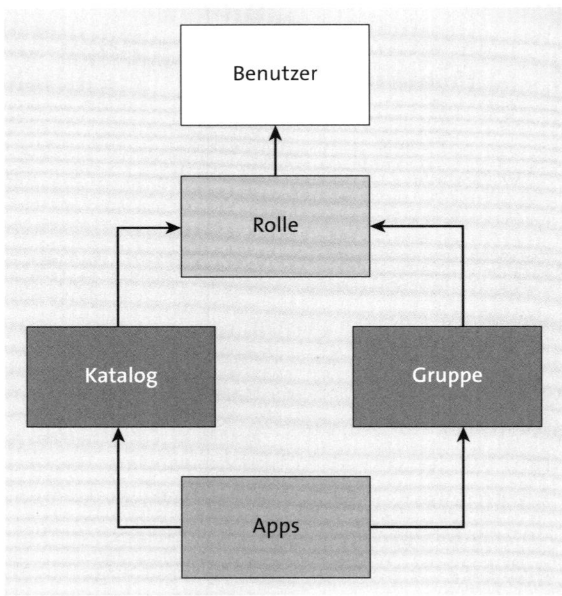

Abbildung 7.30 Zusammenspiel zwischen Apps, Katalogen, Gruppen und Rollen im SAP Fiori Launchpad

Apps einbinden

Das SAP Fiori Launchpad erlaubt es Ihnen, SAP-Fiori-Apps einzubetten, die entweder im selben Subaccount der SAP BTP bereitgestellt werden oder in einem On-Premise-System. Abbildung 7.31 stellt diese Möglichkeiten grafisch gegenüber. Apps aus einem On-Premise-System werden unter Verwendung des Cloud Connectors in das Launchpad eingebunden. Neben SAP-Fiori-Apps können auch Web-Dynpro-ABAP-Applikationen eingebunden werden.

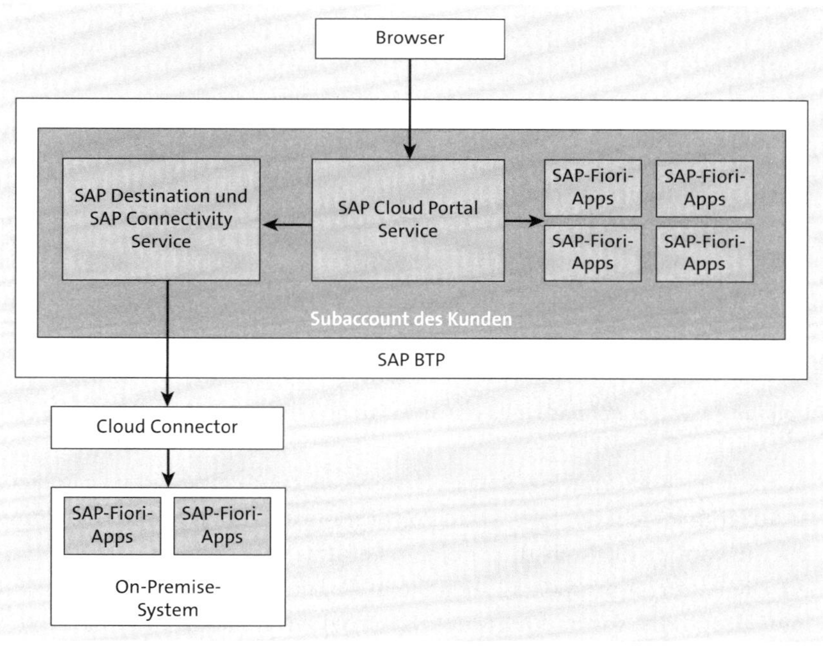

Abbildung 7.31 Architektur einer Website im SAP Cloud Portal Service

Die Apps müssen in einem ersten Schritt auf der Website, in unserem Beispiel dem SAP Fiori Launchpad, referenziert werden. Dabei legen Sie den Ursprung der App fest und konfigurieren das Aussehen und Verhalten der Kachel zum Aufruf dieser App im Launchpad. Anschließend müssen Sie die App einem oder mehreren Katalogen zuordnen. Optional können Sie die App einer oder mehreren Gruppen zuordnen.

Rollen für Apps

Damit die App im SAP Fiori Launchpad der Benutzer sichtbar ist, muss sie einer Rolle zugewiesen werden. Einer Rolle können auch Kataloge und Gruppen zugewiesen werden. Als Vorlagen werden Standardrollen bereitgestellt, auf deren Basis Sie eigene Rollen anlegen können. Die Rolle mit der von Ihnen definierten ID muss im Subaccount des SAP Cloud Portal Service angelegt werden. Wie in Abbildung 7.32 zu erkennen, wird beim Speichern geprüft, ob die Rolle im Subaccount bereits existiert. Ist dies nicht Fall, besteht die Möglichkeit, die Rolle unmittelbar durch einen Klick auf den Link im Hinweisfeld anzulegen.

Abbildung 7.32 Launchpad-Rolle im Subaccount der SAP BTP anlegen

Nachdem die Rolle angelegt wurde, ist diese als kundenindividuelle Rolle in der Rollenübersicht des SAP Cloud Portal Service sichtbar (siehe Abbildung 7.33). Sie können die Rolle direkt einem Benutzer oder einer Gruppe zuordnen. Die Benutzergruppen können Sie in weiterer Folge beispielsweise auf eine Gruppe im Anwendungs-Identity-Provider abbilden, wie Sie es von den Anwendungsrollen in der SAP BTP her gewohnt sind.

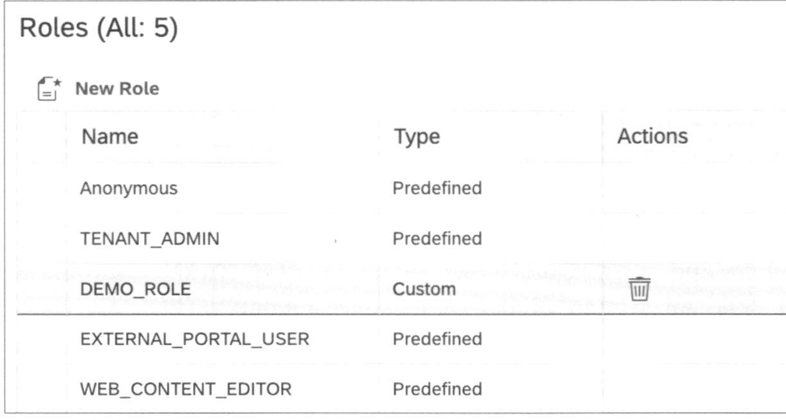

Abbildung 7.33 Launchpad-Rolle in der Konfiguration des SAP Cloud Portal Service

7.4.2 SAP Launchpad Service in der Cloud-Foundry-Umgebung

Lauchpad-Rollen

Der im vorangegangenen Abschnitt behandelte SAP Cloud Portal Service wird in der Cloud-Foundry-Umgebung nur eingeschränkt angeboten, nämlich als SAP Launchpad Service.

Hier werden die in Abbildung 7.34 dargestellten Sammelrollen `Launchpad_Admin` und `Launchpad_External_User` bereitgestellt.

Role Collections

Name	Description	Roles
Launchpad_Admin	Launchpad Admin	Theme_Admin Viewer 2 More
Launchpad_External_User	Launchpad External User	External_User

Abbildung 7.34 Sammelrollen für den SAP Launchpad Service in der Cloud-Foundry-Umgebung

Der SAP Launchpad Service wird mit der Sammelrolle `Launchpad_Admin` ausgeliefert. Damit können Sie alle Administrationsaufgaben für eine Launchpad-Site durchführen. Diese Sammelrolle muss während der Einrichtung des SAP Launchpad Service einem Benutzer zugewiesen werden. Zusätzlich berechtigt diese Sammelrolle zur Nutzung des *Theme Designers*, mit dem Sie das Aussehen Ihres Launchpads Ihrem Corporate Design anpassen können. In Abschnitt 4.6.1, »Aktivierung und sichere Konfiguration des SAP Launchpad Service«, haben wir Ihnen anhand eines Praxisbeispiels gezeigt, wie Sie den SAP Launchpad Service einrichten und ein SAP Fiori Launchpad anlegen.

7.5 SAP Internet of Things

Der Service *SAP Internet of Things* (SAP IoT) wird ausschließlich in der Cloud-Foundry-Umgebung angeboten. Die Architektur des Service wird in Abbildung 7.35 dargestellt. Als Dialogbenutzer arbeiten mit diesem Service ausschließlich IoT-Anwender*innen, Entwickler*innen und Administrator*innen. Diese kommunizieren unter Verwendung des Protokolls HTTPS mit dem Service. Sie authentifizieren sich entweder gegen einen Anwendungs-Identity-Provider oder gegen den SAP ID Service als Plattform-Identity-Provider.

Die Geräte kommunizieren über die *IoT Edge Platform* entweder über das Protokoll *Java Messaging Service* (JMS), über HTTP/HTTPS oder über das

Maschinenkommunikationsprotokoll **Message Queuing Telemetry Transport** (MQTT/MQTTS) mit dem SAP-IoT-Service.

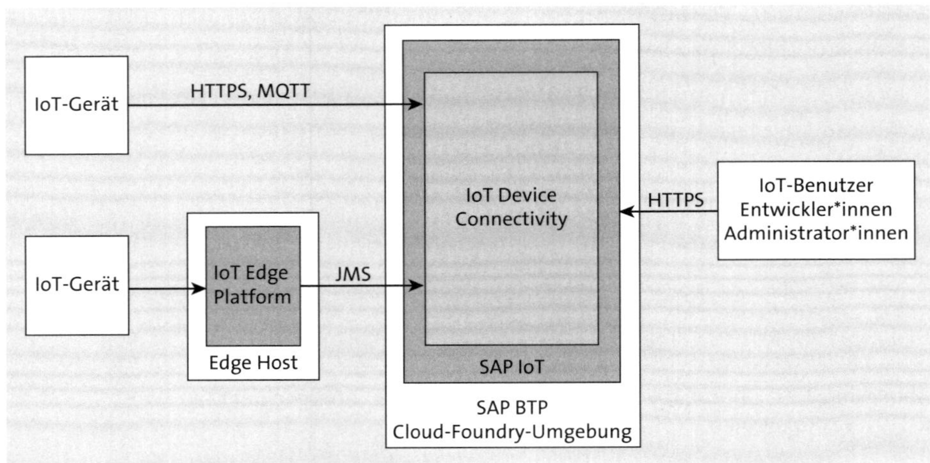

Abbildung 7.35 Architektur von SAP IoT

Installation und Konfiguration

SAP IoT lässt sich am einfachsten unter Verwendung eines *Boosters* installieren. Booster führen die Installation und die initiale Konfiguration des Service durch. Melden Sie sich dazu mit einem Administrationsbenutzer an Ihrem Global Account der SAP BTP an, und suchen Sie im Bereich **Boosters** nach der Kachel **Get started with SAP IoT** (siehe Abbildung 7.36).

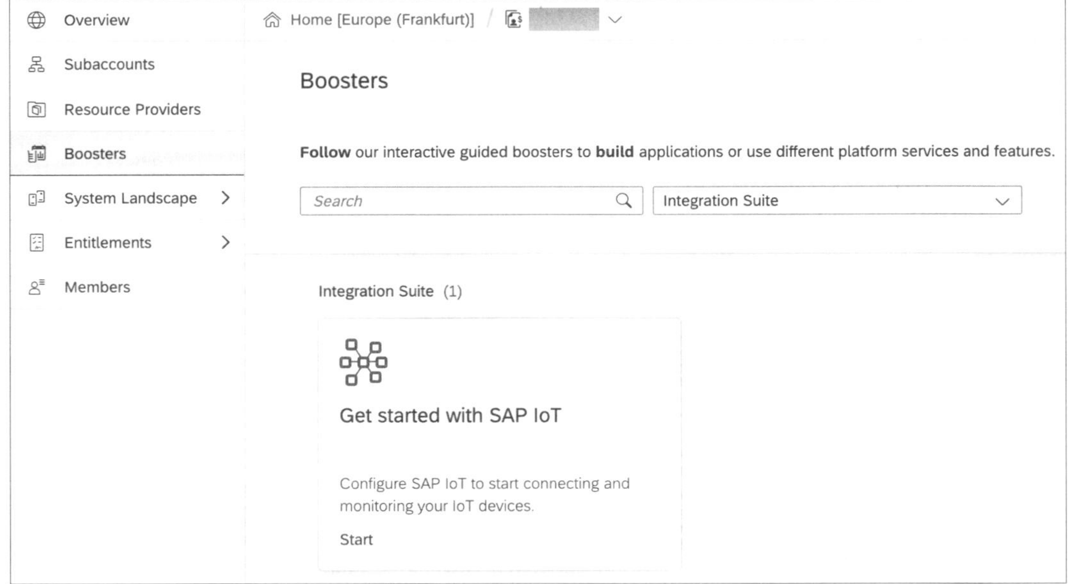

Abbildung 7.36 Booster für SAP IoT

Führen Sie danach den Booster aus, indem Sie auf **Start** klicken. Einzige Voraussetzung dafür ist, dass Sie den SAP-IoT-Service lizenziert haben. Der Booster führt in logischer Abfolge eine Reihe von Aktivitäten durch. Die letzten drei Aktivitäten richten die benötigten Rollen und Sammelrollen ein und weisen diese den definierten Benutzern zu. Außerdem erzeugen sie die für den Zugriff der IoT-Geräte erforderlichen Zugangsdaten (*Credentials*). Abbildung 7.37 zeigt die Fortschrittsanzeige während der Ausführung des Boosters mit den automatisch ausgeführten Aufgaben.

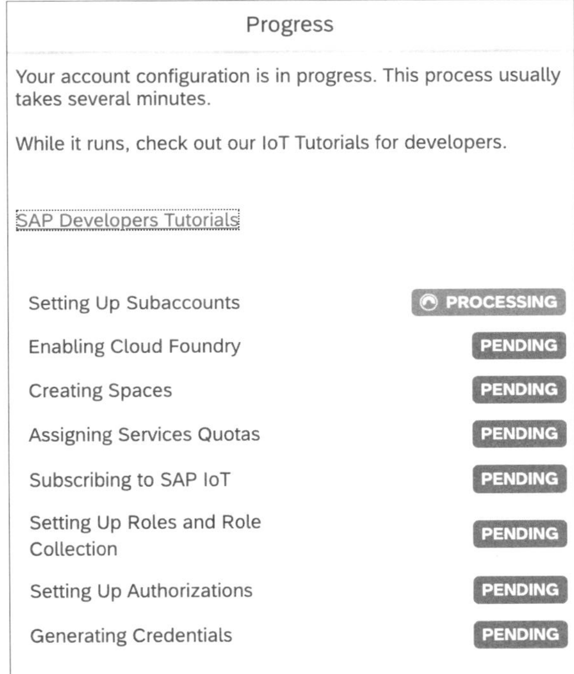

Abbildung 7.37 Fortschrittsanzeige mit den Aufgaben des Boosters

Sammelrollen

Beim Bereitstellen des Service legt der Booster die Sammelrolle `iot_role_collection` an. Diese Sammelrolle ermöglicht Ihnen den vollen administrativen Zugriff auf SAP IoT. Sie beinhaltet vier Rollen, wie Sie in Abbildung 7.38 erkennen können.

Rollenvorlagen

Daneben wird eine Reihe weiterer Rollenvorlagen ausgeliefert. Eine Übersicht finden Sie im Bereich **Roles** auf Ebene der Subskription (siehe Abbildung 7.39). Diese Vorlagen werden in einer Granularität bereitgestellt, die Ihnen bei der Erstellung eigener Sammelrollen sehr viel Flexibilität bietet und mit denen sich nahezu alle Anforderungen umsetzen lassen.

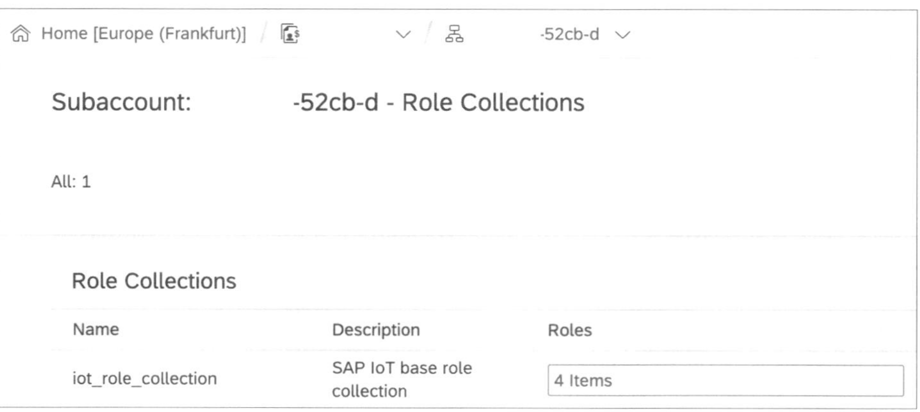

Abbildung 7.38 Sammelrolle für SAP IoT

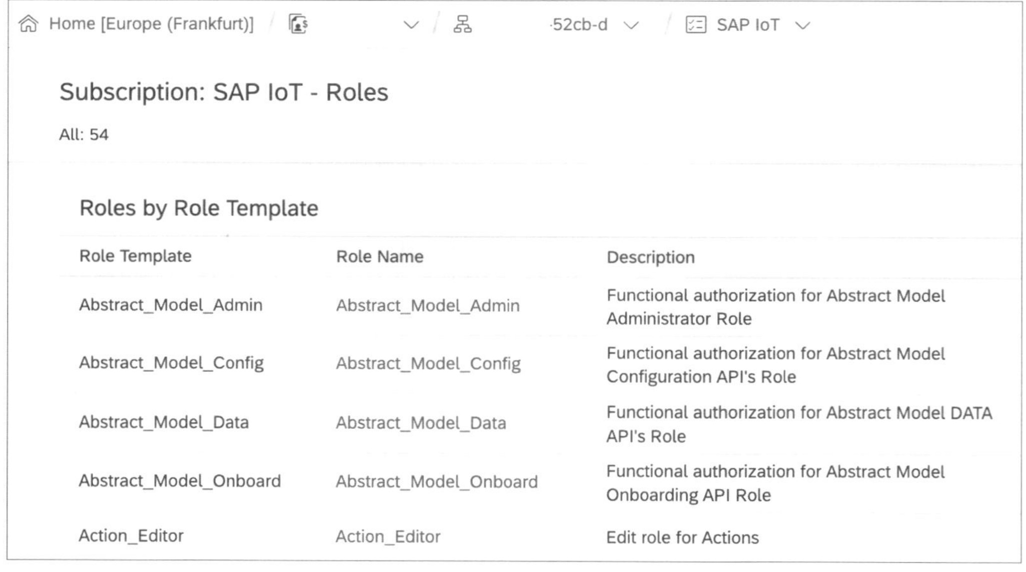

Abbildung 7.39 Rollenvorlagen für SAP IoT

Authentifizierung der IoT-Geräte

Die Konnektivität der IoT-Geräte wird mit diesen Rollenvorlagen jedoch nicht abgedeckt. Um eine entsprechende Authentifizierung zu konfigurieren, wird im Default-Space eine Serviceinstanz bereitgestellt. Der Default-Space wird ebenso wie diese Serviceinstanz vom Booster angelegt. Wie in Abbildung 7.40 zu erkennen ist, wird auch direkt ein Service Key für diese Serviceinstanz angelegt.

Service Key

Dieser Service Key beinhaltet die Endpunkte, über die IoT-Geräte mit SAP IoT über die Protokolle MQTT und REST (über HTTP) kommunizieren können. Sie finden diese im Schlüssel `iot-device-connectivity` unter den Attributen `mqtt` und `rest` (siehe Abbildung 7.41).

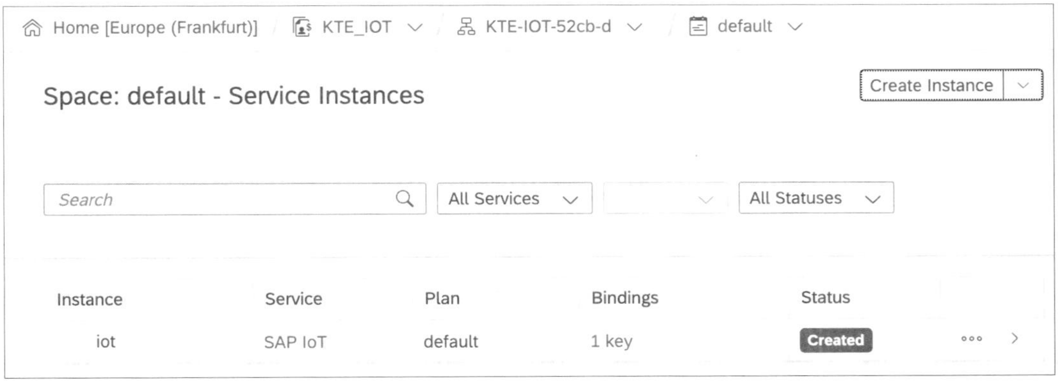

Home [Europe (Frankfurt)] / KTE_IOT / KTE-IOT-52cb-d / default

Space: default - Service Instances

Create Instance

Search | All Services | All Statuses

Instance	Service	Plan	Bindings	Status
iot	SAP IoT	default	1 key	Created

Abbildung 7.40 Serviceinstanz von SAP IoT mit generiertem Service Key

```
"iot-device-connectivity": {
  "tenantid": "1762431192",
  "mqtt": "mqtts://                         .us20.cp.iot.sap:8883",
  "rest": "https://                         .us20.cp.iot.sap:443"
}
```

Abbildung 7.41 Service Key für SAP IoT mit den Endpunkten für die IoT-Geräte

Die IoT-Geräte authentifizieren sich über ein Client-Zertifikat. Dazu muss sich jedes Gerät am SAP-IoT-Service registrieren und das Zertifikat beziehen. Für das Onboarding wird das sogenannte Registrierungszertifikat verwendet. Dieses kann von mehreren Geräten genutzt werden und somit beispielsweise in die Firmware integriert werden. Mithilfe dieses Zertifikats kann das Gerät eine Entität im *Device-Connectivity-Datenmodell* erstellen. In diesem Modell registrieren sich Geräte am IoT-Gateway und können dann Daten senden, die von den angeschlossenen Sensoren erfasst wurden. Sobald die Geräteentität im Modell existiert, kann das physikalische Gerät sein gerätespezifisches Zertifikat anfordern.

7.6 SAP BTP, ABAP Environment

Bereitstellung

Die *SAP BTP, ABAP Environment* ist eine weitere Entwicklungs- und Laufzeitumgebung, die neben der Neo- und der Cloud-Foundry-Umgebung auf der SAP BTP angeboten wird. Aus technischer Sicht handelt es sich allerdings nicht um eine eigenständige Umgebung, sondern um einen Service, der in der Cloud-Foundry-Umgebung instanziiert wird. Der ABAP-Service dient sozusagen als Template für die konkrete Serviceinstanz, d. h. eine ABAP-Umgebung im Subaccount eines SAP-Kunden. Die Serviceinstanz wird innerhalb eines Cloud-Foundry-Space bereitgestellt. Aufgrund dieser Tatsache ist ein Grundverständnis der Cloud-Foundry-Umgebung erforderlich, um die ABAP-Umgebung zu administrieren. Ein überwiegender Teil der Tätigkeiten werden in SAP-Fiori-Apps durchgeführt, die von der Umgebung bereitgestellt werden.

Anwendungsfälle

Die ABAP-Umgebung kann sowohl für innovative neue Anwendungen als auch für Erweiterungen bestehender Anwendungen verwendet werden. Der Anwendungsfall der Innovation deckt die Entwicklung eigener Anwendungen unter Verwendung aller verfügbaren Mittel ab. Der Anwendungsfall der Erweiterungen meint die funktionale Erweiterung von Cloud-Anwendungen.

ABAP-RESTful-Programmiermodell

Die Programmierung in der Cloud-Umgebung erfolgt mit dem *ABAP-RESTful-Programmiermodell*. Dieses Programmiermodell kann nicht nur in der Cloud-Umgebung, sondern ab Release 1909 auch auf SAP-S/4HANA-On-Premise-Systemen verwendet werden. Verglichen mit der klassischen ABAP-Programmierung stellt das neue Programmiermodell einen Paradigmenwechsel dar. Die signifikanteste Änderung im Vergleich mit dem klassischen ABAP ist der vollständige Verzicht auf das SAP GUI als Oberflächentechnologie.

Diese Neuerung hat sowohl Auswirkungen auf die Arbeit der Endanwender*innen als auch auf die der Entwickler*innen und Administrator*innen:

- Für Entwickler*innen werden die *ABAP Development Tools* auf Basis der Entwicklungsumgebung Eclipse ausgeliefert. Es wird damit auf dasselbe Werkzeug gesetzt, wie auch in der modernen ABAP-Entwicklung für On-Premise-Anwendungen.
- Die Administrator*innen arbeiten ausschließlich mit SAP-Fiori-Apps.
- Die Endanwender*innen arbeiten ebenfalls ausschließlich mit SAP-Fiori-Apps.

Git-Repository

Eine weitere Neuerung gibt es im Bereich der Quellcodeverwaltung. Der Quellcode wird nicht in der ABAP-Umgebung der SAP BTP gespeichert, sondern in einem Git-Repository. Ein solches Repository wird nicht von SAP bereitgestellt, sondern muss vom Kunden über einen entsprechenden Anbieter bezogen werden. Dazu kann entweder ein cloudbasierter Git-Service oder ein von Ihnen selbst betriebener Server in Ihrer On-Premise-Systemlandschaft verwendet werden. Sie sind damit auch für die Sicherheit des verwendeten Git-Repositorys verantwortlich.

Abbildung 7.42 veranschaulicht die Architektur von SAP BTP, ABAP Environment mit den verschiedenen Komponenten und dem angebundenen Git-Repository.

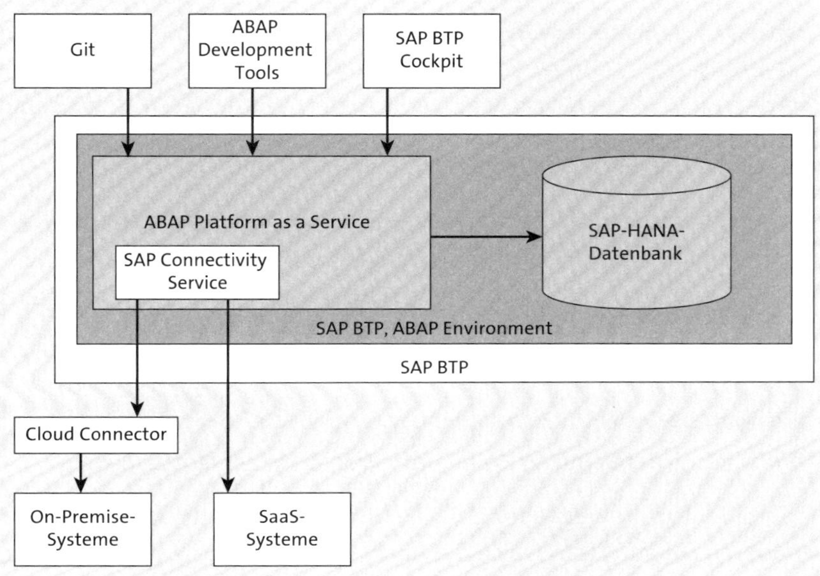

Abbildung 7.42 Architektur von SAP BTP, ABAP Environment

In den folgenden Abschnitten gehen wir auf die Besonderheiten der Benutzerverwaltung und den Zugriff auf Fremdsysteme durch in der ABAP-Umgebung entwickelte Anwendungen ein.

7.6.1 Benutzerverwaltung

SAP-Fiori-App

Die Benutzerverwaltung in der ABAP-Umgebung unterscheidet sich von der Benutzerverwaltung anderer Services und Subskriptionen in der Cloud-Foundry-Umgebung. Grundsätzlich werden die Anwendungsbenutzer in einer zentralen SAP-Fiori-App zur Administration angelegt. Der Einstieg erfolgt über das mit der Instanz des ABAP-Service ausgelieferte SAP Fiori Launchpad.

[«]

Vollzugriff auf das SAP Fiori Launchpad

Der volle Zugriff auf das SAP Fiori Launchpad erfordert die Rolle `SAP_BR_ADMINISTRATOR`. Diese Rolle steht Benutzern in der Trial-Version der SAP BTP nicht zur Verfügung.

Benutzer-IDs Bei der Anlage eines Benutzers generiert der ABAP-Service eine Benutzer-ID. Diese kann nicht geändert werden. Diese Benutzer-ID entspricht dem technischen Benutzernamen innerhalb des Service. Die Cloud-Foundry-Umgebung kann mit diesen Benutzer-IDs jedoch nicht arbeiten. Wie Sie in Abschnitt 4.2, »Benutzerverwaltung«, gelesen haben, werden Benutzer in der Cloud-Foundry-Umgebung über ihre E-Mail-Adressen identifiziert. Die Verknüpfung zwischen dem Benutzer in der Instanz des ABAP-Service und dem des Cloud-Foundry-Subaccounts erfolgt ebenfalls über die E-Mail-Adresse des Benutzers.

Obwohl die Serviceinstanz in einem Cloud-Foundry-Space läuft, werden die Benutzer nicht direkt im Space verwaltet, sondern auf Ebene des Subaccounts. Dort bieten sich die folgenden drei Möglichkeiten, die Sie bereits kennen:

- Verwaltung der Benutzer im SAP ID Service
- Verwaltung der Benutzer im Identity Authentication Service
- Verwaltung der Benutzer im Identity Provider eines Drittanbieters

Wir empfehlen die Verwaltung der Benutzer im Identity Authentication Service, da Sie auf diese Weise die höchste Flexibilität in einer hybriden SAP-Landschaft genießen und eine nahtlose Integration der Benutzer in alle SAP-Cloud-Produkte sowie viele On-Premise-Produkte möglich ist.

Anwendungskataloge Für die ABAP-Umgebung liefert SAP *Anwendungskataloge* für die SAP-Fiori-Umgebung aus. Ein Anwendungskatalog wird durch eine eindeutige technische ID, wie beispielsweise `SAP_CORE_BC_SEC`, identifiziert. Die Kataloge haben aber auch einen sprechenden Namen, wie beispielsweise **Security** im Fall des zuvor erwähnten Katalogs. Es handelt sich bei diesen Katalogen um Sammlungen funktional zusammengehöriger Apps.

Anwendungsrollen Anwendungsrollen können den Benutzern nicht direkt zugewiesen werden, sondern über die Anwendungskataloge. SAP liefert vordefinierte Anwendungsrollen mit der ABAP-Cloud-Instanz aus. So wird dem initialen Benutzer beispielsweise die Rolle `SAP_BR_ADMINISTRATOR` zugewiesen. Sie haben die Möglichkeit, die von SAP ausgelieferten Anwendungsrollen direkt Ihren Benutzern zuzuordnen. Sie können jedoch auch eigene Anwendungsrollen anlegen. Dabei können Sie die von SAP ausgelieferten Rollen als Vorlage verwenden oder unabhängig davon vollständig neue Rollen erstellen. SAP liefert die in Tabelle 7.2 dargestellten und für den Anwendungskatalog **Security** relevanten Anwendungsrollenvorlagen aus.

Name der Rolle	Beschreibung
SAP_BR_ADMINISTRATOR	Administrator*in der ABAP-Cloud-Instanz
SAP_BR_DEVELOPER	Entwickler*in der ABAP-Cloud-Instanz

Tabelle 7.2 Relevante Vorlagen für Anwendungsrollen

Die Anwendungsrollen werden den Benutzern über eine eigene SAP-Fiori-App zugewiesen. Dazu müssen weder Aktivitäten im SAP BTP Cockpit des Subaccounts noch im Cloud-Foundry-Space durchgeführt werden.

[«]

Entwicklungsbenutzer

Für Entwickler*innen kann entweder ein Benutzer in der ABAP-Cloud-Instanz angelegt werden oder ein Service Key in der ABAP-Cloud- Instanz. Der Entwickler kann sich über die ABAP Development Tools (ADT) in Eclipse auf beiden Wegen an der Instanz anmelden. Der Service Key bietet den Vorteil, dass alle relevanten Informationen wie Endpunkte oder Zugangsdaten darin enthalten sind.

7.6.2 Zugriff auf Fremdsysteme

Destinationen

Die ABAP-Umgebung der SAP BTP lässt auch die Kommunikation mit Drittsystemen zu, unabhängig davon, ob es sich um SAP-Systeme oder Systeme von Drittanbietern handelt. Dabei spielt der SAP Destination Service der SAP BTP eine entscheidende Rolle. Im SAP Destination Service werden dazu Destinationen angelegt, die die technische Konfiguration der Verbindung zum Zielsystem enthalten. Dazu gehören die Endpunkte, die Art der Authentifizierung, die verwendeten Protokolle usw. Den SAP Destination Service haben Sie bereits in Abschnitt 5.5, »Einrichtung des SAP Destination Service«, kennengelernt.

Der Zugriff aus der ABAP-Umgebung heraus kann aber nicht direkt erfolgen. Es müssen dazu noch weitere Artefakte in der ABAP-Cloud-Instanz angelegt werden. Dabei handelt es sich um folgende Artefakte:

- Kommunikationsvereinbarung
- Kommunikationsszenario
- Kommunikationssystem
- Kommunikationsbenutzer

7.7 Corporate User Store

Corporate Identity Provider

Die SAP BTP ermöglicht es Ihnen, die Benutzer gegen einen Corporate Identity Provider zu authentifizieren. Dieser hält die Benutzer und authentifiziert diese auch.

Der Service Identity Authentication fungiert als Proxy, um die Authentifizierung an den Corporate Identity Provider zu delegieren. Es besteht also keine direkte Vertrauensbeziehung zwischen dem Corporate Identity Provider und dem Subaccount der SAP BTP in der Rolle des Service Providers, auf den der Benutzer zuzugreifen versucht.

Der Vorteil einer solchen Architektur ist, dass Sie bei mehreren Subaccounts nicht für jeden einzelnen Subaccount eine Verbindung zum Corporate Identity Provider erstellen müssen. Eine Verbindung zwischen dem Service Identity Authentication und dem Corporate Identity Provider genügt; alle weiteren Authentifizierungen erfolgen dann nur mehr gegen den Service Identity Authentication.

Folgende Identity Provider werden als Corporate Identity Provider unterstützt:

- SAP Single Sign-on
- Microsoft Active Directory Federation Services (ADFS)
- Microsoft Azure Active Directory (Azure AD)
- weitere SAML-2.0-kompatible Identity Provider

Konfiguration

Die Konfiguration eines Corporate Identity Providers wird im Folgenden beschrieben. Der Identity Authentication Tenant nimmt dabei aus Sicht des Corporate Identity Providers die Rolle des Service Providers ein. Bisher haben wir nur die direkte Anbindung eines Identity Providers behandelt und in Abschnitt 4.6.2, »Zwei-Faktor-Authentifizierung von Benutzern über das Microsoft Azure Active Directory«, anhand eines Beispiels durchgespielt.

Metadaten exportieren

Melden Sie sich am Identity Authentication Tenant an. Öffnen Sie die Einstellungen des Tenants unter **Applications & Resources • Tenant Settings**, und springen Sie in die **SAML 2.0 Configuration** ab (siehe Abbildung 7.43).

In der SAML-2.0-Konfiguration können Sie durch einen Klick auf den Button **Download Metadata File** die Metadaten in Form einer XML-Datei herunterladen (siehe Abbildung 7.44).

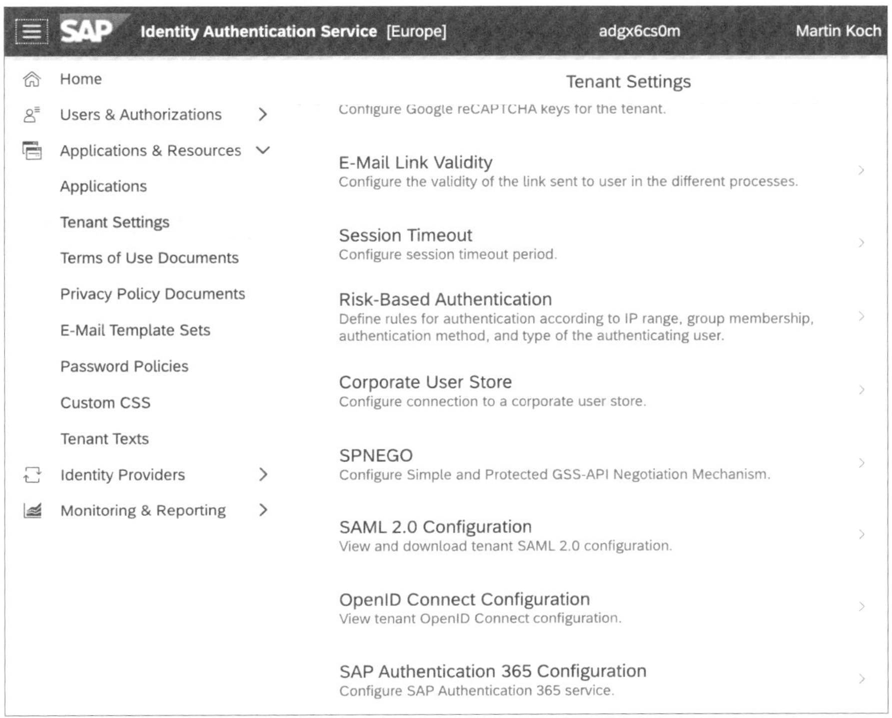

Abbildung 7.43 Metadaten für den SAML-2.0-Identity-Provider herunterladen

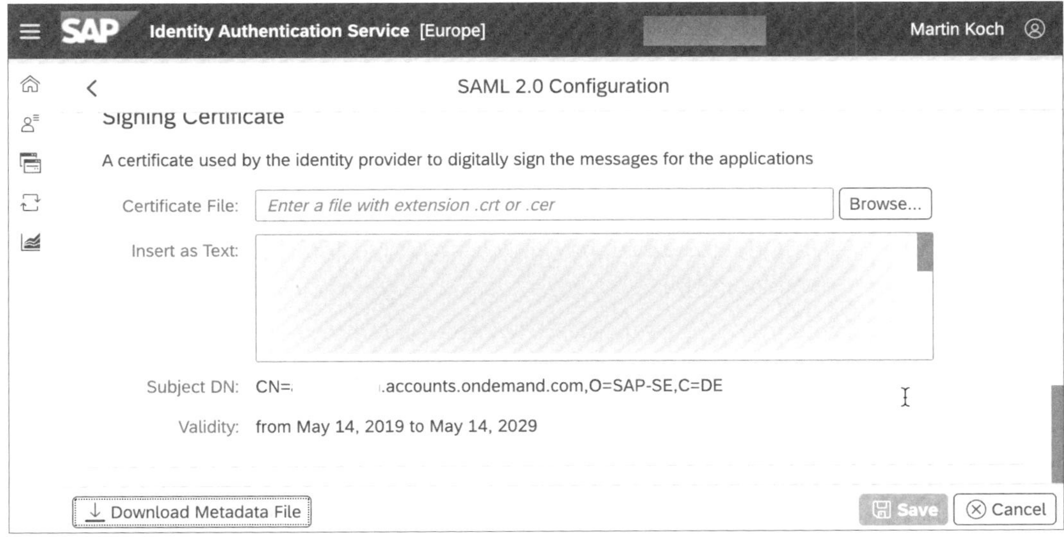

Abbildung 7.44 Export der Metadaten des Identity Authentication Service

Konfiguration des Corporate Identity Providers

Melden Sie sich nun an Ihrem Corporate Identity Provider an. Öffnen Sie die Konfiguration der Service Provider, und importieren Sie dort die SAML-2.0-Metadaten des Identity Authentication Tenants. Führen Sie gegebenenfalls eine erweiterte Konfiguration durch, wie die Zuweisung von Ansprüchen. Exportieren Sie anschließend die SAML-2.0-Metadaten Ihres Corporate Identity Providers.

Konfiguration des Indentity Authentication Tenants

Melden Sie sich nun wieder am Identity Authentication Tenant an. Ihrem Benutzer muss dazu die Rolle **Manage Corporate Identity Providers** zugewiesen sein. Navigieren Sie über das Menü in den Bereich **Identity Providers** • **Corporate Identity Providers** (siehe Abbildung 7.45), und wählen Sie entweder einen existierenden Provider aus oder legen Sie einen neuen an. Springen Sie danach in die Details ab. Für unser Beispiel können Sie den Demo-Corporate-Identity-Provider auswählen.

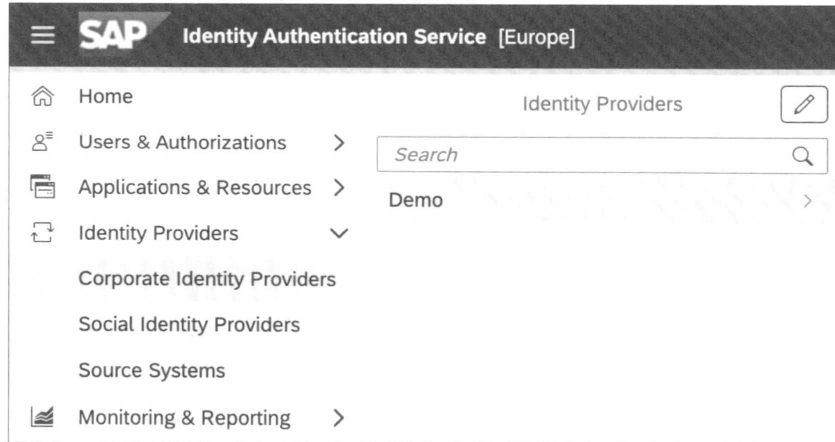

Abbildung 7.45 Übersicht der Corporate Identity Providers

SAML-2.0-Konfiguration

Im nächsten Schritt muss die SAML-2.0-Konfiguration durchgeführt werden. Öffnen Sie dazu im Bereich **TRUST** die **SAML 2.0 Configuration** (siehe Abbildung 7.46).

Importieren Sie nun die Metadaten des Corporate Identity Providers über den Button **Browse...**, und führen Sie, falls erforderlich, noch Anpassungen durch (siehe Abbildung 7.47). Abschließend muss die Konfiguration gespeichert werden.

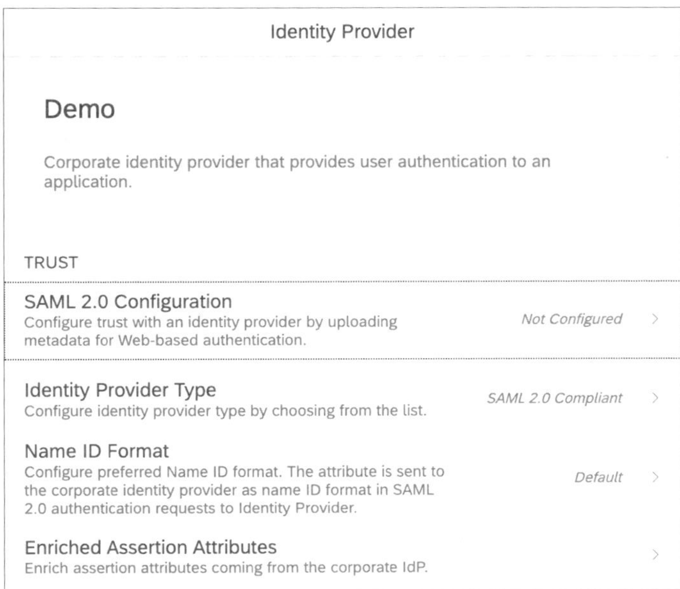

Abbildung 7.46 Aufruf der SAML-2.0-Konfiguration

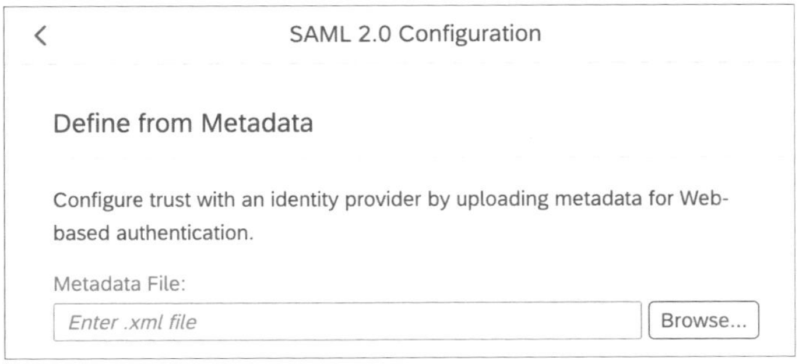

SAML 2.0 Configuration

Define from Metadata

Configure trust with an identity provider by uploading metadata for Web-based authentication.

Metadata File:

Enter .xml file

Browse...

Abbildung 7.47 Import der Metadaten

7.8 Checkliste zur Absicherung von Cloud-Services

Die Checkliste in Tabelle 7.3 behandelt generelle Sicherheitsthemen, die für jeden Service der SAP BTP bzw. jede Subskription in gleicher Weise beachtet werden müssen.

Erledigt	Aufgabe
	Sie haben geprüft, ob ein Service als Subskription oder als Instanz angeboten wird. Für eine Subskription haben Sie geprüft, ob diese in einem Subaccount läuft oder z. B. als mandantenfähige Subskription.
	Sie haben sich vergewissert, wie viele Instanzen des Service Sie benötigen (z. B. eine Entwicklungs- und eine Produktivinstanz).
	Sie haben sich entschieden, ob Sie den Service in einem bestehenden oder in einem neuen Subaccount instanziieren möchten.
	Sie haben in der Dokumentation des jeweiligen Service gegebenenfalls abhängige Services identifiziert. Die Abhängigkeiten wurden dokumentiert. Das erleichtert die Risikoeinschätzung bei Änderungen an Einstellungen oder ganzen Applikationen.
	Sie haben geprüft, wie es mit der Lizenzierung des Service aussieht.
	Es wurde geklärt, welchen Identity Provider Sie verwenden werden bzw. wie allfällige technische Servicezugriffe und/oder Freischaltungen erfolgen sollen.
	Die Dokumentation des Service und seiner Einstellungen wurde geplant, d. h., wo und wie genau dokumentiert wird.
	Der Service verfügt über einen Owner innerhalb Ihrer Organisation, der die Nutzung und Konfiguration koordiniert.
	Die bereitgestellten Sammelrollen wurden analysiert und bei Bedarf angepasst.
	Benötigte Anbindungen über den Cloud Connector und den SAP Destination Service wurden angefordert und modelliert.

Tabelle 7.3 Checkliste zur Absicherung von Cloud-Services

Das Autorenteam

Martin Koch ist Managing Director der CloudDNA GmbH, einem SAP-Partner in Österreich. Er und sein Team führen für SAP sehr erfolgreich Trainings durch und haben vier eigene Trainings zu den Themen SAPUI5, SAP Fiori, Cloud Integration und Cloud Security entwickelt, die im SAP-Trainingskatalog gelistet sind. Neben seiner Tätigkeit als Trainer ist Martin Koch als Architekt, Berater und Entwickler bei internationalen SAP-Kunden aller Unternehmensgrößen im Einsatz. Er ist ursprünglich ausgebildeter Linienpilot und Fluglotse und über Umwege 2007 in einem Trainee-Programm bei SAP Österreich gelandet.

Dort beschäftigte er sich zunächst mit den Themen Integration und SAP NetWeaver AS Java. Ab 2010 rückten mobile Applikationen im SAP-Umfeld in seinen Fokus. Nach einigen Projekten zur Architektur, Sicherheit und Entwicklung mobiler Lösungen widmete Martin Koch sich ab 2012 schwerpunktmäßig SAP HANA, SAPUI5, SAP Fiori und der SAP Business Technology Platform.

Siegfried Zeilinger ist Freiberufler und Geschäftsführer einer kleinen Unternehmensberatung. Seine Schwerpunkte liegen in der Beratung und dem Sicherheitsaudit von IT-Systemen sowie im Berechtigungs- und Identitätsmanagement für SAP. Seine Beratungspalette erstreckt sich von der SAP-Architektur über Entwicklungsstrategien für ABAP, Java und Cloud bis hin zu SAP Identity Management. Im Jahr 2016 erhielt er die Zertifizierung zum IT-Auditor (CISA). Zuletzt war Siegfried Zeilinger vor allem in der pharmazeutischen Industrie und dem öffentlichen Sektor tätig.

Bevor er sich 2011 selbstständig machte, arbeitete er bei SAP Österreich als SAP-NetWeaver- und Portal-Berater und führte internationale Großprojekte durch. Heute leitet er für SAP regelmäßig Trainings zu den Themen Berechtigungen, SAP Cloud und SAP NetWeaver. Von 2003 bis 2019 betreute er an der Technischen Universität Wien und der Fachhochschule Wiener Neustadt Abschlussarbeiten und hielt verschiedene Lehrveranstaltungen im Bereich SAP ab.

Index

A

B

E

F

G

H

I

Q

R

S

T

U

V

W

X

Z